Le plaisir de p

BIBLIOTHÈQUE DE PSYCHANALYSE
DIRIGÉE PAR JEAN LAPLANCHE

# Le plaisir de pensée

SOPHIE DE MIJOLLA-MELLOR

Presses Universitaires de France

*A la mémoire*
*de Piera Aulagnier.*

ISBN 2 13 044068 1
ISSN 0768-4096

Dépôt légal — 1re édition : 1992, janvier

© Presses Universitaires de France, 1992
108, boulevard Saint-Germain, 75006 Paris

# Sommaire

# Avant-propos

On peut sourire à ses rêves intérieurs mais il est de mise de revêtir sa pensée de gravité et de sérieux. Voyez Rodin, Dürer : leurs penseurs prennent la pose, mais jamais très loin de la mélancolie, elle qui sait si bien tirer des allures de profondeur de son commerce avec la méditation sur la mort.

Les intellectuels de tous les temps ont conjugué la plainte du sacrifice de leurs passions et de leur jeunesse sur l'autel de la déesse Raison, grande consommatrice d'énergie pulsionnelle dite sublimée. Les pages des livres enferment comme des herbiers la mémoire de ces visages penchés qui se parcheminent au fil des ans. Tout au plus un trait en marge signale qu'il y eut, là, autrefois peut-être, de l'affect. Et si en vérité « ça » leur faisait plaisir ?

Non pas d'une tortueuse jouissance masochiste mais d'une joie intense et spontanée comme celle d'Archimède courant nu dans les rues de Syracuse pour crier *Eurêka* !

On l'imagine tendu auparavant, sinon il n'aurait pas connu une telle explosion qui fait encore rêver, comme la malice de Socrate ou la béatitude de Spinoza. Mais ces efforts de pensée, nous les assimilons le plus souvent à une peine et non à la quête d'un plaisir préliminaire qui serait celui de la construction et de l'invention des hypothèses.

On veut bien reconnaître une satisfaction de la découverte et même un triomphe, mais c'est parce qu'elle met fin à la concentration pénible qui la précède, au labeur intellectuel et non à l'activité foisonnante d'une pensée vivante.

Toutes les formes de pensées ne sont d'ailleurs pas considérées à même enseigne vis-à-vis du plaisir qu'elles sont susceptibles d'apporter. On en reconnaîtra davantage à la pensée bricoleuse, à celle qui s'affronte à des problèmes ponctuels même s'ils sont ardus et savants, qu'à celle qui s'enfonce et parfois s'enlise dans la métaphysique.

Car s'il est tellement dangereux de ne pas parvenir à résoudre les énigmes, c'est bien parce qu'elles nous mettent en main le marché de dupes selon lequel la réponse à la question sur la mort pourrait permettre d'y échapper, au moins pour un temps. On conçoit dans ces conditions que la réflexion s'alimente volontiers de la contemplation d'une tête de squelette et que la chair devienne triste.

Le plaisir de pensée, quant à lui, se cisèle contre l'attirance autohypnotique de la méditation sur fond de mort. C'est un plaisir de théoricien avec son érotisme propre, donnant la main aux infinies questions de l'enfance et à la fantasmatisation qui accompagne toute spéculation intellectuelle.

Pourquoi tant de penseurs et Freud le premier nous l'ont-ils décrit comme peu accessible parce que réservé à un « happy few » ou d'intensité faible, si on le compare au mariage heureux de l'alcoolique et sa bouteille ou à « l'assouvissement des désirs pulsionnels grossiers et primaires » ou enfin, dangereux parce que éloignant de la vie et de l'action, propice au rabougrissement du corps et à l'empoisonnement de la bonne santé pulsionnelle.

Il n'est guère d'intellectuel qui n'exprimerait sa sympathie à un Freud se plaignant à Fliess en plein mois d'août : « la psychologie est réellement un pesant fardeau. Jouer aux quilles et cueillir des champignons voilà certainement des passe-temps plus sains » (lettre du 16 août 1895).

Ne peut-on imaginer bien au contraire, la rage de Freud, contraint par ses vœux d'abandonner les délices de l'exaltation créatrice de l'*Esquisse* pour le ramassage des cryptogames ou sommé d'aller participer à une joyeuse partie de quilles quand il était en contemplation, des heures durant, devant le Moïse de Michel Ange !

Mais pourquoi l'idée d'avoir à choisir ? Le plus commun des rabaissements n'est pas seulement celui qui sépare la tendresse de la sensualité mais aussi celui qui s'efforce d'opposer en chiens de faïence la jouissance de l'activité de l'esprit, supposée aussi délicate et élevée que fortement limitée, à celle de ces plaisirs, qu'« à la légère on nomme physiques ». L'effort pour isoler et caractériser de manière métapsychologique un plaisir, préalablement passé par le laminoir de la notion de sublimation, s'achève dans la même aporie que la théorie de cette dernière. Comment en effet cette gestion parcimonieuse de l'économie libidinale qui fait penser « aux dépens » du sexuel pourrait-elle rendre compte de l'attrait de l'énigme ou de l'ivresse d'une compréhension qui s'ébauche ou aveuglante, s'impose à l'esprit ?

# 1

# Le paradis perdu de l'évidence

Qu'est-ce qui nous fait penser ? [1]

S'il n'y a de plaisir qu'à la satisfaction directe ou indirecte d'une pulsion, c'est à tenter de définir celle qui nous entraîne lorsque nous pensons qu'il faut tout d'abord s'efforcer. La psychanalyse semble compétente pour répondre à une telle question car elle ne porte pas, comme pourrait le faire l'interrogation philosophique sur l'essence du penser, mais sur ce qui peut en faire l'objet d'un désir ou, le cas échéant, d'un besoin.

Et pourtant la question ne laisse pas d'être embarrassante pour peu qu'on veuille la reprendre dans les termes où Freud nous l'a léguée. La définition du penser comme activité peut se suivre à travers son œuvre dans trois directions qui ne se recoupent pas nécessairement :

— L'axe « psychologique », celui de *L'Esquisse d'une psychologique scientifique* prolongée par l'apport de l'*Interprétation des Rêves*, puis par les *Formulations sur les deux principes du cours des événements psychiques*.

— L'axe « génétique », celui du deuxième des *Trois essais sur la théorie sexuelle*, prolongé, notamment, par *Un souvenir d'enfance de Léonard de Vinci*.

---

1. La reprise de cette interrogation heiddegerienne n'implique pas ici que nous prétendions nous lancer dans une perspective comparatiste entre les multiples réponses philosophiques à cette question et celle que la psychanalyse peut y apporter, mais elle souligne ce qui constitue selon nous une nécessité : reprendre ces questionnements à la lumière de l'apport de la psychanalyse dans les termes mêmes où Freud n'a pas voulu les poser.

— L'axe « anthropologique », celui de *Totem et tabou* et de *Moïse et le monothéisme*.

Or, un même souci anime Freud dans ces diverses perspectives : ramener l'activité de pensée à des origines qui lui soient extérieures, en faire un moyen en vue d'une finalité qui n'est pas la pensée elle-même. On sait que pour Heidegger par exemple « la pensée agit en tant qu'elle pense », ce qui vaut non pas pour la pensée calculatrice ou technique mais pour celle qui répond à un « besoin de raison ». Telle n'est pas la perspective de Freud qui aurait certainement vu dans cette conception « esthétique » de la pensée une marque de l'idéalisation philosophique.

La pensée se voit donc assigner une double tâche qui justifie sa pratique et rend compte de son origine : assurer la réalisation effective de la satisfaction de désir là où l'hallucination échoue et prévenir ou pallier l'abandon, la perte des soins et d'amour maternels lorsque la famille s'adjoint de nouveaux venus.

Dans les deux cas, le but n'est pas la jouissance de l'activité de pensée pour elle-même, mais son utilisation ou son investissement la constituant comme un moyen. La pensée dont il est question n'est d'ailleurs pas envisagée de la même manière selon le premier cas où il s'agit des « processus de pensée » et de leur relation à la réalité, ou dans le second où c'est de la « pulsion de savoir ou de chercher » qu'il est question, laquelle excède la stricte définition de la pensée puisqu'on peut chercher des indices ou des objets sans se livrer à l'activité processuelle qu'implique la pensée. Cette dernière en revanche peut se trouver définie de manière « psychologique », dans son fonctionnement, voire sa finalité, sans que le désir soit mis en cause.

Mais quelle que soit l'approche de la pensée qu'on veuille en avoir, Freud oppose un refus à l'hypothèse simple consistant à désigner une pulsion de penser prenant place aux côtés des pulsions déterminées par l'activité des zones érogènes ou même de celles qui ne sont pas liées à de telles zones mais apparaissent d'emblée dirigées vers une autre personne comme objet sexuel. Il concède, aux conditions très précises que nous évoquerons plus loin, l'existence d'une pulsion de savoir mais non d'une pulsion de penser.

La réponse à la question : « qu'est-ce qui nous fait penser ? » demande donc, si on suit Freud, à être dissociée en deux termes distincts : « qu'est-ce qui provoque le déclenchement des processus de pensée ? » et « qu'est-ce qui explique l'investissement libidinal de la capacité de pensée manifestée par ces processus ? » Entre ces deux questions le fossé apparaît aussi large que celui qui éloigne l'approche cognitiviste de la pensée dans les termes de la neurobiologie et une approche qui ferait part à la fois à la psychanalyse, la philosophie, l'histoire et l'anthropologie. Le fait de les retrouver réunis dans la pensée de Freud n'offre guère de possibilité de les lier car elles semblent cheminer côte à côte tout au long de son œuvre.

Les processus de pensée, nous est-il dit dans l'*Esquisse* (Freud, 1895, p. 347), sont provoqués par la dissemblance entre le souvenir empreint de désir et l'investissement qui lui ressemble. Lorsqu'il n'y a pas coïncidence, un signal biologique provoque la pensée, lorsqu'il y a coïncidence, un autre signal met fin à son activité et déclenche la décharge. On retouvera, seize ans plus tard, les mêmes considérations à propos de l'acte de jugement « qui doit décider impartialement si une représentation déterminée est vraie ou fausse, c'est-à-dire si elle est ou non en accord avec la réalité ; il en décide par la comparaison avec les traces mnésiques de la réalité » (Freud, 1911, p. 137).

Mais Freud manifeste d'emblée son incapacité à s'en tenir à cette conception ferroviaire. Dans l'*Esquisse,* alors que l'on croyait pouvoir se reposer sur l'idée simple que lorsque les investissements coïncident (entre le souvenir et le percept), ils ne fournissent pas à la pensée d'occasion de s'exercer, surgit l'hypothèse d'une activité de jugement qui serait « privée de but ».

Freud entend par là sans but *extérieur* à cette activité elle-même et cite l'intérêt que peut présenter l'activité mnémonique exercée pour elle-même ou l'examen d'éléments perceptifs nouvellement apparus. Le jugement se voit encadré par la remémoration, d'une part, et par l'investigation, de l'autre, qui en sont par ailleurs des éléments composants.

D'où vient alors que ceux-ci puissent prétendre à s'exercer sans but ?

L'hypothèse, vite laissée de côté, ne manque pas d'intérêt mais justifie pour être introduite un stratagème : « Supposons que l'objet perçu soit semblable au sujet qui perçoit, c'est-à-dire à un être humain » (1895, p. 348). Il faut en effet accorder ce cas de figure bien particulier si on considère le degré de généralité et d'anonymat précédemment atteint pour décrire l'activité cogitative, afin d'en arriver à cette déclaration faite comme en passant : « l'éveil de la connaissance est donc dû à la perception d'autrui ». Cet autrui d'où le sujet tire ses premières satisfactions ne manque pas d'intérêt : il est semblable et différent à la fois, il remue la main, ce qui évoque à l'observateur sa capacité d'en faire autant, crie comme lui, etc. Là où il s'avère différent, l'intérêt s'émousse et « l'investissement des éléments disparates se trouve probablement déchargé ». Mais Freud ne s'engage pas plus loin dans ces considérations philosophiques sur le Même et l'Autre (« tout ceci pourrait nous permettre d'analyser plus à fond le fait de juger, mais nous éloignerait trop de notre thème ») et conclut de manière bien restrictive vis-à-vis de l'ouverture ainsi entrevue : « La signification éminemment pratique de toute activité mentale se trouvera ainsi démontrée » (*ibid.*, p. 349).

Que Freud ne soit pas à l'aise vis-à-vis de cette conclusion, on en verrait un exemple dans le flou qui entoure la notion d'activité de pensée ainsi figée dans son indexation pratique. Dans les *Formulations*, il s'emploie à définir la pensée comme une activité permettant à l'appareil psychique d'ajourner la décharge vers l'acte lorsque celle-ci serait inopportune et consistant dans la mise en relation des impressions laissées par les objets (représentations) et leur désignation par les mots du langage. Mais là aussi, après avoir établi des classifications univoques apparaît une forme d'activité de pensée séparée par clivage, indépendante de l'épreuve de réalité et soumise uniquement au principe du plaisir : la création de fantasmes qui commence avec le jeu des enfants et se poursuit sous la forme de rêves diurnes (1911, p. 138).

Cette dichotomie de la pensée en activité judicatoire, soumise au principe de réalité d'une part en fantasmatisation qui n'obéit qu'au principe de plaisir présente de multiples inconvénients. L'un d'eux consiste à laisser hors de toute définition la *fantasmatisation théorique* à laquelle Freud fera de fréquents appels. Cette spéculation dont on peut considérer qu'elle est certainement la plus énigmatique pour la question du plaisir de pensée en ce qu'elle semble animée par une énergie qui ne trouve sa fin qu'en elle-même et ne se soucie pas de laisser au monde des résultats extérieurs tangibles, Freud, via Goethe, en fait une femme et une sorcière qui plus est.

De sa nature fantasmatique elle tient le caractère privé qui justifie que chacun, selon ses dispositions personnelles, la prenne ou non en considération. Quant à ses origines, elles remontent bien loin, dans les premières spéculations de l'enfant. Mais contrairement à celles-ci, destinées à se perdre dans le sable, enlisées dans les contradictions et le manque à savoir, la spéculation adulte est « une tentative pour exploiter de façon conséquente une idée avec la curiosité de voir où cela mènera » (1920, p. 65).

Mais encore faut-il pour cela que l'idée ait surgi pour pouvoir la suivre. La réponse à la question : « qu'est-ce qui nous fait penser ? » se trouve dès lors reculée. Laissons de côté la question des processus de pensée et leur relation avec la réalité pour nous tourner vers les contenus de pensée eux-mêmes, les idées.

Freud, fidèle en cela à la tradition romantique ne s'interroge guère sur leur origine : elles surgissent et l'intelligence se doit de les suivre. Néanmoins une différence importante les différencie des fantasmes : leur variété et leur nombre. Ainsi le fait de les suivre contraint d'abord la pensée à les contenir, à opérer un travail de liaison.

Comment pense-t-on ? Comme le tisserand qui meut les fils par milliers à chaque poussée du pied, comme la fabrique de pensées du rêve, comme le cerveau créateur qui maintient ensemble les idées assez longtemps sans chercher à les écarter par la critique et instaure un ordre dans leur masse compacte. On ne pense que par débordement ou plutôt on ne dispose des moyens pour créer ou spéculer que là où les idées débordent et contraignent à inventer un nouvel ordre.

Mais la question : « qu'est-ce qui nous fait penser ? » demeure ici encore sans réponse. Le plaisir qui s'attache aux représentations fantasmatiques justifie qu'on s'adonne à les évoquer mais telle n'est pas la situation de la pensée. Comme l'écrit Freud à la fin de *L'interprétation des rêves* : « Les processus de pensée sont en eux-mêmes dépourvus de qualité ; le plaisir et le déplaisir qui les accompagnent sont en effet freinés parce qu'ils pourraient troubler la pensée » (p. 524).

Le travail de pensée est un travail de communication entre les représentations et pour s'effectuer il doit ignorer le degré et la nature de l'investissement dont elles sont affectées. Ce n'est donc pas le plaisir qui s'attache aux idées qui constitue une motivation pour penser, bien au contraire il détourne la pensée de son but qui consiste à retrouver une identité entre un souvenir de satisfaction et l'investissement identique de ce même souvenir qu'on espère atteindre grâce à des expériences motrices (p. 602). La pensée irait donc du souvenir d'une expérience passée à l'anticipation d'une expérience future mais sans s'arrêter ni à l'une ni à l'autre puisqu'elle se limite au *passage* de l'une à l'autre.

L'explication psychologique s'avère donc impuissante à répondre à la question « qu'est-ce qui nous fait penser ? » autrement que par l'affirmation que le seul mobile se limite à la recherche du Même.

L'explication génétique qu'on la prenne du côté de l'origine mythique ou des considérations sur l'infantile ouvre un tout autre domaine pour situer cette question.

La perspective génétique sur la question « qu'est-ce qui nous fait penser ? » passe par l'établissement des causes justifiant que de grandes quantités d'investissement libidinal puissent se trouver consacrées à l'activité de pensée, causes qui se résument en fait dans la détermination d'une « pulsion de savoir » dont il nous est dit avant tout l'indépendance et le caractère atypique.

Tout d'abord, le fait qu'elle ne soit pas « subordonnée exclusivement à la sexualité » doit s'entendre comme la possibilité non seulement que ladite pulsion se sépare de son fonctionnement premier, exclusivement sexuel, par le moyen de la sublimation, mais aussi qu'elle puisse apparaître *indépendante de la sexualité*. Nous nous trouvons là face à une question délicate et que les embarras des traductions françaises ont contribué à obscurcir.

Dans les *Trois essais sur la théorie sexuelle*, Freud apporte une réponse qu'il donne seulement pour probable *(vielleicht)* sur l'origine non pas de la pulsion du savoir mais de sa mise en acte : elle serait peut-être éveillée *(geweckt)* par cette attraction, étonnamment précoce et intense, de la pulsion de savoir par les problèmes sexuels : « *der Wisstrieb der Kinder unvermutet früh und in unerwartet intensiver Weise von den sexuellem Problemen angezogen, ja vielleicht erst durch sie geweckt wird* » [G. W., V, p. 95][2].

Existe-t-il une « pulsion de recherche » qui préexisterait à l'intérêt des enfants entre trois et cinq ans pour les problèmes sexuels ? Freud est en fait prudent au début du texte sur ce point précis. Les signes de l'activité (vraisemblablement les questions ou les manifestations d'intérêt et d'observation pour la sexualité) qu'il désigne chez les enfants de cette âge peuvent être attribués, écrit-il, à la pulsion de savoir ou de recherche *(die Anfänge jener Tätigkeit ein, die man dem Wiss oder Forschertrieb zuschreibt)*, ce qui pourrait laisser entendre que celle-ci existerait déjà et aurait connu d'autres manifestations. Cette hypothèse est renforcée par la suite lorsque Freud souligne que la pulsion de savoir ne peut « être exclusivement subordonnée à la sexualité ».

Quel sens faut-il donner à cet « éveil » de la pulsion de savoir ? Il y aurait une sorte de latence de cette pulsion qui serait mobilisée massivement à cette occasion. L'activité de recherche, dit Freud, se trouve alors « mise en branle », l'enfant devient « songeur et perspicace ». C'est de l'intensité de l'investissement pulsionnel dont il est ici question et non de l'origine de la pulsion.

---

2. Rappelons que la traduction par B. Reverchon-Jouve de ce passage parle de « problèmes éveillant son intelligence » (de l'enfant) (Gallimard, Folio, 1962, p. 91), ce que les traduction plus récentes, notamment celles de J. Laplanche, comme celle de P. Koeppel, corrigent en précisant à propos desdits problèmes sexuels, que (la pulsion de savoir) « n'est peut-être éveillée que par eux seuls », Gallimard, « Connaissance de l'inconscient », 1987, p. 123. Quant à Strachey, il choisit de donner à l'allemand « erst » un sens temporel plutôt que privatif et traduit : « ... is in fact possibly first aroused by them » (S.E.-VII, p. 194).

Celle-ci préexiste à cet éveil dont nous parle Freud et on serait bien en peine de lui assigner une autre origine que celle de la rencontre psyché/monde qu'on situera selon le degré de régression auquel on souhaite s'arrêter à la naissance ou en deçà de celle-ci.

Chacun sait, sans qu'il soit nécessaire d'apporter une démonstration, que l'intérêt de l'« infans » pour le monde, sa curiosité omnivore à l'égard de tout ce qui l'entoure, est une activité incessante qui ne trouve de répit que dans le sommeil et maintient l'entourage immédiat dans un état de vigilance constant. A cet égard, les questions que l'enfant plus âgé pose et répète inlassablement constituent une dépense d'énergie relativement plus limitée. L'investigation, l'activité manipulatoire ne sauraient être réduites à leur portée adaptatrice et il est fréquent qu'un petit enfant cesse de s'intéresser à un objet lorsqu'il est parvenu à s'en assurer la maîtrise, sauf bien sûr lorsqu'il s'agit par exemple de ceux que Winnicott a définis comme transitionnels. Réciproquement, ce ne sont pas les objets dont il aurait à s'assurer une maîtrise à des fins utilitaires qui retiennent particulièrement son attention, mais en fait tous ceux qui sont à sa portée et plus particulièrement ceux que sa mère utilise en sa présence. Ces objets ne sont pas neutres, ils sont présentés comme des dépendances du corps de la mère qui, au début, les propose à l'enfant et les introduit ainsi dans un échange tendre.

Ces remarques d'ordre strictement phénoménologique amènent à s'interroger sur ce que Freud voulait bien dire en écrivant que « les débuts de l'activité attribuée à la pulsion de savoir ou pulsion du chercheur » apparaissant lors de la première floraison de la vie sexuelle, c'est-à-dire entre trois et cinq ans. Affirmation du reste contradictoire avec l'idée d'une pulsion de savoir indépendante et préexistant à cette période, mais qui se trouve éclairée si on considère ce que Freud entend par pulsion de savoir qui ne recouvre ni l'activité de pensée, ni même l'investigation précédemment évoquée.

Il faut en fait se résoudre à admettre que la notion de pulsion de savoir se développe sur deux niveaux pour Freud.

A un premier degré, on peut en suivre la formation dans les premières manifestations de l'investigation infantile et elle n'est rien d'autre qu'une forme composée de deux autres types de pulsions : le voir et l'emprise.

A un second degré, on assiste à une sorte de bond dialectique qui en fait une pulsion indépendante. Son objet est éminemment spécifique en ce qu'il s'agit non seulement d'un objet sexuel mais surtout d'un *problème* sexuel. Celui-ci résulte en fait de la mise en présence des *deux sexualités* : celle de l'enfant et de l'adulte.

L'érotisation du voir, de l'emprise, du savoir ne fait pas de difficulté pour l'enfant et le savoir n'a pas non plus à répondre d'emblée
à des questions, il s'apparente bien plus à une prise de possession réelle
ou symbolique d'un objet désiré. S'il y a « problème sexuel » en revanche, c'est en fonction d'une évolution dans la vie psychique et affective de l'enfant et c'est à la pulsion de savoir que celui-ci va confier
le rôle de s'en rendre maître[3].

Cette évolution se trouve provoquée, « éveillée » par la rencontre
avec la sexualité énigmatique de l'adulte et le fait que n'y ayant pas
part, il la constitue comme un secret, c'est-à-dire un savoir dont il se
voit écarté du fait de l'action concertée des adultes pour lui en refuser l'accès[4].

Il en fera à son tour un mystère, c'est-à-dire un savoir théorique
dont il gardera, avec quelques initiés, la possession afin de s'en assurer sinon la jouissance du moins la maîtrise.

On peut donc considérer que la pulsion de savoir *préexiste* à la constitution des « problèmes sexuels », qu'elle est elle-même *d'emblée érotisée* et donc sexuelle et que l'enfant lui *confie la tâche de maîtriser ces
problèmes* qui représentent pour sa psyché un trouble et une possibilité de souffrance en même temps que la nature de l'objet concerné
par le « problème » (la sexualité adulte) rend celui-ci d'autant plus fascinant.

Faire de la pulsion de savoir une acquisition datant de la troisième
année et « éveillée » par les problèmes sexuels serait une manière de
reconstituer dans le domaine de la pensée la même impasse que celle,
dénoncée par Freud, concernant la sexualité de l'« infans », car on ne

---

3. Rappelons que Jean Laplanche a proposé de ce passage une interprétation fondée sur sa théorie de l'étayage. Il considère que ce texte de Freud, qui semble précis,
risque de porter le lecteur en pleine confusion dans la mesure où la place du non sexuel
(composantes non sexuelles de la pulsion de savoir que sont le voir et l'emprise) y fait
problème.

Il propose la conclusion suivante : « La pulsion d'investigation sexuelle, dont nous
savons qu'elle aboutit à l'investigation et aux théories sexuelles infantiles, s'appuie sur
une activité non sexuelle ; *mais* peut-être finalement ce sur quoi elle s'étaie n'existait-il
pas *avant* que la sexualité ne vienne l'éveiller. » Laplanche J., *Problématiques III*, Paris,
PUF, 1980, p. 103.

4. Nous évoquerons plus loin l'importance de resituer cette analyse de Freud dans
son contexte historique que la théorie psychanalytique a considérablement contribué à
faire évoluer.

Le refus d'information et le secret des adultes concernant leur sexualité n'a plus
grand-chose à voir de nos jours avec ce que la pruderie du début du siècle pouvait
connaître. Les hypothèses de Freud ne se trouvent pas dépassées du même coup, mais
il serait impossible de les soutenir dans les mêmes termes.

voit pas pourquoi seule la fonction de pensée échapperait à l'érotisation. Il apparaît en ce sens nécessaire de distinguer la « *pulsion de savoir ou d'investigation* » *(Wiss oder Forchertrieb)* de « l'investigation sexuelle » *(Sexualforschung)*, c'est-à-dire de l'investissement par cette pulsion des « problèmes sexuels ».

Le bien-fondé de cette distinction se trouve par ailleurs corroboré par l'interprétation que Freud donne à propos de la scène primitive, supposée avoir été observée par l'Homme aux loups de l'âge d'un an et demi, à propos de laquelle il écrit : « il put voir l'organe de sa mère comme le membre de son père et comprit le processus ainsi que son sens »[5]. Même s'il rajoute une note en bas de page pour préciser que la compréhension fut en fait différée à l'âge de ses quatre ans, on ne voit pas comment ces impressions confuses auraient pu être recueillies et mémorisées si elles n'avaient pas été d'emblée investies par une pulsion d'investigation érotisée, ce que confirme l'hypothèse de Freud concernant l'excitation sexuelle « par induction » manifestée chez l'enfant par l'émission d'une selle.

Si nous considérons comme acquise l'idée que la pulsion de savoir existe avant qu'elle ne soit « éveillée » par les « problèmes sexuels » qui ne font que lui donner une direction et une qualité nouvelle, reste à savoir quelle est l'origine d'une telle pulsion. Freud apporte à cet égard une explication qui relève d'un modèle chimique davantage de tout autre puisqu'il propose de la décomposer en éléments. « Son action, écrit-il, correspond d'une part à un aspect sublimé de l'emprise, et d'autre part, elle travaille avec l'énergie du plaisir scopique » (1905, p. 123).

Cette définition lui assure une certaine autarcie puisque, bien que n'étant pas liée à une zone érogène, la pulsion de savoir recueille du plaisir venu d'une autre zone-fonction : la vision. Quant à la question : « qu'est-ce qui nous fait penser ? », la voilà rapidement expédiée : le penser, sous la forme de la fonction de savoir, est motivé par la même finalité que celle qui anime l'emprise dont elle représente en fait une dérivation sublimée.

On pourrait se satisfaire d'une formule aussi claire que concise si elle ne constituait en fait un nœud de questions et non des moindres.

---

5. Extrait de l'histoire d'une névrose infantile (L'homme aux loups) (1918), *G. W.*, XII, p. 29, 157, trad. française *Cinq psychanalyses*, Paris, PUF, p. 350. Notons que l'analyse de l'Homme aux loups s'était achevée en 1914, donc à peu près au moment où Freud ajoutait, en 1915, le passage des *Trois essais* sur la pulsion de savoir qui ne porte pas de trace de cette importante avancée clinique sauf peut-être dans la difficulté même où se trouve Freud pour penser cette notion.

A la question initiale s'en ajoutent maintenant d'autres : comment se produit le plaisir scopique puisque celui-ci ne peut s'entendre au sens de la détente liée à une zone érogène ? D'où vient la pulsion d'emprise ? Comment concevoir que la sublimation de celle-ci donne lieu à une pulsion de savoir ?

La pulsion d'emprise nous renvoie aux fondements de l'analyse métapsychologique et plus précisément à la pulsion de mort. Dès 1915, dans un additif aux *Trois Essais*, Freud place cette pulsion *(Bemäch-tigungstrieb)* dans une position d'antériorité vis-à-vis de la composante de cruauté *(die grausame Regung)* qui en est issue. Avec l'introduction de la notion de pulsion de mort, l'origine de la pulsion d'emprise étend encore sa portée : « La libido, écrit Freud dans *Le problème économi-que du masochisme* a pour tâche de rendre inoffensive cette pulsion des-tructive et elle s'en acquitte en dérivant cette pulsion en grande partie vers l'extérieur, bientôt avec l'aide d'un système organique particu-lier, la musculature, et en la dirigeant contre les objets du monde exté-rieur. Elle se nommerait alors pulsion de destruction, pulsion d'emprise, volonté de puissance ».

A cet égard, l'activité de pensée et la joute intellectuelle qu'elle implique vis-à-vis de son objet voire vis-à-vis d'un interlocuteur réel ou intériorisé ne serait qu'une expression parmi d'autres, comprenant le plaisir d'organe musculaire, de la pulsion de mort lorsqu'elle se défléchit vers l'extérieur. Une telle perspective ne manque pas d'être convaincante et nous y reviendrons à propos du fantasme d'autovivi-section chez l'intellectuel, mais elle est tellement vaste que sa perti-nence s'en trouve émoussée.

Dans une lettre écrite à Marie Bonaparte le 27 mai 1937, Freud note que : « ... Toutes les activités qui organisent ou effectuent des changements sont, dans une certaine mesure, destructrices et rediri-gent ainsi une portion de l'instinct loin de son but destructeur original ».

Au travail d'usure silencieux et souterrain que la pulsion de mort impose au Moi se substituerait par à-coups les bruyants changements par lesquels Eros marquerait sa capacité de rejeter à l'extérieur ce qui le menace. Penser, introduire des changements dans les liens sponta-nés qui unissent les représentations, ne serait là encore qu'un sursaut d'Eros pour survivre. Une telle analyse, qui pèche par son excès de généralité, possède néanmoins la vertu de sortir de l'idée un peu courte que la pensée aurait pour finalité de maîtriser la nature, hypothèse qui ne fait que renvoyer la question aux motivations que l'on pourrait avoir de considérer comme désirable une telle maîtrise.

Pourquoi pense-t-on ?

Tout travail se doit d'être entretenu et dépense de l'énergie, phénomène que l'hypothèse topique d'un changement de direction de la pulsion de mort ne suffit pas à expliquer. Aussi la seconde composante de la pulsion de savoir, l'énergie du plaisir scopique est-elle indispensable à la question non pas de « pourquoi » de la pensée mais des conditions de possibilité pour en poursuivre l'exercice.

Il faut noter à cet égard que si Freud mentionne la sublimation de l'emprise, ce que nous réexaminerons à propos de la place de la cruauté dans l'exercice intellectuel, il ne l'évoque pas concernant la pulsion scopique, dont le plaisir peut cependant devenir énergie utile pour la pensée.

Il est vrai que le passage du voir au savoir, qui en français semble implicitement contenu dans les mots, constitue une sorte d'évidence intuitive, les yeux étant, selon l'expression de Léonard de Vinci, « la fenêtre de l'âme ». Et pourtant, la déduction qui mène du *Schaulust* au *Wisstrieb* n'est pas si claire et repose essentiellement sur une particularité de l'exercice de cette pulsion qui conduit non seulement à contempler ou à scruter mais aussi à comparer. Percevoir la différence, mettre en présence plusieurs variantes tout en affirmant qu'il s'agit de la même chose est en soi un pas vers l'abstraction qui permet de penser et de classer.

Déjà dans l'*Esquisse* apparaît l'importance donnée par Freud à la perception *visuelle* de l'autre comme éveil de la connaissance : « Les complexes perceptifs qui [il s'agit de la perception d'autrui] en émanent sont, en partie, nouveaux et non comparables à autre chose, par exemple les traits de la personne en question (dans la sphère visuelle) ; mais d'autres perceptions visuelles (par exemple les mouvements de la main) rappelleront au sujet les impressions visuelles que lui ont causé les mouvements de sa propre main, impressions auxquelles seront associés les souvenirs d'autres mouvements encore » (p. 348).

Entre la vision et le jugement on peut établir deux ordres de relations privilégiées. D'autre part la faculté discriminative qui caractérise le jugement est à l'œuvre dans la vision à un degré différent qu'elle ne l'est dans les autres sens et ce degré la rapproche de la pensée. Qu'il s'agisse de l'ouïe, du toucher ou de l'odorat, la perception est celle d'un ensemble donné dans un espace temporo-spatial défini. Au contraire, la vue par sa capacité particulière de percevoir *à distance* peut créer l'ensemble à percevoir en englobant une pluralité d'objets et en suivant simultanément leurs modifications éventuelles.

D'autre part, le plaisir visuel est délié de toute référence à une zone érogène source. Il est pris, pourrait-on dire, par emprunt, du fait de l'irridiation que crée la situation de satisfaction pulsionnelle lorsque par exemple satisfaction visuelle et orale s'interpénètrent dans les premières expériences du nourrisson qui tète en regardant fixement le visage de sa mère.

De plus, le plaisir visuel est à la jonction du concret et de l'abstrait si on considère que le scénario fantasmatique reconstitue en l'absence de l'objet du visuel sa présence visible interne[6].

Ces considérations permettent de comprendre comme la pulsion de savoir peut « utiliser l'énergie du plaisir de voir ». C'est-à-dire qu'elle attend le renouvellement de la satisfaction déjà connue dans la vision et utilise l'énergie libidinale ainsi produite à d'autres fins que la vision, les fins abstraites de l'activité de la pensée.

La réponse psychanalytique à la question « qu'est-ce qui nous fait penser ? » serait alors celle-ci : le souvenir du plaisir visuel, lui-même étayé sur d'autres plaisirs liés à des zones érogènes-sources, serait l'aimant et le réservoir de libido qui permettraient à la pensée, inapte en elle-même à produire du plaisir, de se mettre en branle.

Perspective bien vague que l'émergence des « problèmes sexuels » vient cristalliser et porter à la dignité d'une nécessité.

La volonté de Freud de se refuser aux facilités consistant à placer une pulsion toutes les fois que se présente une fonction, dans une sorte de jonglerie de type scolastique, le met en revanche en grande difficulté lorsqu'il faut tenter de répondre à la question de l'origine de la pensée autrement que par l'idée vague que l'on pense pour assurer son emprise sur la réalité extérieure.

L'élément manquant est bien en effet ce « plaisir de pensée » qui ne saurait se concevoir que comme le résultat d'une aventure complexe et justifie que Freud tout au long de son œuvre fasse appel à la notion peu claire et fort embarrassante de « sublimation ».

La tentative plus convaincante de Freud pour répondre à la question « qu'est-ce qui nous fait penser ? » est probablement l'hypothèse qu'il développe (précisément à la date où l'essai sur la sublimation, manquant dans la métapsychologie, aurait dû être écrit) dans l'*Homme aux loups*, où il montre comme la pulsion d'investigation se constitue un objet indépendant, c'est-à-dire ne répondant à rien d'autre qu'à ses propres objectifs.

On voit alors se dessiner l'idée d'un plaisir spécifique apparenté

---

6. Nous reviendrons sur ces questions à propos du passage de l'expérience spéculaire à l'expérience spéculative dans le chap. 4, « Se réfléchir en soi-même ».

à l'emprise et utilisant la pensée comme zone érogène au même titre que la vision, le toucher et toutes les zones pouvant être concernées par la recherche.

La pulsion d'investigation n'a pas pour objet primitif la quête d'un sens ou la réponse à une question. Elle se confond avec la recherche de l'objet, ce qui suppose que l'épreuve de la réalité ait été expérimentée par la psyché qui ne se contente plus uniquement d'une satisfaction hallucinatoire en l'absence de l'objet et investit en revanche la pulsion de recherche en vue de l'obtention d'une satisfaction. Cet investissement s'insère dans l'espace laissé livre par l'action du jugement qui ajourne la décharge motrice tant que l'objet n'est pas présent dans la réalité.

L'investigation comme mouvement vers l'objet est donc présente dès le début de la vie mais, pour exister comme pulsion, c'est-à-dire être investie en tant que telle, il faut que s'instaure la reconnaissance du manque de l'objet.

Sans entrer dans le détail, nous retiendrons essentiellement deux idées : d'une part la « violente activité musculaire dirigée vers l'objet » acquiert la valeur d'un « objectif indépendant », ce qui est une manière de préciser la formation de la pulsion d'emprise dont on sait le rôle dans la pulsion d'investigation. D'autre part, c'est à ce moment du développement psychosexuel, donc antérieurement à la période comprise entre trois et cinq ans, que se forme l'instinct d'investigation. Mêtre ainsi une date n'a pas grand sens dans la mesure où l'on pourrait montrer que le complexe main/bouche/regard manifeste dès les premiers mois de la vie une activité exploratoire érotisée en vue d'une emprise. C'est donc davantage à un renforcement de ces possibilités en liaison avec le perfectionnement neuro-musculaire qu'on assiste. Mais de toutes manières, on voit que pour Freud la précocité de ce processus ne fait pas de doute, puisqu'il s'agit de dispositions dont on pourrait aussi trouver la trace chez l'animal.

Il revient sur une idée analogue tout à fait à la fin de « L'homme aux loups » à propos des réactions de l'« infans » d'un an et demi devant la scène primitive : « On ne peut, écrit-il, qu'avec peine écarter l'idée qu'une sorte de savoir, difficile à définir, quelque chose comme une prescience agit dans ce cas chez l'enfant. Nous ne pouvons absolument pas nous figurer en quoi consiste un tel "savoir", nous ne disposons à cet effet que d'une seule mais excellente analogie : le savoir *instinctif (instinktiven Wissen)* — si étendu — des animaux » (p. 419). De cette « activité mentale primitive » *(primitive Geistestätigkeit)* Freud fait, quelques lignes plus loin, le noyau de l'inconscient *(der Kern des Unbewussten)* destiné à être plus tard détrôné par la raison humaine *(Menschheits vernunft)* lorsque celle-ci est acquise.

Ce savoir instinctif, quel qu'en soit l'origine, très proche d'une sorte de connaissance empathique, ne peut fonctionner que si la relation que le sujet entretient avec celui dont il devine ainsi les sentiments voire les sensations (cf. l'excitation sexuelle « par induction »), est fortement investie et il en est probablement de même pour l'animal. On peut faire l'hypothèse que ce savoir est utilisé par le sujet en liaison non pas avec l'autoconservation comme c'est le cas chez l'animal mais en fonction de l'ensemble du dispositif pulsionnel propre à l'« infans ». Cette activité mentale primitive aurait pour fonction de s'assurer par le biais de la représentation un plaisir spécifique et de relier entre eux les divers messages que le corps par ses sensations fait parvenir à la psychè.

La notion de « concept inconscient » fondée sur un système d'équivalence symbolique entre des éléments différents constitue, par la relation d'identité qu'elle introduit, un exemple de cette protopensée qui fonctionne sous l'emprise du principe de plaisir. Elle n'est pas séparable d'une pulsion d'investigation dont le but premier est la recherche du plaisir dans la manipulation et l'emprise sur l'objet qui peut en être cause. Si l'on transpose à un stade antérieur ce que Freud décrit en 1923 à propos de l'organisation génitale infantile, on voit que l'investigation ne naît pas d'une question qui se poserait de l'extérieur à l'enfant mâle, mais de l'investissement particulier que celui-ci porte à son pénis : « Cette partie du corps facile à exciter, qui se modifie et qui est si riche en sensations occupe au plus haut point, écrit-il, l'intérêt du garçon et assigne constamment de nouvelles tâches à sa pulsion d'investigation » (1923, p. 114). C'est au cours de ces investigations qui ont pour moteur le désir de manipuler, comparer, exhiber le pénis que le petit garçon « découvre » la différence des sexes et ce n'est qu'ultérieurement qu'il lui assigne le sens d'une possibilité de castration. Cette phase de l'investigation infantile ne me semble pas délimitable aussi nettement sur le plan de la chronologie, car, dans une certaine mesure, elle persiste après que l'enfant ait assigné à sa pulsion de recherche des buts qui ont trait davantage à sa propre protection qu'à une quête de plaisir. Réciproquement, la quête de plaisir initiale se fait toujours aussi sur le fonds d'épreuves que l'enfant apprend précocement à surmonter ainsi que l'atteste le jeu du *Fort-Da* par exemple. Néanmoins il semble utile pour la compréhension du fonctionnement de la pulsion de savoir de considérer l'existence d'une pensée et donc d'une investigation fonctionnant au niveau de ce que je développerai ultérieurement comme le « sol des évidences », c'est-à-dire sans avoir à répondre à un questionnement que le sujet ressent, même s'il en est l'auteur, comme quelque chose qui lui est imposé de l'extérieur et dont il se serait volontiers passé si cela lui avait été possible.

Comment comprendre néanmoins que l'investigation puisse exister si la psychè ne se représente que ce qui a pour elle la valeur d'évidences ? On ne cherche pas une évidence, on la rencontre et elle s'impose d'elle-même. L'« *évidentia* », au sens étymologique, est ce qui est vu entièrement et non pas seulement aperçu, mais surtout ce à quoi le regard ne peut pas échapper et qui « saute aux yeux ». Elle est toujours connotée de passivité pour celui qui la vit.

Celui-ci peut la refuser lorsqu'elle lui est pénible ou l'alléguer par mauvaise foi lorsqu'elle le sert, mais elle ne peut être maîtrisée par l'intellect et, de même qu'elle se passe de médiation, elle ne débouche pas sur de nouvelles représentations. L'évidence éclaire et aveugle à la fois, on ne la démontre pas car ce serait aussi absurde que d'enfoncer une porte ouverte. On s'y soumet et lorsqu'Œdipe accepte de s'y rendre, c'est au prix d'accepter qu'elle lui « crève les yeux ».

Même si l'investigation n'est pas d'emblée la réponse à un « problème » et peut fonctionner comme recherche d'une emprise sur l'objet cause de plaisir, sa démarche, en impliquant que la pensée sorte de la représentation fantasmatique pour s'affronter à la réalité, la met en situation de rencontrer l'existence de représentations contraires à celles forgées par le désir. La situation d'une pensée qui n'aurait jamais eu à constituer un questionnement en réponse à l'irruption de la réalité dans son espace, se trouve de ce fait réduite à une dimension mytique et ce « sol des évidences » n'est peut-être qu'une construction après-coup issue de la souffrance du doute. Néanmoins il existe bien « en négatif », comme ce qui se dessine d'un paradis perdu d'une connaissance accessible directement, d'un monde sans énigme ni double sens, lorsque le sujet fait l'expérience, ressentie comme une rupture douloureuse, de l'avènement du doute. Celui-ci représente dans le domaine de la pensée l'équivalent de ce qui est imposé au nourrisson dans l'épreuve de séparation et il comporte des potentialités multiples et analogues. En fonction de la manière dont il la négocie, le sujet pourra faire de cette fissure ouverte dans un espace préalablement unifié, soit le point de départ d'une activité nouvelle avec les bénéfices narcissiques qui peuvent lui être liés, soit une faille dans son organisation psychique qu'il ne pourra surmonter qu'au prix de dépenses libidinales et d'aménagements coûteux. La plupart du temps, c'est une solution médiane, tenant de l'une et de l'autre qui sera adoptée.

L'EFFONDREMENT DU SOL DE L'ÉVIDENCE

L'évidence ne va pas sans quelque brutalité car en opérant un court-circuit dans l'argumentation, elle fait chuter la pensée de la représentation de mot à la représentation de chose. Le propre de l'évidence est d'être vue et non d'être dite et on a tôt fait de la qualifier d'ineffable pour cela.

Un souvenir rappelé par Freud dans *L'interprétaion des rêves*, en association à un rêve où apparaissent simultanément les sentiments de stupéfaction et de résignation à l'inévitable, illustrera mon propos : « Quand j'avais six ans et que ma mère me donnait mes premières leçons, elle m'enseignait que nous avons été faits de terre et que nous allions revenir à la terre. *Cela ne me convenait pas, j'en doutais* [je souligne]. Ma mère frotta alors les paumes de ses mains (tout à fait comme pour faire des quenelles mais elle n'avait pas pris de pâte) elle me montra les petits fragments d'épiderme noirâtres qui s'en étaient détachés, comme une preuve que nous étions faits de terre. Je fus stupéfait par cette démonstration "ad oculos" et je me résignai à ce que plus tard j'appris à formuler : tu dois rendre ta vie à la nature. » (p. 115) Cette scène demeurée sous forme d'un souvenir résume probablement tout un travail de pensée, même si elle se donne sous la forme d'une révélation venue rompre le sol de l'évidence, celle de la pérennité du corps et du Moi. Qu'est-ce que la mère de Freud roulait ainsi entre ses mains ?

La quenelle imaginaire tenant lieu du pénis auquel l'enfant de par son savoir intuitif et ses sensations pouvait rapporter la question de l'origine, se révélait poussière et cette image de castration devait s'étendre au corps propre. A la leçon d'Amalia, dont on sait qu'elle représentait dans la famille de Freud, l'athée et la sceptique face au religieux Jacob et surtout à la catholique et superstitieuse Nannie, le petit Sigmund pouvait opposer à son tour sa capacité de douter et donc de protéger ainsi non seulement ses propres idées sur la question mais surtout son auto-investissement narcissique.

Face au doute qui affirme la liberté de ne pas croire, l'évidence écrase et dénonce l'illusion de toute puissance. Mais d'où tient-elle un tel pouvoir, celui-là même dont les illusionnistes en tous genres savent tirer leurs effets ? Précisément d'échapper au logos rationnel et au travail des mots qui implique toujours une marge d'incertitude, de critique et donc de progrès. L'évidence est immédiate, hors du temps et

de toute espèce d'élaboration mais pour la constituer et donc pour pouvoir la reconnaître comme telle, il faut avoir conservé la nostalgie d'un
accès au sens par contact direct, presque par osmose.

A cette représentation fantasmatique s'alimente indéfiniment le
vieux débat entre l'intuition et la raison, entre la couleur et la forme,
entre la foi et la science, entre le savoir de l'hystérique et la rumination de l'obsessionnel. Querelle désuète, dira-t-on, mais indéfiniment
récurrente sous de multiples visages. Elle concerne directement la
question du plaisir de pensée et contribue à accréditer l'image de
l'intellectuel protégé de la souffrance comme du plaisir par l'éloignement de son objet dans lequel le tiennent ses outils logiques et langa-
giers, et celle de l'artiste, plus proche du pulsionnel et donc plus loin
de la pensée. Cette dichotomie n'est elle-même qu'un avatar du parallélisme corps-esprit, reflétée dans celui du clivage entre le réel et le
rationnel. Et pourtant, de Kant affirmant que nous ne pouvons *penser* le monde que parce que nous en avons une *expérience* tout entière
tissée de concepts, à Hegel posant l'équation entre le réel et le rationnel, ou à Merleau-Ponty en passant par la phénoménologie, les philosophes se sont succédés pour tenter de remettre en question
l'opposition entre la conscience perceptive et la conscience intellectuelle.

L'approche psychanalytique couramment reçue, celle qui fait le fond
de plus d'une communication dite « clinique », retrouvant cette même
aporie tranche volontiers en faveur d'un sensualisme d'autant plus
vigoureux qu'il s'ignore comme tel, certain d'avoir dépassé les labo-
rieux débats de la philosophie pour rejoindre grâce aux vertus de
l'« écoute » quelque évidence ineffable. On cite volontiers l'anecdote
de l'analyse intégralement silencieuse de part et d'autre pendant plusieurs années à l'issue desquelles le patient reconnaissant se serait levé
guéri. Si ce n'est vrai, c'est bien trouvé pour ceux qui veulent faire
entendre que le plus important se situe en deçà des mots, dans une
disposition empathique, voire une hypothétique communication
d'inconscient à inconscient[7].

On aurait tort toutefois de voir là un trait particulier de la psychanalyse, qui a montré par ailleurs jusqu'à quel degré d'effacement de
l'affect elle pouvait théoriser la psyché, et il semble plus pertinent de
s'interroger sur les hypothèses qui pourraient rendre compte du caractère indépassable d'un tel dialogue de sourds et surtout des investissements affectifs et identificatoires qui lui sont liés. Entre ceux qui

---

7. Je reprendrai plus loin cette question. Cf. « Intuition et illumination », p. 333
du chap. 6.

prônent que la seule sagesse consiste à se laisser envahir, voire aveugler, par l'évidence et ceux qui la dénoncent comme illusoire et tentent d'en limiter les déferlements océaniques par quelque médiation rationnelle, le débat demeure indéfiniment ouvert sur la meilleure manière de rattraper un objet dont les uns et les autres s'accordent pour reconnaître qu'il est bien perdu.

Face à l'ampleur de la question, l'approche freudienne nous ramène à la dimension de la situation infantile. Suivons-la dans cette trace.

S'il nous est apparu précédemment justifié de mettre en doute l'énoncé selon lequel la pulsion de savoir ne serait peut-être éveillée que par la découverte des problèmes sexuels, il semble néanmoins important de souligner que, pour Freud, il se produit là l'équivalent d'une révolution. S'agit-il seulement de lutter contre le risque ou la réalité de la naissance d'un puîné? On sait que Freud s'est efforcé de répondre à la question naïve de la possibilité pour l'enfant unique de se voir épargner les affres de la crainte de perte d'amour et de soins, en affirmant que ce dernier devait bien croire la chose possible puisqu'elle se produisait dans d'autres familles! Discussion vaine si on veut bien considérer que c'est d'un exemple et non de chose même qu'il est ici question et d'un exemple très partiel puisqu'il néglige notamment le désir de l'enfant de se voir adjoindre frères et sœurs plus jeunes vis-à-vis desquels il pourra se fantasmer comme père, voire s'identifier à leur mère.

Au-delà des particularités qui ne sauraient prétendre transcender les conditions individuelles et socio-culturelles données, qu'est-ce que Freud veut nous montrer? La transformation de la perception que l'enfant a de lui-même et des autres et la manière dont il utilise sa pensée pour s'aider à surmonter une situation de danger, « la menace qui pèse sur ses conditions d'existence ». L'enfant, dit-il, devient songeur, perspicace et... méfiant. Ces termes ne sauraient bien sûr être mis sur le même plan, mais ils induisent tous à s'interroger sur l'état qui précédait un tel changement, duquel il ne nous est rien dit.

Cet état primitif, qui prendrait fin théoriquement entre trois et cinq ans, apparaît comme une sorte d'âge d'or de la pensée un paradis où elle pouvait se déployer à sa guise sans être requise comme un instrument de défense, sans être troublée par la conscience du manque dont témoigne la pulsion de savoir. Nous ne remettrons pas en question ce mythe dans la mesure où, notamment, les apports de Mélanie Klein concernant la place de la pulsion de mort et de l'envie dans la psyché de l'infans l'ont déjà largement fait et ont montré les incidences de celles-ci vis-à-vis de la pulsion dite « épistémophilique ».

Mais il est intéressant en revanche de voir comment il apparaît nécessaire de se représenter dans le fonctionnement de la pensée une zone en quelque sorte préhistorique ou mythique où l'univocité du sens serait préservée et vis-à-vis de laquelle le développement de la pensée apparaîtrait comme une suite nécessaire.

C'est ainsi qu'il faut considérer cette notion de « pensée inconsciente » que Freud évoque à plusieurs reprises, dont nous tenterons de montrer qu'elle a partie liée avec ce que les philosophes appellent évidence ou certitude immédiate et qui n'a d'autre fonction pour l'analyse de la pensée que celle d'une origine. Vis-à-vis de la détermination d'un « plaisir de pensée », cette origine prend bien sûr un tout autre sens que celui qu'il peut avoir en philosophie, car elle apparaît en position d'objet primordial définitivement perdu et de ce fait indéfiniment désirable.

« La pensée, écrit-il, est vraisemblablement, à l'origine, inconsciente dans la mesure où elle se borne, à s'élever au-dessus de la pure activité de représentation en se tournant vers les relations entre les impressions laissées par les objets ; elle n'acquiert par la suite des qualités perceptibles à la conscience que par la liaison aux restes verbaux » (1911 a, p. 138).

On a ici deux étapes : le passage du magma des représentations dissociées à la pensée, c'est-à-dire à la *mise en relation* de ces représentations entre elles, et le passage de la pensée inconsciente à la pensée consciente par connexion avec les représentations de mot correspondantes.

On assiste ici à un progrès dans l'abstraction qui consiste à penser non les éléments mais le lien entre ceux-ci, c'est-à-dire la logique qui les unit, puis à se séparer encore plus de la chose perçue en liant sa représentation à un autre type de reste mnésique sans autre relation que conventionnelle avec lui, la représentation de mot.

Bien sûr le schéma n'est pas si abstrait que Freud le laisse entendre car le mot est d'abord offert par la mère à l'« infans » pour commenter, accompagner la rencontre de celui-ci avec le monde.

L'offre de sens précède la demande, l'adulte projetant son besoin de comprendre sur ce qu'il interprète de l'infans. En fait cette offre, comme l'a montré Piera Aulagnier à propos de la fonction « porte-parole » de la mère (1975) accompagne celle du sein, de la tendresse, des soins corporels et, bien avant qu'il n'ait l'accès au langage, l'« infans » est en mesure de comprendre les énoncés qu'on lui adresse, soit qu'ils se rapportent directement à lui, soit qu'ils aient trait aux objets, à leur manipulation ou aux interdits qui peuvent y être liés.

Il a de même la capacité de faire la différence entre un énoncé identifiant, désignant un objet par son nom et les mots qui visent à le lui interdire ou à lui en imposer l'usage auxquels il oppose, le cas échéant, une fin de non recevoir, sans pour autant ignorer le sens de ce qui lui a été communiqué.

Représentations de choses, pensée de leurs relations et représentations de mots correspondants doivent rester intriqués sans quoi le système devient fou... ou philosophique. « Lorsque nous pensons abstraitement, écrit Freud, nous courons le risque de négliger les relations des mots aux représentations de chose inconscientes et l'on ne peut nier que notre philosophie revêt dans son expression et dans son contenu une ressemblance qu'on n'eut pas désirée avec la façon dont opèrent les schizophrènes. » (1915 b, p. 121)

Voici le danger désigné : perdre l'amarrage non pas aux choses mais aux représentations de choses, le contact avec le sol de l'évidence peut se rompre, de même que l'investissement des objets peut être abandonné dans le retrait narcissique des schizophrènes.

En fait, cette dérive serait rendue possible par l'abstraction qui caractérise les processus de pensée et leur neutralité, c'est-à-dire l'absence de plaisir ou de déplaisir qui les accompagne. « La pensée, écrit-il, fonctionne dans des systèmes qui sont si éloignés des restes perceptifs originaires qu'ils n'ont plus rien conservé des qualités de ceux-ci » (1915 b, p. 118). Cette perspective reprend exactement celle qu'il avait avancée dès 1900 à la fin de *L'interprétation des rêves* où, là aussi, les processus de pensée étaient présentés comme « dépourvus de qualité » puisque « le plaisir et le déplaisir que les accompagnent sont, en effet, freinés, parce qu'ils pourraient troubler la pensée » (1900, p. 524).

La liaison avec les mots est précisément ce qui vient raccrocher les processus de pensée : « Pour donner une qualité à ces processus, l'homme les associe à des souvenirs de mots dont les restes de qualité suffisent à appeler l'attention de la conscience et à obtenir par là un nouvel investissement. »

Le détachement ainsi obtenu d'avec le sol originaire perceptif est considérable puisque pour réintroduire le plaisir ou le déplaisir c'est aux mots que l'on va s'adresser, qui sont eux-mêmes des résidus perceptifs mais sans relation avec la représentation de chose à laquelle ils se voient attachés.

Le lien entre expérience sensorielle, nomination de la chose et les qualités correspondantes de plaisir et de déplaisir sont dissociés dans l'analyse qu'en donne Freud. Il rappelle que les mots ont une origine sensorielle spécifique puisque « les restes verbaux proviennent essentiellement de perceptions auditives » (1923 a, p. 232) tandis que le matériel concret de la pensée peut, par le biais du rêve, revenir aux reste visuels d'où il serait issu. Mais, souligne Freud, « pour les *relations*, qui sont particulièrement caractéristiques de la pensée, il ne peut exister d'expression visuelle » (p. 233).

On comprend de ce fait la nécessité des mots : là où aucun rattachement n'est possible au sol perceptif, ils assurent une sorte de matérialité aux relations que produit la pensée : « Le rôle des représentations de mot devient maintenant tout à fait clair. Par leur intermédiaire, les processus de pensée internes sont *transformés en perceptions*...

Par un surinvestissement de la pensée, les pensées sont perçues effectivement comme venant de l'extérieur et de ce fait tenues pour vraies. » (p. 235)

L'évidence, qui ne saurait être que perceptive puisque pour être « ob-vie » elle doit être extérieure au sujet, se voit ainsi récupérée par les mots. Ils assurent une position préconsciente à la pensée, c'est-à-dire susceptible de devenir consciente mais aussi pouvant s'effectuer à un niveau infraconscient comme le montre le travail de pensée aussi bien dans la création poétique, que dans l'analyse ou, selon l'exemple volontiers cité, dans la solution du problème mathématique qui vient en dormant.

« Nous avons d'une part la preuve, écrit Freud, que même un travail intellectuel délicat et difficile, qui exige ordinairement une réflexion soutenue, peut aussi être accompli préconsciemment, sans parvenir à la conscience. De tels faits sont tout à fait indubitables, ils se produisent par exemple dans l'état de sommeil et se traduisent par ceci qu'une personne, après avoir cherché en vain pendant la journée la solution d'un problème difficile, mathématique ou autre, la connaît immédiatement à son réveil » (1923 a, p. 239).

Si nous définissons comme le sol de l'évidence la représentation de chose inconsciente parce qu'elle est susceptible de venir, lors de la régression topique du rêve par exemple, s'imposer à la psyché avec tous les attributs de la réalité, il faut constater que le travail de la pensée consiste à s'en éloigner tout en gardant en permanence le contact avec cette base d'origine.

Le caractère apparemment particulier de ce fonctionnement s'élargit si on considère que des activités réputées « intellectuelles » comme la philosophie mais aussi le *Witz* et, pourquoi pas, la création poétique procèdent de manière analogue. On pourrait s'interroger sur ce qu'il en est de toutes les activités de pensée élaborées non sanction-

nées par l'expérimentation et dépendant de critères de vérité autodé-
terminés comme par exemple les mathématiques. L'écroulement du
sol de l'évidence deviendrait alors non pas la perte de la pensée mais
la condition pour pouvoir penser, c'est-à-dire pour pouvoir abstraire.

Toutefois, c'est à propos du fonctionnement schizophrénique que
Freud envisage cette forme particulière de relation à un langage qui
tient lieu de réalité extérieure : « Dans la schizophrénie, écrit-il, les
*mots* sont soumis au même processus qui, à partir des pensées laten-
tes du rêve, produit les images du rêve et que nous avons appelé *processus psychique primaire*. Les mots sont condensés et transfèrent sans
reste, les uns aux autres leurs investissements par déplacement ; le processus peut aller si loin qu'un seul mot apte à cela du fait de multiples relations, assume la fonction de toute une chaîne de pensées. »
(1915 b, p. 113)

On a ici une explication de ce phénomène si frappant chez les schizophrènes de la construction de néologismes mais aussi de la fonction
fétiche que peuvent occuper certains mots du langage courant répétés par le malade avec une intensité incompréhensible pour l'auditeur,
comme s'ils constituaient à eux seuls l'équivalent d'une chaîne de pensée ou d'un discours, voire la clé d'une énigme.

Mais l'exemple proposé par Freud est loin de ce domaine. Bien
qu'il ne donne aucune indication à cet égard, nous avons reconstitué
l'identité du patient « schizophrène » dont il est question[8] et qui n'est
autre que cet Homme aux Loups, présenté pour les besoins du compte
rendu clinique comme ne souffrant que des séquelles d'une « névrose
obsessionnelle spontanément résolue ».

Freud s'évertue à montrer en quoi serait typiquement schizophrénique la formation de substitut consistant à assimiler l'expression
d'un comédon à une éjaculation et le pore dilaté qui lui fait suite à
un vagin, réalisant la menace de castration promise pour l'onanisme.
Les motifs qu'il donne pour justifier son assertion sont d'une surprenante faiblesse : les pores de la peau sont trop nombreux et trop petits
pour pouvoir figurer le vagin ; il va même jusqu'à préciser que l'ori-
fice d'une chaussette peut tenir cette fonction pour un obsessionnel
mais certainement pas les espaces entre les mailles de la dite. La

8. Grâce à la date puisqu'il est question d'« un patient que j'observe actuellement
(en 1915) », *ibid.*, p. 114, et surtout grâce aux éléments connus sur l'analyse de l'Homme
aux loups par le supplément à l'« Extrait de l'histoire d'une névrose infantile » de Freud,
écrit par Ruth Mac Brunswick en 1928, trad. fr., *L'Homme aux loups, par ses psychanalystes et par lui-même*, Gallimard, 1981.

faiblesse tient au fait que l'interprétation du rêve nous a appris précisément à négliger ces disproportions et à considérer pour le multiple la possibilité de représenter l'unique.

D'où vient que Freud soit néanmoins aussi affirmatif ? La violence de l'angoisse hypocondriaque et les fantasmes de persécution qui l'accompagnent auraient certes suffi à désigner ce symptôme comme n'appartenant pas au champ de la névrose, mais Freud n'en dit rien et propose en revanche l'idée suivante : « Si nous nous demandons ce qui confère à la formation de substitut et au symptôme chez le schizophrène son caractère surprenant, nous finissons par saisir que c'est la prédominance de la relation de mot sur la relation de chose » (1915 b, p. 116). Et Freud d'ajouter « la formule cynique : un trou est un trou, est valable mot à mot ».

On reste après la lecture de ce passage, d'autant plus intéressant que Freud ne s'est guère aventuré sur la question de la pensée dans la psychose, un peu perplexe car le fonctionnement analogique sur lequel repose la formule en question peut concerner toute espèce de symptôme, de même que le jeu de mots, ou la classification abstraite.

Qu'est-ce donc qui la rend à même de justifier le soupçon que c'est un psychotique qui parle ? Je fais ici l'hypothèse que je tenterai d'illustrer plus loin que l'angoisse que l'Homme aux loups fait partager à Freud ne tient pas au fait d'afficher la punition de son onanisme au bout de son nez mais à l'impossibilité d'établir les limites spatiales entre le minuscule pore dilaté, le vagin et le gouffre dans lequel il pourrait disparaître tout entier. Il n'est pas étonnant que parmi les nombreux exemples qu'il pouvait avoir à sa disposition et qui auraient été beaucoup plus pertinents vis-à-vis de l'étude du traitement des mots par le schizophrène, ce soit cette histoire de peau trouée, susceptible de laisser échapper une matière et donc d'être vidée ou pénétrée, qu'il ait choisie. En effet, la connotation phallique de l'expression du comédon est *d'abord* anale, ce que confirme l'importance de cette zone pour l'Homme aux loups, ainsi que le montre Freud.

L'identité de l'expression verbale (le trou) apparaît comme un moyen pour la substitution mais non comme une spécificité de la schizophrénie. Celle-ci en revanche n'ayant plus accès à la relation normale aux objets n'a plus le moyen d'opposer au glissement sans fin des mots les uns par rapport aux autres l'équivalent de l'épreuve de réalité que constitue ce que j'ai désigné comme le sol de l'évidence. La figure abstraite devient la réalité ainsi que Searles l'a montré à propos de l'usage concret des métaphores chez le schizophrène (1962).

La possibilité à tout moment de réévoquer l'image de chose

constituerait en revanche ce fondement inconscient de la pensée sans lequel toute aventure au pays de l'abstraction risquerait de s'avérer sans retour[9]. Je tenterai de montrer comment cette exploration des limites, qu'on l'envisage du côté des sciences, de la philosophie ou de la psychanalyse elle-même, est en soi producteur d'un plaisir de pensée qui s'apparente à celui que procure toute espèce de risque réel mais calculé. A cet égard le schizophrène apparaît comme incapable de ce type de plaisir précisément parce qu'il est au-delà du risque, et la névrose elle-même, dans son cramponnement aux divers mécanismes de défense, constitue une autre formme d'échec à cette exercice de la pensée.

Cette représentation d'un sol de l'évidence où s'appuierait toute espèce de connaissance a fait répétitivement dans l'histoire de la philosophie l'objet de disputes théoriques.

L'évolution de la doctrine stoïcienne en donne un exemple. Pour les premiers stoïciens, Chrysippe notamment, la représentation sensible est un acte passif et l'image du réel est produite dans l'âme par l'action d'un objet extérieur. Il s'agit véritablement de l'empreinte de l'objet et pas même d'une relation spéculaire qui impliquerait une inversion. Du coup l'infaillibilité de la connaissance est entièrement assurée grâce à l'action de l'objet dont la réalité pénètre et éclaire l'âme. L'assentiment va de soi, il est en harmonie naturelle avec la représentation, comme l'exprime Cicéron : « De même que le plateau d'une balance s'incline nécessairement quand on le charge d'un poids, [...] de même un être ne peut pas ne pas donner son assentiment à une chose qui s'offre à lui avec évidence ». [*Acad.* Pr. XII]

La sagesse consiste donc à se conserver dans la *conciliatio* dans l'harmonie, du nouveau-né ou de l'animal, entreprise qui n'a d'ailleurs rien de naturel et constitue pour le stoïcien un devoir et un choix réfléchi.

L'évidence est bien un paradis perdu, au même titre que ce « bon sens » supposé être la chose du monde la mieux partagée mais néanmoins la plus rarement utilisée. Philosophes et épistémologues l'ont dit et redit : l'intuition, l'évidence, comme celle, par exemple, qui affirme que par un point on ne puisse tirer à une droite donnée qu'une

9. Rappelons que pour le schizophrène, ainsi que le rappelle Freud, l'abstraction n'est ni voulue, ni même reconnue comme telle, mais constitue une tentative pour rentrer en contact avec les choses : « Ces efforts tendent à récupérer les objets perdus et prennent le chemin de l'objet en passant par l'élément mot de celui-ci, ce qui les amène alors à devoir se contenter des mots à la place des choses » (1915 b, p. 120).

seule parallèle, n'est pas le résultat d'un contact primitif avec la chose même mais le résultat d'un premier savoir transmis, oublié, devenu inconscient. Comme l'écrit G. Canguillem : « Le conflit, s'il existe n'est donc pas entre notre intuition et une théorie douteuse mais entre un premier schéma (euclidien) dont nous avons tellement pris l'habitude que nous lui conférons une existence *en quelque sorte matérielle* (je souligne) et un autre schéma dont la nouveauté surprend notre esprit. » (1968)

Ces idées préconçues qui entourent nos premières expériences ne sont certes pas apprises mais il est possible qu'elles nous soient transmises en même temps que les mots et en acquièrent là aussi valeur d'évidence.

D'où vient alors que cet état supposé de certitude ou plutôt d'absence de questionnement initial puisse prendre fin ? Ou si nous préférons éviter de telles hypothèses, pourquoi le mythe d'un état d'avant la lutte discursive pour la vérité, d'avant le doute se trouve-t-il ainsi répétitivement reconstruit ?

De même que la philosophie montre l'impossibilité pour la pensée de se tenir dans la coïncidence exacte avec la chose, même si, comme nous l'avons vu chez les Stoïciens, cette union peut faire l'objet d'une visée idéale, de même la théorie freudienne et ses prolongements permettent de penser cette même incapacité dans une perspective non plus structurale mais individuelle, voire singulière.

Toute l'entreprise philosophique commence avec l'étonnement qui constate que les choses ne vont pas de soi, avec le doute qui soupçonne qu'il pourrait en aller différemment des apparences, voire avec la nausée qui envahit celui qui découvre, avec l'absence du sens qui faisait la diversité des choses, la pâte écœurante de l'Etre. L'effondrement du sol de l'évidence est l'avènement de la conscience philosophique qui naît de ce déchirement et du désir de s'en rendre maître.

Se rendre maître, non pas parce que le sens se retisserait et que le déchirement pourrait se refermer grâce à la pensée, non pas pour construire un autre monde imaginaire qui serait prôné comme une meilleure réalité, car la maîtrise dont il s'agit porte sur la capacité de la pensée de transformer en plaisir l'objet douloureux sur lequel elle s'exerce. Il n'y a probablement de philosophie qui ne retrace cet acte de naissance de la pensée à travers les formes diverses de cet effondrement originel. Aussi est-ce à titre d'exemple que l'on peut citer ces quelques lignes où Hegel rend compte de l'impossibilité pour la pensée d'en rester à l'âge d'or des certitudes. « Le contenu concret de la certitude sensible la fait apparaître immédiatement comme la connaissance la plus riche... Cette connaissance apparaît en outre, comme la plus vraie, car elle n'a encore rien écarté de l'objet mais l'a devant soi dans toute sa plénitude. En fait cependant, cette certitude se révèle expressément comme la plus abstraite et la plus pauvre vérité. De ce qu'elle sait, elle exprime seulement ceci : il est. » (1807, tome I, p. 81)

L'immédiateté du savoir, le contact avec la chose donne la certitude mais une certitude monolithique dont on ne peut rien faire. Si on suppose deux moi affirmant chacun avec la même absence de distance à leur objet leur assurance sur leur savoir on aura le heurt antithétique de deux vérités également creuses et inconciliables. La pensée naît avec la distance à l'objet, avec la prise en considération de l'essence de la chose qui permet d'en appréhender des positions différentes, à des moments variés. Mais pour atteindre cette possibilité, il faut rompre le contact avec l'objet, le penser comme absent ou passé tout en lui conservant son identité. La prise en considération du négatif et de l'absence sont nécessaires pour pouvoir décoller de l'immédiateté et concevoir la variabilité des modes d'être d'un même objet.

Si la pensée sort de la certitude sensible et de l'évidence qui ne permet de dire que « ici, il y a », c'est parce qu'elle se heurte nécessairement à d'autres consciences aptes à la même performance et plus généralement parce que la durée vient apporter un démenti à l'expérience momentanée.

Aucun désir, aucune visée ne pousse ici la pensée à sortir de ce collage primordial à la chose, mais ce dernier en ne pouvant rester unique, se contredit, se détruit et introduit avec le négatif l'ébauche de la pensée.

On trouve en un sens une perspective analogue chez Freud, à ceci près que ce n'est pas l'expérience primitive, celle de l'hallucination de l'objet désiré par le nourrisson par exemple, qui produit sa propre négation. La réalité s'avère résistante et l'hallucination, comme la toute puissance de la pensée, reculent devant l'échec réitéré et l'attente déçue. Toutefois, à fixer ainsi cette expérience de l'écroulement du sol de l'évidence dans les origines du développement de l'infans, on se condamne aux supputations.

C'est à la permanence de cet événement chez l'adulte, à sa réitération dans les symptômes que l'on peut se faire une idée et construire des hypothèses sur la nature de ce sol de l'évidence originelle et sur ce qui chez certains prend la forme d'un effondrement au lieu d'un effritement progressif. J'en donnerai un exemple.

## VERTIGES ET BRIBES DE CERTITUDE

Sébastien attendait de l'analyse qu'elle lui permette de se soustraire à un doute de plus en plus envahissant qui se formulait toujours comme une hésitation impossible à trancher entre deux termes qui lui apparaissaient toujours strictement équivalents et totalement incompatibles. Derrière ce symptôme, typiquement obsessionnel, qui aurait pu s'entendre à partir d'un conflit œdipien des plus classiques, se dessinait aussi autre chose de plus obscur et de plus profond qu'il décrivait comme une sorte d'oscillation universelle lui rendant impossible de se fixer sur opinion définitive aussi bien à propos de l'identité sexuelle que du fait même d'exister. Ce balancement à son tour, n'était en fait qu'une défense contre un vertige dont les brefs aperçus qu'il pouvait en donner évoquaient les images de flux ininterrompu et de tourbillon d'objets partiels disloqués tels qu'on les trouve dans les dessins de Léonard de Vinci sur le thème de la fin du monde.

La caractéristique fondamentale de ce vertige était liée à une indifférenciation fondamentale entre lui-même et ce qui l'entourait ou le concernait d'une manière ou d'une autre. Mais, loin d'être vécues comme des moments d'élation, de telles expériences lui apparaissaient tellement insupportables qu'il aurait souhaité pouvoir se conformer entièrement à la pensée d'un autre pour ne plus avoir à les rencontrer. Sans rendre compte de l'histoire de ce patient ni du déroulement de son analyse, je me limiterai à évoquer les images dominantes qui se sont cristallisées au fur et à mesure de l'écoute. Face au sentiment de risquer d'être entraînée moi aussi dans un flux tourbillonnant de représentations sans pouvoir en fixer aucune, ces images avaient une valeur particulière et jouaient un rôle analogue à celui de pierres posées dans un torrent qui, ainsi qu'il l'exprimait, lui permettaient d'avancer dans une sorte de déséquilibre perpétuellement compensé sans toutefois qu'un terme puisse être envisagé. Elles constituaient comme des équivalents de ces instants d'évidence précédemment évoqués, ou encore des aphorismes dans lesquels serait venue se condenser une accumulation d'intuitions partielles et non formulées.

Le vertige dont parlait Sébastien s'exprimait de bien des manières : il pouvait lui-même être à la fois de manière apparemment totalement indifférenciée, l'eau qui coule, une pierre dans l'eau et celui qui saute de pierre en pierre. Petit à petit, une image parut se dégager et prendre même la forme d'un scénario précis : un évidement qui n'aurait pas eu de fin ou encore un déroulement qui aurait entraîné dans sa dynamique propre un ensemble parce que, la partie étant insé-parable du tout, elle n'aurait pu en se détachant, que l'attirer dans sa chute. Cette image était apparue de multiples fois dans ses associations avant que je ne la reconnaisse et ce n'est que dans la remémoration après-coup, à la suite d'un récit de rêve, qu'il me fut possible d'en prendre conscience. Réciproquement, à la suite de ce travail associa-tif, Sébastien parvint à exprimer dans un fantasme ce même matériel.

Il parlait fréquemment de chutes, en générales mortelles, où figu-raient pêle-mêle le Christ, mis au défi par le Démon de prouver sa puissance en se jettant du haut d'une falaise, un petit camarade plus âgé que lui qu'il avait précipité volontairement d'une échelle lorsqu'il était enfant, son analyste dont il rêvait qu'elle tombait dans le vide en voulant aller rechercher un mouton noir perdu, et enfin, lui-même dans le fantasme en forme de souvenir qu'il avait de sa propre nais-sance où il se sentait expulsé du corps maternel et jeté à terre depuis la table d'accouchement.

La réitération obsédante de ces scènes angoissantes se marquait aussi de manière moins directe dans des fantasmes isolés comme celui d'une main accrochée à un rebord de fenêtre et que l'on tenterait de détacher ou celui d'une autre cherchant à l'agripper, qui n'aurait appartenu à aucun corps mais que l'on aurait pu supposer être celle de quelque chose d'emmailloté, nouveau-né ou fœtus. Tout cela était exprimé en même temps que des craintes actuelles qu'on ne puisse lui trancher une main, précisément celle dont il avait coutume de sucer le pouce et qu'il tenait habituellement crispée et dissimulée.

Dans ses associations où se mélangeaient les repères chronologi-ques, les souvenirs et les fantasmes, l'angoisse de castration renvoyait manifestement à autre chose qu'à la menace œdipienne, celle-ci étant venue se surimposer sur un contenu autre. A la séquence expulsion-chute-mort se rattachait également toute une somatisation intestinale, comme si la défécation rappelait à chaque fois le risque de mort impli-qué par tout détachement. Le brouillage introduit par l'indifférencia-tion se marquait dans des occurrences multiples et apparemment de peu d'importance comme l'impossibilité de lui faire préciser si le rêve qu'il était en train de raconter concernait la chute du plombage d'une dent, laissant subsister l'espace d'une dent creuse, ou si c'était toute la dent qui était tombée.

D'une manière générale, tout semblait pouvoir se transformer en son contraire : l'avant et l'après, le blanc et le noir, la gauche et la droite, son propre destin avec celui du frère qui l'avait précédé ou de celui qui, s'il avait vécu, l'aurait suivi. Les représentations angoissantes de la naissance s'appuyaient d'ailleurs sur le souvenir des propos que sa mère lui aurait tenus à ce sujet. Il avait été particulièrement frappé par le récit qu'elle lui avait fait du moment précédant sa mise au monde et de l'angoisse qu'elle disait avoir alors ressenti, ce qui lui semblait énigmatique puisqu'il n'était pas son premier enfant et qu'elle devait donc « savoir ». Sans bien comprendre pourquoi, il avait entendu cette confidence comme l'aveu d'une angoisse d'avoir fait l'amour, interprétation tout aussi énigmatique sauf à considérer que pour lui se fondaient dans une même violence le corps de l'enfant à expulser dans l'accouchement et le pénis du père pénétrant la mère. L'acte écrasait toute possibilité de différenciation, annulant du même coup la durée et le processus d'élaboration d'un enfant, qui aurait pu être désiré avant sa conception et construit au cours des neuf mois de grossesse.

M'étant décidée au cours d'une séance à émettre quelques doutes sur le fait, présenté par lui comme une évidence, que toute pénétration sexuelle ne pouvait être qu'un acte sadique et dangereux, Sébastien me raconta la fois suivante, avec un plaisir inhabituel, un rêve qui complétait son récit sur l'angoisse de sa mère au moment de sa naissance et venait lui donner un sens nouveau : « Mon frère et moi, nous étions enceints. Le bébé sort... dans le rêve... ce n'est pas très clair comment... et à ce moment-là je m'écrie avec une grande joie : "Il est vivant!" En plus ce bébé c'est moi, je le sais parce que je le vois, il a ma tête comme je l'ai vue sur une photo de mon baptême.»

A ma question sur le sort advenu au bébé du frère, il me répondit qu'« on » était un peu inquiet car c'était déjà assez extraordinaire qu'il ait pu faire cela lui-même et on se demandait si une telle performance serait réalisable une seconde fois », marquant ainsi les multiples renversements dont il était coutumier entre l'enfant mort qui le suivait, lui-même, et le frère qui le précédait dont il se souvenait très clairement combien il aurait souhaité le tuer.

Ce rêve ne surprenait nullement Sébastien, qui n'y voyait aucune implication sexuelle, mais il lui semblait en revanche apporter une réponse à une question qu'il avait posée, longtemps auparavant, à une de ses parentes qu'il aimait bien et qui lui paraissait toujours un peu triste : comment avait-elle pu porter des enfants dans son ventre puis s'en séparer et s'adresser à eux comme à des individus ordinaires ? Mon rêve, ajouta-t-il, vient m'apporter la réponse qu'elle ne m'avait pas donnée : la naissance n'est pas une séparation terrible, la mère peut en être heureuse, le bébé est vivant.

Ma précédente intervention concernant sa théorie sexuelle du coït l'avait visiblement soulagé sans pour autant d'ailleurs ébranler moindrement sa conviction quant au fond, mais, imposer une violence ne

lui apparaissait plus aussi culpabilisant puisque celle à qui ont la faisait subir la désirait elle aussi. Le rêve venait dans le prolongement
des associations qu'il n'avait pas communiquées alors et précisait les
fantasmes sexuels en cause à ce moment-là. Je n'envisagerai toutefois
ce matériel qu'en fonction de ce qu'il m'avait dit de sa naissance et
en particulier de la manière dont il avait interprété l'angoisse de sa
mère. Sébastien avait en effet trouvé dans ce rêve une « solution » pour
résoudre ce qui lui apparaissait comme un problème insoluble : le fait
que tout homme doive, pour accéder à la vie, affronter une séparation
d'avec le corps matriciel. Il ne pouvait envisager cet événement que
sous la forme d'un risque mortel pour la mère et l'enfant, car ce dernier n'ayant d'autre existence que celle d'une partie du corps de la précédente, il aurait, en naissant, provoqué dans sa chute une sorte de
vidage interne de l'espace auquel il était attaché.

L'enfant aurait peut-être pu être sauvé, mais au prix d'une autre
identification, tout aussi insupportable, qui lui aurait donné l'accès à
un corps différencié de celui de la mère à la condition de se fondre
avec l'image du pénis paternel pénétrant la mère dans une scène primitive elle-même destructrice. Entendant mon intervention comme
une autorisation à érotiser cette scène sur un mode sado-masochiste,
Sébastien avait pu construire ce rêve d'auto-engendrement qui évitait,
moyennant quelques aménagements, les risques mortifères de la scène
primitive et de la naissance. L'union avec le Tout passait alors par
l'exclusion des objets extérieurs, et d'abord celle de ses propres géniteurs. Le thème central du rêve reproduisait, sur un mode seconda-
risé, une de ces attitudes primitives que Freud considérait comme très
précieuses pour une « embryologie de l'âme », et qui se trouve au fondement de la phase primitive du sentiment du Moi, résumé dans la
formule « Je suis le sein ». Cette plénitude qui repose sur le fait
qu'aucun élément étranger au Moi ne peut avoir pour lui d'existence,
n'était pas retrouvée dans un élan fusionnel comparable à l'état amoureux par exemple, mais au contraire par l'exclusion de tout objet extérieur, à l'exception du frère, présent à titre de revanche, pourrait-on
dire. L'auto-accouchement n'est pas identique à l'auto-engendrement
et l'origine de cette grossesse demeurait dans l'ombre, mais le contexte
du rêve et surtout le plaisir qui s'y attachait était de l'ordre d'une jouissance du Moi, contemplant l'engendrement de sa propre image[10].

---

10. Je rapproche ce rêve de ce que Piera Aulagnier désigne dans *La violence de l'interprétation* comme le mode de fonctionnement originaire de la psyché, c'est-à-dire le fait
que « l'agent représentant voie dans la représentation de l'œuvre son travail autonome
et y contemple l'engendrement de sa propre image », PUF, 1975, p. 48.

Sébastien rapportait son rêve sans aucun commentaire sur son contenu étrange, fasciné lui-même par l'impression d'évidence et par la sensation d'élation « océanique » qu'il en retirait. En pouvant ainsi se rendre pensable et investissable la scène de sa propre origine, il confirmait le fait qu'un sujet soit parfois amené à ré-inventer, dans la visée d'une construction identificatoire, des processus psychiques depuis longtemps relégués.

Il me rendait également sensible l'idée que le fantasme de fusion avec le Tout pouvait être tellement angoissant qu'il fallait pouvoir lui en opposer un autre de même force où l'union se serait faite avec soi-même et retrouver, grâce à cette élaboration, l'élation du sentiment océanique. Cette dernière constituait un rempart contre l'angoisse qui l'étreignait lorsqu'il laissait monter en lui certaines représentations, ce qu'il fit avec un peu plus de liberté dans la période de l'analyse qui suivit ce rêve.

Quelque temps après, il commença une séance, après un long silence, en racontant ce qui m'apparut comme une sorte de fantaisie diurne vécue comme une sensation présente sans qu'on puisse néanmoins y voir une hallucination à proprement parler. Il « pensait », disait-il, à deux surfaces glissant l'une contre l'autre dans des directions opposées. Cette image de frottement ne me semblait pas évoquer les représentations sexuelles sur lesquelles il aurait été loisible d'associer dans un autre contexte. L'idée me vint en revanche de quelqu'un, cherchant vainement à parcourir à l'envers un tapis roulant, figé dans un sur-place où tout mouvement ne ferait qu'en annuler un autre, impression que m'avaient laissés ses propos indéfiniment répétés sur ses hésitations multiformes.

Son silence se poursuivant, une autre image s'imposa alors pour moi : celle d'une sorte de bouleversement sismique, une plaque jouant contre une autre dans un glissement inverse remplaçant toute espèce de mouvement par un déséquilibre installé et permanent, vis-à-vis duquel il ne serait possible que de se crisper ou de se contracter pour éviter de donner trop de prise à l'oscillation.

Je pense, reprit alors Sébastien après un moment, à « *un tissu qu'on déroulerait et à une main qui empêche qu'on le déroule* ». A ma demande de précisions, il m'expliqua qu'il s'agissait d'un rouleau de tissu qu'un vendeur d'un geste habile et caractéristique aurait projeté sur une table pour le dérouler et l'aplatir, le lisser sur la surface d'une table. « Il y a toujours » ajouta-t-il « un risque que le rouleau n'entraîne le tissu trop léger qui ne puisse s'arrêter... la main alors l'empêche de partir. » Suivit alors un long silence angoissé rompu par la sensation qu'il réussit à exprimer d'être environné de murs qui l'enserraient et qu'il voulait faire éclater. Ce jour-là toutefois l'angoisse ne se prolongea pas dans le silence, mais il évoqua la séance de gymnastique du jour précédent. Le professeur avait fait une démonstration à la fin du cours qui l'avait beaucoup ému parce que « c'était très beau, très souple... on aurait pu faire l'amour... pourtant c'est un homme. » Ses angoisses d'homosexualité lui étaient revenues alors.

Les souvenirs qui lui revinrent à ce sujet étaient bien loin de l'unité harmonieuse précédemment décrite. Le fantasme des deux surfaces s'illustrait notamment dans le rappel d'une agression dont il avait été victime, coincé entre deux voitures. Il avait mis longtemps à s'en remettre bien qu'il n'eut pas été blessé car, me disait-il, lorsque mon corps est atteint d'une manière ou d'une autre c'est comme si « *moi-même je volais en éclats* ».

La sensation retrouvée d'une indifférenciation entre son Moi et son propre corps lui évoquait aussi l'image de son père, juge d'instruction, interrogeant après la guerre les gens qui avaient été torturés par les collaborateurs français des nazis et qui les avaient dénoncés. Il ressentait très fortement ce qu'avait pu être pour ces gens la souffrance de devoir évoquer tout cela. Finalement, disait-il, même si la finalité était différente, *c'était le même interrogatoire qui se répétait*. Cette possibilité d'identifier la chose et le discours tenu à son sujet demande, bien sûr, à l'analyste une vigilance particulière dans la conduite de la cure. On se souvient que Freud relate, dans *l'Homme aux rats*, le moment où il fait à son patient, qui se lève du divan dans un état de grande angoisse et le supplie de lui épargner le récit du supplice des rats, la réponse suivante : « Je l'assure que je n'ai moi-même aucun penchant à la cruauté, que je ne voudrais certes pas le tourmenter, mais que je ne peux le dispenser de choses dont je ne dispose pas. Il pourrait tout aussi bien me demander de lui faire cadeau de deux comètes » (1909, p. 207). Cette tentative, qui surprend, pour souligner le caractère imaginaire du transfert prend tout son sens si on considère qu'il y a une limite de l'analysable non seulement lorsqu'on donne son accord à la transgression de la règle fondamentale mais plus encore lorsque le mot et la chose sont dans un état d'indifférenciation tel que le discours se bornerait à être une pure répétition du traumatisme. Pour Sébastien, comme pour l'Homme aux rats, il n'y avait pas de différence entre l'acte d'infliger la torture et celui d'en demander le récit, dans un cas pour aider l'analysant à exorciser une obsession, dans l'autre pour confondre et punir le tortionnaire, et les propos échangés dans l'analyse prenaient de ce fait un poids particulier.

L'isolation des contenus de pensée, l'expression allusive ou symbolique permettaient néanmoins que quelque chose se communique. Ainsi, l'image du déroulement était exprimable tant qu'elle ne concernait qu'un rouleau de tissu mais, parler de ce qui en était l'origine, le corps lui-même entraîné par sa propre pesanteur et susceptible de se vider, comme la mère lors de l'accouchement, cela lui était impossible. Le corps devait rester contracté comme sous la torture afin d'empêcher une fuite, qu'elle soit de paroles ou d'autre chose, mais faute (ou de peur) d'être une femme, supposée selon le père mieux supporter la torture. Sébastien ne pouvait le supporter et « volait en éclats ».

L'image de l'évidement ou du déroulement du rouleau de tissu se trouva précisée au cours de l'analyse par le rapprochement d'un souvenir qui apparut au début de manière isolée et incompréhensible puis se rattacha peu à peu à d'autres images. L'événement était difficilement datable, constitué vraisemblablement par la condensation d'au moins deux faits tous deux relatifs à une intervention médicale sur son corps malade ou blessé.

La bribe qui surnageait de la manière la plus prégnante était celle *d'une main arrachant un pansement collé à la peau*, image de décollement d'une surface dont il était incertain si elle allait découvrir un amas viscéral ou une chair à vif, tant il était impossible de savoir s'il s'agissait de l'arrachage d'une peau ou d'une bande de tissu protégeant la peau, lorsque Sébastien évoquait cette image.

Il se souvenait de la souffrance ressentie lorsqu'un chirurgien avait enlevé son pansement à la suite d'une opération et des arceaux qui maintenaient le drap à distance de son corps lors d'un autre séjour à l'hôpital pour soigner des brûlures. Il semblait que pour lui, la peau, le vêtement, le bandage et le drap puissent être équivalents au point qu'enlever l'un soit assimilable à l'arrachage de l'autre. Un premier jour de printemps, alors qu'il se faisait la remarque qu'on pouvait enfin voir les jambes des femmes dans la rue, il eut ce fantasme qu'on « pourrait déshabiller quelqu'un de son corps ». Lorsque je lui demandai ce qui resterait alors, il se lança avec assurance dans une description des organes, tripes et viscères, plus nus que le nu etc., comme si la seule vérité, la seule certitude ne saurait être atteinte qu'au prix de ce dépouillement intégral. La nécessité que rien ne reste caché, que tout puisse être mis à plat, étalé ou lissé comme un tissu sur une table évoque cet interdit que ressentent certains sujets concernant toute pensée secrète ou autonome. Elle vient aussi rejoindre cette même fascination pour le viscéral et l'intérieur du corps que l'on trouve chez Sade et l'affirmation que la jouissance suprême demande d'aller au-delà du dévoilement d'un corps nu, toujours plus loin, là où la souffrance devient le point ultime du plaisir, où l'intérieur et l'extérieur peuvent se confondre.

Par le récit d'un conte où il était question d'un homme que le grand prêtre avait couvert de bandelettes constituées par les rouleaux de textes sacrés, Sébastien me précisa un jour l'autre face de la fonction de la peau. Ainsi protégé l'homme ne pouvait plus être enlevé par le fantôme car les bandelettes le rendaient invisible. D'organe protecteur, mais aussi récepteur, la peau se transformait alors en une enveloppe magique, permettant au corps la seule vie possible, celle d'une réclusion absolue.

Mais Sébastien n'avait pas choisi cette issue à ses conflits, bien qu'il se souvienne de l'avoir envisagée. La description de l'ambiance familiale dans son enfance semblait dominée par les cris, les plaintes et surtout le fait incompréhensible que les deux parents affirmaient avoir désiré une vie totalement différente de celle qu'ils s'étaient construite et qu'ils disaient supporter par devoir. Que désiraient-ils vraiment ? La chose continuait de lui apparaître énigmatique en même temps que se confirmait dans le dit familial son personnage de fantasque n'en faisant jamais qu'à sa tête, voire d'égoïste. Il en était bien loin, faute de savoir lui-même ce qu'il voulait, et c'était là ce qu'en dehors du cercle familial on lui reprochait le plus fréquemment. Il dit un jour qu'il avait trouvé dans une scène d'un film la parfaite expression de ses états d'âme, lorsqu'il se sentait maintenu par ses perpétuelles hésitations dans une sorte de mouvement sur place extrêmement agité, qui lui donnait l'impresion de sauter indéfiniment d'un pied sur l'autre : une femme très belle est debout devant un homme assis sur un lit qui la regarde fasciné. Elle est nue sous son manteau qu'elle ouvre et referme alternativement d'un geste presque mécanique ponctuant par ses mouvements par « Oui ? » « Non ? », l'expression du visage est ironique. Cette scène, qui illustre bien la jouissance masochiste de l'attente, l'angoissait particulièrement.

L'hésitation n'impliquait pas qu'un équilibre se serait établi entre désir et défense ou entre des désirs opposés, le laissant dans une sorte d'inhibition ou de doute plus ou moins apathique. Il ressentait au contraire la violence de ses désirs, bien reconnus tels, comme extrêmement pénible.

Mais l'impossibilité de dissocier l'émotion du désir d'une violence totalement destructrice pour lui-même et pour l'autre était ce qui constituait pour lui un point d'achoppement majeur. Il rattachait son incapacité de choisir, c'est-à-dire en fait d'accepter son désir, à l'impossibilité de faire reconnaître ce qu'il ressentait lorsqu'il était enfant. Toute évocation ayant trait au corps, à ses sensations et plus encore à ses émotions était bannie. Le corps figurait tout au plus comme malade signalant sa présence par les soins qu'il fallait lui donner, ce dont Sébastien prit conscience avec colère un jour qu'il avait commencé une phrase par un lapsus : « Quand j'avais des oreilles... non je veux dire des otites... »

De nombreuses séances furent consacrées à évoquer tout ce qui lui était interdit de connaître : les odeurs corporelles des autres, sauf pour s'en plaindre éventuellement, toucher ou regarder le corps de l'autre, etc.

Deux « solutions » s'étaient présentées à lui : ou bien se faire entendre à tout prix, et il se souvenait du fantasme d'avoir possédé un porte-voix qui lui aurait permis de crier plus fort que tout le monde pendant les conversations à table, ou se faire sourd ou sournois, comme on le lui reprochait, de cacher à l'intérieur de lui tout ce qui ne pouvait être reconnu et avant tout, sa propre rage.

Des otites à répétition suivies de plusieurs interventions chirurgicales jointes à une attitude de rêverie permanente dont on lui faisait sans arrêt le reproche, et à une diction qui le rendait assez souvent inaudible, notamment à cause de son habitude de mettre la main devant la bouche lorsqu'il parlait, montraient assez comment il avait désespérément tenté de se tenir à l'écart d'un milieu ressenti comme dangereux.

Dans le conte des bandelettes ce qui avait surtout frappé Sébastien c'était que le grand prêtre avait oublié de couvrir les oreilles de l'homme et que le fantôme les lui avait alors arrachées afin de rapporter une sorte d'objet-témoin. Que les oreilles soient par l'impossibilité de les obturer le lieu privilégié par où s'opère l'action du persécuteur est ici tragiquement représenté quand aucune autre solution ne se présente sinon l'obligation d'en être mutilé pour préserver le reste. Car le bouchon de pus ou de cérumen qui, comme la constipation, venait bloquer les accès, c'était aussi ce dont le corps explosait intérieurement car aucun objet protecteur ne pouvait exister pour Sébastien sans se renverser en un objet dangereux, un carcan où il aurait étouffé dans sa propre haine.

La solution de dissimuler ce qu'il voulait préserver n'était pas non plus possible faute d'être certain de la nature de ce contenu secret qu'il ignorait, imputant aux interdits parentaux le fait de n'avoir jamais pu reconnaître ce qu'il ressentait. En fait, cacher était dangereux car son ambivalence sans limites lui faisait penser que rien n'était sûr, le blanc pouvant se transformer en noir, la caresse déchirer et le velours receler un fer menaçant.

Il trouvait écho à ses craintes dans toutes les recommandations que ses parents lui avaient prodiguées, aussi largement qu'ils s'étaient montrés avares, disait-il, d'explications concernant la sexualité. Ne pas écouter les éventuelles propositions de messieurs inconnus, se méfier de ne pas se « faire avoir » par les filles, de ne pas « faire un enfant », propos énigmatiques qui lui apparaissaient dans une sorte de brouillard comme la preuve que désirer une femme et être une femme étaient deux termes strictement équivalents.

Tout désir était pour lui générateur d'angoisse le portant à fantasmer qu'il était dévoré, transpercé ou, dans un registre moins terrifiant, qu'il se trouvait dans un lit plein de miettes. Il semblait en fait que les désirs sexuels qu'il pouvait ressentir le plaçaient à chaque fois devant un dilemme identificatoire qu'il ne pouvait résoudre. Au cours de son analyse, son identification paternelle se fit plus prégnante, et il se débattait avec un syllogisme insoluble : — 1) Un homme, c'est violent ; — 2) Or, je suis un homme. (Proposition que seule la conclusion aurait pu rendre certaine) ; — 3) Donc, je suis violent. (Conclusion qu'il ne pouvait assumer).

Lui restait alors l'autre voie, celle de l'identification maternelle dans la soumission à la violence supposée avoir été celle du père. Pour ne prêter aucune sexualité au père, ce qu'il aurait ressenti comme dangereux pour lui-même, il en était venu à identifier le sexuel avec le féminin, retombant par là même sur ce qu'il avait ainsi voulu éviter. Il se souvenait ainsi qu'à un âge où il ne s'autorisait qu'une idée fort imprécise de la nature des rapports sexuels, il était descendu le soir en cachette près d'un bar où les prostituées avaient coutume d'attendre le client. Il avait pour cela endossé sous ses vêtements la combinaison de sa mère, justifiant cette conduite étrange par l'idée que pour aller voir les prostituées il fallait être comme elles. Il était permis de s'interroger sur la valeur de cette protection ambiguë, ce que confirmaient ses associations après-coup sur la dite combinaison rapprochée par lui de la tunique qu'un personnage du film « Les Visiteurs du soir », Dominique, tour à tour jeune page et séductrice diabolique, fait porter au vieux baron, son amant. Cet habit, qui appartient à la jeune femme, est censé protéger l'homme qu'elle a séduit, plus efficacement que sa cotte de mailles, mais il s'agit là d'un mensonge et le baron meurt, transpercé par la lance de son adversaire.

Ce récit donne une idée de la complexité des enjeux sexuels et identificatoires que vivait Sébastien, lui rendant inaccessible ce qui aurait pu être une issue de style pervers car la proximité du recours à une causalité persécutive se dessinait simultanément lorsque cette « solution » se présentait.

La présence permanente dans son espace psychique d'expériences évoquant l'état d'indifférenciation originaire n'excitait nullement la curiosité de Sébastien. Bien loin d'y voir la possibilité d'un accès à un monde de sensations disparues qui lui auraient livré quelque « vérité » sur le monde et sur lui-même, il les ressentait comme un trouble pénible qui le maintenait dans un sentiment d'incertitude globale. Toute possibilité d'en sortir était bienvenue, mais elle semblait toujours, à plus ou moins long terme, se couler dans le moule de ce qui avait été sa première tentative d'issue : l'obéissance à l'injonction dont il espérait qu'elle lui offrirait enfin le moyen de s'arrêter à une certitude.

Il décrivait les injonctions comme quelque chose d'anonyme, « une idée dans la tête » qui n'aurait pas été pensée par lui mais qu'il ne rattachait pas non plus à un personnage extérieur. Quand il en parlait, il était toujours soucieux de me faire entendre qu'il n'y avait là aucune réalité, simplement des « idées dans la tête »... Elles étaient nombreuses et variées, car toute espèce de contenu, ou presque, une affiche dans la rue, une opinion dans un livre, un propos apparemment anodin pouvaient devenir des ordres auxquels il opposait une résistance de force égale. Il était bien conscient que ceux-ci ne lui apportaient aucune aide, bien au contraire, et la majeure partie de son travail dans l'analyse consistait à les rapporter afin que nous les rattachions à ses propres pensées et au récit qu'il faisait simultanément de son histoire infantile. Cette élaboration lui procurait un soulagement momentané lié à l'expérience de pouvoir mettre en doute ces injonctions sans provoquer de désintégration. La logique de l'analyse lui fournissait en effet un autre cadre, mais avec, là aussi, le risque toujours présent qu'elle ne se transforme à son tour en une machine à fabriquer des pensées qu'il aurait à nouveau été contraint d'adopter.

Il n'attribuait pas cette obligation à une force étrangère, pas plus qu'il ne pensait que les propos ou les affiches lui aient été directement destinées. Tout se passait bien en lui mais sans lui et il ne pouvait qu'en constater les effets après-coup. La vue d'une affiche, placardée un peu partout et qui connaissait un succès certain en représentant, pour le compte des pantalons blue-jeans de la marque « Jésus », une silhouette attrayante vue de dos, surmontée par la mention « Qui m'aime me suive », le mit dans un grand état d'angoisse. L'image et le texte qui l'accompagnait étaient conçus pour provoquer et retenir l'attention du passant dont elle sollicitait les fantasmes de sodomie et de sacrilège. Pour Sébastien, chez qui ils rencontraient des préoccupations obsédantes, il s'agissait à l'évidence d'une injonction sous la forme d'une mise au défi de passer à l'acte. Il était parvenu néanmoins à traiter celle-ci comme s'il s'était agi d'une obsession et à venir en parler à sa séance.

De la même manière, si quelqu'un le prenait comme confident des malheurs dont il se trouvait victime, il ressentait ce récit à la fois comme une provocation (aurait-il été capable d'en supporter autant ?), comme une culpabilisation (pourquoi avait-il, lui, été épargné par le sort ?) et finalement comme l'injonction de donner la preuve qu'il était capable, lui aussi, de souffrir et qu'il n'était donc pas mauvais.

Freud rappelle, dans l'*Homme aux rats*, combien le texte manifeste des commandements compulsionnels peut se présenter d'une manière déformée, mutilée et surtout variable, additionnée des traces de la lutte de défense primaire. Le résultat de ces mélanges complexes de compulsions et de défense aboutit dans ces phénomènes « dignes d'une dénomination spéciale », nous dit-il, et qu'il nomme des « délires ». Ces formations rendent l'analyste d'autant plus perplexe qu'il croit pouvoir y repérer des significations nombreuses. Elles trouvent parfois une expression plus directe, ajoute Freud, sous forme de phrases énoncées dans des rêves. Celles-ci contrairement à la règle, ne proviennent pas de paroles prononcées à l'état de veille (p. 244), précision importante dans la mesure où elle souligne la valeur tout à fait particulière de ces formules qui constituent de véritables sésames isolés de tout contexte, analogues à ces bribes de certitude que d'autres recherchent dans le rappel de sensations.

Pour Sébastien, la forme primitive de l'injonction se résumait dans ces mots : « avoir un rapport de force(s) », expression qui était un souvenir des propos familiaux tenus au sujet de la politique et dont il n'avait retenu que l'impression vague d'un rapport sexuel violent qui aurait pris une dimension cosmique. C'est pourquoi, même si elle changeait de contenu, l'injonction conservait toujours la forme de l'exigence qui lui était faite d'un sacrifice vis-à-vis duquel il pouvait monnayer différemment sa réponse suivant qu'il l'entendait comme concernant son désir, son identité sexuelle, sa pensée, ou sa vie. La soumission volontaire à la souffrance était soustendue par des représentations nombreuses et contradictoires dans lesquelles il s'efforçait vainement de trouver des repères qui lui auraient permis de se constituer une image de lui-même. Comment comprendre par exemple que si être un homme c'était être violent, son père, qui déchaînait volontiers sa colère sur les carnets scolaires de son fils, ait pu affirmer que le dernier agirait en homme en se soumettant courageusement et sans révolte aux coups ? Lorsque sa mère lui avait un jour, fait exceptionnel de sa part, donné une fessée, il avait senti vaciller l'ordre du monde : c'était, me disait-il, « plus qu'humiliant », car elle avait alors « inversé l'ordre des choses ». Il n'avait au demeurant pas été beaucoup battu, beaucoup moins que ses frères en tous les cas, mais loin d'y voir un avantage, il ressentait cela avec angoisse, comme si la dette n'était pas réglée, prolongeant indéfiniment l'attente du moment où il pourrait s'en acquitter et trouver ainsi enfin sa place.

Faute de pouvoir s'y résoudre, ce qui aurait été pour lui l'équivalent d'accepter d'éclater dans une sorte d'explosion cataclysmique, il lui restait l'issue de venir réévoquer en analyse le souvenir de cette violence ressentie dans l'enfance qui écrasait tout le reste, s'imposant seule de manière indiscutable et insupportable. Il se souvenait que lorsqu'il était petit il lui arrivait de s'enfermer dans les WC et de reproduire les disputes dont il était témoin en parlant tout seul dans un état d'excitation croissante jusqu'à finir par prononcer une phrase qui n'avait pas de sens. Cette phrase constituait, disait-il, l'équivalent du moment où son père se mettait à casser les assiettes : « Les cris de mon père, c'était fou... » Cette violence pouvait lui revenir avec la même vivacité qu'avant pour peu qu'un événement ou un propos se soit approché d'une zone sensible. Après avoir vu un film intitulé : Le droit du plus fort » il me confia qu'il avait l'impression de ne plus avoir de sens, plus d'ouïe, plus d'odorat... qu'il ne pouvait plus percevoir que des rapports de force(s) comme s'il y avait alors pour lui une injonction à avoir un rapport homosexuel. L'ordre s'imposait comme indiscutable et s'y conformer aurait peut-être permis d'arriver à sortir de l'hésitation mais l'obéissance était impossible et Sébastien lui opposait la certitude désespérée qu'il ne voulait pas se soumettre de crainte de s'en trouver littéralement désintégré. Pour éviter cette menace, il désinvestissait son activité de pensée, ce qu'il décrivait comme la sensation d'avoir la tête pleine de « purée de pois » ou bien « comme du coton », voire d'être devenu lui-même une boule de coton qui s'effiloche. Il lui arrivait fréquemment et, parfois lors des séances, de vivre des états de dépersonnalisation passagère qu'il décrivait après-coup comme des chutes de tension ou des sensations d'anesthésie opératoire, au cours desquels il adoptait une raideur et une respiration typiques évoquant une sorte de crise épileptique.

La référence à l'homosexualité occupait une place importante dans ses préoccupations mais celles-ci ne s'y limitaient pas et semblaient, comme le rouleau de tissu précédemment évoqué, toujours susceptibles, en partant d'un sujet donné, de se prolonger indéfiniment en l'entraînant tout entier dans un vertige généralisé. L'obéissance à l'injonction pouvait ainsi concerner le sacrifice de la pensée toute entière. Il lui fallait penser avec les mots des autres, adopter leurs pensées, accepter que la réalité soit préformée dans un moule alors qu'il ressentait qu'il aurait été beau de pouvoir la regarder se constituer. Il l'exprima un jour en ces termes : « Cela se bouscule dans ma tête, toutes les théories... elles ne peuvent toutes être justes ensemble. Et pourtant je me sens obligé de les suivre. Je n'ai pas de pensée ou de certitude à moi. »

Il ne pouvait pas davantage adopter celles qui lui venaient des autres car l'aliénation suppose que l'on se voue à un seul maître, supposé garant de la vérité et Sébastien pour éviter une telle situation avait trouvé comme moyen de multiplier contradictoirement les tenants de telles certitudes, ce qui les vouait ainsi que lui-même à une interminable cacophonie. Il avait cependant l'impression que le travail de l'analyse l'aidait parfois à se défendre un peu mieux et, un jour où on lui avait demandé s'il n'était pas d'origine allemande, il avait pu résister à ce qu'il aurait ressenti en d'autres temps comme l'affirmation d'un savoir sur lui-même qu'il ne possédait pas, et il s'était demandé ce qui, dans le désir de son interlocutrice ou dans la ressemblance qu'il pouvait avoir avec un type nordique, permettait de comprendre cette question.

Le seul élément auquel Sébastien pouvait se rattacher dans cet univers de violences contradictoires avait trait à des souvenirs de plaisir, fugitifs, mais qui lui semblaient irréfutables. Il se remémorait par exemple la sensation de bien-être d'un bain tiède enveloppant sa peau comme une caresse, impression silencieuse qui ne nécessitait aucune espèce d'argumentation destinée à prouver quelque chose à quelqu'un. Il avait alors le sentiment qui était pour lui plus important que tout, de ressentir son corps comme une unité limitée dans l'espace, centrée sur elle-même, sans avoir pour cela besoin de l'enfermer dans une carapace, expériences qui se rapprochaient de ce que Winnicott a décrit sous le terme d'« intégration » en soulignant leur valeur identificatoire.

Ces moments privilégiés constituaient pour Sébastien l'équivalent d'un savoir partiel mais apte à résister au doute, et il trouvait dans leur remémoration un plaisir et une réassurance incontestés. Il finit progressivement par reconnaître qu'ils n'avaient pas nécessairement un caractère exceptionnel et qu'il pouvait attendre de sa vie actuelle qu'elle lui permette d'en rencontrer de semblables. Ce n'était en fait pas les expériences de plaisir en elles-mêmes qui prenaient ce caractère singulier mais la fonction qu'elles avaient dans son économie psychique vis-à-vis de la quête de certitude à laquelle il se sentait contraint. Elles venaient en effet occuper la place de ce qui, chez d'autres, est vécu à l'inverse comme une révélation obtenue grâce à une perte des limites, abandon dont il craignait pour sa part qu'il ne l'entraîne dans un anéantissement réel et sans cesse présent.

Cette différence est rattachable à ce que Freud a souligné comme la condition préalable à l'établissement de l'épreuve de réalité, à savoir le fait que les objets jadis source de satisfaction véritable aient été perdus et ils l'avaient bien été pour Sébastien. Toutefois le déni d'une telle séparation était perpétuellement présent à travers les fantasmes de fusion vécus à la manière d'expériences actuelles et les tentatives réitérées pour y échapper, au prix d'un sacrifice de lui-même auquel il ne pouvait néanmoins pas se résoudre.

## DÉSARROI ET PULSION DE SAVOIR

La pulsion épistémophilique telle que l'a définie Freud dans les *Trois Essais* n'est pas l'équivalent d'un désir de penser, au sens où cette fonction accompagne, dans une sorte de commentaire de son vécu, les activités du Je dès l'origine. Elle n'est d'ailleurs pas davantage réductible à ce que Freud définit comme l'activité judicatoire et qu'il relie au jeu des motions pulsionnelles primaires, analysées à partir du rôle de la dénégation. La pulsion épistémophilique ou pulsion de savoir apparaît en revanche indissolublement liée à la dimension de l'*énigme* et toujours simultanément comme une pulsion de recherche *(Forschertrieb)*.

Or Freud présente cette pulsion dans un temps second par rapport à ce qui nécessairement le précède c'est-à-dire celui du non-savoir, de l'absence d'investissement du questionnement. Avant que le Je ne se détermine à accepter l'énigme et à chercher à la résoudre, un temps préalable va être déterminant, temps que le sujet revit lors de cette régression globale qui caractérise l'adolescence et que Musil a décrit comme désarroi *(Verwirrung)*, brouillage où seule subsiste la conviction que quelque chose est prêt à se découvrir qui amènerait au plus haut degré de connaissance et de certitude. La perception tangible de l'infini telle que la ressent l'élève Törless est celle que tout un chacun est à même de ressentir lorsque, le sol des évidences devenu friable, l'idée vient que tout ce qui a eu lieu aurait pu exister autrement. Cette découverte de quelque chose de fondamental, échappant à l'emprise du Je, réactive pour le sujet fasciné la même frustration, — que cette découverte se situe dans l'énigme menaçante recouverte par le fantasme de la scène primitive, ou dans l'émergence de l'inconscient, ou bien dans toute autre expérience.

Toïless fait brusquement l'expérience de l'infini en fixant une trouée de nuages dans un ciel qui, cessant de lui apparaître comme un écran, révèle une profondeur illimitée insaisissable pour le regard tendu à l'extrême mais qui tire toujours trop court pour atteindre ce qui en serait le point ultime. A la vue, instrument infantile par excellence de l'emprise sur une scène dont le sens se dérobe, ne s'offre plus rien qui puisse s'organiser dans le fantasme. De même qu'Ulrich notera avec mélancolie que « les mots sautent d'arbre en arbre comme des singes, mais que dans l'obscur domaine où l'on prend racine, on est privé de leur amicale entreprise » (*L'homme sans qualités*, I, p. 185), Törless mesure la précarité des bornes du langage impuissant à enfermer dans la nomination ce qu'il éprouve alors comme une force irrationnelle, sauvage et destructrice. La présence tangible et indicible de ce qui n'aurait pas de fin efface le savoir rassurant sur la notion d'infini, auparavant identifiée à la valeur qu'elle prend dans l'opération mathématique.

En montrant que cette révélation vient à Törless en même temps qu'il découvre et ressent la violence de l'attaque pulsionnelle derrière la façade habituelle des relations de collège, Musil donne une interprétation sexuelle de ce désarroi qui va dégénérer en doute hyperbolique. « Ce fut une sorte de folie : il lui fallut tout éprouver, choses, êtres, événements comme équivoques : comme une réalité que la puissance d'un inventeur avait enchaînée à un terme explicatif, inoffensif, mais qui n'en demeurait pas moins aussi une substance inconnue, capable à tout moment de se déchaîner » (*Les désarrois de l'élève Törless*, p. 105). Cette toute-puissance de l'inventeur supposé, l'esprit la retrouve dans la facticité d'une gymnastique cérébrale qui se fait forte de prouver n'importe quoi en sachant que cela ne mène nulle part. L'astuce consiste alors à regarder non pas en avant, là où le vertige saisirait le regard, mais en arrière pour s'assurer que le fil patiemment sécrété du raisonnement ne s'est pas rompu au dernier tournant. Dans le désarroi, la psyché décolle de la certitude limitée et exacte pour se laisser envahir par une pensée dont la vérité s'éprouve indépendamment de la preuve « comme si elle avait jeté l'ancre dans la chair vivante ».

L'éprouvé solipsiste d'une telle vérité se modèle sur celui de cette première expérience de la nostalgie d'être une fille. Musil en rapporte le souvenir datant de l'époque où il était petit et portait encore une robe : « Il y avait eu des moments où il avait si vivement la sensation d'être une fille qu'il jugeait impossible que ce ne fût pas vrai. » (*Les désarrois de l'élève Törles*, p. 146). De cette certitude qui précédait la connaissance de la différence des sexes, dit Musil, mais dont on serait tenté de penser qu'elle venait bien plutôt la dénier, rien ne pouvait être expliqué et opposé aux arguments de l'adulte. Comme pour le don de Tirésias, c'est la négation d'une castration de la bisexualité, fantasme d'un narcissisme mégalomanique, qui vient fonder un savoir supérieur. Törless sort de l'affirmation qui pourrait être délirante lorsqu'il décide que rien de surnaturel n'est en cause et que c'est à la raison d'en rendre compte. Le déplacement sur la notion abstraite d'infini ou sur la méditation à propos du sens des nombres irrationnels en mathématiques lui ouvre une voie qui désormais ne se referme plus.

La conjonction d'un doute subi comme une souffrance réelle et excessive avec une confiance parfaitement déraisonnable dans ses propres possibilités — si l'on considère que rien, sinon un reliquat de la toute-puissance infantile, n'autorise l'enfant ou l'adolescent à se prêter un tel pouvoir de reconstruction de l'édifice effondré de ses certitudes — semble bien avoir constitué chez Musil le point de départ de cette odyssée intellectuelle qu'il ne cessera plus de décrire. En ce sens, le propre de l'intellectuel n'apparaîtrait pas comme une expérience privilégiée de cette rupture des évidences dont on peut voir le rôle inaugural dans l'activité intellectuelle : il se situerait plutôt dans une incapacité particulière ou un refus de dépasser une telle révélation, le portant à se trouver perpétuellement en situation de la réaffirmer et de chercher des moyens pour s'en dégager.

Lorsque Musil écrit que le doute est sa situation intellectuelle, il faut l'entendre comme cette capacité, qui tient de la compulsion et du jeu, à la fois voluptueuse et terrifiante, de ressentir le trouble de celui qui s'avise qu'il peut voir au-delà de l'apparence : « Une rue (disent les gens) c'est quelque chose de droit, de clair comme le jour qui sert à marcher dedans. Et soudain, vous éprouvez un sentiment de supériorité colossal, comme un clairvoyant parmi les aveugles. Vous vous dites : je sais parfaitement qu'une rue n'est ni droite ni claire comme le jour, qu'elle peut être aussi bien, analogiquement, quelque chose de ramifié, de mystérieux, d'énigmatique, avec des trappes, des souterrains, des cachots dérobés et des églises enfouies. [...] Vous prenez peur. Comme chaque fois que remue en vous cette part d'incalculable, vous prenez peur comme en face d'une bête sauvage. En même temps vous éprouvez de nouveau et plus intense ce sentiment de supériorité. » (*Journal*, I, p. 31)

La présence du fantasme est ressentie comme un danger non seulement à cause des images énigmatiques et angoissantes mais parce qu'il menace la logique de l'identité, celle du $2+2=4$, et la perception des choses en fonction de leur utilité qui justifie leurs « qualités », comme le fait qu'une rue soit droite et claire parce qu'elle *sert* à aller d'un point vers un autre. L'effort intellectualisant de Musil le porte à affirmer que c'est l'incapacité de la logique à l'inclure qui rend menaçante cette part d'irrationnel. Le travail de pensée se fait alors thérapie : introduisant la *ratio* comme une boussole dans cette zone d'ombre, Musil manie la logique dans une dynamique qui n'est pas si éloignée du projet psychanalytique et vraisemblablement de toute espèce d'entreprise intellectuelle.

Que cette expérience ait pu constituer pour lui un de ces moments cruciaux que tout sujet peut repérer dans sa propre enfance et qui jouent ultérieurement un rôle déterminant, notamment le choix d'une profession, c'est ce que le lecteur serait tenté de penser en retrouvant dans le *Journal* quelques notes sur un cas de psychasthénie. On sait que Musil avait fait des études de psychologie et, bien qu'elles aient été davantage orientées vers la psychologie expérimentale, des éléments de psychopathologie ne lui étaient pas étrangers. Toutefois il est permis de supposer que lorsqu'un extrait de ce genre figure sans lien apparent avec le contexte, il faut au moins que celui qui le note ait rencontré quelque analogie avec sa propre expérience. On retrouve précisément dans la description cette même expression rassurante de la relation logique de l'identité qui figurait précédemment, mais là avec un sentiment d'échec : « ... à l'école Ti. est préoccupé par de prétendus problèmes philosophiques : pourquoi $2+2=4$ ? Absence du sentiment d'évidence — fixation sur certaines questions — se répète que la réponse est juste sans pouvoir le ressentir. Même chose avec la masturbation : qu'est-ce que la volupté ? Effort pour surprendre la masturbation sur le fait, fixation là-dessus et chaque fois en vain. » (*Journal*, I, p. 229)

La suite du passage tendrait à confirmer qu'il s'agit bien de Musil lui-même, car on retrouvera ailleurs l'expérience qui suit d'un envahissement par un état pseudo-confusionnel, et cette image toujours présente chez lui de la couche de verre ou de glace : Soudain, un beau jour, il se sent étranger au monde extérieur, toutes ses sensations restent intenses, nettes, mais c'est « comme si une peau de bête lui couvrait la tête », et Musil d'ajouter entre parenthèses : « On pourrait dire comme une chaude couche de verre, une peau de femme. » *(Ibid.)*

La défense intellectualisante est présente un peu plus loin : « Au lycée, il se sentait complètement vide, incapable de parler à personne, et dissimulait cela sous une rage de citations. » *(Ibid.)*

Ces expériences, Musil a pu craindre de ne pas en revenir intact, et il joue avec la folie dans l'espoir de la jouissance angoissée d'une révélation, d'une super-pensée qui évoque la volonté de « voyance » chez Rimbaud. « De clairvoyant, écrit-il, vous êtes devenu voyant. Vous voyez à travers les objets, vous les voyez "dissociés". L'œil des autres obéissant à son besoin de mensuration ramène les phénomènes à des concepts ordinaires ; le vôtre grâce à l'expérience acquise, les disperse, les dissout en *impondérable* (dérapage des pensées), en *insaisissable*. » *(Journal* I, p. 32)

Ce désir d'aller au-delà de l'apparence, au-delà aussi de la capacité de penser rend si fascinante pour les adolescents la prise de drogue. Dans le moment de toute-puissance de la pensée que confère ce type d'expérience, on trouve une réactivation de la toute-puissance infantile qui passe alors par ce que Piera Aulagnier décrit comme « sensorialité pensée »[11], dont la fonction première est d'éviter que le doute sur la concordance entre la réalité et la pensée de la réalité ne puisse s'établir. La prise de drogue offre au sujet l'expérience d'une certitude immédiate, une sensation qui exclut la question du vrai ou du faux et courcircuite la nécessité de la preuve.

Le désarroi de Törless n'est que la face négative d'une sensation de certitude aussi violente qu'indicible : « Tout au fond de vous, note Musil dans son *Journal,* les nerfs sont en fulmicoton. Que l'enveloppe crève, malheur ! Mais cela ne se produit que dans la démence. Parmi la foule vous devenez un apôtre, un prophète [...] vous êtes un voyant. » *(Journal,* I, p. 33.) Semblable au flash du drogué, cette extase de pensée, vécue comme un message délivré par les sens, est de courte durée : partie de soi-même que l'âme traverse d'un vol rapide quand déjà la démence l'attire, la retombée dépressive s'annonce, qui risque de pousser le sujet vers le renouvellement indéfini de l'expérience. L'esprit se souvient d'avoir vu mais il ne lui reste que le savoir de ce que la réalité n'est pas, sans même la possibilité de faire quelque chose

---

11. Ou « sensorialité supposée pensante », qui serait le mécanisme inverse de cette érotisation « en soi » de l'activité de pensée souvent présente dans la névrose obsessionnelle (Piera Aulagnier, *Les destins du plaisir*, Paris, PUF, 1979, p. 176.)

d'un tel savoir. Le terme de « désarroi » avec son implication de perte de puissance et de brillance exprime bien ce moment de la perte d'une certitude qui s'éprouve sans se prouver. Qu'un tel besoin de certitude soit rendu nécessaire par l'expérience de la désillusion et la menace d'insécurité qu'elle entraîne, c'est ce que l'analyse freudienne du processus d'idéalisation nous fait entendre. L'issue irrationnelle et nostalgique, qu'elle soit cherchée dans la drogue ou dans les expériences mystiques de toutes natures, constitue un prolongement possible du désarroi. A l'inverse la passion de penser, rejetant d'emblée la passivité de telles expériences, semble s'être donné comme projet la reconquête d'une certitude entrevue mais par les voies plus modestes de la *ratio*. Démarche qui, pour être destinée à rester toujours inférieure à sa visée, n'en trouve pas moins son origine dans le fantasme que la représentation pourrait être totalement adéquate à la réalité représentée au-delà de l'apparence.

La lecture du *Journal* de Musil permet, au moins en partie, de retracer ce qu'a pu être pour l'auteur l'expérience primitive du désarroi et son lien avec une inhibition dépressive.

Sous la forme d'une brève esquisse romanesque, il évoque en effet une enfance dominée par le ressentiment et l'envie à l'égard d'un frère aîné. Celui-ci jouit dans la famille d'un respect plein d'espoir, matérialisé par l'octroi d'un cabinet de travail voisin de celui du père, tandis que lui-même doit se contenter de déployer ses papiers sur la table de la salle à manger à peine desservie et supporter les allées et venues qu'occasionne la présence dans la pièce de grandes armoires à linge. Le défaut d'enveloppe que cette pièce sans destination précise fait subir à l'enfant à la fois en niant son droit à occuper un espace qui lui soit consacré et en rendant impossible tout activité cachée, masturbation ou simple rêverie toujours menacées par une intrusion possible, va être cause que grandisse en lui « quelque chose d'anxieux, de mal à l'aise, de traqué ». (*Journal*, 1, p. 65)

Musil nous le décrit oscillant entre l'investissement désespéré de l'étude et un envahissement dépressif qui se manifeste sous la forme indistincte et vaguement persécutive d'une inhibition qui le gagne et le paralyse progressivement. Posté devant la fenêtre, immobile, sans percevoir le paysage, il ne voyait « qu'une masse obscure, respirante, aux mouvements très lents ; quelque chose de sombre recouvrait son être intérieur, quelque chose de tout à fait régulier sans le moindre signe distinctif envahissait son âme. Et chaque fois quand il s'arrachait à la fenêtre il se sentait las et prêt à pleurer. Mais sans la violence des larmes ou des sanglots. » (*Ibid.*)

On peut penser que cette présence étouffante et indistincte, davantage que le rappel d'une scène réelle ou fantasmée, renvoie à la destruction des images génératrices de haine, non pas en les attaquant directement, ce qui supposerait de supporter leur représentation, mais en les rendant impossibles à distinguer, inhibant du même coup la haine. Cette position de retrait derrière la fenêtre, sans pouvoir regarder ce qui se donne à voir de l'autre côté, ne cessera de poursuivre Musil. On retrouve dans le Cahier 4, après quelques lignes enthousiastes sur l'aventure de l'homme-cerveau futur, cette brusque retombée dépressive : « Les mots ont tous tant d'arrière — et de doubles sens, d'arrière — et de doubles connotations qu'il vaut mieux garder avec eux ses distances [...]. Je vais à la fenêtre pour redonner à mes nerfs l'horrible volupté de l'isolation. » (*Journal*, I, p. 24) La vitre occupe cette position ambiguë d'interdire toute action visant à une décharge, paroi froide et isolante qui condamne à n'être que regard, en même temps qu'elle permet à l'excitation de croître par l'observation du spectacle qui se joue de l'autre côté. Aussi la défense ultime est celle du brouillage qui rend impossible de percevoir quoi que ce soit en même temps que le regard se trouve détourné de l'autre scène intérieure et menaçante, captivé par cette masse informe qui vient tout neutraliser.

A une défense de type dépressif contre la haine et l'angoisse persécutive, l'enfant trouvait heureusement à substituer le surinvestissement de l'étude. Ce n'est plus à la fenêtre mais devant la table qu'il passait le plus clair de son temps dans une parfaite indifférence à l'égard du contenu ou de l'utilité de ce qu'il avait à apprendre. Cette contrainte de l'étude qu'il ressentait comme un plaisir en soi, était comme « une corde qui l'attachait solidement à sa chaise et le garantissait du vertige que lui donnait le vide sombrant autour de lui dans l'illimité » (*Journal*, I, p. 65). La levée de l'inhibition est rendue possible tant par l'établissement d'une barrière solide et contraignante que par la possibilité d'investir le travail intellectuel et d'y dériver la tension libidinale, investissement qui se trouve en retour générateur de succès et le défend contre la dévalorisation dépressive.

Cette dérivation[12] ne constitue pas cependant une décharge, dans

---

12. J'emprunte ce terme à Jean Laplanche, tel qu'il l'utilise pour situer la place de la sublimation vis-à-vis de la sexualité. Il écrit : « ... La sublimation ne se comprend que dans le cadre de ce rapport général entre les deux plans tel qu'il a été développé par la théorie de l'étayage. Mais dans la sublimation il n'y aurait plus seulement influence réciproque, induction d'un plan à l'autre, mais une véritable *dérivation*, un véritable drainage inverse de celui dont nous parlions plus haut (à propos du retentissement des

la mesure où la pensée ne permet pas que se dépense autre chose que de petites quantités d'énergie, et l'enfant ressent ces exercices intellectuels « comme de courir, les joues en feu, sur une corde tendue entre deux tours ne devant son salut qu'à la rapidité d'accumulation de ses pensées » *(Ibid.).*

La corde qui liait l'enfant à sa chaise s'est faite corde raide entre deux tours et cette prolifération d'images phalliques jointe à la fierté d'exhiber un savoir-faire et au détail ajouté des joues en feu donne une assez belle illustration de ce que Freud à peu près à la même époque écrivait sur l'excitation sexuelle connexe à la concentration de l'attention sur un travail intellectuel. A l'explication générale de Freud selon laquelle l'excitation sexuelle se produit en tant qu'effet surajouté dans un grand nombre de processus internes dès que l'intensité de ceux-ci a dépassé un certain seuil quantitatif, la description musilienne du processus vient apporter d'autres éléments. Tout d'abord le *primum movens* de cette hyperactivité intellectuelle apparaît bien comme la défense par la fuite en avant contre le vertige et l'inhibition dépressive. L'équilibre n'y est obtenu que dans une perpétuelle compensation de chutes amorcées. Toutefois l'accumulation frénétique de l'excitation intellectuelle sur le mode du processus masturbatoire ne s'accomplit pas en jouissance victorieuse mais en retombée dans le marasme dépressif : « Bien que ce travail pût durer quelquefois deux ou trois heures, à la fin, quand le dernier mot était écrit et l'ensemble relu, il n'en sombrait pas moins derechef. » *(Ibid.*, p. 66). Musil reprend cette idée ailleurs dans son *Journal* (II, p. 462), de manière plus théorique, en cherchant à définir l'origine de ce qu'il appelle « la prolixité nerveuse », née, dit-il, « d'un besoin pathologique de sécurité et plus généralement de l'insécurité tout court », qu'il rattache à la mélancolie, « d'une part parce que le défaut d'enthousiasme pour ce que l'on est et fait suscite l'insécurité, d'autre part parce que la lenteur du flux des pensées, leur figement contraignent jour après jour à des reprises qui entraînent répétitions et variantes ».

La nécessité pour l'activité intellectuelle de se maintenir dans un état d'excitation élevé donnant au sujet la sensation d'un bouillonnement intérieur, tient son origine de la menace d'envahissement du sentiment dépressif, lui-même secondaire par rapport à la culpabilité engendrée par les fantasmes agressifs. Contrairement à l'inhibition, il

troubles sexuels sur les autres fonctions somatiques), drainage à rebours de l'énergie sexuelle vers le non-sexuel. » (« La Sublimation », in *Problématiques III*, Paris, PUF, 1980, p. 71.)

ne s'agit pas d'une défense venant bloquer l'énergie pulsionnelle, mais d'une dérivation de celle-ci qui toutefois ne s'apparente pas à une sublimation mais plutôt à une idéalisation.

D'où le rôle particulier que vient jouer l'identification à la pensée d'un autre qui offre comme une issue magique et soudaine à l'emprise de la dépression : « Quand au dehors pèsent sur la langue, les mains et les yeux, un monde lourd, cette lune refroidie qu'est la terre, des maisons, des mœurs, des tableaux et des livres et quand il n'y a rien au-dedans qu'un brouillard informe et toujours changeant, n'est-ce pas un immense bonheur que quelqu'un vous propose une expression dans laquelle on croit se reconnaître ? » (*L'homme sans qualités*, I, p. 156). La pensée de l'autre n'est pas occasion d'interrogation ou éclaircissement partiel, elle fonctionne comme une illumination d'autant plus violente que la tension et le brouillard étaient intenses, et d'autant plus efficace que l'adolescent ne lui demande que de pouvoir le faire « luire » « lui-même », avec ce sentiment de « flotter sur des rayons » qu'Ulrich devenu adulte éprouvera comme une perte douloureuse.

L'idée permet de mettre en ordre le vague intérieur de même que le mot, la magie du vocable exact, protège contre la sauvagerie des choses : « Quand Ulrich considérait une fleur il lui arrivait maintenant de ne plus trouver de fin et pour tout dire de commencement à sa contemplation. Connaissait-il par hasard le nom de la fleur, il se trouvait sauvé des eaux de l'infinitude. » (*L'homme sans qualités*, p. 473).

L'entreprise intellectuelle musilienne, comme peut-être tout attachement intensif à la pensée discursive, semble bien indissociable d'une souffrance dépressive latente, qui prend chez lui l'apparence de ces images de chaos évoquant les restes de cette destruction totale de la vie que l'on entend dans certains récits de rêves.

## L'ÉMERGENCE DU DOUTE ET LE BESOIN DE CAUSALITÉ

La question essentielle de la philosophie : « pourquoi y a-t-il quelque chose plutôt que rien ? est un prolongement à peine déformé de celle-ci, qu'on hésite à dire infantile car faute de pouvoir y répondre l'adulte la conserve toute sa vie : « pourquoi suis-je là, moi ? » Mais comment en arrive-t-on à cette question ? Dans la mesure où la venue à l'être précède la conscience qu'on peut en avoir et bien plus encore la verbalisation qu'on peut en former, l'existence constitue la quintessence de l'évidence. Elle n'est pas objet de perception, elle est le fondement du percevoir. On objectera qu'il existe des instants privilégiés qui, sans être nécessairement des moments de plaisir ou d'obtention de la réalisation d'un désir, s'imposent par le poids d'existence qu'ils possèdent. Les romanciers et les poètes ont décrit ces moments d'harmonie ressentis le plus souvent comme d'autant plus intenses qu'on les sait plus éphémères. La superstition y voit de mauvais présages et on serait tenté de penser qu'elle est là plus perspicace que le sujet lui-même qui met vraisemblablement à distance par ce vécu d'élation l'obscur sentiment d'un fantasme de mort. Comme si le rappel de l'état anté-historique, celui d'avant la conscience du temps et de nous-même offrait alors à nouveau l'assurance d'une toute puissance immédiate et absolue.

L'idée de la mort, comme celle de l'existence sont pour le sujet des acquisitions et tout porte à croire que quelques causes ont confronté le sujet qui s'en serait bien passé à la nécessité de les former.

Le problème de l'origine de la vie porte à l'enfant une blessure narcissique liée à l'obligation de devoir reconnaître sa propre précarité, puisqu'à l'existence d'un temps où il n'était « pas encore » répond la possibilité d'un « ne plus » exister.

Pour lui supposer une origine, et donc pour pouvoir la constituer comme un « problème », il faut pouvoir sortir de l'évidence qu'elle constitue, il faut que le doute se soit présenté dans des conditions où il n'a pas pu être éliminé comme un non-sens.

« De ce qu'à moi ou à tout le monde il en *semble* ainsi, il ne s'ensuit pas qu'il y *est* ainsi. Mais ce que l'on peut fort bien se demander, c'est s'il y a un sens à en douter » (1951, p. 31). La simplicité avec laquelle Wittgenstein pose le problème est détruite par une constatation toute aussi simple : là où il n'existe aucune raison de douter, il n'existe non plus aucune possibilité de mettre fin au doute car rien n'interdira jamais qu'une représentation contradictoire avec celle qui vient d'être énoncée ne se présente à l'esprit de l'énonçant[13].

Que le doute soit indéracinable en ces termes et qu'il soit en même temps, au même titre que le temps et la négation, inconnu dans l'inconscient justifie que l'on considère son émergence dans le terme d'un effondrement ou, si l'on veut le considérer de manière moins

---

13. « Qu'en est-il d'une proposition telle que : « Je sais que j'ai un cerveau » ? Puis-je la mettre en doute ? Pour *douter*, ce qui me manque, ce sont les raisons ! Tout va en ce sens, rien contre. Et cependant, rien n'interdit de se représenter qu'à l'occasion d'une opération, mon crâne se révèle être vide ». (L. Wittgenstein, *op. cit.*, p. 32.)

pathétique mais tout aussi pernicieuse, d'un effritement du sol des certitudes.

Si l'on relie à l'inconscient une proto-pensée que Freud nomme « activité mentale primitive », même si celle-ci n'a que la valeur d'une fiction, c'est-à-dire d'une hypothèse théorique invérifiable en tant que telle, on est en droit de s'interroger sur l'existence d'une pensée qui ignorerait le doute au sens où elle n'en aurait, comme pour Siegfried la peur, jamais encore fait l'expérience.

Or, si le doute appartient comme le dit Freud « à toutes les névroses de même qu'à la pensée normale »[14], il possède néanmoins dans l'enfance un point d'ancrage privilégié, lié au soupçon que les explications parentales concernant la naissance puissent être mensongères. Quelle que soit la valeur inaugurale d'une telle découverte, il reste que, là ou ailleurs, se produit une coupure dans la relation que l'enfant entretient non seulement avec ses parents auxquels, comme le dit Freud, il ne pardonne jamais tout à fait leur tromperie, mais aussi avec sa propre pensée et son activité d'investigation. Quel lien peut-on établir entre ces recherches sexuelles solitaires où se forgent l'indépendance de pensée de l'enfant et de manière plus générale la « pulsion d'investigation », c'est ce que nous examinerons tout d'abord.

Il est intéressant de rappeler, tant nous le considérons désormais comme acquis, que la découverte du doute chez l'enfant n'est pas allée de soi. Bien au contraire le fonctionnement de pensée de l'enfant est apparu comme l'exemple même de la possibilité de s'en tenir à la conscience immédiate. Lorsque Kierkegaard s'interroge sur la possibilité idéelle du doute dans la conscience, il représente ainsi les méditations de son porte-parole : « Johannes chercha donc à s'orienter au sein de cette conscience telle qu'en elle-même, sans être individuelle, elle explique chaque conscience en particulier. Quelle est se demandait-il, la nature d'une conscience d'où le doute est exclu ? Chez l'enfant, la conscience est, mais elle est étrangère au doute. Comment donc est-elle déterminée ? En fait elle ne relève d'aucune détermination, autrement dit, elle est *immédiate* [je souligne]. Car l'immédiateté, c'est précisément l'indétermination. Tout rapport est exclu de l'immédiateté, car dès qu'intervient le rapport, l'immédiateté est abolie. En conséquence, tout est vrai sous l'angle de l'immédiateté, mais, dès l'instant suivant, cette vérité est une non-vérité. Si la conscience peut demeurer dans l'immédiateté, le problème de la vérité est alors aboli. » (*Johannes Climacus*, O.C., II, p. 358)

---

14. Extrait d'une intervention de Freud consignée dans les *Minutes*, tome II, p. 391 (le 19-1-10).

On retrouve ici la question de l'évidence posée dans les termes analogues à ceux dans lesquels Hegel évoque la certitude sensible. L'explication philosophique ici comme ailleurs est toujours posée en termes de structure et non de destin singulier : « La conscience ne peut-elle donc demeurer dans l'immédiateté. Sotte question en vérité. Dans ce cas, en effet, il n'y aurait aucune conscience. Mais alors, comme supprimer l'immédiateté ? Grâce à la médiateté qui l'abolit en la présupposant. Qu'est-ce donc que *l'immédiateté*? C'est la *réalité*. Qu'est-ce que la *médiateté*? C'est la parole. *Comment celle-ci abolit-elle celle-là? En lui donnant une expression.* Ce qu'on exprime est en effet toujours présupposé ». [Je souligne].

Ce que Freud va montrer en revanche[15] c'est que la question métaphysique est inséparable d'une curiosité sexuelle et que c'est à une énigme, se posant en termes concrets et faisant l'objet d'une investigation au sens du détective et non du chercheur en laboratoire, que l'enfant va tenter d'apporter une réponse. Cette fantasmatisation théorique est non seulement le modèle de la création scientifique ultérieure mais elle est aussi située au niveau même où les métaphysiciens établissent leurs spéculations, devenues abstraites, des représentations de choses originelles, des scénarios où l'expérience du corps offre ses schémas pour tenter de colmater la brèche désormais ouverte dans le sol de l'évidence.

Toutefois je défendrai l'hypothèse que la curiosité sexuelle ne constitue qu'un des aspects du problème, celui où s'affirme la domination d'Eros et qui assure l'investigateur d'un plaisir de pensée qui n'est pas le résultat du succès d'une recherche mais qui accompagne la représentation même de son objet. Toute autre est la nécessité de répondre au trouble que constitue pour l'enfant la découverte de l'ambivalence en lui-même et chez l'autre. Celle-ci provoque quelque chose qui n'est pas éloigné d'un cataclysme dans la psychè en introduisant une rupture dans le sol des évidences sur lesquelles reposait le monde de l'enfant et tout d'abord son image identificatoire. Non pas qu'il s'agisse d'une modification subite et brutale, sur le modèle de la première désobéissance dans la Genèse, car, bien que plus d'un sujet puisse avoir un souvenir précis d'une scène où l'obligation de reconnaître son ambivalence lui serait tout d'un coup apparue, il s'agit

---

15. Et il lui faudra pour cela, selon ses termes, attendre l'analyse du petit Hans : « Nous ne comprenons tout simplement pas les enfants et c'est seulement depuis Hans que nous savons ce qu'un enfant pense ». (Cf. *Minutes de Société psychanalytique de Vienne*), tome II, p. 228, séance du 12 mai 1909.

le plus souvent de souvenirs écrans, lieux de condensation prenant une valeur signifiante particulière vis-à-vis d'une lente accumulation de doutes ébauchés. On peut s'étonner que Freud n'ait pas développé cet aspect de l'origine du désir de savoir chez l'enfant, d'autant plus qu'au même moment où paraissait la réédition de 1915 des *Trois essais sur la théorie de la sexualité*, il écrivait à propos non de l'enfant mais de l'homme des origines : « Ce n'est ni l'énigme intellectuelle, ni chaque cas particulier de mort, mais le conflit de sentiments ressenti lors de la mort de personnes aimées mais, en même temps, étrangères et haïes, qui a fait naître chez les hommes l'esprit de recherche » (1915 b, p. 32).

Nous avons dit précédemment que Freud voyait dans les problèmes sexuels et tout d'abord le premier d'entre eux, celui de l'origine des enfants, la cause de l'éveil de la pulsion d'investigation. Il se trouve donc tenu de trouver à son tour une origine à la formation de ces problèmes puisqu'ils ne sont pas constitués comme tels par la pulsion d'investigation et qu'à l'inverse ce sont eux qui la constituent. D'où le fait que Freud retrouve dans cette séquence un schéma proche de celui de l'étayage du sexuel sur l'autoconservation, opération déjà décrite auparavant dans les *Trois essais sur la théorie de la sexualité* à propos de la relation entre le suçotement (sexuel) et la succion (auto-conservation). L'intérêt qui pousse l'enfant à ces recherches n'est pas théorique [*Nicht theoretische*, c'est-à-dire sans relation avec la pulsion de savoir dont il s'agit précisément de fonder l'origine] mais pratique [*Sondern praktische Interessen*] et le premier mobile est purement de nature égoïste car, ainsi que Freud l'avait écrit sept ans plus tôt, les enfants agissent « sous l'aiguillon des pulsions égoïstes qui les dominent » [*unter dem Stachel der sie beherrschenden eigensüchtigen Triebe*] (1907 c, p. 11).

Cette pulsion égoïste est cependant plus complexe qu'elle ne le paraît car elle renvoie à la fois à la sphère de l'autoconservation (crainte relative à la diminution des soins qu'entraînerait la présence d'un nouvel enfant) et à la sphère proprement sexuelle de l'attachement de la mère. Il est d'ailleurs douteux qu'une telle distinction soit possible car la sphère de l'autoconservation est en fait toute entière pénétrée par le sexuel et l'amour de la mère est ressenti de manière globale par l'enfant à un niveau d'emblée sexuel.

Qu'en est-il alors de cet « intérêt pratique » qui détermine l'existence même de l'énigme ? Il est également sexuel mais il se réfère à un bien possédé et non à une énigme, à un désir. Cependant l'énigme se constitue lorsque la tendresse de la mère peut apparaître non pas comme une donné inamovible qui fait partie de l'existence même de l'enfant, mais comme un bien contingent. C'est à partir de la menace que constitue la reconnaissance de l'autre semblable à soi que l'assurance de l'enfant bascule.

Cette donnée structurale est d'ailleurs susceptible d'être étendue à l'interrogation globale que pose à l'enfant non pas la différence des sexes qu'il admet volontiers, sans toutefois la rattacher à la différence de l'organe génital, mais l'existence même du couple parental et sa sexualité. Autrement dit, on pourrait déplacer dans plusieurs directions ce détour que Freud effectue par la crainte du nouvel arrivant, pour justifier la position de l'énigme en dehors d'un désir de savoir qui la constituerait comme telle. L'énigme, écrit Freud, est un produit de « l'urgence de la vie » *(Lebensnot)*, ce qui revient à dire qu'elle ne dépend pas d'un désir de savoir ou de maîtrise en général, érotisés en tant que tels, mais qu'elle se rattache très précisément à une *nécessité de savoir*.

En ce sens, elle est bien semblable à celle du Sphinx : il n'y entre au départ aucun désir qui référerait à un plaisir préalable dont le retour serait espéré, elle est donnée comme une obligation, une question de vie ou de mort. Et c'est bien la raison pour laquelle la pulsion de savoir peut se constituer secondairement à l'énigme, comme assomption active d'un destin. En effet, vis-à-vis de la question qui lui est posée (« Comment conserver entier l'amour de ma mère ? », « Quelle est la cause de son désir ? ») celle que l'enfant constitue lui-même est déjà une forme de réponse : « Comment naissent les enfants ? ». Cet énoncé nous ramène non seulement à la naissance redoutée du frère ou de la sœur, mais à la naissance de l'enfant lui-même, à sa propre origine, et, comme l'écrit Freud, « la pensée de l'enfant se libère bientôt de cette incitation et continue à travailler comme pulsion de recherche indépendante » (1908 c, p. 16). Indépendante peut-être de son assignation originelle à la crainte de la naissance du frère ou de la sœur, mais pas de la question et du sexuel en général. Il y a un passage du particulier (cet enfant-là, ce gêneur, mon frère) au général (les enfants) qui ramène le sujet à la question de sa propre origine.

C'est donc bien une opération de maîtrise qui est en jeu ici, que l'on peut dire sublimée. En effet, poser la sexualité comme énigme par le biais de la question « comment naissent les enfants » c'est précisément ne pas en jouir dans l'immédiat. La constitution même ou l'assomption de l'énigme par le sujet suppose qu'il suspende sa jouissance de l'objet pour en faire un objet de réflexion.

En d'autres termes, si le désir de la mère peut paraître énigmatique, c'est parce que le sujet a renoncé à s'en voir le destinataire. La pulsion de maîtriser l'énigme ne serait alors une sublimation que dans la mesure où la position même du questionnement signifie un déplacement du but qui n'est plus « être l'objet du désir de sa mère » mais « savoir quel est l'objet du désir de la mère ». Nous retrouvons-là, comme dans toute sublimation, la possibilité d'effectuer un deuil qui libère la libido et lui permet de se déplacer vers un autre but dit « sublimé ».

La genèse de la pulsion d'investigation est inséparable de la disposition générale et innée pour la recherche de l'objet de satisfaction. La curiosité infantile, d'abord uniquement visuelle puis progressivement manipulatrice, est en effet d'emblée distincte de ce qui serait un schéma de type fonctionnel et adaptatif et va même bien souvent à l'inverse puisque cette activité exploratrice qui se porte vers tous les objets à la portée de l'enfant, et plus particulièrement vers ceux qu'il a pu observer dans les mains des adultes, est au contraire pour lui une cause de dangers continuels. La pulsion d'investigation apparaît très vite démesurée dans ses ambitions par rapport aux possibilités du petit enfant et le pousse en revanche à des performances qu'aucun adulte ne pourrait proportionnellement reproduire, tandis qu'elle le mène à braver aussi bien les interdits parentaux que des risques divers qui peuvent même, le cas échéant, mettre sa vie en danger.

La recherche de l'enfant sur la sexualité commence de même très précocement et se manifeste d'abord dans l'exploration des zones érogènes du corps propre et plus particulièrement des organes sexuels. Ces manipulations donnent lieu ultérieurement, comme le note Freud, à un désir de voir et de comparer leurs analogues chez l'autre et donc à la découverte de la différence des sexes à laquelle l'enfant n'attache pas dans un premier temps la signification d'une castration parce qu'il ne la relie pas à la menace qui pourra lui en être faite ultérieurement. J'ai dit précédemment qu'il ne me semblait pas possible de considérer que la pulsion d'investigation ainsi comprise soit éveillée par des « problèmes sexuels », comme le dit Freud dans les *Trois essais sur la théorie de la sexualité*. D'une part, cette pulsion existe de manière active bien avant que l'enfant soit en âge de s'interroger sur la conception des enfants et les rapports sexuels entre adultes, et d'autre part elle prend sinon le fait de la sexualité, du moins les organes génitaux comme objet privilégié avant que ceux-ci ne soient envisagés dans leur rôle procréateur. En revanche, si les « problèmes sexuels » n'*éveillent* pas la pulsion d'investigation, ils la *transforment* fondamentalement.

Etymologiquement le terme d'investigation, en français, renvoie à la notion de trace ou de vestige, c'est-à-dire à un signe témoignant de la présence passée d'un objet désormais disparu. Pour voir ces traces, il faut observer attentivement mais surtout il faut les *chercher*, c'est-à-dire en avoir une représentation d'attente qui permette de juger si elles figurent ou non dans la masse des perceptions reçues par le sujet. L'enfant, explorateur intrépide, ne sait pas d'avance ce qu'il cherche et, *a priori*, tout ou presque l'intéresse. Si les investigations concernant les organes génitaux retiennent particulièrement son attention c'est en raison de leur caractère d'excitabilité érogène, mais il peut de même se fasciner par exemple pour les expériences de vertige qu'il se créé en tournant sur lui-même ou sur la possibilité qu'il découvre d'annuler la perception auditive en se bouchant les oreilles.

A l'explorateur qui, abordant sur une terre inconnue, avance droit devant lui et note soigneusement les détails de l'environnement ou les mœurs des indigènes qu'il rencontre, il faudrait opposer le détective, muni d'un certain nombre de renseignements, qui recherche des indices confirmant ses soupçons ou des faits pouvant en recouper d'autres dont il a eu par ailleurs connaissance. L'investigation devient ici enquête et ce ne sont plus des échantillons de données que recherche le sujet mais des preuves à l'appui de ses hypothèses.

L'intérêt passionné pour les « problèmes sexuels » opère une distinction non moins nette entre une activité d'investigation largement ouverte et une recherche précise et limitée, liée à des hypothèses et devant déboucher sur une théorisation. En ce sens là encore et bien qu'il s'agisse de problèmes sexuels, c'est à une ébauche de sublimation qu'on assiste là, car le but n'est pas de jouir de l'objet mais de le maîtriser « in absentia » en investissant une activité théorique qui colmate le risque traumatique lié à l'ignorance. La recherche sexuelle est liée à des « problèmes sexuels », ce qui signifie que le processus de compréhension se heurte contre un mur, celui de l'interdit de savoir. Les premiers psychanalystes ont pu croire pendant tout un temps à la révolution qu'introduirait une éducation sexuelle honnête qui serait une réponse au désir naturel de l'enfant d'être informé. Compte tenu de la constatation que nous sommes en mesure de faire, près de quatre-vingts ans après, qu'une telle éducation ne modifie guère les données du problème, il ne nous est plus possible de tenir le même discours. L'interrogation se porterait plutôt sur les raisons qui poussent l'enfant à n'accorder qu'une croyance limitée aux informations sexuelles « exactes » qui leur sont si volontiers prodiguées de nos jours, du moins dans certains milieux. C'est à partir d'une telle question que je développerai l'idée de la naissance du doute chez l'enfant comme rupture du sol de l'évidence et point de départ d'une activité de pensée originale.

Deux points me paraissent particulièrement dignes d'intérêt :

— Le lien entre l'émergence du doute et la capacité de reconnaître dans son propre espace psychique et donc aussi dans celui de l'autre la présence simultanée de deux termes contradictoires dont le prototype est celui de l'amour-haine.

— La valeur protectrice du doute de l'enfant à l'égard des informations, qui s'opposent à son désir œdipien et risquent de mettre en péril son image narcissique.

La découverte de l'ambivalence, son auto-perception en soi-même et la révélation de son existence chez l'autre et une expérience proche de celle qui donne lieu à la sensation de l'*Unheimliche*, telle que l'a décrite Freud, c'est-à-dire non pas la confrontation de la psychè à quelque chose d'inconnu, mais la découverte plus ou moins traumatique que ce que l'on croyait le mieux connaître échappe à la maîtrise et s'exhibe sous une forme inquiétante ou déplaisante sans qu'on l'ait voulu ni pu le reconnaître. Parler en ce sens d'une « découverte de l'ambivalence » implique que celle-ci même si elle est présente dès l'origine, ne vient à apparaître consciemment au sujet lui-même que plus tardivement, entrant alors en contradiction avec ce qu'il croit savoir de ses propres sentiments. On pourrait étendre cette hypothèse et parler d'une prise de conscience de l'inconscient, mais je restreins ici mon propos à quelque chose qui me semble plus facilement repérable et fait souvent l'objet de souvenirs d'enfance particulièrement prégnants : la révélation que l'on peut aussi haïr qui on était certain d'aimer et que réciproquement on a toutes raisons de craindre que cela ne s'applique aussi aux sentiments nourris par l'autre. Une telle constatation doit son importance à sa portée identificatoire, car elle fait déchoir le sujet de la place qu'il croyait occuper et l'oblige à forger de nouveaux énoncés identifiants le concernant. Cette situation est susceptible de se produire à tout moment d'une existence, amenant le sujet, par la réévaluation à laquelle elle le contraint, à modifier la distribution d'investissements jusque-là apparemment solides. Mais les conséquences sont d'une toute autre nature lorsqu'il s'agit de la relation d'amour qu'un enfant entretient avec ses parents.

Ce que j'ai précédemment désigné comme « sol des évidences » se trouve directement mis en cause dans cette expérience que fait l'enfant, car le doute vise d'abord les énoncés à valeur identificatoire qui lui sont donnés par ses parents. Ces énoncés se ramènent en fait tous à confirmer l'enfant dans la place qu'il occupe, celle d'un détenteur privilégié et unique de leur amour. Celui-ci a une fonction identifiante et dans la suite, lorsque le sujet ne peut recevoir ce qu'il attend à cet égard de la part de l'autre, c'est-à-dire des personnages venus occuper la place qui était avant celle de ses parents, il lui reste la possibilité d'un auto-investissement narcissique pour pallier le manque. Le cas échéant, c'est par le biais de réalisations atteintes grâce à la sublimation qu'il tentera de s'aimer et de se faire aimer et reconnaître.

La perspective où je me situe est antérieure à toute solution de ce type : l'enfant vit un écroulement de ses repères narcissiques et ce n'est qu'ultérieurement qu'il pourra les reconstruire. On sait que Freud situe cette expérience, capitale par les conséquences qu'elle implique, lors de l'obligation pour l'enfant de partager l'amour des parents avec un puîné ou plus généralement lorsqu'une déception (punition, négligence manifeste, etc.) vient détromper l'enfant sur la place qu'il croyait occuper. Comme il l'écrit en 1919 : « Ainsi plus d'un enfant, qui se considère comme trônant en sécurité dans l'amour inébranlable de ses parents, a été d'un seul coup déchu de tous les cieux de sa toute-puissance présomptueuse » (1919 e, p. 227). La découverte de l'ambivalence peut naître de la rivalité œdipienne ou fraternelle, mais aussi, de manière plus précoce, de la prise de conscience des pulsions sadiques visant l'objet aimé. Toutefois je ne l'envisagerai que dans le cadre d'une élaboration secondaire en forme de souvenir-écran qui constitue en soi sinon une théorisation du moins une ébauche de liaison causale. J'en donnerai deux exemples, l'un sous forme de souvenir ponctuel revenu de manière isolée au cours d'une analyse et l'autre, plus détaillé qui est la manière dont Nathalie Sarraute raconte dans ses souvenirs d'enfance la découverte de son ambivalence, vécue par elle comme sacrilège, à l'égard de sa mère.

Le souvenir se limitait à une scène très précise : Ce patient se revoyait, petit enfant pleurant seul dans une pièce isolée où il était allé se réfugier après que sa mère l'eut violemment grondé. Ses pleurs étaient bruyants à la fois pour exhaler sa douleur mais aussi pour attirer la compassion envers le sort injuste qui lui avait été fait. Mais, alors qu'il s'enivrait lui-même de ses propres sanglots, il s'était brusquement figé en s'entendant appeler plaintivement sa mère, celle-là même qui était la cause de tout le mal. La brutale prise de conscience qu'il haïssait sa mère au moment même où il l'appelait pour qu'elle le console l'avait tout d'un coup calmé en l'entraînant dans un abîme de réflexions et sa solitude lui était alors apparue d'une toute autre nature. Il n'était pas cet appendice protégé d'une mère aimante et idéalisée, elle avait pu le frapper et il s'était rendu compte qu'il pouvait la haïr alors même qu'il demandait sa présence.

Le souvenir rapporté par Nathalie Sarraute [*Enfance*, p. 89 sq] est donné comme le point de départ d'une forme de névrose obsessionnelle infantile, avec le retour d'idées obsédantes et la lutte pour s'en débarrasser. Il est exceptionnel de trouver une description aussi fine et précise de cette sorte d'ouragan qui se déchaîne dans la psychè d'un enfant lorsqu'il se ressent incapable de s'empêcher de penser l'interdit[16].

L'auteur se revoit enfant tenant la main de sa mère et contemplant dans une vitrine une poupée de coiffeur qui lui semble l'essence même de la beauté. Tout commence alors : « Je sens soudain comme une gêne, une légère douleur on dirait que quelque part en moi je me suis cognée contre quelque chose, quelque chose est venu me heurter... ça se dessine, ça prend forme une forme très nette : « Elle est plus belle que maman ». L'opération intellectuelle consistant à comparer la beauté des deux visages est oubliée et seul revient le souvenir de la panique qui étreint d'un seul coup l'enfant : « Maintenant que c'est en moi, il n'est pas question que je lui cache, je ne peux pas à ce point m'écarter d'elle, me fermer, m'enfermer seule avec ça, je ne peux pas le porter à moi seule (...) Elle va se pencher, souffler dessus, tapoter... « Mais oui, grosse bête, bien sûr qu'elle est plus belle que moi »... et cela ne me fera plus mal, ça disparaîtra, nous repartirons tranquillement la main dans la main... Mais maman lâche ma main, ou elle la tient moins fort,... « Un enfant qui aime sa mère trouve que personne n'est plus beau qu'elle »... (...). Un enfant. Un. Un. Oui, un enfant parmi tous les autres, un enfant comme tous les autres enfants. Un vrai enfant empli d'un sentiment qu'ont tous les vrais enfants, un enfant qui aime sa mère... Quel enfant ne l'aime pas ? Où a-t-on jamais vu ça ? Nulle part. Ce ne serait pas un enfant, ce serait un monstre. Ou alors ce ne serait pas une vraie mère, ce serait une marâtre » (p. 94).

Comme l'accusation de « voleur » identifie précocément Jean Genêt, cette contradiction va peser sur l'enfant comme une définition la mettant d'un seul coup à l'écart du monde des enfants normaux et insouciants. Le sol de l'évidence qui doit se trouver ainsi préservé est celui de l'affirmation qu'il ne peut y avoir entre un enfant et sa mère que de l'amour. La haine est bien ressentie comme telle et la demande de l'enfant est que sa mère l'aide à la surmonter en la banalisant. Dans

---

16. A cet égard le rapprochement avec les obsessions de cet autre enfant russe, « L'homme aux loups », s'impose, mais le caractère religieux et sacrilège des idées obsédantes de ce dernier ont un caractère plus indirect.

le cas présent, elle prend à l'inverse la place d'un énoncé à valeur identifiante (l'enfant est un monstre ou la mère est une marâtre) et le travail de défense s'avère vain puisque, ainsi que le raconte l'auteur,
l'obsession s'enrichit de nouveaux contenus comme l'obligation de penser « Maman a une peau de singe » ou bien « Maman est avare ».

La fonction de séparation que joue cette situation est particulièrement bien notée dans le fait que la main serrée de la mère relâche
son emprise et que l'enfant sait qu'elle n'a pas le choix, puisque garder ce secret en elle serait du même coup opérer cette séparation. Pouvoir conserver un lien malgré la reconnaissance de part et d'autre de
l'existence de l'ambivalence est un travail difficile qui exige de renoncer à l'image idéalisée, présente dans toute relation d'amour purement
érotique dont le mythe de l'androgyne primitif donne l'image la plus
accomplie. La séparation des deux moitiés se fait sous l'emprise de la
pulsion de mort qui, aussi sûrement que le geste de Zeus, fait tomber l'enfant hors du paradis où il s'était cru présomptueusement,
installé.

Il est notable que Freud, en reprenant dans ses considérations
théoriques la question du doute à propos de « L'homme aux rats »,
donne pour normale l'oscillation dans l'enfance entre deux objets
d'amour mais n'envisage pas l'ambivalence autrement que dans un
contexte pathologique adulte[17]. On sait l'importance générale qu'il
reconnaît à l'auto-perception de celle-ci dans la genèse du doute :
« Celui qui doute de son amour est en droit de douter, *doit* même douter de toutes les autres choses de valeur moindre que l'amour »
(1909 d, p. 256). Cette prise de conscience semble avoir un rôle particulièrement important vis-à-vis de l'investissement de la pulsion
d'investigation. La compulsion à comprendre, typique des obsédés, est
liée à l'expérience traumatique de la découverte en soi-même d'une
contradiction impossible à résoudre. Elle tente de compenser le développement du doute et de l'inhibition tandis que la régression de l'acte
à la pensée permet au sujet de « s'attarder à penser » et donc de transposer, comme les Américains déplacent en bloc une maison, les conflits dans la zone des représentations dont les conséquences sont de
moindre importance que les actes (1909 d, p. 259).

17. « Le premier de ces conflits correspond à l'oscillation normale entre l'homme
et la femme, en tant qu'objets d'amour, dans laquelle on place l'enfant par la fameuse
question : « qui aimes-tu mieux, papa ou maman ? », oscillation qui l'accompagne ensuite
toute sa vie, malgré toutes les différences individuelles dans l'évolution des intensités
affectives et dans la fixation des buts sexuels définitifs. » Freud S., « Remarques sur un
cas de névrose obsessionnelle (L'homme au rats) », *op. cit.*, p. 250.

Le rôle défensif de la pensée dans la névrose obsessionnelle est très clairement souligné puisque la pensée gagne du temps et permet donc surseoir à l'action. Mais ce rôle n'est pas que défensif car penser, c'est aussi s'offrir un plaisir intense à peu de prix puisque l'énergie libidinale nécessaire est moindre que s'il fallait agir, tandis que l'atteinte d'un résultat cogitatif peut être perçu « comme une satisfaction sexuelle » (1909 d, p. 258). On a donc deux séries de facteurs qui soustendent l'hyperinvestissement de la pensée dans la névrose obsessionnelle : d'une part, l'utilisation défensive d'une caractéristique qui tient à la nature même de la pensée, c'est-à-dire l'*épokè* qu'elle impose vis-à-vis de l'action, permet au sujet de rester dans l'indécision tout en l'utilisant pour en avoir un gain de plaisir. Le balancement de l'hésitation, pénible lorsqu'il s'agit de décider à agir devient, dans le domaine de la réflexion, une marque de circonspection et offre à la pensée un espace infini où elle peut se développer pour elle-même. D'autre part, cette utilisation névrotique des processus cognitatifs rencontre une autre série de facteurs qui ne tiennent pas à la prédominance du sadisme mais à l'importance du voyeurisme et de la curiosité sexuelle chez les futurs obsédés[18], fait auquel Freud attribue l'explication des « grands dons intellectuels des obsédés ». Les processus cogitatifs qui sont censés préparer à l'action se voient ainsi subvertir, séduire, au sens étymologique de détournement, ils suivent la pulsion d'investigation avec laquelle ils ont une relation originelle et deviennent de ce fait sexualisés. Quel lien établir entre la pulsion d'investigation et l'ambivalence ? Bien plus qu'un appui, il semble, pour Freud, que la première permette d'offrir à la seconde une issue en quelque sorte honorable. L'origine du *Wisstrieb* est lié au voyeurisme et ce n'est que secondairement que cette voie particulièrement investie peut drainer vers elle l'énergie « qui s'efforce vainement de se manifester par un acte ».

La pensée peut se substituer à l'action tout en reprenant ses attributs, c'est-à-dire notamment la possibilité de parvenir à un résultat. Ce n'est donc pas seulement de la rumination cogitative stérile d'une pensée obligée de rester sans conclusion qu'il est question alors mais de *l'action dans la pensée*.

Dans le cas de *L'homme aux rats*, les exemples que Freud donne de la compulsion à comprendre sont très éloignés d'une telle action dans la mesure où ils se réduisent à une lutte contre le doute. Ainsi

---

18. « On retrouve presque régulièrement, dans l'histoire des obsédés l'apparition et le refoulement précoces du voyeurisme et de la curiosité sexuelle... » *(ibid.)*.

Lehrs, en faisant répéter chaque phrase pour s'assurer qu'il a bien compris, sans arriver pour autant à se rassurer sur ce point, ne manifeste aucune « action dans la pensée », ni même à la limite aucune espèce de pensée ou d'investigation, au sens d'un travail autonome attaché à un objet délimité et se déroulant dans une séquence où un élément se relie à un autre comme dans un raisonnement. L'ambivalence ne semble donc pas, dans ce contexte, pouvoir être considérée autrement que comme une inhibition non seulement vis-à-vis de l'action mais aussi de la pensée elle-même.

La découverte de son ambivalence par l'enfant n'est pas seulement la conscience de pulsions de haine visant l'objet, mais l'angoisse de pouvoir éprouver cette haine *en même temps* que de l'amour. Dans le souvenir d'enfance de Nathalie Sarraute c'est précisément au moment où elle serre la main de sa mère que lui viennent ses « idées » comme elle les appelle. De même, dans le cas du patient précédemment évoqué, la sidération lui vient de s'entendre appeler sa mère comme une présence aimante, alors qu'il est persuadé de la haïr puisqu'elle l'a puni.

S'il y a dans ces deux cas une expérience (ou un souvenir-écran) d'une rupture du sol de l'évidence, c'est au sens où *aucune certitude n'est plus possible puisque deux contraires peuvent simultanément coexister*. Cette sensation est très proche de celle de l'*Unheimliche*, comme révélation de la présence de l'étranger dans le familier. La fascination qu'exerce l'activité d'investigation chez certains « intellectuels » n'est pas étrangère au fantasme de s'approcher et peut-être de maîtriser ce qui apparaît ici comme la situation traumatisante par excellence dans la mesure où elle touche pour le sujet ses repères identificatoires et risque de le rendre à lui-même étranger, aliéné.

Lorsque l'enfant refuse de croire aux explications mythiques que les parents lui donnent concernant l'origine des enfants, il arrive souvent, écrit Freud, qu'il se sente « de ce jour en grave opposition avec les adultes auxquels il ne pardonne au fond jamais de l'avoir, en cette occasion, trompé » (1910 c, p. 33). Cette notation vient rejoindre celle-ci, faite trois ans plus tôt : « Les réponses que l'on a coutume d'y (il s'agit toujours de la question sur l'origine des enfants) donner dans la nursery blessent la pulsion d'investigation honnête de l'enfant ; le plus souvent aussi, elles ébranlent *pour la première fois* [je souligne] sa confiance en ses parents. Il commence alors à se méfier des adultes et à garder pour lui ses intérêts les plus intimes » (1907 c, p. 11).

Je me propose ici de dégager la fonction de cette découverte de la tromperie parentale, c'est-à-dire de la trahison *et* du mensonge, vis-à-vis de la pulsion d'investigation qui devient à partir de ce moment un « objectif indépendant ». Une telle perspective prolonge ce que Freud avait en vue lorsqu'il rappelait dans les *Trois essais sur la théorie de la sexualité* que ce n'est pas un intérêt théorique mais un « besoin pratique » qui pousse l'enfant aux recherches qui ont trait à la sexualité. Le sens du terme « besoin » ou plutôt « intérêt » pratique *(praktische Interessen)* constitue ici cependant l'interrogation centrale.

On pourrait, bien que cela dépasse ici largement notre propos, considérer les développements de cette tromperie initiale, qui n'est autre que celle de la situation œdipienne elle-même, dans ses variations adultes sur la préoccupation d'être « trompé » en amour. Quels que soient les éventuels bénéfices secondaires voyeuristes et masochistes de la chose, il n'est pas rare d'entendre un sujet affirmer qu'il ne s'estime trompé (au sens de l'infidélité amoureuse) que si son (ou sa) partenaire lui a caché sa trahison (au sens cette fois du mensonge). Le retrait de l'amour se redouble alors de l'impuissance liée à la privation de savoir, avec les éléments scopiques et de maîtrise que ce dernier comporte.

Ces variations pourraient s'interpréter à partir de l'ambiguïté fondamentale de la « cachotterie » parentale à l'égard de l'enfant, comme si ce dernier pouvait leur reprocher non pas d'avoir une vie sexuelle mais de lui avoir caché et donc de l'avoir exclu de leurs coupables activités. La jalousie œdipienne et la souffrance de se voir tenu à l'écart se dissimule derrière la revendication d'un savoir vrai et « honnête » sur la sexualité. Le désir d'éliminer le parent rival dans la relation œdipienne joint à celui de participer en tiers aux ébats amoureux du couple et de demeurer seul admis à ce privilège, c'est-à-dire de supprimer frères et sœurs, se trouve alors déplacé vers un désir de savoir ce qu'il en est de la sexualité, désir qui s'inscrit dans la pulsion d'investigation et la modifie fondamentalement.

Ce déplacement d'une pulsion dont l'objet demeure sexuel mais dont le but dérive vers celui d'une maîtrise intellectuelle, est une forme de sublimation, même si celle-ci demeure encore mêlée à des éléments directement sexuels. Il ne s'agit pas en effet d'une rumination stérile de type obsessionnel, même si la connaissance exacte des processus sexuels demeure inaccessible à l'enfant. D'autre part, l'une des fonctions princeps de la sublimation, c'est-à-dire la protection du Moi contre la souffrance, se trouve là pleinement représentée.

Le doute de l'amour, la découverte par l'enfant de sa propre ambivalence et la méfiance qu'il en vient à éprouver à l'égard des adultes lui ouvrent la voie d'une première tentative d'indépendance. Il serait plus exact de dire qu'elles le contraignent à ne faire confiance qu'à lui-même mais, dans la mesure où ce n'est pas toujours le cas, il n'est pas possible de parler non plus de contrainte. Comme pour la névrose, c'est bien plutôt d'« un choix obligé » qu'il est question ici, mais néanmoins d'un choix.

De même que la pulsion d'investigation se voit investie d'une fonction nouvelle et particulière vis-à-vis du Moi, de même le travail de pensée, y compris celui qui a trait aux intuitions d'ordre sexuel, est profondément transformé. Le caractère de nécessité des « intérêts pratiques » qui ont poussé à l'investigation se marque dans ce qui est devenu un « labeur intellectuel ».

La thèse capitale de Freud à ce sujet porte sur le caractère inachevé de cette activité de pensée. L'idée d'un achèvement n'implique pas, bien sûr, que le questionnement puisse finir par s'épuiser et qu'un ensemble de réponses parvienne à clore et mettre un point final à un travail, sinon de manière arbitraire ou conventionnelle parce qu'il faut bien s'arrêter à un moment donné. Toutefois ce n'est pas ainsi que Freud l'entend lorsqu'il écrit dans *Les Théories sexuelles infantiles* : « Ces doutes et ces ruminations deviennent le prototype de tout le labeur intellectuel ultérieur en quelque ordre de problèmes que ce soit, et le premier échec exerce une action paralysante qui continuera à se faire sentir en tous temps » (p. 63). On lit de même dans *Un souvenir d'enfance de Léonard de Vinci* : « L'insuccès de cette première tentative d'indépendance intellectuelle semble laisser après soi une impression durable et profondément déprimante » (p. 33).

Il ne s'agit pas pour Freud de décrire ici les traits d'une névrose obsessionnelle infantile, car son propos concerne en fait toute espèce de travail intellectuel ultérieur et non le cas particulier de la rumination névrotique.

Je ferai l'hypothèse que cet « échec » doit s'entendre vis-à-vis de l'ambition mégalomane et narcissique du petit enfant qui n'a pas encore rencontré l'épreuve du doute dans la sphère de la pensée. Lorsque l'enfant doit y faire face et y répondre en constituant des « problèmes », c'est avec le fantasme de la possibilité de reconstruire le monde d'avant l'écroulement des certitudes qu'il soutient son activité.

Tout travail intellectuel ultérieur remet son auteur en situation analogue : l'impossibilité de continuer à croire oblige à un questionnement et à la construction d'hypothèses théoriques dont le sujet sait qu'elles n'apporteront pas la réponse définitive qu'il souhaiterait, mais sans pour autant abandonner le rêve d'une connaissance parfaite et absolue qui demeure comme un fantasme bien caché et même un peu honteux. La sublimation en revanche à l'intérieur du labeur intellectuel, opère une dérivation des investissements sous une forme que l'on pourrait qualifier d'« abstinence de l'âme ». En ce qui concerne l'enfant, une telle métabolisation des éléments pulsionnels de l'investigation est hors de propos et sa recherche passionnée de l'origine est en fait un déplacement de la quête d'amour. C'est pourquoi, ainsi que le note Melanie Klein en rapportant cette remarque à Ferenczi, « une théorie sexuelle représente en partie une abstraction, tirée des fonctions accompagnées de volupté, et tant que la fonction est vécue comme voluptueuse, la théorie persiste dans une certaine mesure » (*Le développement d'un enfant*, p. 67). Toutefois c'est au cours de l'expérience que fait l'enfant de cette activité investigatrice nouvellement investie que se forment les bases de ce qu'il éprouvera dans la suite comme plaisir et souffrance de pensée.

# 2

# Une pensée qui s'immobilise

L'EMPÊCHEMENT DE PENSÉE

Considérer l'évidence comme un paradis perdu, c'est dire du même coup que la pensée, comme activité discursive, peut bien être un moyen au service d'une fin, une tentative pour le savoir de récupérer l'objet désormais absent et saturer la faille d'où sourd le vertige, mais on ne voit guère comment cet exercice forcé et périlleux pourrait donner quelque plaisir.

Le soupçon psychanalytique invite bien sûr à un autre regard et tant d'effort voire de souffrance donne à penser qu'il y a là un plaisir que le sujet se voit interdire par lui-même ou par un autre.

Renoncer à l'exercice de la pensée et aux plaisirs qu'on peut en tirer peut se comprendre de diverses manières : l'activité de pensée apparaît en soi menaçante parce qu'elle touche des zones douloureuses ou entraîne des conséquences fâcheuses, elle peut aussi être interdite et il devient alors plus avantageux d'y renoncer, ou encore elle peut devenir l'enjeu d'une rivalité telle que ce renoncement prend le sens d'un don voire d'une dette.

De nombreuses figures psychopathologiques peuvent s'attacher à ces situations, aussi est-ce à titre d'exemple que j'envisagerai la question de la non-pensée dans l'autisme comme illustrant le cas d'une activité de pensée perçue comme dangereuse, et l'inhibition intellectuelle, telle que l'ont analysée Freud puis Melanie Klein comme conséquence d'une interdiction[1].

---

1. J'envisagerai plus loin (chap. 3) le cas de l'inhibition de pensée propre à ceux qui en font leur objet principal, voire unique, les intellectuels dans le lien avec l'image du don et de la dette.

*La non-pensée dans l'autisme*

L'autisme est défini par les auteurs qui se sont penchés sur cette question[2] comme un état qui sous sa forme pathologique s'oppose à la pensée, ou lui est antérieur (autisme « normal »). La psyché apparaît alors comme exclusivement dominé par la sensation aux dépens des fonctions affectives et cognitives. Aucune n'est apparente de telle sorte que on a pu définir l'autisme comme « ... un état sans activité mentale dans lequel les fonctions cérébrales sont plus manifestes que les fonctions mentales » (Meltzer, 1975).

Les mécanismes permettant la fuite hors de la mentalisation révèlent, de manière exemplaire et paroxystique, un certain fonctionnement de l'inhibition de la pensée.

Dans l'autisme, la production des pensées se voit bloquée grâce au mécanisme qui diffracte les sensations en éléments monadiques entre lesquels aucun lien ne peut être établi. On en arrive à une sorte de modèle condillacien de l'autiste qui, comme la statue devenant odeur de rose au sentir de cette fleur, serait réduit à des sensations partielles et discontinues.

Chacun peut penser avoir fait l'expérience, volontaire ou non, d'une concentration momentanée sur une sensation isolée à la fois du réseau des autres sensations et des fantasmes ou des idées qu'elles pourraient faire naître. Cet isolement est cependant une vue de l'esprit davantage qu'une réalité. Les Gestaltistes nous ont appris que la forme et donc la co-présence de plusieurs perceptions est en œuvre dans la connaissance sensible elle-même et que les « sensations » incohérentes de la psychologie traditionnelle sont des hypothèses gratuites. Les champs sensoriels s'organisent de manière spontanée ainsi que le montrent les expériences sur la figure et le fond par exemple.

Le mécanisme de démantèlement autistique ne saurait s'entendre comme une régression à des sensations « pures », mais comme une attaque permanente et continue contre les liens qui unissent les sensations entre elles. Les ensembles ainsi constitués incluent vraisemblablement un système d'appréciation subjectif qui les fait se découper comme tels, mais même s'il s'agit là déjà d'éléments complexes, le dispositif autistique empêche qu'ils s'enchaînent à d'autres et les vide de toute capacité dynamique. Ils sont de ce fait rapidement laissés de côté au profit d'autres dans une succession qui semble vertigineuse aux thérapeutes.

2. Je me réfère ici notamment à Francès Tustin et à Donald Meltzer.

Ces abandons successifs bloquent toute possibilité de produire de la pensée sous forme de fantasmes ou d'idées et vraisemblablement toute possibilité de plaisir.

A ceci près qu'elle concerne des modalités sensorielles différentes, la méthode n'est pas si éloignée de celle préconisée par Marc-Aurèle pour séparer le noyau du représenté de l'illusion amplifiante qui s'y rapporte, illusion rendue responsable du trouble et de la souffrance : « Tu peux parvenir à faire fi d'un chant ravissant, de la danse, du pancrace. S'il s'agit d'un air mélodieux, il suffit de le décomposer en ses notes et à chacune de te demander si tu ne saurais y résister. Tu n'oserais le reconnaître. Pour la danse, use d'une méthode analogue devant chaque mouvement ou figure et de même pour le pancrace. »

La décomposition en éléments *bloque la production du plaisir* qui naît de la diffusion et de l'irradiation des sensations. De la même manière la pensée se trouve encerclée dans le mécanisme obsessionnel qui empêche les idées de s'enchaîner, d'entrer en contact les unes avec les autres.

Le dispositif autistique fonctionne en deçà de la pensée, au niveau de la sensorialité elle-même qui se voit diffractée en éléments venant successivement envahir l'espace psychique et produisant ce que les auteurs nomment un « démantèlement du self » : « quand le self est démantelé en ses composants sensuels par la suspension de la fonction moïque d'attention, un moi cohérent cesse temporairement d'exister ; chaque fragment ou plutôt composant, est réduit à un stade primitif dominée par le ça... » (1975, p. 23).

A l'activité de pensée soutenue par l'attention viendrait donc se substituer, de manière temporaire et réversible, un envahissement pulsionnel limité à une zone-fonction érogène : « Ils appréciaient hautement les qualités sensuelles d'un objet, mais ils étaient tout nez, tout oreille, tout yeux selon les moments » (*ibid.*, p. 79).

Sans s'interroger sur une telle « description » clinique qui ne peut s'étayer que sur les mouvements contre-transférentiels[3] produits chez le thérapeute faute de production verbale analysable chez le patient, ce qui bien entendu limite d'autant les conditions de production des hypothèses métapsychologiques, nous nous limiterons à envisager les considérations dynamiques étiologiques d'un tel blocage de la pensée.

---

3. Mouvements particulièrement vifs dont la description montre que le blocage de la pensée, et notamment de la capacité associative pendant l'interprétation, est bien l'origine des hypothèses concernant cette non-pensée de l'autiste.

Les auteurs insistent sur le caractère passif de l'opération de démantèlement et Meltzer, par exemple, parle d'une « organisation mentale qui tombe passivement en morceaux » (*ibid.*, p. 21) en même temps d'ailleurs qu'il souligne, paradoxalement, la proximité de ce mécanisme avec celui de l'obsession, laquelle requiert une activité d'attaque soutenue pour empêcher que les liens ne se forment. L'aspect « Pinnocchio », le pantin qui s'effondre lorsque l'on cesse de maintenir les fils qui l'animent, évoque la retombée mélancolique, laquelle peut faire suite à l'agitation stérile obsessionnelle et ne saurait donc y être opposée. D'où vient donc l'idée que la pensée pourrait se dissocier spontanément sinon de l'hypothèse implicite qu'elle n'existe que du fait d'une mise en tension libidinale qui la réunit aux objets ? L'autisme ne serait tel qu'à limiter cette opération à des sensations dissociées sans possibilité de mise en relation entre la zone-érogène et la pensée de l'objet. C'est au schéma de l'auto-érotisme que nous sommes ici renvoyés, notion à laquelle les auteurs ne font d'ailleurs guère appel, et c'est à ce niveau qu'il faut placer la production d'une non-pensée.

Le blocage sur la sensorialité auto-érotique permet de reconstituer un monde sans espace de manque. Freud en donne trois justifications, en fait superposables : le petit enfant choisit un endroit de son propre épiderme « parce que celui-ci est d'un accès plus commode, parce qu'il se rend ainsi indépendant du monde extérieur qu'il est encore incapable de dominer et parce qu'il se crée de cette façon une seconde zone érogène, même si elle est de valeur inférieure » (1905 d, p. 106). Mais ce processus, même s'il a pour objectif de rendre inutile le contact avec le monde objectal, transporte les caractéristiques de celui-ci dans la zone limitée ainsi créée. De cette partie d'épiderme excitée, l'enfant attend une réaction de plaisir, il s'effectue un échange vivant, une relation analogue à celle de la première expérience de plaisir.

Telle n'est pas la situation de l'autiste et pourtant le mécanisme est bien le même. L'explication tient dans les considérations « génétiques » qui se résument à l'expérience prolongée du bébé avec une mère qui suspend son attention de ce dernier et se trouve dans des états d'« absence », après avoir connu avec lui auparavant une relation riche et sensuelle. Ce qui est frappant, disent les auteurs, chez les enfants autistes c'est qu'ils ne semblent pas attendre de leur objet une réaction vivante et utilisent le corps de leur thérapeute comme s'il était un meuble. L'attaque autistique contre la capacité de produire des pensées évoque de ce fait une identification à l'incapacité de la mère de penser à l'enfant. Cette hypothèse irait dans le sens de l'idée soutenue par Meltzer d'un « traumatisme sensuel » (*ibid.*, p. 58) tel que l'intensité même des premières sensations de plaisir détruisait la capacité mentale de liaison en emplissant totalement l'esprit.

La sensorialité s'offre comme *analogon* de la pensée, le collage aux sensations reproduisant la situation de la mère incapable de s'arracher à ses propres représentations fantasmatiques pour investir son bébé. A l'impossibilité de s'abstraire de son monde interne de l'une répondrait l'impossibilité en miroir de s'abstraire de l'autre et donc de penser. L'autiste resterait accroché au sensoriel, comme le sujet saisi de vertige oublie qu'il sait descendre un escalier sans regarder les marches et se cramponne à la rampe. On s'explique ainsi l'« intelligence » des autistes, fait pour le moins paradoxal, s'il n'y a pas de pensée : « Les enfants étudiés nous apparaissent très intelligents. Que voulons-nous dire par là, et comment avons-nous atteint une telle conviction ? Leurs processus mentaux opèrent à une grande vitesse. Même quand ils sont dominés par la répétition, la rapidité avec laquelle se déroulent de nouvelles combinaisons et permutations sur la même configuration fantasmatique de base est tout à fait éblouissante. Leur accessibilité aux données sensorielles venant à la fois du corps et du monde extérieur donne l'impression d'un organisme nu exposé à tous vents. En conséquence, leur discrimination des détails de l'environnement et des variations dans les détails est impressionnante. La complexité de leur fonctionnement mental met le thérapeute à l'épreuve à chaque instant. De plus il existe une subtilité de la réponse émotionnelle et de la sensibilité à l'état physique et mental du thérapeute qui excède de loin celle que l'on rencontre généralement dans l'analyse d'enfant et qui est certainement d'une catégorie bien différente de celle que l'on perçoit dans l'atmosphère d'un cabinet de consultation pour adultes » (Meltzer, 1975, p. 17).

Nous avons commencé par évoquer la situation de « non-pensée » de l'autiste à propos du renoncement à la pensée mais les hypothèses génétiques portent à considérer que cet état n'est pas compréhensible hors de son origine et que c'est à la mélancolie de la mère et à la mortification de sa relation avec son bébé qu'il faut la rapporter. De ce fait, s'il y a renoncement à la pensée c'est d'abord du côté de la mère qu'il faut l'envisager. Toute autre est la relation que le schizophrène entretient avec ses pensées qui peut davantage s'entendre comme un abandon rendu nécessaire par les circonstances.

*La mutilation des pensées dans la schizophrénie*

J'évoquerai ici à titre d'exemple que la manière dont Piera Aulagnier a analysé la relation que le schizophrène entretient avec son activité de pensée et plus particulièrement le traitement régressif de ces pensées qui ne sont plus perçues comme dépendant du Je dont il se reconnaîtrait le seul maître : « La relation du sujet à ce qui « est pensé » semble se rapprocher de ce qu'avait été une relation archaïque à l'avalé ou au vomi. » L'activité de pensée devient l'équivalent d'une « zone-fonction partielle » qui peut « tour à tour être perçue comme source d'un plaisir permis, comme zone dont l'autre risque de vous mutiler, ou comme zone dont l'activité est interdite par le verdict du désir de l'Autre » (1975, p. 73).

Cette possibilité de mutilation ne doit cependant pas être imputée à la toute puissance de l'Autre. Elle reprend en fait le désir originaire de destruction de l'objet qui est le propre de Thanatos et vient répondre à la tentative d'effacer tout manque, puisque tout objet de satisfaction est aussi pour la psyché, un rappel de sa dépendance et donc de sa capacité d'attente voire de souffrance.

Avoir à représenter, avoir à penser, peuvent provoquer une haine destructrice pour la psyché mais la pensée n'est pas visée en tant que telle, c'est le désir lui-même et le corps, qui en est l'origine par le biais des pulsions, qui est le véritable perturbateur. Le repos de l'activité de représentation est alors recherché et non sa suppression. Si la pensée entre dans cette catégorie des persécuteurs potentiels, c'est précisément dans sa capacité d'apporter du plaisir et donc de risquer, en cessant de le faire, d'être responsable de la souffrance du manque. La théorie de l'originaire que propose Piera Aulagnier repose précisément sur le fait que la représentation pictographique qui est le propre de cet originaire ignore la dualité entre le représentant et le représenté. De ce fait le rejet de la représentation du manque devient simultanément rejet de l'instance représentante, mutilation de la pensée. C'est en fonction de la capacité d'Eros d'offrir à Thanatos « par la voie de l'objet l'illusion qu'il a atteint son but : le silence du désir, l'état de quiétude, le repos de l'activité de représentation » (*ibid.*, p. 66) que l'activité de représentation pourra subsister.

Quant à l'activité de pensée proprement dite, elle se verra investie par le Je en fonction de l'expérience de plaisir qu'elle peut procurer, condition préalable pour que se présente un désir de penser propre à cette nouvelle zone-fonction érogène spécifique que constitue la fonction d'intellection.

Cependant, pour que la « mutilation » de la pensée puisse exister il faut que le désir de mort psychique se trouve relancé par une violence extérieure, celle que Piera Aulagnier désigne comme « l'excès de la violence : l'appropriation par la mère de l'activité de penser de l'enfant ». Une telle situation implique le fait que l'enfant désiré par la mère ne puisse être dissocié de ce retour d'elle-même qu'elle attend, et, en aucun cas, se singulariser comme existant indépendant trouvant plaisir et désir dans des objets différents de ceux du passé maternel. En ce qui concerne son activité de pensée, « il faut qu'il pense ce qu'elle pense car s'il venait à penser son Je comme agent autonome d'un droit à penser, il viendrait lui prouver que le passé ne peut faire retour, que le désir du même est irréalisable et impensable » (*ibid.*, p. 246).

De ce fait les pensées seront perçues par le sujet non pas comme quelque chose qui lui appartient, conséquence d'un « projet » de penser, mais comme des hôtes indésirables qui arrivent dans la tête sous forme d'échos, de commentaires, etc. Contrairement à l'illusion des amputés qui croient ressentir la présence du membre mutilé, le schizophrène ne reconnaît pas siennes les pensées qui sont précisément celles par lesquelles le Je pourrait manifester son existence comme sujet indépendant.

La « pensée délirante primaire » se construit autour de ces blancs, de ces choses impossibles à penser parce qu'elles remettraient en cause le postulat de la reproduction du même. Elle reconstruit des réponses aux questions en souffrance, réponses conformes non à la logique du consensus mais, à la violence originelle subie. La mutilation partielle de la pensée n'est pas identique au renoncement à l'autonomie de pensée. Si une solution aussi radicale est utilisée, c'est parce que l'enjeu n'est pas la perte d'amour mais la perte d'identité qui rend ces pensées-là non pas interdites mais impossibles.

C'est à une situation différente que nous confronte l'interdit de pensée dans la névrose et les conséquences qu'il entraîne en fait d'inhibition intellectuelle que j'envisagerai ici à partir de la place qu'y tient le refoulement de la pensée du sexuel.

Lorsque Freud évoque les trois destins possibles de la curiosité en butte au refoulement, dans *Un souvenir d'enfance de Léonard de Vinci*, l'inhibition paraît en fait présente de manière différente dans les trois cas, c'est-à-dire l'inhibition, l'obsession intellectuelle et la sublimation. Elle se présente comme inhibition globale de la curiosité et de l'esprit critique dans le premier cas, inhibition limitée à la capacité d'achever ou de parvenir à une sensation de résolution dans le second, inhibition limitée au choix du thème qui doit être éloigné du sexuel dans le troisième. Je reprendrai ces trois cas de figure en les situant en fonction des écrits ultérieurs de Freud vis-à-vis de la topique de l'Idéal du Moi.

Freud donne comme motif pour expliquer l'inhibition de pensée névrotique qu'il qualifie de débilité « acquise », le lien entre la curiosité sexuelle et la pulsion de savoir. Parce que cette dernière s'est compromise à l'origine avec le sexuel, il est naturel qu'elle subisse le sort commun du refoulement, ce qui arrive d'autant plus aisément lorsque le développement intellectuel n'a pas atteint une force suffisante pour s'être rendu relativement indépendant et donc résistant (1910 c, p. 34). Cette force du développement intellectuel est à entendre au sens d'une quantité de libido investie, perspective différente du fait que la sublimation puisse assurer au développement intellectuel un espace protégé parce que dès l'origine ouvert à autre chose qu'au sexuel. Dans ce texte, Freud ne dit pas pourquoi certains sujets semblent si peu tenir à l'exercice de leur pensée que celle-ci se voit balayée par le refoulement de la période de latence auquel peut s'ajouter un interdit extérieur lié à l'influence de l'éducation et de la « puissante coercition religieuse de la pensée ».

Relire le Léonard à la lumière de ce que les travaux ultérieurs de Freud nous ont appris concernant l'idéalisation permet de prolonger ce qui ne figure en 1909 qu'à l'état d'ébauche. La question d'inhibition de pensée névrotique au sens d'une débilité acquise était présente un an plus tôt dans *La morale sexuelle « civilisée »* limitée au cas des jeunes filles. Il revient sur ce sujet à nouveau dans une séance du 3 mai 1911, consignée dans les *Minutes de la Société psychanalytique de Vienne* (tome III, p. 245), dans une référence à « l'imbécilité physiologique des femmes » qui serait une conséquence du refoulement sexuel : « Comme on leur a interdit de penser à ce qu'il y a de plus valable pour elles, l'activité de la pensée en général n'a plus de valeur du tout. » Le schéma explicatif ici requis est fondé sur l'association par contiguïté tel que Freud l'a mise en lumière dans *L'interprétation des rêves*. De même qu'un chirurgien ne se borne pas à extirper une tumeur mais enlève également les parties voisines qui risquent d'être atteintes par le mal, le refoulement touche l'exercice de la pensée en général, même si celui-ci ne semble pas directement en rapport avec la sexualité. Ce mécanisme est coûteux et à la limite absurde, car, sauf à utiliser une machine à décerveler, on ne voit pas très bien comment l'exercice de la pensée, aussi réduit soit-il, pourrait se soustraire au retour du refoulé. Freud en est d'ailleurs bien conscient et note dans le *Léonard* qu'une telle « débilité acquise de la pensée » est « très favorable à l'éclosion d'une névrose ». Pareille contrainte n'est en fait possible que si elle ne se limite pas à une action purement négative et offre à la pensée un champ d'exercice soigneusement contrôlé dans lequel celle-ci pourra se déployer et retourner contre elle-même le mécanisme de refoulement. Tel est le rôle de la « puissante coercition religieuse de la pensée », qui entre en jeu après que le refoulement se soit installé mais qui ne vient en fait que lui apporter un instrument supplémentaire.

En 1926, dans *Inhibition, symptôme et angoisse*, Freud montre que le Moi utilise la mesure de précaution de l'inhibition pour se protéger de l'angoisse de mort que déclenche le risque de débordement pulsionnel. Même s'il ne disposait pas, à l'époque du *Léonard*, d'une explication pour ce premier refoulement, il avait souligné néanmoins que la contrainte extérieure venue de l'intervention de l'éducation par les parents ou les éducateurs religieux était de toute manière seconde. Il ne disait rien du fait que ce contrôle ne se borne pas à une action purement négative mais tient son efficacité d'offrir un but pour le refoulement. La théorie du Surmoi montrera par la suite que conserver l'amour et la protection des instances parentales, grâce à une soumission totale à leur manière de penser, peut devenir pour le sujet une préoccupation vis-à-vis de laquelle toutes les autres sont secondaires.

L'existence d'une « sublimation religieuse » constitue d'ailleurs une interrogation pour la théorie de la sublimation elle-même. Freud emploie ce terme, notamment à propos de *L'homme aux loups*, mais il semble impossible de considérer qu'il s'agisse pour lui d'autre chose que d'un usage affaibli du terme de sublimation. En fait, la religion s'apparente à une forme désexualisée d'amour pour le père comme il l'écrit dans le *Léonard*[4] et à une formation réactionnelle, comme il le montre dans *Actions compulsionnelles et exercices religieux* où il écrit que la formation religieuse « semble avoir pour base la répression, le renoncement à certaines motions pulsionnelles composantes sexuelles (et)

---

4. « La psychanalyse nous a appris à reconnaître le lien intime unissant le complexe paternel à la croyance en Dieu, elle nous a montré que le dieu personnel n'est autre chose psychologiquement qu'un père transfiguré ; elle nous fait voir tous les jours comment des jeunes gens perdent la foi au moment même où le prestige de l'autorité paternelle pour eux s'écroule. Ainsi nous retrouvons dans le complexe parental la racine de la nécessité religieuse. » *Un souvenir d'enfance de Léonard de Vinci, op. cit.*, p. 124. Idée que l'on retrouve à peu près identique vingt ans plus tard : « Quant aux besoins religieux, leur rattachement à l'état infantile de dépendance absolue, ainsi qu'à la nostalgie du père que suscite cet état me semble irréfutable. » *Malaise dans la civilisation, op. cit.*, p. 15.

motions antisociales auxquelles, au demeurant, un apport sexuel ne fait presque jamais défaut » (1907 b, p. 140).

On a donc avec la religion un exemple de déplacement vers le haut, exprimé dans le début du *Pater* (déplacement de la figure du Père vers les cieux) qui rejoint d'autres déplacements symboliques du père comme soleil tel qu'on le trouve dans les idées délirantes de Schreber. La religion ne constitue pas pour Freud une sublimation. Bien plus, comme il l'écrit à Jung en 1910, il considère que « ce besoin-là doit être sublimé ». Quinze ans plus tard, il affirmera dans son auto-présentation : « Le soin de l'analyse est compatible avec le maintien d'une religiosité *certes sublimée.* »

Ce que Freud écrit au sujet de la religion peut être largement étendu au besoin fondamental auquel celle-ci répond : celui d'être protégé par le père ainsi qu'il le développera ultérieurement dans ses controverses avec Romain Rolland au sujet du sentiment océanique. Dans l'inhibition de pensée, ce n'est pas la nature en elle-même coercitive de la religion qui est en cause mais toute espèce de soumission intellectuelle à l'égard d'une théorie, même si elle est apparemment subversive et critique envers des illusions. La psychanalyse elle-même n'est pas exempte du risque de secréter de l'aliénation de pensée si celle-ci se débilite à se vouloir pure et fidèle répétition de la parole du maître.

L'angoisse de penser chez les jeunes filles traduisait une angoisse de perdre leur féminité si elles pensaient, c'est-à-dire de ne plus pouvoir être aimées par leur père. L'angoisse de non-conformité répond au même mécanisme. On sait que le but des petits enfants n'est pas l'indépendance ou l'originalité mais au contraire l'imitation, « l'être-comme » le personnage admiré, père ou camarade doué de prestige, ce dernier l'étant d'ailleurs d'autant plus qu'il peut apparaître n'imiter personne et ne rien devoir qu'à lui-même. « La loyauté aveugle des braves sujets » (1908 d, p. 42) peut s'entendre comme le retour à cette position primitive identificatoire, retour lui-même motivé par l'angoisse de castration que comporterait toute rébellion. Le désir de plaire aux hommes, celui d'obéir à Dieu ou d'être fidèle au Prince s'équivalent car ils poursuivent un même but : la préservation d'un lien de protection avec une figure idéalisée à la puissance de laquelle il est possible de participer par le biais de l'imitation.

A l'inverse, l'indépendance intellectuelle apparaît toujours comme un risque car le détenteur du savoir, Sphinx ou autre, a un pouvoir de mort en cas d'échec. Une telle crainte n'est probablement pas étrangère à l'appui que l'autonomie de pensée reçoit du ressentiment.

Rappelons cette importante remarque de Freud selon laquelle le premier acte d'incroyance chez l'enfant date sa « grave opposition avec les adultes auxquels il ne pardonne au fond jamais de l'avoir, en cette occasion, trompé » (1910 c, p. 33). Comment expliquer que dans un cas l'enfant choisisse la voie de la rébellion et donc de la critique, avec ce qu'elle comporte de méfiance et de désir de surpasser l'autorité reconnue, et que dans l'autre il préfère se soumettre et trouve avantage à sacrifier l'autonomie de sa pensée ? Freud ne donne pas de réponse en 1907 car l'argument économique n'est pas en soi une explication. Il lui faudra en fait attendre que soit dégagée la notion de Surmoi pour pouvoir reprendre la question.

Melanie Klein a donné une importance particulière à la question de l'inhibition intellectuelle dans ses travaux mais, malgré la référence à des notions issues de la seconde topique freudienne, c'est en fait une réponse analogue à celle donnée par Freud en 1907 qu'elle propose en 1932 en accentuant, selon ses propres données, la fonction du sadisme vis-à-vis de la pulsion de savoir. Bien que l'origine des tendances épistémophiliques soient pour elle très différente de celle que leur donnait Freud, le mécanisme qui lui paraît rendre compte du refoulement est proche de celui décrit dans le Léonard puisqu'il s'agit à nouveau d'une association par contiguïté : « Les désirs de connaître l'intérieur de la mère et d'y pénétrer par effraction sont assimilés l'un à l'autre, se renforcent mutuellement et deviennent interchangeables. Ainsi se forment les liens qui unissent aux pulsions sadiques, rendues à leur apogée, des besoins épistémophiliques naissants ; on comprend qu'ils soient si intimement rapprochés et que ces derniers suscitent des sentiments de culpabilité. »

Lorsque, comme pour Erna, la petite patiente de Melanie Klein (1932, p. 145) le calcul et l'écriture ont pour l'inconscient la signification de violentes attaques contre le pénis du père, le corps de la mère et les bébés supposés s'y trouver, tandis que la lecture en raison de « l'équivalence symbolique entre les livres et le corps de la mère » représente un arrachement brutal de ses divers contenus, il est alors difficile d'imaginer de pouvoir échapper à la culpabilité (p. 169). Toutefois pour Melanie Klein, il ne s'agit là que d'une étape dans l'évolution de l'enfant et, sauf dans le cas d'une fixation qu'elle n'explique d'ailleurs que par un excès de ces mêmes processus, la suite du développement de celui-ci lui permet d'élaborer ce matériel violent. Le besoin « épistémophilique » répond à la nécessité de pouvoir projeter à l'extérieur, dans le champ du savoir, ce qui restait jusque-là interne et rendait de ce fait toute action impossible. A la destruction fait suite la restauration et ce n'est que lorsque cette circulation ne peut s'établir que se produit l'inhibition intellectuelle que l'enfant traduit par une apparente absence de curiosité.

Bien qu'originale par rapport aux thèses de Freud, cette théorie de l'inhibition intellectuelle repose essentiellement sur l'association par équivalence symbolique entre acte de pensée et acte à visée sexuelle. Par l'inhibition, le Moi se coupe des sources pulsionnelles devenues dangereuses du fait du retournement de l'agressivité et de la projection de la haine à l'extérieur. Un certain nombre d'auteurs, dont Winnicott, ont montré l'existence d'un fonctionnement analogue, en particulier dans la psychose infantile où l'inhibition a pour fonction de protéger le Moi contre le risque d'effondrement qui le menace du fait de la poussée des processus primaires (*La défense maniaque*, 1935). On assiste alors à une lutte entre le Moi et l'action du Ça qui ne semble pas pouvoir se régler autrement que par la limitation partielle ou globale de l'exercice d'une fonction, celle de penser en l'occurrence.

Une analyse plus approfondie pourrait montrer que ce point de vue est en accord avec la manière d'envisager l'inhibition telle que Freud la développe en 1926 dans *Inhibition, symptôme et angoisse*, texte où il ne prolonge pas les vues énoncées en 1907 et 1908 concernant l'autonomie de penser chez l'enfant. L'inhibition s'y trouve analysée en termes généraux situant la fonction entre les deux pôles opposés du Moi joint aux pulsions d'autoconservation qui agissent pour l'amour du « Moi » et du Ça qui assure son emprise sur la fonction grâce à des équivalents symboliques qui en font le substitut d'un acte sexuel interdit. Freud y propose également une toute autre approche du phénomène de l'inhibition, basée sur l'évitement du conflit avec le Surmoi : « Le Moi n'a pas le droit de faire de telles choses parce qu'elles lui apporteraient profit et succès, ce que la sévérité du Surmoi lui a refusé » (1926 d, p. 5). L'analyse qu'il avait proposée en 1916 de « ceux qui échouent devant le succès » avait souligné le caractère paradoxal du fait que la maladie névrotique vienne à éclore à cause du succès, contraignant le sujet à remplacer la privation extérieure par une privation intérieure. Le développement de cet apparent paradoxe tourne court car les désirs conformes aux idéaux du Moi révèlent leur nature œdipienne : « Le travail psychanalytique apprend que les forces de la conscience morale par lesquelles nous devenons malades du fait du succès, comme on le devient ordinairement du fait de la frustration, dépendent intimement, comme peut-être toute notre conscience de culpabilité, du complexe d'Œdipe, du rapport au père et à la mère » (1912 c, p. 66). Le Moi s'impose donc à lui-même une privation par obéissance à son Surmoi et conteste à la libido le droit de s'orienter vers des objets au demeurant conformes à son idéal.

Cette dissociation de l'action des instances idéales devenues antithétiques est particulièrement importante à souligner car elle prolonge l'analyse à peine ébauchée par Freud des *conditions de l'autonomie de pensée.* Pour être réalisable, cette dernière exige que l'investissement narcissique puisse être déplacé sur l'Idéal du Moi présent dans le Moi, de manière suffisamment importante pour résister à l'action du Surmoi qui, à côté de ses visées punitives, s'offre toujours aussi comme une protection prolongeant le rôle des parents.

Pour reprendre l'exemple donné par Freud en 1916 du professeur d'université qui rêve de succéder à son maître et qui, à la mort de ce dernier, commence à douter de ses capacités et à tomber dans la mélancolie, on peut imaginer que l'investissement de ses réalisations professionnelles par le dit professeur se soit limité à une participation fantasmatique à la puissance idéalisée du maître. Ce dernier venant à donner la preuve de sa mortalité, il devient dès lors compréhensible que la source pulsionnelle basée sur l'identification à une image qui s'écroule laisse le sujet en proie à un deuil mélancolique où se révèle la forte ambivalente du lien originel. Une telle hypothèse va dans le sens d'une conception de l'inhibition intellectuelle névrotique qui ne la lierait pas uniquement à un conflit avec le Ça par le biais d'équivalences symboliques ou avec le Surmoi par assimilation de la situation de rivalité avec celle de l'Œdipe. Ces différents éléments se soutiennent en revanche si on les envisage à partir de la place et du type d'investissement faits à l'Idéal du Moi dans le Moi. Investir l'Idéal du Moi sans le déplacer sur un objet extérieur est une possibilité qui contraint à renoncer aux liens de sujétion avec une image toute puissante idéalisée dont le sujet tirerait par osmose sa propre valeur, processus qui est celui de l'idéalisation.

Divers auteurs notamment, M. Mahler en 1942 et I. Helman en 1954[5] ont soutenu l'idée que l'inhibition de pensée puisse servir à maintenir un lien régressif avec une image idéale protectrice. L'exhibition d'un équivalent de castration au niveau intellectuel aurait pour but dans bien des cas d'éviter la castration fantasmée et la perte de

---

5. Mahler-Choenberger M., Pseudo imbecility : a magic cap of invisibility, in *The psychoanalytic Quaterly*, 1942, vol. XI, p. 149-164. Helman, I., Observations on mothers of children with intellectual inhibition, *Psychoanalytic study of the child*, vol. IX, 1954, p. 259-273.

l'objet d'amour. Il s'agirait pour ces sujets d'établir un lien de communication non conflictuel avec les parents, le regard aveugle et le supposé non-savoir étant destinés à assurer ces derniers de leur totale soumission. Malgré l'intérêt des exemples cliniques proposés par ces auteurs, on peut constater que, s'ils conservent l'idée freudienne de l'autonomie de pensée comme rébellion, ce qu'ils décrivent ressemble néanmoins davantage à un interdit à manifester l'existence d'une pensée qu'à une véritable inhibition. D'autre part, l'analyse qu'ils en donnent se situe essentiellement en termes d'inter-relation et semble parfois ignorer que le conflit se situe à l'intérieur du Moi en fonction du jeu des instances les unes vis-à-vis des autres.

L'un des textes les plus explicites sur la question du lien entre l'inhibition de pensée et l'idéalisation est la conférence sur le développement d'un enfant prononcée par Melanie Klein en 1919 (in *Essais de psychanalyse*, p. 29 sq.) douze ans avant la parution de son premier livre. C'est essentiellement au sentiment de toute puissance tel que l'ont développé Freud et Ferenczi qu'elle se réfère pour rendre compte de la formation de l'inhibition de pensée. Elle cite la notion freudienne de « toute puissance de la pensée », mais en la faisant dériver du sens précis qu'elle a chez Freud dans le contexte de l'animisme primitif et de la névrose obsessionnelle, c'est-à-dire celui d'une pensée qui peut agir directement et à distance sans la médiation d'un acte modifiant la réalité matérielle. Ce qu'elle entend par là est une forme du sentiment infantile de toute puissance, reliquat de l'omnipotence narcissique primitive, et ses vues sont considérablement limitées par son souci de déboucher sur des conseils pédagogiques. Par exemple, elle recommande d'aider l'enfant dans son travail de désidéalisation et notamment de ne pas porter préjudice à son intelligence en lui imposant la croyance en Dieu. Outre cet aspect, qui s'explique par les conditions historiques de l'époque où le texte avait été écrit, on constate que son analyse de l'inhibition intellectuelle névrotique chez l'enfant est difficilement transposable telle quelle chez l'adulte. Mélanie Klein note pourtant à plusieurs reprises le fait que la disposition infantile soit à cet égard déterminante : « Car même si plus tard, l'individu adulte est apparemment capable de surmonter les obstacles placés devant sa pensée d'enfant, son attitude à l'égard de ses limites intellectuelles, quelles soient conditionnées par la provocation ou par la peur, reste cependant la base de l'orientation et de la forme de sa pensée, sans que les connaissances acquises par la suite puissent venir les modifier » (p. 54). Elle décrit brièvement deux types d'inhibition chez l'adulte : inhibition en extension (celle du savant qui approfon-

dit un point précis mais qui est totalement dépourvu de sens pratique) ou en profondeur (incapacité de dépasser la curiosité superficielle).
Ces deux cas, très brièvement évoqués, renvoient plus à la description
de traits de caractère qu'à des destins pulsionnels, contrairement à
l'analyse de l'inhibition intellectuelle proposée par Freud dans le
*Léonard*.

L'interdit de penser le sexuel s'étend à la pensée en général par
un principe mécanique typiquement névrotique qui fait que la pensée risquant de rencontrer un objet sexuel doit s'interdire de plus en
plus largement ses objets. L'interdit de penser le sexuel est d'abord
un interdit de se représenter l'émotion sensuelle occasionnelle ou liée
à une représentation fantasmatique provoquée. On sait que ce sont ces
sensations de plaisir qui guident le petit garçon vers la solution à ses
questionnements sur le sexuel, le plaisir qu'il ressent à penser « ces
choses-là ». Interdire d'y penser c'est déjà interdire d'en jouir et l'édu-
cateur se montre là perspicace mais cette interdiction va au-delà de sa
visée stricte car en rompant le lien original entre la pensée et la sensualité c'est-à-dire le plaisir issu de la sensualité, elle opère un clivage
entre une pensée qui ne trouvera plus qu'un ordre orthopédique venu
d'en haut pour régir son fonctionnement et une sensualité soumise au
refoulement et devenue donc d'autant plus dangereuse qu'elle est
déliée de la représentation et s'impose hors de toute emprise imaginaire ou symbolique comme le réel du symptôme. Dans une telle situation, l'« endon »[6], cette manière d'être du corporel qui constitue une
troisième réalité à côté du soma et de la psychè, se désorganise et le
sujet ne trouve plus en lui-même la base de ses pensées. Je donnerai
un exemple de la manière dont l'inhibition de pensée se manifeste par
l'incuriosité allant jusqu'au dégoût de savoir.

LE DÉGOÛT DE SAVOIR

Durant les premiers mois de la cure, il ne parvenait pas à détacher son attention d'un vaste rideau qui se déployait face au divan,
sur le mur du cabinet de son psychanalyste. Comment aurait-il pu
associer librement ou même s'intéresser à quoi que ce soit concernant
l'évocation de lui-même, passé ou actuel, alors que cet écran de velours

6. Au sens que Tellenbach donne à ce terme dans son analyse de la mélancolie. Cf.
H. von Tellenbach, *La mélancolie*, tr. fr., Paris, PUF, 1979.

était là, insolite, provocant. L'oreille aux aguets, il se taisait pour mieux entendre. Il ne faisait pas de doute pour lui que le rideau tiré aurait dévoilé, ainsi qu'au théâtre, un spectacle tout prêt. S'il restait obstinément fermé, cela ne pouvait s'expliquer que d'une seule manière : quelqu'un l'épiait de l'autre côté, en retenant son souffle... Projetant face à lui, sur une scène invisible, l'écoute silencieuse qui, derrière le divan, recueillait ses paroles, il n'attendait rien de moins que le moment fulgurant où le rideau se lèverait donnant à voir dans l'évidence d'un seul tableau tout ce qu'il cherchait obscurément depuis des années, sans même le savoir. Car il n'était, consciemment, guère curieux : ni des autres, qui l'ennuyaient, ni de l'enfant ou de l'ado-lescent qu'il avait pu être. A quelques rares exceptions près, ses sou-venirs commençaient à l'âge adulte ; pour le reste, il avait une vague idée de la manière dont s'étaient déroulées les deux premières décen-nies de son existence, mais sans en avoir autre chose qu'une connais-sance impersonnelle et surtout sans imaginer de pouvoir interroger sa famille au sujet des blancs ou des incohérences du récit qu'il s'en fai-sait. Il va sans dire que le lever du rideau était précisément ce qu'il lui fallait éviter à tout prix.

Un souvenir émergea quand même, au cours d'une séance, isolé de toute association. Enfant, il avait un goût particulier pour ratisser et pâtisser le sable, celui des plages pendant les vacances ou celui des squares dans lesquels on le conduisait quotidiennement. Le hasard d'une visite à des parents éloignés l'avait amené pour la première fois dans un jardin à la campagne où, muni de pelle et râteau, il essayait de reconstituer son jeu familier. Alors que sa mère, toujours si pro-che d'habitude, l'avait laissé seul, il avait eu l'horrible surprise en raclant le sol d'en voir sortir en se tortillant un long ver de terre vis-queux. Il se souvenait encore du hurlement qu'il avait poussé en lâchant ses instruments favoris, terrorisé par la révélation de l'objet immonde venu troubler la paix d'une activité ordinairement si rassu-rante et plaisante. Il en frémissait encore en le racontant...

La répulsion, contrairement au dégoût, est une passion doulou-reuse. Toute saveur est affaire de mesure et, lorsque la coupe est pleine, tenter d'en rajouter soulève le cœur au bord des lèvres. A l'inverse, l'ignoble est excès en soi, nul besoin de le jauger à l'aune de quelque norme : il se révèle dans le saisissement qui, à la manière de l'horreur, pétrifie et fascine. Ce n'est pas un haut-le-cœur mais une contraction viscérale basse et profonde, angoisse d'une jouissance jusque-là ignorée, qui s'empare du sujet à la manière d'un raptus. Tout est bon pour se protéger contre de telles expériences, lorsque l'érotisation masochiste n'est pas parvenue à les soumettre au plaisir, et les murs ne sont jamais assez hauts pour que « la chose » ne parvienne pas à pénétrer dans l'espace clos ou le Je se reconnaît lui-même, oubliant que c'est son propre désir qu'il évite ainsi et s'efforce d'endormir pour le mettre à l'abri des rencontres. Surtout ne pas y toucher, ne pas en être touché. Pas même par la pensée, et l'indifférence qui, telle une cuirasse, enferme l'intérieur et repousse l'extérieur, se redouble d'incuriosité.

Disons-le tout de suite : pour le psychanalyste, l'incuriosité n'existe pas, sinon comme symptôme désignant la présence d'une curiosité particulièrement vive, demeurée fixée à des scènes violentes et indicibles dont celle du ver de terre ne constitue bien évidemment, pour le patient précédemment évoqué, qu'un souvenir-écran. Il est difficile de se fuir soi-même, et le fragment refoulé est toujours prêt à rejaillir ailleurs, là où on ne l'attend pas, étrangement familier derrière le déguisement qui tente de le rendre méconnaissable. Pour tenter de se défendre du désir qu'il suscite, l'objet défendu est alors oublié. Il disparaît en même temps que l'intérêt qui lui était porté ou celui qui pourrait s'attacher à n'importe quelle espèce de représentation ou d'activité susceptible de l'évoquer. La lassitude et la morosité noient tout dans la grisaille de l'absence de désir. Si le monde est fade, il n'est pas dangereux, tout au plus ennuyeux. L'absence de goût protège de la répulsion, et neutralise l'excitation qui se transformerait en angoisse si elle venait à émerger.

L'incuriosité repose sur de semblables mécanismes : elle défend la psyché contre l'étranger, fantasmé comme envahissant, grâce à diverses allégations. Peu importe d'ailleurs si celles-ci se contredisent entre elles : « il n'y a rien à voir », « on a déjà tout vu », « ce qu'il y a à voir n'est pas digne d'intérêt ». Mais ces professions de foi sont rarement sereines et, envieux de l'intérêt qu'ils imaginent que les autres accordent à leur vie et à leurs plaisirs, les sujets qui pensent être revenus de tout ne renoncent pas pour autant à toute demande. Ils la formulent cependant de manière bien contournée, comme s'ils attendaient des objets extérieurs qu'ils portent en eux leur mode d'emploi et leur imposent une satisfaction qu'ils ne sauraient s'accorder d'eux-mêmes. Jouir en quelque sorte par surprise, sans attente et sans désir, tel semble être le vœu paradoxal de ceux qui espèrent que le charme des objets les délivrera de la responsabilité d'un plaisir dont ils ne seront alors ni auteurs ni coupables. Lorsque la réalité n'est pas, ou n'est plus assez souple pour se prêter à leur manège, ils viennent parfois porter leur plainte chez le psychanalyste, accusant tour à tour le monde de ne rien leur offrir et eux-mêmes d'être incapables d'en recevoir quoi que ce soit.

L'incuriosité n'est pas seulement frustrante pour celui qui la vit, mais aussi, et parfois davantage, pour ceux qui l'observent chez leurs proches. « Un bon bâilleur en fait bâiller neuf » dit-on ; de la même manière, le doute sur l'attrait des objets, voire de la vie elle-même, se glisse sournoisement lorsqu'il faut justifier un intérêt, jusque-là vécu comme allant de soi, auprès de celui qui ne le partage pas. L'entourage a d'ailleurs de bonnes raisons de vivre le désinvestissement ainsi affiché par le sujet comme un désaveu, et de s'en sentir plus ou moins directement visé. Il se trouve en effet doublement dévalorisé : ses objets apparaissent comme nuls et lui-même trop peu attrayant pour susciter l'attachement.

La curiosité, à l'inverse, semble naturelle par ce qu'elle manifeste d'intérêt pour la vie et, à cet égard, la ténacité de l'enfant, explorateur intrépide et inlassable questionneur, satisfait les parents, même s'ils se plaignent d'en être harassés. D'où leur inquiétude lorsque cette pulsion d'investigation paraît avoir disparu ou ne se manifeste pas là où on l'attendait. « Elle ne nous a jamais posé de question sur la sexualité, pensez-vous que ce soit normal ? » demandaient les parents d'une petite fille de six ans dont la constante rêverie et les difficultés scolaires avaient fini par sembler suffisamment suspectes pour qu'une psychothérapie soit envisagée. Amplement préparés par diverses revues et conférences pédagogiques, ils attendaient ses interrogations comme un signe de bon développement, au même titre que la chute des dents de lait ou l'acquisition des rudiments de la lecture. Sans doute avaient-ils tous deux le souvenir de leur propre curiosité infantile et de la manière dont elle avait été fort mal reçue. Alors qu'ils s'étaient réjouis d'avance de faire mieux que leurs propres parents, l'incuriosité manifeste de leur fille les frustrait d'autant plus. Il aurait été certes loisible de les rassurer en faisant valoir que la demande d'informations sexuelles pouvait avoir été adressée à d'autres qu'à eux, même si elle leur était naturellement destinée, ce dont ils étaient bien conscients. Mais les divers symptômes de l'enfant et tout particulièrement le handicap que constituait son état de distraction permanente justifiaient de s'interroger sur le secret qu'elle préservait ainsi.

La question tellement attendue ne fut pas davantage posée par l'enfant au cours de sa psychothérapie. Mais, le jour prévu pour sa dernière séance, elle me somma, avec beaucoup d'émotion, de lui dire la vérité sur la mort et le fait qu'on puisse ne jamais en revenir. Bien des éléments de sa brève histoire justifiaient que sa curiosité se soit ainsi déplacée sur une question tout aussi difficile à évoquer qu'avait pu l'être autrefois la sexualité pour ceux qui étaient devenus ses parents. Chaque famille possède ses « secrets », et l'enfant répond à la silencieuse complicité qui l'exclut en reconstruisant, grâce à des fragments entendus ou interprétés, ce qui lui échappe. Il le fait à sa façon et à son avantage, combinant l'imaginaire et la réalité de manière à rendre cette dernière plus conforme à ses désirs. Cette activité passe le plus souvent inaperçue, masquée derrière une attitude distraite. On aurait tort d'y voir pour autant de l'incuriosité, car ces enfants sont avant tout soucieux, c'est-à-dire obsédés par un questionnement qui mobilise leur pensée et les laisse peu disponibles pour ce qui ne s'y rapporte pas.

Leur attitude irrite et inquiète l'entourage comme s'il s'agissait là d'une sorte d'anorexie de la pensée qui s'auto-détruirait en refusant d'ingurgiter les aliments intellectuels si généreusement dispensés. Et, de fait, c'est bien de dégoût qu'il s'agit, témoignage de l'échec du processus sublimatoire supposé conduire la pulsion d'investigation de son objet sexuel œdipien aux horizons illimités du Savoir. Il va de soi que toute information sur la sexualité, si aseptisée soit-elle, est inséparable pour l'enfant d'une représentation de la scène primitive et subit, de ce fait, le contrecoup des affects de fascination et d'angoisse qui lui sont attachés. Le refus de savoir est fondamentalement lié à l'établissement de ces digues morales à la période de latence, au nombre desquelles Freud place le dégoût.

Il note incidemment à la fin du texte sur les « Théories sexuelles infantiles » l'exemple des deux garçons de dix-treize ans qui avaient opposé à leur informateur une fin de non-recevoir en ces termes : « Il se peut que ton père et d'autres se comportent de la sorte, mais je suis bien sûr que mon père, lui, ne ferait jamais cela. » L'idéalisation des images parentales et le refoulement de l'amour œdipien se conjuguent dans cette réponse mais, plus fondamentalement, c'est à l'excitation sexuelle liée à la représentation du coït parental qu'elle riposte. L'assurance que le père ne se livrerait pas à de tels actes est nécessaire pour maintenir le refoulement parce que réciproquement la vision de la scène primitive vient éveiller « par induction » un émoi sexuel non maîtrisable.

Une telle excitation se trouve réactivée dans le questionnement sur l'origine des enfants, et Freud souligne que les sensations éprouvées par l'enfant lorsqu'il médite sur ces sujets seraient suffisantes pour le mettre sur la voie de la théorie exacte. Si le travail de pensée peut s'accompagner de sensations aussi vives et précises, comment s'étonner qu'il n'en vienne pas *de lui-même* à susciter l'angoisse liée au refoulement ? Dans ces conditions, l'information sexuelle donnée par les parents et, bien plus, par l'un d'entre eux, ne peut avoir que la signification d'un acte sexuel interdit. Réciproquement, la demande d'information adressée par l'enfant prend le sens d'une tentative de séduction ou, comme le dit Steckel, d'une « mise à l'épreuve »[7] de celui ou de celle qui en est destinataire. L'information sexuelle, d'où qu'elle vienne, est à ce titre doublement génératrice d'angoisse. D'une part, en désignant les parents comme acteurs dans des relations qui apparaissent en contradiction avec l'image idéalisée qu'ils incarnent et sur laquelle s'appuie le travail de refoulement de l'enfant. D'autre part, en réactivant la représentation fantasmatique d'une scène traumatique par l'excès d'excitation qu'elle induit dans le corps vis-à-vis des capacités d'intégration et de maîtrise que possède à ce moment-là la psyché de l'enfant. D'où le fait que la quête de connaissances en la matière ait lieu plus volontiers entre les enfants eux-mêmes. Parler de la sexualité parentale et donc se rapprocher d'images issues de la scène primitive est alors supportable car ils peuvent rejouer entre eux ces représentations et éventuellement les accompagner de masturbations réciproques. La décharge ainsi rendue possible aide l'excitation à ne pas se transformer en angoisse mais à se dépenser en scènes diverses : jouer à « être marié ensemble », jouer « au docteur », au « papa et la maman », etc. Le fait de représenter les scénarios conscients issus du fantasme de la scène primitive apparaît comme une activité fondamentale pour l'enfant, peut-être le seul moyen de prendre conscience d'un savoir préconscient sur la sexualité des adultes et d'oser ainsi se l'approprier.

Le dégoût de savoir, à l'inverse, manifeste l'échec de cette érotisation et la fuite par l'inhibition de la pensée devant le risque d'un envahissement par le pulsionnel, ce qui est l'essence même de l'angoisse de mort. Là où l'élaboration s'ingénierait à construire des scénarios multiples ne demeure qu'une image isolée, témoignage de l'impossibilité pour la pensée de mettre en relation avec l'auto-représentation du Je lui-même cette substance contenue dans le sexe des parents et échangée au cours d'un acte mystérieux. Une telle figure ne peut se dessiner que sur fond de mort, et l'enfant y rencontre, avec la pensée d'un temps où il n'existait pas, la possibilité de cesser un jour d'exister et de redevenir matière. L'interrogation sur l'origine de

---

7. Voir : *Minutes de la Société psychanalytique de Vienne*, tome II, p. 228 sq., séance du 12 mai 1909.

la vie[8] est à ce titre toujours simultanément une question sur la mort et plus d'un enfant peut être amené à substituer l'un à l'autre ainsi que l'avait fait la petite patiente évoquée précédemment.

Or, en un sens, toutes les explications sexuelles, comme toutes les théories que l'enfant peut à cet égard se forger se heurtent à la même difficulté et c'est la raison pour laquelle il ne les poursuit pas jusqu'à leur conclusion. Penser l'origine en des termes qui ne permettent pas de se représenter un temps antérieur à la naissance où le Moi aurait existé fût-ce sous une autre forme, contraint à accepter ce qui ne peut se présenter que comme une blessure narcissique insupportable. L'enfant veut bien croire qu'il a été beaucoup plus petit que sa taille actuelle, mais, même sous forme lilliputienne, il lui faut avoir existé précédemment, ce qui s'oppose fondamentalement à l'idée d'une origine comme coupure déterminant un avant et un après.

La mythologie offrirait de nombreuses confirmations de l'existence de cette croyance ou plutôt de ce déni de la finitude du Moi, soit qu'on considère l'importance des thèmes cycliques où la mort n'a pour la fonction que de permettre de revivre (de même que la castration est la condition pour obtenir la puissance sexuelle), soit qu'on se réfère, ainsi que le fait Freud dans « L'homme aux rats », à ces statuettes antiques figurant un personnage adulte en réduction assis sur la tête d'un plus grand, ou encore à la naissance d'Athéna surgie en armes du cerveau de Zeus. Dans ces conditions, le vieillissement peut à son tour être intégré dans le même processus parcouru en sens inverse, et l'enfant affirme volontiers à ses parents que lorsqu'ils auront vieilli et seront, selon l'expression, « retombés en enfance », il prendra soin d'eux avec autant de sollicitude qu'ils en témoignent à son égard. Ce n'est que bien secondairement que l'éphémère peut, ainsi que le montre Freud, être investi comme ce qui donne de la valeur aux choses car en un premier temps la représentation de la précarité agit plutôt comme celle de la castration, elle pétrifie ou stupéfie.

La formule « tu dois rendre ta vie à la nature » apparaît comme l'équivalent de la soumission à une image parentale castratrice et, dans le souvenir évoqué par Freud, l'enjeu se transforme, faisant de la question de l'origine un problème relatif à la mort. Tout autre est le message que l'enfant entend lorsqu'on lui dit qu'il « doit » la vie à ses parents. « Quand l'enfant entend dire qu'il doit la vie à ses parents, que sa mère lui a donné la vie, écrit Freud, des motions tendres s'unis-

---

8. Question qui n'est jamais exempte, faut-il le rappeler, du désir de renvoyer au néant l'intrus qui l'a suscitée en venant au monde.

sent en lui à des motions qui luttent pour faire de lui un grand homme, un homme indépendant, et font naître le désir de restituer ce cadeau aux parents, de leur en rendre un, en échange, d'égale valeur » (1910 h, p. 53). La restitution de la dette se fait à l'égard du père sous forme du fantasme de lui sauver la vie et à l'égard de la mère par le désir de lui faire (donner) un enfant. Le désir d'être son propre père, comme le note Freud, est particulièrement polyvalent puisqu'il satisfait en un seul coup, pourrait-on dire, les pulsions de tendresse, de reconnaissance, de concupiscence, de défi et d'autonomie. A ces nombreux avantages, on pourrait en ajouter un autre, non négligeable, celui d'avoir astucieusement substitué à la dette de mort envers la Nature, une dette de vie envers ses parents.

Les élaborations fantasmatiques de Hans concernant la naissance de sa sœur viennent en partie apporter une réponse à la souffrance d'avoir à se représenter l'origine de la vie comme succédant à un état de non-vie et impliquant donc une possibilité de mort. Ses théorisations, telles qu'il les communique à son père, substituent par exemple à l'opposition vie-non-vie, celle du dedans-dehors. Les bébés, affirme-t-il, sont dans la caisse, les morts dans le sol, sous les pavés de Vienne. Quant à Anna, « elle était déjà au monde depuis longtemps, même quand elle n'était pas encore là. Chez la cigogne, elle était bien déjà au monde ».

Cette perspective évacue la question de l'origine. Comme dans la pensée mythique, tout est déjà là depuis toujours, il n'y a ni commencement ni fin : seulement des changements d'états ou de lieux, comme si le Moi ne pouvait supporter de se représenter qu'il était précédé par un non-Moi, par une inexistence.

L'investissement narcissique du Moi s'avère aussi incompatible avec ce type de considérations que peut l'être l'image idéalisée des parents avec la représentation de leur vie sexuelle, et les effets dans la psyché sont analogues. L'angoisse d'avoir à se représenter un temps où le Moi n'existait pas, la connaissance des processus de la procréation et de la grossesse confrontent la psyché de l'enfant au prototype de ce qui restera pour lui comme l'*Unheimliche*, la révélation que l'étranger gît au fondement de ce que l'on croyait le mieux connaître. La clinique apporte des confirmations indirectes de cette épreuve et l'angoisse très particulière que suscitent les images de momies évoque ou s'associe fréquemment avec d'anciens fantasmes concernant la vie intra-utérine. La coutume d'emmailloter les bébés, quelles qu'en soient les justifications par ailleurs, consiste à reproduire autour du corps du nouveau-né une enveloppe presque aussi contraignante que celle de l'utérus pour un fœtus parvenu à terme. Dans le fantasme, les langes ou les bandelettes sont parfois censés contenir un corps menacé de putréfaction, comme si le cadavre et le nouveau-né se rejoignaient dans cette image d'immobilité. L'album bien connu d'Hergé, « Les Cigares du Pharaon », utilisait d'ailleurs cette condensation en représentant dans le rêve d'un de ses personnages un bébé emmailloté et momifié à l'intérieur d'un sarcophage. La représentation d'un Moi, issu de substances appartenant à des corps qui ne sont pas le sien et contraint de séjourner dans l'espace clos et obscur du ventre maternel, n'est supportable que si l'enfant peut isoler le caractère concret de ces images et les rapporter au désir commun de deux parents à qui la naissance et la vie de l'enfant font plaisir. A l'inverse, ce qui a trait à des fantasmes d'avortement de la mère touche à l'insoutenable.

Les illusions sont nécessaires pour investir la réalité mais le contact avec celle-ci conduit en partie quoique fatalement à la perte de celles-là. La crainte fondamentale de celui qui ressasse son incuriosité ne serait-elle pas de rencontrer enfin cet objet désiré et de s'y perdre ? Pour ne pas en être submergé, il reste à affirmer qu'on en est d'avance dégoûté et à l'accabler, parce qu'il est trop excitant, avec les mots amers qui viennent aux lèvres en une sorte de haut-le-cœur. Lorsque le désir apparaît comme une menace de destruction, il faut avec beaucoup de soin rationaliser la mise à distance de ce qui pourrait le faire naître. Les objets deviennent alors tous semblables, unis dans une mesure purement quantitative qui les accuse tantôt d'être trop nombreux tantôt d'être trop rares. Comme dans les rêves, le multiple désigne l'unique, celui dont il faut préserver l'absence pour ne pas risquer d'en être envahi. Si les barrières de l'indifférence incurieuse sont rompues, la répulsion exhibe pour le sujet lui-même le trouble désir qu'il cherchait à ignorer.

Cette situation peut se présenter de bien des manières dont l'une des plus communément partagée est peut-être celle du contact avec le visqueux. Comme le rappelle Freud, la forme primitive de la négation n'est pas l'éloignement de l'objet repoussé mais son rejet après l'avoir goûté : « Cela je veux le cracher » (1925 h, p. 137). Le dégoût s'impose au corps comme une contraction involontaire tendue vers l'expulsion de la « chose » qui remonte là où elle n'aurait jamais dû entrer. Ce n'est qu'après, instruit par l'expérience, que le jugement pourra se prononcer d'emblée négativement et limiter le refus au mouvement de tête qui détourne la bouche et la rend inaccessible. Différente du dégoût, la répulsion pour sa part concerne d'abord le contact. Expérience très particulière néanmoins, puisque ce n'est pas le sujet qui touche l'objet mais celui-ci qui lui colle à la peau et cherche à s'introduire en lui. C'est ainsi que Jean-Paul Sartre, à la fin de *L'être et le néant*, décrit le visqueux dont la principale caractéristique est précisément cette capacité de retournement telle que l'objet que l'on croyait posséder se révèle actif et possesseur : « J'écarte les mains, je veux lâcher le visqueux et il adhère à moi, il me pompe, il m'aspire, il vit obscurément sous mes doigts et je sens comme un vertige, il m'attire en lui comme le fond d'un précipice pourrait m'attirer. Il y a comme une fascination tactile du visqueux. Je ne suis plus maître *d'arrêter* le processus d'appropriation » (*L'être et le néant*, p. 700). On ne saurait mieux décrire le scénario dans lequel le sujet se déprend de son propre désir pour l'objet afin d'en rendre ce dernier seul auteur. La répulsion repose sur la possibilité de projeter en l'autre un désir dont on peut dès lors méconnaître la présence en soi-même. Au fantasme de pénétrer et de faire effraction fait place celui d'être aspiré, phagocyté par une ventouse molle et baveuse. La répulsion, en l'occurrence, comme le cauchemar, témoigne de l'échec du mécanisme de défense mis en place contre la pulsion. Il faut trouver autre chose, et le moyen le plus radical est celui de l'isolation et du renfermement sur un moi stérile et diaphane.

On sait que les phobiques, lorsqu'ils se risquent à corps perdu dans des contacts désirés et redoutés, subissent fréquemment l'expérience de crises de dépersonnalisation et de déréalisation passagères, accompagnées d'un cortège de troubles somatiques allant du tremblement à la perte de conscience. Le récit qu'ils en font après coup permet de mieux mesurer ce qui tend à se dissimuler derrière la répétition monotone de leurs inhibitions. C'est en effet la continuité du sentiment de leur propre identité qu'ils préservent dans l'isolement, car l'espace extérieur ne constitue pas pour eux un lieu d'échange possible mais une menace de dissolution avec l'autre. Le visqueux résume cette angoisse particulière : « Si j'enfonce dans le visqueux, écrit Sartre, je sens que je vais m'y perdre, c'est-à-dire me diluer en visqueux précisément parce que le visqueux est en instance de solidification » (p. 701). Etre hors de soi-même, n'est-ce pas le but craint et désiré à la fois, que réalise toute jouissance ? La fascination de la répulsion demeure au bord du gouffre tandis que le dégoût s'en détourne du plus loin qu'il l'aperçoit.

Nous voici ramenés à notre point de départ, le ver de terre gluant jailli d'un trou dans la terre, fragment d'une scène sexuelle qui ne fut peut-être jamais observée mais pressentie et surtout reconstruite à la mesure d'un désir qui persiste à vouloir ignorer la réalité, même et surtout celle de l'anatomie. Pour éviter de telles rencontres, mieux vaut ne pas creuser trop profondément et affecter de promener sur le monde un regard empreint de morne incuriosité.

## L'ENNUI, FLÉTRISSEMENT DE LA PENSÉE

Platon pensait que la possibilité pour le corps de l'emporter sur l'âme et ainsi de rompre la symétrie, conduisait à un dépérissement de l'instinct de connaissance, voire à l'ignorance *(amathia)*. Le mélancolique est défini par lui comme celui auquel on ne peut rien apprendre[9], rapprochement que confirme largement la pathologie dépressive des enfants supposés souffrir d'inhibition intellectuelle.

La mélancolie, comme l'ennui, ne sont certes pas des troubles de la pensée seule, mais l'absence d'appétence qui les caractérise, même si elle contre-investit une avidité sans limite, a des répercussions directes dans le champ de la pensée. S'ennuyer, c'est d'abord affirmer qu'on ne saurait être distrait par ses propres pensées au moins en tant qu'elles sont susceptibles d'apporter du plaisir. En revanche, il est d'observation courante que les ennuis, ponctuels et pluriels, préservent de l'ennui en contraignant le sujet à un souci qui ne lui laisse pas de temps pour s'ennuyer.

Le souci restitue alors la capacité d'accueillir des contenus de pensée qui occupent l'espace vide, il réanime l'espace mental et, quitte à ne lui fournir que des ruminations stériles et sans efficacité, il assure le mouvement et le jeu réciproque des représentations. A l'inverse, s'ennuyer ou ennuyer l'autre, apparaît synonyme de l'empêcher de penser. J'en donnerai un exemple.

Une jeune femme s'avisa un jour, alors que depuis plusieurs mois elle se désolait de ne pas parvenir à intéresser ses élèves, de ce que l'ennui qui régnait dans sa classe n'était finalement pas sans avantages pour elle. Car, pensait-elle, il ne subsiste chez eux alors qu'une semi-conscience vaguement endormie et je suis sûre de ne pas risquer de déclencher leurs désirs ou leur agressivité.

Ce bref *insight* sur son pouvoir de paralyser l'autre, et elle-même dans le même temps, pour se garder des risques d'un désir qu'elle

9. Cf. le commentaire de Tellenbach sur le Phèdre (p. 28) « L'antinomie fondamentale de Platon est celle de la *mania* et de l'*amathia*, de la folie et de l'indocilité. Melancholicos est pour lui celui auquel on ne peut rien apprendre. »

s'imaginait immaîtrisable et ravageur, me sembla résumer ce que nous avions ressenti l'une et l'autre à l'énoncé répétitif de ses préoccupations pédagogiques. L'ennui se conjugue en effet sous des formes variées : on ennuie, on s'ennuie soi-même ou on s'ennuie de l'autre. Quels liens unissent-ils ces possibilités apparemment opposées ?

Elle ne semblait pas s'ennuyer en séance, bien au contraire. Ce n'est pas toujours le cas, et il arrive à plus d'un, à un moment de son analyse, de se plaindre de l'impression de rabâcher et de ne pas avancer. On peut toutefois se demander si l'ennui dont il est alors question est bien le leur, dans la vie et sur le divan, ou s'il ne s'agit pas de celui de l'analyste qui risquerait dès lors de cesser de les écouter. Cette préoccupation, qui peut au demeurant être liée à une réelle stagnation prenant parfois l'allure d'une provocation inconsciente, n'est pas étrangère au désir de préserver un secret et à la crainte d'être pour cette raison désinvesti. On sait d'ailleurs réciproquement quelle angoisse accompagne la tentative d'intéresser l'analyste à tout prix. La peur d'être ennuyeux, mise en avant au point de devenir obsédante et de bloquer le processus associatif, déguise les résistances et le transfert négatif derrière une sollicitude quelque peu dépressive et une inquiétude qui finit bien souvent par devenir légitime.

Ce n'est toutefois pas de l'ennui que ces analysants font alors l'expérience, car l'auto-investissement que présuppose leur démarche les en préserve alors même qu'ils s'en plaignent, mais de l'angoisse de répéter l'expérience infantile banale d'une présence aimée dont l'intérêt, mobilisé par un ailleurs qu'ils ignorent, les a abandonnés.

Quelle origine commune trouverait-on à cette double expérience si souvent éprouvée par l'enfant : celle d'ennuyer l'adulte qu'il désire captiver et qui brusquement le rappelle à la réalité énigmatique de ses désirs en lui conseillant d'aller jouer plus loin et celle de s'ennuyer lui-même ou plus précisément de s'ennuyer *de* l'aimé ? Le manque de l'objet blesse et juge. N'avoir pas su retenir l'objet c'est risquer de devoir s'avouer à soi-même qu'on est ennuyeux. Réciproquement, faire part à l'autre de son propre ennui implique de le mettre au défi de se montrer un peu plus fascinant. L'habileté stratégique consiste alors à se dire soi-même victime de l'ennui afin d'éviter que l'autre fasse en premier la même constatation.

A travers ces allégations, qui ne recouvrent pas toujours la réalité, se pose la question de la fonction relationnelle de l'ennui et, à cet égard, la manière dont ce dernier se manifeste dans la situation analytique peut apporter quelque éclaircissement.

Diverses hypothèses concernant l'ennui de l'analyste comme manifestation de contre-transfert négatif ont été avancées. Greenson en fait l'indice d'une défense contre l'activité fantasmatique ou encore le résultat d'une perception inconsciente des résistances du patient (1967, p. 87). Kohut a souligné le lien entre l'ennui de l'analyste et le sentiment d'exclusion et d'impuissance que provoque en lui le patient en se retirant émotionnellement tout en étant physiquement présent. Mais, à l'inverse, la demande de relation fusionnelle adressée à l'analyste par le patient peut parvenir au même résultat (Kohut, 1971).

Le point commun à ces diverses situations semble être le blocage que le patient impose alors à ce que l'analyste considère comme étant son fonctionnement naturel aussi bien dans le domaine de ses investissements que dans l'exercice de ses associations. Trop de paramètres déterminent la naissance de l'ennui chez celui-ci pour permettre d'en parler de manière globale. C'est donc à titre d'exemple limité que j'évoquerai une modalité particulière de ce sentiment tel qu'il s'exprime pour l'analyste dans l'impression de se voir dépossédé non seulement de ses fantasmes mais aussi de sa capacité d'investir la compréhension des processus psychiques en cause.

Le brouillage des représentations que peut engendrer l'écoute de certains patients proches de la psychose provoque fréquemment un désir de comprendre vécu comme une nécessité. A l'inverse, les patients qui portent à un désinvestissement de la curiosité analytique n'éveillent aucun trouble, pas plus d'ailleurs qu'ils ne semblent en éprouver eux-mêmes. Ils viennent avec une grande régularité déposer dans l'oreille de celui qui a bien souvent du mal à rester disponible une sorte d'instantané de leur vie quotidienne telle qu'elle s'est déroulée entre deux séances. Non pas que cette vie, en elle-même, manque nécessairement d'intérêt, il peut même s'agir parfois d'individus ayant une grande activité créatrice, mais ce qu'ils en communiquent est sans rapport avec le travail psychique et les affects que celle-ci pourrait susciter.

Ce type de discours, quelle qu'en soit la nature, occupe dans la relation analytique une fonction économique précise, différente d'une demande de symbiose au sens de Kohut ou d'une manifestation de transfert négatif. L'analysant confie pour un temps à l'analyste un rôle, probablement nécessaire, comparable à celui d'un filtre pare-excitation. Dans un montage voisin de celui du « Bloc magique », la psyché de l'analyste se trouve utilisée comme pellicule protectrice, prothèse permettant au patient de retrouver l'usage des couches plus profondes de la sienne. Quant à celui qui se voit réduit à l'état de la feuille de celluloïd susceptible d'accueillir indéfiniment les informations, il est aussi concient de l'impossibilité de faire une brèche dans cet édifice sans risque de provoquer le rejet ou la fuite. Rien d'étonnant alors s'il s'ennuie. Le retrait d'investissement qu'opère l'analyste est une réponse aux limites imposées par le patient, mais aussi une issue qui lui permet de sortir de la citadelle où la relation phobique les maintenait tous deux enfermés. L'intérêt qu'il peut en un second temps trouver à son ennui, et ce qu'il apprend, à travers ce sentiment négatif, du fonctionnement de son patient, remettent en marche le processus temporairement paralysé.

Ce que vit l'analyste dans ce cas entre dans la catégorie de l'ennui d'occasion, pure conséquence des circonstances qui le maintiennent auprès de tel patient. Mais si cette expérience peut lui apparaître aussi déplaisante, c'est dans la mesure où elle rejoint un ennui plus fondamental. En fait l'ennui d'occasion fonctionne toujours comme un « signal d'ennui », au sens où Freud parle d'un « signal d'angoisse », c'est-à-dire à la fois comme dispositif indiquant au moi qu'il risque d'être débordé par une situation qu'il ne maîtriserait plus et comme bref rappel de quelque chose dont il a déjà fait l'expérience dans le passé. Il s'agit toujours, du souvenir de limites indûment imposées au Je et c'est pourquoi l'évocation de l'ennui est si souvent liée à la claustration.

Freud a montré, à partir de l'étude de l'hystérie, que la rage procède de l'activation de traces mnésiques qui ont trait à une humiliation passivement subie et non abréagie. On pourrait conjointement voir dans l'ennui une sorte de *rage narcissique des limites* dont l'origine se situerait dans la toute petite enfance.

J'entends cette expression dans un sens différent de ce que Heinz Kohut[10] définit comme la « rage narcissique », c'est-à-dire une forme active de réponse à une blessure narcissique par opposition à la fuite qui serait une réponse passive. Il écrit : « Le besoin de vengeance (...) une impulsion profondément ancrée, inexorable (...) qui ne laisse aucune paix (...), voilà les traits caractéristiques du phénomène de rage narcissique qui la distinguent de toutes les autres formes d'agression. (...) Dans son aspect typique, il y a un dédain absolu pour toute restriction raisonnable et un désir illimité de réparer une blessure et d'obtenir la revanche. »

Kohut insiste sur le désir de vengeance aussi illimité que le soi omnipotent qui a été blessé. Je situe pour ma part la « rage narcis-

---

10. H. Kohut, « Réflexions sur le narcissisme et la rage narcissique », *Revue française de psychanalyse*, XLII, juillet-août 1978, p. 702 et 704.

sique des limites » à un niveau plus ancien comme le heurt contre la réalité d'un Je qui commence ainsi à en prendre conscience. Mais il ne s'agit pas non plus de la *Hilflosigkeit*, expérience de détresse excédant les possibilités d'intégration du moi, car cette rage est consécutive à la représentation d'un projet et à l'échec pour le réaliser. D'autre part, tandis que le fait biologique de l'impuissance primordiale de l'être humain peut être, comme le rappelle Freud, compensé par une réponse appropriée de l'entourage, la nature narcissique de la « rage des limites » rend le sujet inapte, au moins en un premier temps, à percevoir l'aide qui lui est offerte. Vis-à-vis de cette réaction primaire, le désir de vengeance tel que le définit Kohut apparaît comme une réponse beaucoup plus élaborée.

La « rage narcissique des limites » serait le résultat du décalage entre l'anticipation d'un plaisir que les processus primaires représentent comme immédiat et l'incapacité d'y parvenir, redoublée par l'*inaptitude à attendre*, c'est-à-dire à prendre en compte le temps de l'élaboration. Cette expérience est propre à l'enfance, elle perdure dans l'impatience de l'adulte et constitue, sous la forme négative du déni, le fondement de l'ennui.

L'observation du bébé qui éclate en pleurs parce qu'il ne parvient pas à attraper un objet ou à se dresser sur ses jambes donne à l'adulte à imaginer de manière particulièrement frappante ces limites qui sont d'abord celles de la maturation physiologique que la sollicitude de l'entourage s'efforce de compenser. L'éducation, dans la suite, consistera précisément à apprendre à l'enfant comment élaborer cette frustration supposée et à lui trouver des substituts ou des dérivatifs, faute de quoi toute limite risque d'être vécue comme une persécution. L'ennui s'apparente à un rappel de cette rage narcissique primaire. Il ne laisse parfois au sujet d'autres issues que l'érotisation masochiste ou la neutralisation dans le renfermement apathique, toutes deux liées au jeu avec le vide, et c'est sous cette forme que je l'envisagerai tout d'abord.

Si l'on peut discourir sur ses causes ou les circonstances de son apparition, la sensation d'ennui échappe à la représentation et serait probablement incompréhensible pour celui qui n'en aurait jamais fait l'expérience. Cette fugitivité peut en revanche soutenir une quête indéfinie pour en cerner le phénomène et en jouir à volonté, comme on agace une zone douloureuse. Une telle manipulation autoérotique de l'ennui, jointe le plus souvent à un discours abstrait, évoque le goût des adolescents pour le sentiment de l'absurde.

La perte des garants idéaux de la vérité qui assuraient à la réalité une allure d'évidence n'est certes pas étrangère à ce qui se vit alors. La revendication d'avoir découvert que seul l'instant présent a un sens, qu'il n'a ni passé, ni avenir, la complaisance dans l'échec à en retenir l'évanescence font de l'ennui l'humeur privilégiée de ce type d'expérience. Comme dans les films de Jean-Luc Godard, la désarticulation remplace la profondeur et la vie se fait citation ou clin d'œil culturel pour nier qu'il puisse exister un ailleurs que le sujet dans ses limites mégalomanes. Le parti pris de l'apparence se double du défi adressé à l'autre de pouvoir forger le fantasme absent et l'ennui se fait contagieux. La littérature romantique et le dandysme ont largement exploité cette veine, mais c'est à un autre style littéraire que j'emprunterai des exemples pour illustrer deux possibilités pour le Je de négocier sa relation au sentiment du vide. Dans le premier cas, évoqué par le roman d'Alberto Moravia, *L'ennui*, le sujet se fascine douloureusement devant sa propre vision d'un monde décoloré. A l'inverse l'*Oblomov* de Gontcharov fait du vide progressif qui l'envahit la seule chose qui vaille la peine d'être vécue, tandis que l'ennui projeté à l'extérieur est identifié à toute espèce d'action ou d'investissement.

Dino, le héros de *L'ennui*, est passé maître dans l'art de l'observation de lui-même ou plus précisément dans celle de sa relation avec les objets. L'ennui lui apparaît, dit-il, « comme une sorte d'insuffisance, de disproportion ou d'absence de la réalité ». C'est au moment où celle-ci ne parvient plus à s'imposer à lui, et donc à le persuader de sa propre existence effective, qu'il s'ennuie. Victime, pense-t-il, de son manque de soucis, l'absence de résistance opposée par la réalité lui permet de jouer avec l'idée qu'elle n'existe peut-être pas. Mais cela est déjà le résultat d'une tentative de maîtrise seconde par rapport à une expérience antérieure, vécue comme une dépossession, dont Moravia note le caractère subit. Dino compare l'ennui à une interruption fréquente et mystérieuse du courant électrique qui plongerait brusquement tout dans l'ombre ou à une flétrissure qui ne serait pas l'effet d'une usure progressive mais correspondrait à une baisse subite de vitalité.

Sensation d'une extinction brutale de l'intérêt des choses, brusque détumescence qui laisse le sujet ignorant aussi bien de l'origine de cette modification que des raisons initiales qui l'avaient amené à désirer la situation et les objets qui lui paraissent maintenant vides et absurdes. Car, bien plus que son actuelle absence d'intérêt, c'est d'avoir pu l'instant d'avant investir cette même réalité que le sujet s'étonne. Celle-ci lui paraît étrangère, vaguement obscène même, si elle prétend chercher à continuer de s'imposer. Une telle expérience ne peut vraisemblablement naître sans la représentation latente d'un ailleurs qui vide la situation vécue *hic et nunc* de tout contenu pour le sujet. Celui-ci peut s'efforcer d'affirmer alors qu'il n'est pas à sa vraie place, qu'on le retient absurdement prisonnier contre son gré dans un univers de médiocrité. Fantasmes qui sont au fondement de tout le Bovarysme et qui reviennent à une exaltation mégalomaniaque d'un Je victime d'un destin qui n'était pas à sa mesure, où l'on retrouverait la rage narcissique des limites.

Mais l'ennui véritable n'offre même pas cette possibilité de représentation d'une explication causale de la désaffection du monde, il est pur sentiment de l'absence de rapport entre le sujet et ce qui l'entoure. La culture masochiste d'un narcissisme souffrant s'accompagne alors d'une sorte de renversement nihiliste. Si tout est ennuyeux, rien ne peut être digne de soustraire la moindre parcelle de libido au sujet qui jouit solitairement de son invulnérabilité. Bien souvent l'ennui ne se maintient pas durablement dans cette clôture et renvoie le sujet dans une alternance de type obsessionnel entre le désir ardent de faire quelque chose et le refus d'accorder le moindre intérêt à quelque action que ce soit.

Moravia note avec justesse la tentation de l'issue perverse sadique pour retrouver un contact avec les objets. Le spectacle de la souffrance de l'autre et le cas échéant la tentative de lui imposer la vision dépressive de l'absurdité de la vie peut s'offrir, au moins momentanément, comme possibilité de restituer quelque couleur à ce monde neutralisé et désinvesti. L'excès est désiré et érotisé comme ce qui pourrait s'opposer au gel libidinal comme on le voit aussi dans la fuite en avant passionnelle.

L'« Oblomovstchina », néologisme issu du nom du héros du roman de Gontcharov, présente de l'ennui un visage en apparence très différent. Le sujet prétend ne pas en souffrir mais en être perpétuellement menacé de l'extérieur, ce que montrent assez bien les divers dialogues qu'Oblomov, renfermé frileusement au fond de son lit dans une chambre encombrée d'objets poussiéreux, entretient avec « ceux de l'extérieur ». Les récits du jeune écrivain venu se vanter de sa vie active et mondaine inspirent à Gontcharov les commentaires suivants : « Le malheureux ! conclut-il en s'étendant de tout son long. Il songeait avec bonheur qu'il n'éprouvait aucun de ces vains désirs, qu'il n'était pas en train de courir les rues, qu'il était là, étendu immobile, ayant sauvegardé sa dignité humaine et sa tranquillité » (p. 356, *op. cit.*).

Et encore un peu plus loin dans un dialogue cette fois-ci avec un journaliste : ... « Ecrire ! dépenser en vain son esprit, son âme, vendre son imagination et son intelligence, vivre à l'encontre de ses goûts, bouillonner, ignorer tout repos, se hâter sans cesse vers quelque but... et écrire, écrire, comme une roue qui tourne, comme une machine ! demain, après-demain, toujours... pas de vacances, pas de jours de fête ! Le malheureux ! Il jeta un regard sur la table nette, sur l'encrier vide. Une fois de plus Oblomov se félicita d'être couché, plein d'insouciance, comme un enfant nouveau-né. Quel bonheur de ne point s'éparpiller, ne point trafiquer ses talents et ses forces » (p. 46). On aura compris qu'Oblomov ne se reconnaît aucunement victime de l'ennui. Bien au contraire, son parti pris d'identifier le travail à l'ennui lui permet l'affirmation d'un bien-être narcissique face à la folie d'un monde en proie à une agitation vaine.

Cette expérience de la vacuité n'est pas très différente de celle qu'en fait le héros de Moravia, mais la manière de la négocier est tout autre. Dino voudrait retrouver une épaisseur aux choses tandis qu'Oblomov redoute d'être happé dans leur zone d'influence et d'y perdre la vie : « Toute cette agitation, écrit Gontcharov, inspirait à Oblomov une espèce d'effroi, un ennui sans borne. "Je veux vivre, je veux vivre", répétait-il » (p. 74). D'où le renfermement phobique dans une autoprotection qui ne lui laisse même plus cette curiosité à distance que représente la lecture, allant jusqu'à soupçonner que ceux qui écrivent le font précisément par ennui, mal qui pourrait l'atteindre s'il se laissait entraîner à prêter quelque intérêt à leurs productions.

Oblomov avait en un premier temps rêvé d'une vie active, mondaine même, mais sans dépasser le seuil du rêve par crainte de l'ennui. Cet apparent renversement de situation, car c'est bien son inactivité et sa lente déchéance qui paraissent infiltrées d'ennui, semble tributaire d'une angoisse de ne plus pouvoir trouver dans les contacts avec l'extérieur et dans sa propre activité de quoi conforter son image narcissique, mais au contraire de l'y sentir menacée. Miroir sans reflet, garantie contre le danger d'intrusion du monde dans les limites d'un Je qui doit se cramponner toujours plus crispé à ses frontières, la psyché d'Oblomov se veut vide. Elle est en cela semblable à celle de ces sujets pour qui toute sortie hors du terrain défini par les obligations et les habitudes quotidiennes représente une dépense d'énergie considérable, même lorsqu'il s'agit d'activités parfaitement insignifiantes.

La culture de la vacuité qui caractérise l'ennui se détache sur le fond d'une relation, à laquelle le sujet ne peut renoncer, avec des images idéales inaccessibles. D'où le fait que la fuite en avant passionnelle a toujours constitué le moyen le plus banal pour contre-investir cette souffrance. L'objet passionnément investi suffit en effet par sa seule présence à boucher l'horizon, il s'impose comme une révélation, un « coup de foudre » et rend inutile l'espace redouté de l'élaboration qui risquerait de laisser à l'ennui, c'est-à-dire à la vision du vide, la possibilité de resurgir. Au ralentissement de la non-vie de l'ennui s'est substitué un temps en apparence d'autant plus accéléré et intensifié que sa fonction est de masquer au sujet qu'il ne fait que tournoyer sur lui-même jusqu'au vertige.

Le temps de l'ennui s'apparente à une forme de présent qui se donnerait l'allure de l'atemporalité, c'est-à-dire d'un temps sans origine ni fin. Or, ce qui se vit comme une souffrance, celle des damnés, offre simultanément la garantie que le sujet, en ne subissant pas le travail d'élaboration, donc de distorsion et d'usure de tout existant, se voit conférer du même coup une forme d'immortalité. Toutefois cette expérience est bien loin de quelque triomphe sur la mort. Le temps de l'ennui est épais, étouffant et immaîtrisable. On ne peut rien en faire sinon le « faire passer », voire le tuer, ce qui paraît d'autant plus vain qu'il se donne comme déjà mort.

Baudelaire écrit dans *Spleen* : « Désormais tu n'es plus, ô matière vivante, qu'un granit entouré d'une vague épouvante. » La réification du présent, en lui ôtant sa précarité, nie sa possibilité de renouvellement.

Dans l'ennui, la répétition n'est pas cyclique, elle ressemblerait davantage à un bégaiement ou à la plainte d'un disque rayé. On trouverait une sensation analogue dans certains rêves d'inhibition qui ne représentent pas une immobilisation pure et simple mais une course vaine vers un objet qui sans cesse se dérobe. L'atemporalité de l'ennui, c'est-à-dire le fantasme que le temps pourrait résister à son écoulement naturel, ressemble à une sorte de démultiplication de l'instant. La temporalité n'est pas ignorée mais dévoyée dans un étirement sur place indéfini.

Cette particularité me semble liée à ce que Freud donnait comme le cinquième exemple d'aberration de la conscience du temps, lié à son absence dans l'inconscient[11] : la tendance des névrosés à ignorer le

11. Freud dès le « Manuscrit M. » formule l'hypothèse de l'a-temporalité de l'inconscient, idée qu'il reprendra à plusieurs reprises. Au cours d'une discussion avec Steckel et Reinhold à la Société de Vienne (cf. *Les Minutes*, séance du 8 novembre 1911) il évoque cinq exemples d'aberrations de la conscience par rapport à l'écoulement temporel, qui justifient l'hypothèse de l'atemporalité de l'ICS : la fausse orientation des rêves dans le temps, le fait que la condensation soit possible, la conservation des traces mnésiques, l'attachement aux objets et la tendance des névrosés à ignorer le décalage des générations.

décalage des générations. L'expérience de l'écart, impossible à résorber ou à abolir, entre l'enfant et ses objets d'amour œdipiens constitue une épreuve propre à engendrer ce que j'ai évoqué plus haut comme la « rage narcissique des limites ». Le souvenir de cette humiliation apparaît souvent déplacé sur des scènes où figurent frères et sœurs plus âgés, tantôt alliés tantôt ennemis, renvoyant l'enfant à sa petitesse. Ce dernier peut se consoler partiellement de la souffrance d'être relégué et tenu pour négligeable avec toute l'élaboration fantasmatique et l'exutoire du jeu qui se ramène toujours plus ou moins à la fiction : « On dirait que Je serait grand... » Mais la réalité de l'attente n'est pas pour autant résolue et, de même qu'Achille ne rattrapera jamais la tortue, l'enfant devenu adulte aura rejoint l'âge qu'il désirait atteindre au moment où le parent aimé l'aura quitté.

L'ennui apparaît comme une manifestation du conflit entre l'inéluctable écart temporel et l'immédiateté qui est la loi du fonctionnement des processus primaires sous l'égide du principe de plaisir. Il a partie liée avec l'impatience lorsque celle-ci renonce à se réaliser en actes, relation admirablement mise en scène dans le conte d'Alphonse Daudet, *La chèvre de monsieur Seguin*.

Cette chèvre avait, on s'en souvient, été choisie assez jeune pour s'habituer dès le début à l'univers limité de l'enclos, afin de ne pas risquer de suivre le chemin des précédentes qui avaient fui dans la montagne parce qu'elles s'ennuyaient. Tout commence un jour, après une longue période de bonheur, lorsque la chèvre regarde la montagne et se fait la réflexion qu'elle aimerait y brouter en liberté, envie qu'après une brève phase dépressive elle communique à monsieur Seguin. Celui-ci s'ingénie à trouver des solutions : la corde un peu plus longue, un autre carré d'herbe, etc. Mais l'ennui est devenu impatience. Échappée malgré les précautions de son gardien, elle connaît une euphorie qui s'accompagne de la réflexion rétrospective : « Que c'est petit là-bas ! Comment ai-je pu tenir là-dedans ? », ce que le conteur ponctue : « Pauvrette ! de se voir si haut perchée, elle se croyait au moins aussi grande que le monde... »

Le renfermement auquel l'enfant qui s'ennuie se contraint renforce le verrouillage des pulsions : il rêvait de s'échapper, non seulement il ne s'échappera pas mais parfois il oubliera jusqu'au souvenir d'avoir pu le désirer. La limitation imposée par l'irréductibilité de la distance temporelle ne semble pas pour les candidats à l'ennui avoir pu constituer un espace d'élaboration. L'ennui signe sa dépendance vis-à-vis du processus primaire par le fait même que toute espèce de détour vers la réalisation est synonyme de souffrance, tant est demeurée vivante l'illusion qu'il serait possible de sauter l'espace intermédiaire. Le sujet se trouve alors ballotté entre les deux extrêmes du Tout ou Rien : la négation de l'écart et la revendication d'une possibilité de satisfaction immédiate ou bien le choc contre la masse temporelle irréductible, insécable, inutilisable qui ne peut que renvoyer le sujet au sentiment dépressif d'une impuissance définitive, au désespoir de ne jamais arriver à grandir. La réalité du vieillissement n'apportera dans ce cas aucun démenti dans la mesure où là encore le temps s'impose et échappe à toute possibilité sinon de maîtrise, du moins d'utilisation.

D'où la réaction de haine du sujet qui s'ennuie : c'est de manière paradoxale une *haine du temps*. Sentiment persécutoire à l'égard du temps qui n'est pas loin d'un délire puisqu'il présuppose un retournement de l'ordre causal tel que ce n'est pas le temps qui va tuer le sujet en épuisant la durée de vie qui lui est impartie, mais le sujet, installé dans une position mégalomaniaque d'une durée infinie, qui s'acharnera au contraire à tuer ce temps devenu persécuteur. L'ennui souffre de l'absence de l'écoulement du temps, mais de ce fait les objets se trouvent préservés de l'usure. Cet avantage se paie en retour de l'inconvénient de leur ôter la valeur que leur apporte le quantum d'investissement qui s'additionne dans l'attente.

S'il fallait faire entrer l'ennui dans le cadre d'une nosographie, c'est certainement comme trouble de la relation au temps qu'aurait sa place cette souffrance de la durée trop longue, lorsqu'elle n'est plus appréhendée comme l'attente d'un objet mais comme une masse homogène ne débouchant pas sur autre chose qu'elle-même. Nuls et éternels, tels sont les objets de l'ennui et les métaphores archéologiques chères à Freud conviennent aussi bien aux représentations enfouies dans l'inconscient qu'au déni du désir propre à l'ennui. Car la vie tue, elle décolore les fresques comme l'a montré Fellini dans une séquence saisissante de son film *Roma*, et seule la mort est apte à conserver les choses en l'état. Encore s'agit-il d'une mort particulière, d'un embaumement, tel que le connaît le mélancolique qui abrite hors de l'usure du temps un objet intériorisé dans une psyché qui s'efforce d'être morte jusqu'au moment où elle rejoint le réel de la mort. L'ennuyé serait plus hystérique, réussissant à *faire* le mort pour ne pas avoir à entrer dans le processus du devenir.

LA NEUTRALISATION OBSESSIONNELLE

> *Je parle du doute véritable dans l'esprit et non de celui*
> *qui se rencontre souvent quand, en paroles, on dit douter,*
> *bien que l'esprit ne doute pas. Car ce n'est pas la méthode*
> *qui le peut corriger mais l'étude de l'obstination et de son*
> *traitement.*
>
> *Spinoza,* Traité de la réforme de l'entendement, *p. 129.*

Il peut apparaître surprenant de placer la contrainte de l'obsessionnel dans le registre de l'immobilisation de la pensée tant elle donne
au contraire l'impression d'une hyperactivité. Freud le note : « les
représentations obsédantes [...] déclenchent dans tous les cas une activité intellectuelle intense qui épuise le malade et à laquelle il se livre
à son corps défendant. Il est obligé, contre sa volonté, de scruter et
de spéculer comme s'il s'agissait de ses affaires vitales les plus importantes » (1916/17, p. 240). Dans le cadre d'une typologie approxima-
tive et d'un usage mou des concepts, on assimile volontiers toute
espèce de penchant pour l'intellectualité et l'exercice discursif à un
caractère « obsessionnel » et on réserve à l'effusion « hystérique »
l'intuition et la proximité des affects qui caractériseraient l'artiste. Le
goût obsessionnel pour les couples d'opposés qui parcourent indéfiniment leur chemin sur des rails parallèles est tenace et on trouve de
ces facilités chez Freud lui-même lorsqu'au détour d'une phrase la religion se voit expédiée du côté de la névrose obsessionnelle et la philosophie vers la paranoïa.

La théorie freudienne de la pensée prise dans la souffrance de la
névrose de contrainte est tout autre comme il a écrit à Lou Andreas
Salomé en 1918 : « L'inclination au doute ne provient pas d'un fait
qui occasionne le doute, elle est la suite de puissantes tendances ambi-
valentes de la phase prégénitale, laquelle, à dater de cet instant, se
soude à chaque couple d'opposés qui surgit[12]. » Nous avons vu précédemment comment l'effondrement du sol de l'évidence est à l'origine de l'émergence du doute. Mais le doute sceptique, qui s'oppose
à la force de l'évidence en la décrétant capable de tromper et judicia-
ble d'un examen attentif et rigoureux, n'a pas grand-chose à voir avec
le doute obsessionnel qui, ainsi qu'en atteste l'étymologie latine du

---

12. Correspondance Freud/L.A. Salomé, lettre du 21 avril 1918, p. 101.

*dubius*, n'opère rien d'autre qu'un balancement infini entre deux objets, chacun exclusif de l'autre et incapable d'entrer dans une relation dialetique d'où naîtrait un troisième terme. Ce doute, contrairement au précédent, procède d'un refus d'abandonner une position ancienne, comme d'une impossibilité à s'en tenir à la clôture dogmatique du fait de l'assaut répété contre ses certitudes.

Spinoza, en distinguant le doute « en paroles » du doute véritable ne signifie pas que le premier soit une feinte, mais constate son infécondité qu'il attribue à son caractère purement verbal. Ne rien faire, c'est aussi ne rien changer, ne rien parvenir à conclure, c'est continuer à penser la même chose sous les apparences, comme le dit Ribot, d'un « conflit entre deux tendances de la pensée, incompatibles et antagonistes, sans conciliation possible, en une succession de jugements affirmatifs et négatifs sur le même sujet sans qu'une conclusion puisse en sortir » (*La psychologie des sentiments*, p. 373).

Toutefois la clarté de la différence des étymologies est trop satisfaisante pour être honnête et le doute ne se limite pas au balancement entre deux objets mais à la possibilité de toujours rajouter « + 1 » au résultat obtenu.

Par là, le « skeptikos » peut se trouver toute aussi démuni de conclusion que le « dubitans » et nous verrons plus loin à propos de l'insatisfaction de pensée comment le plaisir en ce domaine est lié aussi à l'arbitraire qui décrète le résultat de la recherche obtenu tout en sachant qu'il a pour destin de devenir l'objet à détruire afin de pouvoir continuer d'avancer.

On peut aussi s'aviser de la possibilité d'ajouter « − 1 » au résultat, c'est-à-dire faire l'imparable constatation, où le dépressif donne à l'envie l'image de sa sagesse, que rien ne dure ou que rien de nouveau ne peut apparaître. Dans les deux cas, ce sont les raisons d'investir l'objet qui se trouvent aussi anéanties et la méfiance à l'égard des séductions qu'il pourrait déployer se trouve largement justifiée par les ambitions intenables de celui qui avait commencé de s'y intéresser.

Afin de ne pas tomber sous la critique que Freud adresse aux obsédés[13] nous rappellerons d'abord la distinction qu'il convient de faire entre trois termes qui caractérisent la pensée de l'obsessionnel : l'incertitude, l'hésitation et le doute.

Freud les présente en les assimilant[14] ce qui ne simplifie pas les

---

13. « ... le processus même des obsédés, lesquels, avec leur penchant particulier pour l'incertain et le vague confondent et réunissent les formations psychiques les plus diverses sous le nom d'"obsessions". *L'homme aux rats* », p. 243.
14. Il écrit par exemple : « Un autre besoin psychique commun aux obsédés... est celui de l'incertitude dans la vie *ou* celui du doute » (je souligne), *ibid.*, p. 250.

choses, mais il semble justifié de considérer l'incertitude comme un brouillage volontaire des repères et tout d'abord des repères temporels, ce qui motive l'aversion pour les montres, tandis que le doute serait la « perception interne de l'indécision ». Ce dernier terme, superposable à celui de l'hésitation, nous renvoie à la sphère du volitif, tandis que l'incertitude aurait trait au cognitif et le doute à l'affectif. Ces trois niveaux ne fonctionnent pas nécessairement de manière simultanée, à preuve qu'on peut être certain sans parvenir à se décider à agir et que, réciproquement, plus d'un passage à l'acte vient trancher l'hésitation sans pour autant que le sujet ait la moindre certitude sur le bien-fondé de sa résolution. Le propre de la sagesse serait au contraire d'obtenir la certitude avant de sortir de l'hésitation et c'est bien de l'incapacité d'y parvenir que souffrent les obsessionnels.

Freud les soupçonne d'une « prédilection pour l'incertitude » qui leur servirait de retraite névrotique, ce qui évoque en fait la phobie, et sa thérapeutique à cet égard est pour le moins vigoureuse lorsqu'il écrit, à propos de *L'homme aux rats* : « Je lui enjoignis de se rappeler ce qu'il avait oublié et de se renseigner sur ce qu'il ignorait. » (*Op. cit.*, p. 250)

Ce terme de « prédilection » pose problème car il implique que l'incertitude est non seulement nécessaire à la névrose mais qu'elle peut être cause de plaisir et donc désirable. De quel plaisir s'agirait-il sinon d'un plaisir de pensée ? Et Freud d'énumérer les sujets auxquels les obsessionnels appliquent volontiers leur pensée, « sujets qui sont incertains pour tous les hommes et pour lesquels nos connaissances et notre jugement doivent nécessairement rester soumis au doute » (*ibid.*, p. 250). Il est intéressant de constater combien leur énumération, laquelle ne comprend pas l'inconscient, rassemble des considérations disparates : la mort tout d'abord, dont on ne sait jamais ni quand elle surviendra, ni ce qui s'ensuivra mais dont on peut dire aussi bien qu'il n'est rien dont on soit aussi certain, mais aussi, la mémoire dont l'infidélité ou l'incomplétude sont des raisons justifiées de douter, mais qui ici est présentée comme objet d'investigation en elle-même, ce qui se conçoit puisque le goût pour l'incertitude ne va pas de pair avec la chasse aux souvenirs, fussent-ils « de couverture ». Et enfin, la paternité, dont on sait que Freud en fait en quelque sorte le « pont aux ânes » de la capacité d'abstraire puisqu'au témoignage de sens, il faut passer à un autre type de certitude, celui de la « conclusion logique » (*ibid.*, p. 250, n. 1). Mais s'agit-il bien d'un raisonnement hypothético-déductif ? L'expression familière selon laquelle celui qui « ne tenait pas la chandelle » ne saurait être certain de ce qui s'est passé, dit bien qu'il y a, là encore, un témoignage en cause, ce qui est d'ailleurs une manière d'oublier que la seule certitude en la matière repose sur la parole de la femme[15] laquelle ne témoigne pas mais énonce « celui-là est ton père », ou « ce n'est pas ton fils ».

La « prédilection de l'incertitude » serait donc à entendre à la fois comme le désir de voiler d'incertitude les choses qu'il serait aisé de connaître (d'où l'injonction de Freud à Lehrs) et la passion de penser à des questions qui conservent un noyau d'inconnaissable. Ces deux mouvements ne sont pas contradictoires si on veut bien considérer que l'obsessionnel sait avec certitude qu'il n'aura jamais d'assurance sur le sujet auquel il applique sa pensée. Il serait alors plus simple de rester dans la constatation rassurante qu'il ne parviendra jamais à rien en savoir, mais tel n'est pas le cas et c'est bien en cela que l'investissement de pensée s'avère passionnel.

Janet a décrit à cet égard ce qu'il appelle « les manies de l'au-delà », qui montrent que si l'hésitation se confine à deux termes, l'incertitude est directement dans la dimension de l'infini : « L'esprit toujours instable veut dépasser le terme donné, y ajouter autre chose, aller au-delà. » (P. Janet, *Les névroses*, p. 51)

Cette disposition est particulièrement intéressante en ce qui concerne le plaisir de pensée car elle conduit à une activité de pensée incessante et à une appétence vorace pour la discursivité ou du moins le questionnement. Passion d'autant plus frappante que le sujet est moins rompu aux exercices de l'intellect et n'hésite pas à s'attaquer à ces questions spontanément métaphysiques telles que les enfants en sont coutumiers.

A propos de cette manie de l'explication, Janet cite le questionnement d'une patiente : « Comment des petits points noirs sur le papier peuvent-ils contenir une pensée ? Comment les mots viennent-ils dans ma bouche en même temps que je pense ? Comment la parole qui est un bruit peut-elle transporter la pensée ? Comment se fait-il que j'aime ma fille qui est en dehors de moi ? » (*Ibid.*, p. 53)

Cet extrait est frappant à divers titres. Tout d'abord l'apparente profondeur des questions tient en fait à la perception typiquement psychotique des pensées comme une chose matérielle qui serait « contenue » sur du papier, « transportée » par du bruit. A l'inverse, la fille ne se voit guère reconnaître l'existence autonome puisque pour être aimée il lui faut être à l'intérieur de sa mère qui laisse entendre qu'il

---

15. Perspective que Freud efface en soulignant que la langue allemande et les hiéroglyphes représentent les organes génitaux mâles pour désigner le témoin.

serait surprenant de l'aimer dans un autre cas de figure, aussi surprenant que les questions insolubles précédemment énoncées.

Que vient ici manifester cette « prédilection », nous dirions plutôt cette « addiction » à des questions vaines, si ce n'est le retour et la répétition d'un premier impensable, d'une faille que la pensée délirante reconstruira à sa manière ? Il serait cependant bien erroné de voir là une quête de plaisir. Il en est de même dans d'autre type de manie de la recherche et notamment celle des souvenirs oubliés. L'exemple que rapporte Janet (qui a été décrit par Charcot et Magnan) est lui aussi particulièrement poignant puisque l'oubli du nom d'une petite fille tombée dans l'égout, fait divers que le malade avait lu dans le journal, ne provoque une violente crise d'agitation qu'en fonction vraissemblablement de la menace qu'un semblable destin aurait pu être celui d'une autre petite fille, plus proche du patient.

Les descriptions de Janet, beaucoup plus détaillées que celles de Freud qui annonce dans *L'homme aux rats* que son propos n'est pas de faire une analyse de la pensée de l'obsessionnel, les complètent et en un sens l'illustrent, sauf en un point majeur qui est précisément la question du plaisir de pensée chez l'obsessionnel.

Janet marque bien que ce sont essentiellement des *questions* qui tourmentent l'obsessionnel. « C'est, écrit-il, un singulier travail de la pensée qui accumule les associations d'idées, les interrogations, les questions, les recherches innombrables, de manière à former un inextricable dédale. Le travail est plus ou moins compliqué, suivant l'intelligence du sujet ; mais qu'il tourne en cercle ou qu'il prenne des embranchements, il n'arrive jamais à une conclusion, il ne peut jamais "tirer la barre" et s'épuise dans un travail aussi interminable qu'inutile. » (*op. cit.*, p. 55). La « rumination mentale » ainsi décrite est fort différente de ce que Freud en dira dans *L'homme aux rats*. « Là où les pulsions de curiosité sexuelle prévalent dans la constitution des obsédés, la rumination mentale devient le symptôme principal de la névrose. Le processus même de la pensée est sexualisé : le plaisir sexuel se rapportant ordinairement au contenu de la pensée est dirigé vers l'acte même de penser et la satisfaction éprouvée en atteignant à un résultat cogitatif est perçue comme une satisfaction sexuelle » (*op. cit.*, p. 258)

Il y a une dérive dans les objets du plaisir qui va du plaisir sexuel lié à l'acte sexuel, avec ce qu'il met en jeu du côté des zones érogènes et du fantasme, au fantasme seul voire à l'idée, le « contenu de la pensée », et enfin à l'acte de pensée lui-même. Nous reverrons ultérieurement, à propos de la « passion de pensée », comment on peut comprendre cette succession en fonction de la théorie de la sublimation (cf. chap. 3, p. 166) mais il semble clair que Janet et Freud ici ne parlent pas de la même chose. Pour le premier l'obsession est véritablement une contrainte de penser qui se rapproche de toutes les formes de pensées imposées dans la psychose et qui sont vécues comme une souffrance et une dépossession. Pour le second, par un glissement qu'il n'explicite pas, on passe de la pensée compulsionnelle à une addiction à l'acte de pensée qui évoque aussi bien l'alcoolisme que d'autres formes d'aliénation à l'objet ignorant la lassitude et procurant une satisfaction sans cesse renouvelée, même si le sujet sait ce à quoi il doit renoncer ou ce qu'il risque pour cela.

On pourrait objecter que les idées obsédantes imposent des *contenus*, au même titre que les hallucinations qui viennent occuper l'espace mental, tandis que le doute obsessionnel réitère inlassablement des *questions*. Janet va même jusqu'à proposer comme explication de ce fait une surprenante lapalissade : l'obsédé poserait des questions parce qu'il ressentirait en lui un sentiment d'incomplétude, ce qui revient à dire qu'il désire parce qu'il manque de l'objet. Cette perspective qui s'accorde avec les fondements de sa théorie de la psychasthénie suit le discours manifeste du patient et sa plainte.

Serge Leclaire a fait remarquer judicieusement la contradiction d'un tel sentiment avec ce que Janet note par ailleurs du fait que les patients saisis par le doute se refusent néanmoins à des vérifications simples qui leur permettraient de sortir de l'incertitude parce qu'ils « sentent bien au fond qu'il n'y a pas d'erreur »[16]. C'est le blocage entre cette certitude et la nécessité de la détruire, de la dénier qui ôte à la pensée obsessionnelle les capacités d'élaboration propre à la pensée normale. Lorsque Janet écrit que ses malades poussent toutes les opérations mentales à l'extrême et qu'elles ont la manie des généralisations, du « tout ou rien », il souligne l'hyperbole de la pensée et non son travail qui conduirait précisément à l'établissement de nuances et de gradations.

Mais de quelle « certitude » s'agit-il ? Leclaire propose une formule lapidaire à propos des doutes de l'obsessionnel : « Il doute parce qu'il sait. »

Cette formule n'est pas seulement volontairement provocante, elle est aussi ambiguë. Leclaire l'entend pour sa part dans l'interprétation transférentielle qu'il propose comme une stratégie. Le doute serait

---

16. Cité par S. Leclaire, *in* « La fonction imaginaire du doute dans la névrose obsessionnelle », *Entretiens psychiatriques*, Paris, PUF, 1955.

selon ses termes « un appât problématique et interrogatif » (*ibid.*, p. 201) destiné à l'autre afin d'en obtenir une aide morigénante ou réassurante.

Il semble possible, au-delà de ce dispositif, de considérer que le trouble de l'obsédé vient aussi de ce qu'il « sait » quelque chose concernant son propre inconscient et que c'est la proximité de la représentation du désir refoulé qui justifie la crainte de l'avoir réalisé à la manière d'un acte manqué, dans un état d'absence ou de somnambulisme. Le doute exprime ici l'incertitude sur la réalité de ce que vit le sujet hic et nunc ou plutôt le fait que la perception de celle-ci est impuissante à mettre au silence la perception interne du désir contraire. Ce que « sait » l'obsessionnel c'est le contenu de son désir refoulé et c'est bien le génie de Freud de l'avoir compris en affirmant à l'homme aux rats que sa culpabilité imaginaire était bien réelle quoique déplacée.

La « prédilection pour l'incertitude » peut être comprise comme l'extension par contamination, processus typique de cette pathologie, d'une incertitude justifiée concernant celui des deux qui a été à l'origine de l'acte : le désir inconscient ou conscient.

Il ne semble cependant pas totalement justifié de mettre sur le même plan l'interrogation sur le fait de s'être ou non trompé d'un quart d'heure sur l'horaire d'un rendez-vous ou les multiples vérifications de celui qui craint de n'avoir pas refermé le gaz et les tourments métaphysiques des patientes décrites par Janet : « Je ne puis pas comprendre comment cela se fait qu'il y ait du monde ; pourquoi y a-t-il des arbres, des bêtes ? Qu'est-ce que tout cela va devenir quand tout sera fini ? » (*op. cit.*, p. 54)

A l'émergence d'un désir agressif refoulé s'oppose ici la représentation de la mort et la certitude de celle-ci. La patiente ne doute pas, elle n'exprime aucune incertitude, elle exprime son incapacité à trouver des causes au fait qu'il y ait quelque chose plutôt que rien, reprenant en cela l'interrogation infantile princeps.

Mais pourquoi faut-il être enfant, fou ou métaphysicien pour se la poser ? Ce dernier, il est vrai, fait davantage que poser des questions, il prétend les élaborer en un système dont l'ambition est bien de piéger quelque cause. A tout le moins, espère-t-il que la question peut être mieux posée que ne le font l'enfant ou le fou et le soulagement de l'angoisse est attendu non de la réponse mais de la capacité heuristique elle-même. Telle n'est pas la situation de l'enfant ou de l'obsédé car les troubles de ce dernier sont liés à *l'attente indéfinie du retour de l'évidence autrefois effondrée.*

Cette attente, on le sait, est propre à l'obsédé et elle est indéfinie parce que, comme Pénélope qui défait la nuit son travail du jour en attendant le retour d'Ulysse, il neutralise toute idée, toute décision par l'équivalent opposé.

L'hésitation, et non seulement le refus de s'informer, sert de base à ce processus et le doute, sous sa forme obsessionnelle, n'est rien d'autre que l'aspect cognitif de *cette impossibilité à opter qui sert à attendre.*

On sait que Freud analyse le doute-hésitation en termes d'ambivalence tels que le choix entre deux objets révèle l'inexorable alternative entre deux motions pulsionnelles opposées visant le même objet. Concernant le destin de l'hésitation, Freud fait l'hypothèse que progressivement « une marge se crée pour satisfaire les exigences inégales des deux parties » (*L'homme aux rats*, p. 254) quoique ce ne soit pas en termes de coexistence pacifique d'investissement mais de vases communiquants qu'il conçoit cette « solution ». L'amour est en général victorieux de la haine à moins que ce ne soit l'inverse, et l'un bénéficie de la quantité d'investissement retirée à l'autre.

L'obsessionnel ne serait tel qu'à n'être parvenu ni totalement à haïr, ni totalement à aimer son objet, car il reste fixé à celui-ci par une haine intense refoulée par un amour d'autant plus intense.

Cette « constellation si étrange de la vie amoureuse », comme le dit Freud, nous permet d'éclairer l'idée précédemment énoncée d'une attente indéfinie de l'évidence autrefois effondrée. Car si l'amour et la haine demeurent ainsi intriqués, c'est faute d'avoir pu reconnaître l'idéalisation dans laquelle était tenu l'objet. L'ambivalence est en soi une donnée trop générale pour être pertinente dans la question du « choix de la névrose »[17], aussi Freud en vient-il à des hypothèses provisoires en terme de constitution (« les composantes sadiques de l'amour auraient été constitutionnellement développées de façon trop forte ») et d'histoire individuelle (« elles se seraient trouvées, de ce fait, réprimées de façon trop précoce et trop intense » *(ibid.)*).

On peut se demander si les circonstances de l'histoire individuelle permettant au sujet de surinvestir la pensée comme apte à soutenir le sol de l'évidence n'aurait pas là aussi une fonction étiologique, un peu à la manière dont Freud notait à propos de Léonard que la capacité

---

17. « On trouve, écrit Freud, dans toutes les névroses, les mêmes instincts refoulés à la base des symptômes. Ainsi, la haine maintenue par l'amour dans l'inconscient joue aussi un grand rôle dans la pathogenèse de l'hystérie et de la paranoïa », (*op. cit.*, p. 255).

sublimatoire s'établit « dès l'origine ». L'obsessionnel aurait tenté précocement, mais sans succès, de négocier grâce à la pensée le fond
hystérique commun à tout sujet. Les raisons de cet échec sont analy-
sables ainsi que je le montrerai plus loin en fonction de la distance
qui sépare l'intellectualisation idéalisante de l'intellectualité sublimée,
étant bien entendu qu'en cette matière, échec et réussite ne sont jamais
que partiels et toujours réversibles (cf. chap. 4, p. 208).

Qu'est-ce que l'obsessionnel attend qui justifie qu'il demeure ainsi
dans le marasme de l'incertitude ou, si l'on préfère cette métaphore
plus obsidionale, qu'il s'enferme dans la citadelle du doute sinon le
retour de l'évidence définitivement perdue ? A la quiétude primitive
s'est substituée, avec la question de l'origine et la découverte que le
Je était mortel, la certitude unique, celle dont il n'y a pourtant pas
représentation dans l'inconscient : de la mort. Le « complexe de la
mort », tel que le dénomme Freud, nous éclaire à cet égard puisque
la seule possibilité pour l'obsessionnel de sortir de l'hésitation est la
mort. C'est aussi la condition pour pouvoir aimer puisque la haine se
trouve dès lors endossée par la cause désignée du décès.

Mais surtout la mort en supprimant l'un des termes de l'oscillation vient occuper la place définitivement vide, celle de garant des certitudes. Elle n'évite pas d'avoir à choisir, elle choisit pour le sujet qui
dans sa superstition mégalomane ressent qu'il y est bien pour quelque chose.

Janet marque la fréquence du doute religieux à l'origine des
décompensations obsessionnelles : « Quand j'ai commencé à être
malade, dit une patiente, j'ai perdu la foi de mon enfance et je ne
savais pas pour quelle raison je ne croyais plus. C'était un défaut de
confiance, quelque chose qui s'évanouissait en moi, comme une
lumière qui s'éloignait. » (*op. cit.*, p. 56)

Cette déception du soutien par les images parentales idéalisées
ouvre une brèche qui peut soit se développer dans le sens d'un réinvestissement narcissique soit dans celui d'une quête infinie sur le mode
hystérique, soit dans un figement de la pensée sur la révélation traumatique de cette absence. Ce que le malade attend est, à chaque fois
qu'il se présente, attaqué et révoqué en doute avec toute la violence
de la haine initiale demeurée intacte.

Janet le note là encore : « A toute autorité ils opposent le désir
d'une autorité plus grande. Si le médecin leur parle, ils voudraient le
prêtre, et si c'est le prêtre, ils lui reprochent de ne pas être archevê-
que ou pape : « Et encore si le pape me parlait, je ne le croirais pas
car il se pourrait qu'il m'ait mal comprise et que sa parole infaillible
ne s'applique pas à la question. » (*ibid.*, p. 56)

Descartes a montré qu'il n'y a en effet d'autre point d'arrêt à cette *régressio ad infinitum* que la certitude paranoïaque telle que, si l'on me trompe, on ne peut néanmoins faire que je n'existe pas puisque mon existence est la condition pour que l'on puisse me tromper. Quel que soit le moyen pour y atteindre, *la reconstitution du sol de l'évidence passe par une construction du Je lui-même.*

Le problème de l'obsédé est de continuer à l'attendre d'un autre, à le chercher dans les présages, à tenter d'en coincer la trace dans des techniques diverses, et, en comptant les pierres de trottoir, à redouter en fait que le retour attendu ne soit pas le calme de l'évidence qu'ils simulent par cette immobilisation de la pensée, mais la résurgence traumatique de l'effondrement passé.

## L'ABANDON DE PENSÉE

J'entends par-là aussi bien le renoncement à l'activité de discrimination qui soutient la pensée lorsque celle-ci entre dans le domaine de l'abstraction que le fait que le sujet puisse alors s'en remettre à un autre du soin de penser à sa place. Ce qui différencie cet abandon de ce dont j'ai précédemment parlé à propos de l'empêchement de penser, c'est que le sujet non seulement se conforme à un interdit portant sur le pensable mais adopte par identification les pensées d'un autre dont il fait son idéal et recherche activement une telle aliénation. L'idée d'un abandon de pensée rejoint ce que Freud appelle, dans le chapitre 8 de « Psychologie des mases et analyse du Moi », l'« abandon sublimé à une idée abstraite » à ceci près qu'il n'y est pas question de sublimation, mais d'intellectualisation ou d'abstraction desexualisée, et que par ailleurs ce n'est pas à l'idée qu'il y a abandon mais à son auteur, que celui-ci soit repérable comme groupe ou comme individu, qu'il soit connu directement ou par ouï-dire, voire par ses œuvres.

Le désir d'« auto-aliénation » tel que l'a défini Piera Aulagnier dans *Les destins du plaisir* constitue le fondement de cet abandon de pensée. Je rappellerai brièvement l'analyse profonde et nouvelle que propose cet auteur de l'aliénation qu'elle transpose du domaine de la philosophie politique à celui de la psychanalyse en proposant d'y voir une entité radicalement différente de la psychose et en apportant un contenu original permettant de rattacher une analyse sur les rapports interindividuels et une réflexion portant sur une psychologie collective.

L'état d'aliénation, qu'il soit le résultat d'une force aliénante externe ou d'un désir d'auto-aliénation, se définit par son but : la réduction minimale voire absolue du conflit entre l'identifiant et l'identifié, entre le Je et ses idéaux. C'est d'une mise à mort de la pensée qu'il s'agit dans l'aliénation, d'une mort par la réduction maximale de tout écart ou différence. La certitude n'y est pas acquise au prix d'un processus et d'un travail de pensée, le sujet s'installe d'emblée sans même qu'un retour réflexif sur la notion même de certitude soit possible. Le processus de pensée est alors remplacé par la pure reprise en écho, laquelle est en retour soumise à certaines règles destinées à empêcher de penser la situation d'aliénation. Dans cette perspective, la pensée, la nomination et l'acte sont équivalentes et les descriptions de George Orwell (1984) que Piera Aulagnier reprend ici montrent comment la terreur est non seulement une interdiction concernant la pensée mais surtout concernant « ce que le Je pourrais penser du concept de terreur »[18].

Cette équivalence entre l'énonciation, l'acte et la pensée évoque le mécanisme obsessionnel où la pensée du crime sous sa forme infinitive rejoint le crime en pensée (même contenu sous sa forme optative) précisément parce que ne peut être pensé que ce qui est désiré. Mais dans ce cas la pensée devient l'objet d'un interdit qui peu à peu s'attache à toute espèce de pensée générale. En revanche dans l'aliénation le processus ne se réduit pas à l'inhibition mais s'ajoute une obligation d'orthodoxie impliquant non seulement l'inhibition de toute pensée dangereuse (ce processus automatique et instinctif qu'Orwell appelle « arrêt du crime » en Angsoc) mais un usage délicat de la logique, sorte d'athlétisme de l'esprit devant lui permettre de penser certaines propositions en faisant abstraction des arguments logiques contradictoires. Connaître et ne pas connaître, écrit Orwell, « persuader consciemment l'inconscient puis devenir ensuite inconscient de l'acte d'hypnose que l'on vient de perpétrer » (1984, p. 53).

Cette gymnastique intellectuelle vise non seulement une séduction du domaine de la pensée, matérialisée par la réduction du vocabulaire

---

18. Un article du journal *Le Monde* évoquait d'une manière très analogue comment dans le régime khmer rouge l'entreprise de séduction du langage, de la pensée et le génocide ont pu aller de pair. Ainsi le petit bourgeois ou l'intellectuel rebaptisé d'un terme signifiant « profusion de styles » peuvent-ils apparaître comme une excroissance nuisible. Rappelant le slogan « A le conserver, nul profit ; à l'éliminer, nulle perte », l'auteur de l'article écrit : « Les facultés de raisonnement et les sentiments naturels éprouvés auparavant s'estompent au profit de la résonance avec la langue qui agit comme une drogue », Soth Polin : « La diabolique douceur de Pol Pot », *Le Monde,* 18 mai 1980.

novlangue, mais une réinterprétation perpétuelle du passé et des événements historiques en fonction du présent dans le but de contrôler le futur. L'état d'aliénation de la pensée implique aussi le caractère unidimensionnel de la vérité (« la vérité actuelle quelle qu'elle fut était vraie d'un infini à un autre » (*ibid.*, p. 53) en même temps qu'une absolue précarité puisqu'elle dépend non pas de principes ou d'articulation conceptuelle mais des aléas de la guerre et du pouvoir. On trouve là l'inverse de ce que l'expérience analytique peut apprendre au sujet de la pluralité des logiques et du caractère partiel ou latent de ladite vérité.

C'est bien en ce sens que Piera Aulagnier souligne dans l'aliénation ce double mouvement qui correspond à une dé-réalisation du perçu, laquelle, contrairement à la psychose, fait appel non plus à des représentations fantasmatiques mais une représentation discursive qui joue le même rôle que le délire vis-à-vis de la réalité. Il s'agit aussi cependant, de resconstruire, en s'appuyant cette fois sur un discours tenu par un autre, mais qui vient apporter au sujet l'illusion qu'il prend place parmi les élus détenant une vérité qu'il faudra imposer aux autres pour leur bien. Le discours idéologisé, qu'il fonctionne dans le champ analytique ou dans la vie de la cité, vise cet immense avantage d'exclure toute cause de conflit dans le registre identificatoire et dans le champ de la pensée. Le désir d'auto-aliénation se formulerait ainsi comme l'expression la plus parfaite d'un désir de mise à mort de sa propre pensée.

Nous verrons plus loin comme la déréalisation du perçu fonctionne aussi dans la pensée perverse, ce que Sade appelle l'« érotisme de tête » (cf. chap. 5, p. 289) et le masochisme n'est évidemment jamais absent du désir d'auto-aliénation, ce qui rend pessimiste quant aux possibilités d'en détourner celui qui s'y laisse prendre.

C'est au mécanisme sous-jacent à l'abandon de pensée et non aux formes, multiples qu'elle peut revêtir[19] que je m'attacherai en repartant du texte de Freud précédemment évoqué.

Dans le chapitre 8 de *Psychologie des masses et analyse du Moi*, l'idéalisation se trouve opposée à l'identification en fonction de trois critères :

— l'appauvrissement du Moi en libido dans le cas de l'idéalisation opposé à son enrichissement dans l'identification, où le Moi introjecte l'objet et ses qualités,

---

19. Piera Aulagnier a montré comment le désir d'auto-aliénation pouvait connaître des avatars fort divers allant de l'aliénation idéologique à la passion du joueur, à l'addiction toxicomaniaque, voire à l'état de passion amoureuse, *Les destins du plaisir.*

— l'existence d'un objet externe surinvesti en tant que tel par le Moi dans l'idéalisation opposée à l'absence de l'objet qui est perdu et rétabli dans le Moi par l'identification,

— le fait que, dans l'idéalisation, l'objet soit mis à la place de l'Idéal du Moi alors que, dans l'identification, c'est le Moi qui est mis à la place de l'objet.

Ce dernier critère semble le plus stable et le plus significatif, et situe l'idéalisation comme suite de l'échec de la formation du Surmoi et de l'Idéal du Moi à l'issue de l'Œdipe. Faute d'avoir pu constituer ces instances idéales dans un solide processus d'identification assurant que par leur intermédiaire ces premiers objets idéalisés sont devenus propriété du Moi, celui-ci se trouve tenu de se déposséder de sa libido narcissique au profit d'objets réellement existants et donc aliénants au sens d'une contrainte imposée au Moi de mettre à l'extérieur de lui-même son élément constitutif le plus important, l'Idéal du Moi.

Alors que l'identification constituait une appropriation de ces images parentales primitives, l'idéalisation renouvelle la situation de déréliction de l'enfance, « paralysie » dit Freud « née du rapport d'un être surpuissant à un être sans puissance, sans défense » (1921 c, p. 178).

La sublimation ne va pas se trouver là où on pourrait l'attendre, c'est-à-dire à l'opposé de l'idéalisation. Freud, évoquant comme conséquence principale de l'idéalisation l'incapacité où se trouve le Moi d'exercer sa fonction d'activité critique autonome et, dans le cas de l'état hypnotique, d'effectuer l'épreuve de réalité, compare ces état à « l'abandon sublimé à une idée abstraite » (1921 c, p. 178).

La fonction surmoïque de l'Idéal du Moi ne joue plus son rôle et on sait que, pour Freud, la spéculation et l'introspection philosophique dérivent comme la conscience morale de cette instance qui observe et critique. L'aliénation idéologique comme abandon sublimé à une idée abstraite relève de la même analyse que celle qui distingue le crime par amour du crime passionnel : l'idéalisation a fait taire l'instance critique qui est assumée par un autre à l'extérieur du Moi.

Cette situation n'est pas directement superposable à celle de la nostalgie du père dans la foi religieuse, car si le Moi a le pouvoir d'investir libidalement l'objet extérieur, il ne l'a pas pour autant créé et c'est un objet réel qu'il lui faut pour assumer cette fonction. Ce rapport très particulier à la réalité est analogue à celui que l'on trouve dans la mise en scène perverse. Tout se passe comme s'il y avait pour ces sujets une obligation d'être reliés à la réalité d'une scène ou d'un objet, là où, pour le névrosé, le fantasme de la même scène suffira, et comme si cette obligation venait reproduire le récit d'une violence passée dont ils auraient réellement été les victimes.

Ce qui fait l'objet de l'idéalisation dans ce cas c'est le fantasme paranoïaque sous-jacent.

Je montrerai plus loin que le libertin chez Sade se définit lui-même comme hériter du mal et tenu de le reproduire indéfiniment. Sade a bien réussi à se faire passer à la postérité pour le représentant du vrai Sade ce personnage de construction, tandis que lui-même souhaitait s'effacer de la mémoire des hommes comme la trace de sa tombe disparaîtrait de la surface de la terre. La figure idéale du libertin est bâtie sur l'identification à la mère — Nature, mauvaise et toute-puissante, dont les actes sont destructeurs non parce qu'elle jouit de la souffrance qu'elle inflige, mais en raison d'une causalité autre, absurde et destinée à demeurer incompréhensible à ses victimes.

Dans le cas de cet « abandon sublimé à une idée abstraite », il faut entendre que l'idée n'apparaît pas au sujet comme un produit de sa propre activité de pensée, mais comme un élément de la pensée d'un autre venant assurer la présence sinon d'une extériorité du moins d'une altérité nécessaire au processus d'idéalisation. Le terme « sublimé » dans ce contexte apparaît dans son usage « faible » c'est-à-dire désignant l'éloignement du caractère directement sexuel du but et s'apparente plutôt à l'intellectualisation qu'au processus sublimatoire tel qu'on le voit évoqué ailleurs. Cependant le processus de sublimation a été désormais posé dans sa spécificité qui en fait autre chose qu'une désexualisation et l'oppose à l'idéalisation. Freud écrit à la fin du troisième chapitre de « Le Moi et le Ça » à propos de l'échec à maîtriser le complexe d'Œdipe qui fait sa réapparition dans l'Idéal du Moi et demeure inconscient. « Le combat qui avait fait rage dans les couches profondes et qui n'avait pu être mené à son terme *par une rapide sublimation et identification* se poursuit maintenant, comme la bataille contre les Huns peinte par Kaulbach, dans une région supérieure. » (p. 252)

L'idéalisation apparaît à nouveau comme la perpétuation sous une autre forme des mêmes enjeux libidinaux et s'oppose de ce fait à la sublimation. Cette dernière, comme processus de métabolisation de la pulsion, n'est pas limitée à une définition en termes d'éloignement du but sexuel ou d'intellectualisation. Elle est en revanche, rapprochée de l'identification, donc d'une opération où le Moi renonce à trouver ses objets idéaux à l'extérieur de lui-même et, par l'introjection précédée du renoncement à ces objets, en fait son élément constitutif le plus important.

Par là se trouve aussi précisée la différence entre l'idéal et l'idéalisation. Alors que celle-ci apparaît toujours comme un mécanisme de défense, le résultat d'un échec à modifier les premières relations d'objet, l'idéal est intégré dans le Moi. Il constitue les repères identificatoires du sujet faute desquels il ne pourrait ni former de projets ni éprouver ce sentiment de soi *(Selbstgefüll)* qui est aussi un sentiment d'estime de soi. Une telle intégration est nécessairement génératrice de tension mais celle-ci demeure à l'intérieur du Moi qui se jauge à la mesure d'un idéal qu'il ressent d'autant plus sien que, devenu inconscient, l'origine de sa formation lui échappe.

On connaît la formule de Freud souvent citée, davantage pour son aspect polémique que pour son contenu : « Parce que nous détruisons les illusions, on nous accuse de mettre en péril les idéaux. » (1913 h, p. 30)

Conserver les idéaux atteints à l'issue d'un processus sublimatoire et détruire l'idéalisation illusoire, serait-ce la visée de l'analyse ? Nous avons évoqué l'idéalisation sous la forme de la surestimation en tous genres et ses retombées inhibitrices ou aliénantes. Dans la mesure où l'idéalisation implique de croire que l'idéal est advenu et qu'il s'incarne dans un objet réel, qui peut d'ailleurs être une partie du Moi lui-même, elle est du côté de l'illusion. Non parce qu'elle s'opposerait à l'authenticité, mais parce qu'elle résulte d'un surinvestissement libidinal dont l'origine est inconsciente tandis qu'elle se donne pour un effet de la valeur objectivement supérieure de l'objet.

La relation à la réalité se pose différemment suivant qu'on l'envisage dans l'idéalisation, dans l'idéal comme projet ou dans la sublimation comme résultat d'un processus intrapulsionnel.

Quel qu'en soit le domaine, l'idéalisation implique toujours la présence d'une mise en scène fantasmatique qui dénie l'objet dans sa réalité pour le rendre conforme au désir et à une image qui permet au sujet de dépasser sa propre ambivalence. De même que c'est sur un objet réel et non sur un fantasme que s'effectue cette opération psychique, de même l'idéalisation va se prolonger dans ses effets dans la réalité. La théorie du sens de l'Histoire, ou celle de la supériorité d'une race, au même titre que le scénario sado-masochiste, incluent, dans leur nature même, d'imposer sur une scène réelle, et non plus théorique ou fantasmatique, ce qui se donne comme savoir sur la vérité, qu'elle concerne la jouissance ou le devenir des sociétés. Là où la philosophie découvre derrière les images fuyantes de la Caverne, les Idées qui en sont l'origine, l'idéalisation fige la mouvance et le devenir au niveau de l'apparence et affirme avoir trouvé le moyen d'éviter un détour dont on sait qu'il s'apparente toujours à une épreuve et à un risque de mort.

L'idéal en revanche, parce qu'il est toujours projet d'une image de perfection à laquelle il a fallu renoncer, qu'elle concerne l'idéalisation du Moi dans le narcissisme infantile ou celle des images parentales destinées un jour à déchoir comme Jacob Freud ramassant humblement son bonnet, occupe vis-à-vis de la réalité une toute autre place. Objet de visée, il introduit un perpétuel décalage et donc une tension qui peut aller vers la dévalorisation de la réalité dans l'attitude dite « idéaliste », soit que le sujet la fuie au nom d'idéaux utopiques, soit qu'il se nie toute capacité d'une réalisation nécessairement imparfaite si on la compare au projet initial. L'idéalisation, bien sûr, a partie liée avec une telle dévalorisation dont elle vise à défendre le sujet.

Contrairement à l'idéalisation qui vise à créer un état aconflictuel d'où le manque serait absent, enfermant le sujet dans la fascination par un objet leurre, qui instaure une dépendance proportionnelle à l'espoir qui a été placé en lui, le processus sublimatoire non seulement laisse subsister le manque mais assure au sujet la possibilité de l'investir comme ce qui permet la mobilité des investissements et du questionnement propre à l'activité de pensée.

Ce processus intrapulsionnel dont nous avons évoqué le lien avec les mécanismes identificatoires semble tributaire d'un travail de deuil sur les images idéales, permettant que les objets ne soient ni rejetés parce que décrétés inaccessibles ni érigés comme supports d'une relation de fascination, mais se voient conservés dans l'investissement d'une activité. Cette dernière sera désormais assurée de ne jamais manquer d'objets, mais elle ne pourra désormais plus les prendre pour autre chose qu'une forme transitoire et métonymique de ce qu'elle vise et même de ce qu'elle avait autrefois visé, en des temps depuis lors oubliés.

# 3

# La témérité de la raison

Les impasses qui s'ouvrent devant le cheminement de la pensée sont nombreuses : qu'elle y cherche refuge en renonçant à ses objets ou s'y trouve prise malgré elle le risque qui la guette le plus durablement est certainement l'enfermement obsessionnel supposé être le propre des intellectuels, comme si l'exercice dialectique devait fatalement se confondre avec la ratiocination stérile et répétitive. Or de l'un à l'autre, il n'y a pas de solution de continuité mais un renversement, ce que Freud nomme une « récusation » : « La pulsion de savoir... n'est qu'un rejeton sublimé de la pulsion d'emprise ; sa récusation sous la forme du doute occupe une large place dans le tableau de la névrose obsessionnelle. » (1913 i, p. 196)

L'enfermement obsessionnel de la pensée offre comme tout symptôme névrotique une jouissance masochiste mais il constitue pour l'exercice du doute un échec, tant du point de vue du gain de plaisir que de l'efficacité pratique, et une séduction, au sens où le doute se voit détourné de son chemin et pris dans un piège d'où il devient impossible de sortir. Les formulations que l'on trouve dans les textes psychanalytiques, et sous la plume de Freud lui-même, ont l'inconvénient majeur de ranger sous la bannière du doute trois réalités fort différentes, même s'il va de soi qu'elles sont liées : le doute chez l'enfant (que nous avons évoqué à propos de l'« émergence du doute ») qui coïncide avec l'éveil de la capacité raisonnante, le doute obsessionnel et le doute du chercheur qui, en un sens prolonge celui de l'enfant lorsque celui-ci ne vient pas se prendre précocement dans les rets de l'obsession.

Or si Freud s'intéresse au premier et au second aspect, il ne dit pas grand-chose du troisième, sinon au détour de quelques notations qui relèvent davantage de l'auto-analyse que de l'élaboration théorique. Conscient du risque de déformation auquel il n'échappe pas toujours lui-même qui ferait du doute obsessionnel un prototype, il soulignait à la suite d'un exposé de Stekel à la Société Psychanalytique de Vienne sur ce thème : « Le doute appartient à toutes les névroses, de même qu'à la pensée normale. Nous ne voulons pas savoir ce qu'est le doute en soi, mais ce qu'est ce doute spécifique dans cette névrose [obsessionnelle]. » (*Minutes* II, p. 391)

J'évoquerai ici la figure fragile et persistante de ce doute adulte « normal », qui n'est cependant pas naturel en ce qu'il s'oppose à un désir de certitude et à une quiescence de la pensée qui est l'équivalent intellectuel de ce « désir de non-désir », selon l'expression de Piera Aulagnier, où se marque l'action silencieuse de la pulsion de mort. La ruse du doute consiste à promettre le plaisir à l'issue de son action comme résultat d'un effort bien mené. Comme l'écrit Lacan : « Si le doute, depuis Descartes, est intégré à la valeur du jugement, il faut remarquer que, pour la forme d'assertion ici étudiée, cette valeur tient moins au doute qui la suspend qu'à la *certitude anticipée* qui l'a introduite » (Lacan, J, 1945), Mais c'est là où se situe le risque de bifurcation car si la finalité du doute est l'obtention d'une vérité, celle-ci ne se confond pas avec la certitude absolue, figement de la pensée en proie à l'évidence. La vérité est vouée à demeurer un fantasme qui oriente une quête et ne s'atteint que sous forme partielle alors qu'on la voulait totale et absolue. D'autre part l'opération qui mène du doute à la vérité est indirecte et passe par la destruction de certitudes décrétées illusoires, qu'elles soient le fait du sujet lui-même ou celles de ceux qui l'entourent car il est difficile et parfois périlleux d'avoir raison tout seul.

Arraisonner l'objet fuyant de la connaissance n'est jamais étranger à la nécessité de persuader ou d'avoir raison des arguments de ceux qui verraient cet objet ailleurs, sinon le destin du philosophe du mythe de la caverne risque fort de se répéter. Tant de raison se doit d'être soutenue par beaucoup de violence et Eros prend à son service les forces de Thanatos pour alimenter la pulsion d'emprise devenue pulsion de savoir.

Mais là aussi les risques sont grands que la fascination de détruire ne l'emporte sur la joie de connaître et que le doute, d'instrument de connaissance devienne la « mol oreiller » pyrrhonien que dénonçait Montaigne et qui est une autre forme, nihiliste celle-là, de certitude.

Car l'objet de la pulsion de savoir est à la dimension du paradis perdu de l'évidence et faute de parvenir à le limiter et à le transformer, la quête risque d'être vaine et de s'arrêter dans l'inhibition et la retombée dépressive.

Définir cet objet dans sa démesure même serait en soi une entreprise impossible aussi est-ce à partir des fantasmes que l'on peut s'en former que je tenterai d'en dessiner les contours. La notion même de « fantasme de vérité » est en soi paradoxale si l'on entend bien par « fantasmes » un scénario inconscient où le Je tient le rôle principal. Comment l'abstraction d'un concept pourrait-elle donner lieu à de telles images ? Cependant l'apport d'une perspective psychanalytique sur la notion de vérité consiste peut être dans le rattachement d'une telle abstraction à ses origines. Il ne s'agit pas de réduire ce fantasme à quelque allégorie où le Je serait un voyeur anonyme guettant le moment où la vérité sortira nue du puits, ni de l'identifier à ces rêveries diurnes où le sujet se représente arrachant enfin le secret capital qu'on lui avait toujours caché, fantaisies dont le « roman familial » constitue peut-être la matrice. Le fantasme de vérité peut en fait revêtir bien des formes mais il semble qu'il se ramène toujours à une image d'harmonie perdue entre le Je, les autres et lui-même, que seules des métaphores en termes de transparence ou d'éblouissement seraient aptes à rendre.

De telles représentations d'élation narcissique paraissent impossibles à décrire, mais leur présence est perpétuellement sensible en contrepoint de toutes les situations au cours desquelles un petit quelque chose vient engendrer ce malaise que chacun peut connaître : un échange de gestes, de paroles de mimiques entre deux ou plusieurs personnes, qu'il s'agisse d'une réunion d'amis, du dialogue d'un parent avec son enfant, de relations amoureuses ou des propos d'un patient, rend brusquement une sorte de son désaccordé, dissonant. On y sent l'effort et l'artifice, mais sans qu'il soit louable ou séduisant, plutôt angoissant comme si la chute ou la rupture étaient proches. Quelque chose « sonne faux » !

Mauvaise foi, inauthenticité, mensonge... Vis-à-vis de quel fantasme d'une harmonie spontanée allons-nous ainsi qualifier ce dont s'écartent ces situations ? D'où tenons-nous l'assurance que la vérité existe et même qu'elle nous est nécessaire ?

Peut-être apparaît-il discutable de parler ici d'un fantasme au sens strict du terme, car il s'agirait plutôt d'un état du Je correspondant davantage à des sensations fugitives qu'à des représentations mais cet état particulier, inexprimable dans un scénario représentatif correspond

néanmoins à un fantasme d'unicité où le narcissisme se dilate et se
perd à la fois et n'est plus rien parce qu'il est tout. Dans le « sentiment océanique » tel que Freud l'a analysé, le Je s'appréhende lui-
même, dissocié de ses limites et de ses proportions habituelles, ébloui
par l'illusion d'une unité narcissique sans faille dont l'un des avatars
pourrait bien être le « fantasme de vérité ». A preuve le fait qu'il ne
puisse exister qu'une vérité unique et totale dans la représentation
inconsciente qui s'exprime ainsi et perdure même lorsque l'expérience
a appris au sujet à relativiser, ce qui au demeurant ne peut lui venir
que de la prise de conscience de l'existence de narcissimes autres que
le sien et pourvus des mêmes exigences. Pour exister, la vérité doit
occuper tout l'espace, s'assurer que nulle présence étrangère ne viendra la subvertir, nul jeu de miroir fausser ses cartes.

La notion de « fantasme de vérité » bien différente de celle de
l'« illusion » de vérité me semble constituer un référent insaisissable
en tant que tel, mais dont on ne peut éviter de faire l'hypothèse pour
comprendre la portée des nombreux scénarios fantasmatiques qui se
résument en ces termes « On m'a menti », « On m'a trahi », selon les
formules lapidaires propres à ce type de production de la psyché. Ceci
revient à dire que le fantasme de vérité, comme fantasme d'harmonie
narcissique où le Je se confond avec le Tout ne peut jamais se saisir
qu'indirectement et par défaut. Il se révèle de ce fait l'appât d'une
quête ininterrompue qui n'a d'autre but que de récupérer cette intégrité narcissique à laquelle le Faux sous toutes ses formes porte
atteinte.

Parler la vérité à partir d'une position d'analyste, même s'il ne
s'agit pas alors d'analyse mais d'une réflexion d'ordre général et plus
ou moins philosophique comme le fait Freud dans ses *Conférenc.s,*
semble donc impliquer de conserver présente cette incapacité à concevoir la vérité comme l'adéquation directe entre l'esprit et la chose, formule linéaire qui ne permet pas le jeu de la pluralité des sens.

D'où vient alors le fait que Freud semble au contraire revendiquer
une telle conception, au point de paraître assimiler vérité et réalité[1] ?

Pour le sujet, la réalité ne tient pas son existence de la connaissance par laquelle il cherche à l'appréhender mais, en premier lieu,
de l'expérience qu'il en fait vis-à-vis de son désir. Elle est ce à quoi

1. L'activité scientifique, écrit-il, dans les *Nouvelles Conférences* « aspire à atteindre une concordance avec la réalité c'est-à-dire avec ce qui existe en dehors de nous indépendamment de nous, et qui, comme l'expérience l'a enseigné, est décisif pour la
réalisation ou l'échec de nos désirs. Cette coïncidence avec le monde extérieur réel, nous
l'appelons vérité. Elle reste le but du travail scientifique même si nous n'en considérons pas la valeur pratique » (*35ᵉ Conférence*, in *Les Nouvelles conférences*, p. 228).

il se heurte dans « l'épreuve de réalité », ce qui va imposer à son Moi la formation d'un principe régulateur, nommé « de réalité » destiné à lui permettre de composer avec elle et de réaliser ses vœux inconscients autrement que par le rêve ou l'hallucination.

La réalité se définit donc comme telle à partir de la constatation plus ou moins désagréable que le sujet fait de l'indépendance qu'elle manifeste vis-à-vis de lui-même et de ses projets conscients. D'où le fait qu'elle ne s'identifie pas nécessairement à l'extériorité et peut recouvrir à la fois le corps propre du sujet, les aléas de son plaisir ou de sa souffrance, son caractère mortel et tout ce qui lui échappe du fonctionnement de sa psyché ; rêves absurdes, actes manqués et inhibitions venues subvertir ou empêcher la réalisation de projets pourtant solidement ancrés.

La prise de conscience de la réalité est donc liée d'abord à la frustration. Ce n'est qu'en un deuxième temps qu'elle pourra devenir le terrain d'une réalisation de désir qui aura la caractéristique d'être extérieure à la production psychique du sujet.

Le plaisir qu'offre un désir qui s'accomplit dans la réalité est d'une toute autre nature que celui d'une rêverie, par exemple, dans la mesure où l'extériorité n'est plus mise entre parenthèses mais donne alors au sujet la sensation d'un accord harmonieux, sans faille, d'une concordance.

Une même dynamique semble animer la relation de la pensée et de la réalité dans ce qu'on nomme vérité. Un fantasme ou une rêverie ne peuvent être dits vrais ou faux dès l'instant qu'ils se déclarent comme tels, c'est-à-dire hors de l'épreuve de réalité. En revanche de tels critères s'appliquent à la pensée, discursive ou non, si elle prétend rendre compte de ce qui se passe en dehors d'elle-même. On est alors ramené au problème précédent, car entre la pensée et la réalité interfère précisément le désir. Fait évident lorsqu'on se situe dans le domaine de l'intersubjectivité où l'on prend volontiers ses désirs pour des réalités, mais dont on a pu montrer la présence également dans les obstacles qui se dressent devant toute tentative de connaissance rationnelle, ainsi que l'a écrit Gaston Bachelard à propos de la notion d'« obstacle épistémologique ». Le pittoresque de l'image entraîne l'adhésion à des hypothèses non vérifiées et l'intuition familière, qui est un tissu d'erreurs, demande à l'esprit d'opérer une rupture radicale pour commencer d'être scientifique.

La vérité s'obtiendrait donc au bout d'une sorte de catharsis de l'esprit qui devrait abandonner aussi bien les illusions formées sur lui-même et les autres que les erreurs des sens et les intuitions premières. Elle serait le résultat d'une rectification, impliquant que le chercheur limite ses ambitions en se contraignant à négliger tout ce qui n'est pas précisément son objet et à soumettre à un contrôle objectif ses certitudes immédiates toujours difficiles à différencier de l'évidence rationnelle parce qu'elles se donnent pour telles.

De même, pour Freud, la notion de vérité hérite des traits du Principe de Réalité : elle cherche elle aussi à former des représentations non pas plaisantes mais « réelles », même si elles sont déplaisantes. Toutefois l'aspiration à la vérité comporte une autre visée que celle d'une efficacité pratique promise au moi en échange du respect de la réalité : « La science ne se borne pas à promettre un gain pratique au bout du compte, elle offre aussi le plaisir intellectuel pendant qu'on la pratique. » (*35ᵉ Conférence*, p. 228)

Si le désir de vérité passe bien par le renoncement à la croyance en la possibilité de la voir sortir nue du puits ou de la tenir de quelque maître qui la livrerait à la possession éblouie de l'impétrant, il repose en revanche sur une construction, une élaboration intellectuelle qui offre un plaisir d'emprise sur ce qui, l'instant d'avant, se présentait comme une menace.

Il s'agit cependant d'une emprise très relative par rapport à celle toujours illimitée, qui se lit dans le fantasme d'être « maître et possesseur de la nature », et à l'inverse toujours ramenée au doute et à la vérification. Comme l'écrit G. Bachelard : « Nous avions tant besoin d'être tout entiers dans notre vision du monde. Mais c'est précisément ce besoin qu'il faut vaincre. Allons ! Ce n'est pas en pleine lumière mais c'est au bord de l'ombre que le rayon en se diffractant nous confie ses secrets. » (*La formation de l'esprit scientifique*, p. 241)

Où donc est le plaisir d'une telle activité et peut-on la limiter à ce que cet auteur appelle une « joie de la raideur au fond de la culture », c'est-à-dire non plus à une emprise sur la réalité mais à une maîtrise de sa propre pensée ? Si l'activité discursive n'est telle qu'à se contraindre en permanence à une lutte contre les effets perturbateurs du désir, créateur d'illusions et d'erreurs, cela ne veut pas dire qu'elle fonctionne indépendamment des fantasmes qu'il suscite.

Freud compare le travail du savant à celui de l'artiste qui : « sur l'ébauche brute inlassablement change, applique et enlève jusqu'à ce qu'il atteigne un degré satisfaisant pour lui de ressemblance avec l'objet vu ou imaginé » (*35ᵉ Conférence*, p. 233). On pourrait reprendre cette image en considérant que le matériau sur lequel s'acharne la connaissance discursive est composé de ce conglomérat de théories infantiles, de fantasmes et de perceptions déformées qui constituent pour tout un chacun le stock des certitudes premières.

La recherche de vérité aurait pour but de retrouver le plaisir des convictions d'alors en cherchant par tous les moyens à s'assurer qu'elles ne connaîtront pas le même sort, c'est-à-dire que le sujet ne se trouvera plus placé devant le dilemme d'avoir à choisir entre l'obligation de dénier et celle de reconnaître qu'il se trompait.

Le plaisir intellectuel éprouvé dans le temps où l'on pratique une activité scientifique est lié à la reviviscence de ces fantasmes qui l'accompagnent, même s'il faut combattre les effets perturbateurs de leur effet dans la connaissance objective. Les plus prégnants d'entre eux me semblent être ceux qui se ramènent à ce qu'on pourrait considérer comme une sensation, plutôt qu'un fantasme d'*unicité*.

« A chacun sa vérité », « autant de têtes autant d'avis », « vérité en deçà des Pyrénées, etc. » à toutes ces formules issues du doute philosophique, Freud s'est bien gardé d'adhérer moindrement comme si, en dépit de la relativisation qu'apportait la découverte de l'inconscient, il lui fallait maintenir la place de la vérité contre les tentations de sape nihiliste. Lorsqu'il écrit que « l'homme du commun ne connaît qu'une vérité » et que « la vérité lui semble aussi peu susceptible de gradation que la mort » *(35ᵉ Conférence, ibid.)* il est loin de récuser un tel point de vue au nom du savoir. Il s'agit en fait pour lui de maintenir à distance un scepticisme destructeur qui préparerait le lit de la croyance en ménageant un domaine de la réalité sur lequel la connaissance rationnelle n'aurait pas de prise. Il se montre l'héritier des humanistes lorsqu'il affirme qu'« il est évident que la vérité ne peut être tolérante, qu'elle n'admet ni compromis ni restriction, que la recherche considère tous les domaines de l'activité humaine comme les siens propres et qu'il lui faut devenir inexorablement critique lorsqu'une autre puissance veut en confisquer une part pour elle-même » *(ibid.)*.

Dans ce cas l'intolérance apparaît comme une garantie d'ouverture puisque c'est d'une recherche et non d'une possession de la vérité qu'il est question.

Le caractère polémique de telles déclarations s'explique en revanche si l'on considère que la vérité est inséparable de ce fantasme hégémonique, c'est-à-dire non seulement qu'elle doit revendiquer le droit d'être recherchée dans tous les domaines, mais qu'elle n'est telle que dans un projet de lutte et de victoire de plus en plus étendue. Toute allégation de vérité apparaît en soi totalitaire y compris les professions de foi sceptiques ou relativistes parce que si l'on peut admettre une diversité des goûts et même en rendre compte par des analyses historiques ou sociologiques, la vérité en revanche exige un consensus, même si celui-ci n'est que potentiel, c'est-à-dire s'il se limite au fait que tout sujet muni des mêmes données et refaisant le même parcours parviendrait au même résultat.

En ce sens la vérité rejoint bien le statut de la réalité, elle se fonde sur un accord pour la reconnaître, même si cette reconnaissance est tardive et ne la donne pour vraie qu'après coup.

Le fait que dans l'esprit de Freud cette action aille de pair avec l'idée qu'une telle vérité ne puisse qu'être indéfiniment cherchée n'enlève rien à ce fantasme unitaire qui lui est lié. C'est lui qui est à la racine de toute *Weltanschauung* définie comme « une construction intellectuelle qui résout de façon homogène tous les problèmes de notre existence à partir d'une hypothèse qui commande le tout, où par conséquent aucun problème ne reste ouvert et où tout ce à quoi nous nous intéressons trouve une place déterminée. Il est aisé », ajoute Freud, « de comprendre qu'une telle *Weltanschauung* fasse partie des désirs idéaux des hommes » (*35ᵉ Conférence*, p. 211).

L'idée que le besoin d'une cause unique anime le désir de comprendre se voit également évoquée dans *Moïse et le monothéisme* : « Il suffit à notre impérieux besoin de causalité de trouver à chaque phénomène une *cause unique démontrable...* » (p. 145)

Au désir de concevoir l'effet comme mono-déterminé s'ajouterait le fantasme que chacune de ces causes singulières pourrait se rejoindre dans une « cause des causes » commandant tout le reste. Or un tel fantasme ne semble pas réservé aux systèmes délirants ou philosophiques, mais il constitue le sol même sur lequel repose le désir qui anime ceux qui se mettent en quête de vérités plus modestement locales et il est précisément aussi ce que le chercheur se doit de critiquer.

Cette tentation faustienne, la correspondance de Freud nous la montre sans cesse présente et d'abord dans la devise qui introduit *L'interprétation des rêves*. Il est après tout bien naturel qu'il l'ait d'autant plus vigoureusement stigmatisée chez ceux qui semblaient s'y autoriser d'autant plus facilement qu'ils n'étaient soumis à aucune épreuve de réalité, c'est-à-dire les métaphysiciens constructeurs de systèmes.

Mais Freud, en notant que la vérité est « aussi peu susceptible de gradation que la mort » nous éclaire peut-être sur la signification de ce fantasme. La certitude présente et absolue de la mort vide d'avance de leur contenu toutes les tentatives pour donner un sens à l'existence. Et, au regard de la conviction mélancolique que tout est déjà mort, la vie et ses manifestations prennent l'allure d'illusions périssables qui cachent mal l'assurance de leur unique devenir qui se borne à cesser d'être.

C'est contre cette profondeur vide que se sont édifiées toutes les constructions de la psyché individuelle et collective, qu'il s'agisse de retrouver sa propre histoire à l'issue d'une démarche analytique ou de trouver un sens qui inclut et donc nie la mort par le biais d'un système religieux ou philosophique. A la vérité absolue, qui n'appartient effectivement qu'à la mort, s'opposerait le fantasme d'une vérité qui ne s'impose pas de l'extérieur mais se constitue comme objet d'un désir, moteur d'une quête indéfinie. Et c'est là que l'argument se retourne, car si la vérité est toujours à conquérir, elle assure l'existence d'un devenir sans fin contre l'évidence creuse de la mort. Il n'y a probablement pas de chercheur, quel qu'en soit le domaine, qui n'ait peu ou prou l'illusion d'être éternel, à la mesure même de son objet. Ce en quoi il se donne pour alibi conscient le fait d'être tout entier absorbé par la passion qu'il éprouve pour son objet, mais rejoint en fait, à sa manière, ce qui est caractéristique de l'inconscient de tout un chacun : l'impossibilité de croire à sa propre mort (cf. ce qu'en disait Freud en 1915 dans les *Considérations actuelles sur la guerre et la mort*). En prenant la formule de Nietzsche qui disait des valeurs qu'elles permettaient de remplir la « noix creuse de l'existence » *(Ainsi parlait Zarathoustra)* ne pourrait-on penser que la fonction de cette quête de vérité est avant tout de permettre la survie narcissique du sujet lorsque la seule vérité qui risque de lui apparaître est celle de la mort ?

## LE PLAISIR DE LA LUTTE DISCURSIVE

> *Je ne suis ni un véritable homme de science, ni un observateur ni un penseur. Par tempérament je ne suis qu'un conquistador...*
>
> Freud à Fliess, 1er février 1990.

> *Ma vie : les aventures et l'odyssée d'un vivisecteur de l'âme au début du XX<sup>e</sup> siècle !*
>
> Robert Musil, Journal, *I, p. 24.*

Surprenantes déclarations de la part de ces hommes de pensée dont l'aventure et les conquêtes, concentrées dans les limites du périmètre de leur bureau, semblent à les en croire avoir été portées par une pulsion agressive à visée de destruction ou d'expansion. De Spinoza, représenté sous les traits du révolutionnaire napolitain Massaniello, à Freud se reconnaissant l'esprit d'insoumission et la passion des Ancêtres défendant le Temple, quelque chose se répète qui ne peut être réduit à un dédommagement fantasmatique de la régularité un peu terne d'une vie consacrée à la pensée et qui, contrairement à cette opposition que laisse entendre Freud avec le « véritable homme de science », semble bien constituer un élément pulsionnel spécifique de l'activité discursive.

Ce dernier s'étonnait que l'on puisse « rester aveugle à l'ubiquité de l'agression et de la destruction non érotisées et négliger de leur accorder la place qu'elles méritent dans l'interprétation des phénomènes de la vie » (1930 a, p. 175).

Le plaisir qui leur est lié est essentiellement de nature narcissique, il est « extraordinairement prononcé en tant qu'il montre au Moi ses vœux anciens de toute-puissance réalisés » *(ibid.).*

Si l'on est tout prêt à considérer que ces propos d'un homme, mûri par l'expérience et le spectacle d'une guerre mondiale longue et douloureuse, conviennent à souligner les risques constants de désagrégation individuels et collectifs, il est moins évident de les rapporter à ce qui normalement devrait contribuer à nous en protéger, c'est-à-dire l'exercice discursif.

Je fais ici l'hypothèse que la différence établie par Freud entre la pulsion de mort et l'agression portée par le système musculaire est exactement la même que celle-ci qui existe entre cette même pulsion lorsqu'elle se formule comme désir de non-désir appliqué à la pensée, sous les formes diverses de l'inhibition de son exercice d'une part, et d'autre part, l'agressivité propre à la « disputatio » théorique, qu'elle soit le fait d'un petit enfant ou d'un savant adulte. Le risque encouru, tel que je le montrerai plus loin, est le retournement de cette agressivité sur la pensée du raisonneur et l'insatisfaction dépressive qu'elle génère. A cet égard l'idée de la « sublimation de la pulsion d'emprise » par où Freud caractérise en partie la pulsion de savoir risque d'être comprise en un sens affaibli, parce qu'on oublie volontiers que l'emprise implique l'immobilisation de l'objet, voire sa réduction à l'état de stabilité inorganique. Jouir de la maîtrise d'un objet conservé vivant, substituer l'esclavage au meurtre est en soi une forme de sublimation et on sait comment s'ensuit le processus dialectique qui fonde la civilisation. Renoncer à l'exercice du pouvoir de mort, c'est attendre un gain de plaisir narcissique supérieur à celui que procurerait l'immédiateté de la réalisation pulsionnelle. L'adversaire vivant est préférable à l'adversaire mort parce qu'il renvoie une image en miroir et peut rester objet de désir, dans la concurrence qui se porte vers l'objet

du désir de l'autre. La sublimation n'est donc pas le propre de l'opération de maîtrise intellectuelle on la trouve aussi bien dans la joute
sportive, dans la concurrence commerciale partout où l'exercice immédiat de la pulsion agressive se transforme en un duel qui donne davantage de plaisir que n'en donnerait ce qu'il vise apparemment,
c'est-à-dire l'écrasement de l'autre.

Mais l'exercice discursif n'est pas moins agressif pour se dérouler dans une sphère plus abstraite et les plaisirs qu'en attendent ses
adeptes ne sont pas affaiblis, il suffit pour s'en persuader de voir quelles quantités d'affects peuvent y être engagées et quels enjeux narcissiques s'y produisent.

Cependant la sublimation marque encore sa possibilité de métaboliser la pulsion en déplaçant dans un processus d'abstraction crois-
sant qui va de pair avec une relation qui d'objectale se réfléchit vers
une position narcissique.

Je tenterai de montrer à partir d'exemples les trois niveaux où
s'engage cette lutte à mort de la pensée : au premier niveau, destiné
à demeurer inconscient sauf dans la retombée mélancolique de l'insatisfaction de pensée, c'est contre le retour attendu de l'évidence et le
désir de la quiescence de la certitude qu'elle s'exerce. La rivalité œdipienne permet de défléchir vers l'extérieur l'agressivité qui se trouve
érotisée et entre dans une lutte bruyante et visible. Dans un troisième
temps, l'élaboration sublimatoire vient détacher la pulsion de ses objets
œdipiens primitifs et par la métabolisation rendue possible grâce à un
réfléchissement narcissique, la fixe à l'activité elle-même. Le plaisir
de la recherche est à ce prix, y compris sous sa forme paradoxale qui
faisait écrire à Lessing : « Si l'on m'offrait le choix entre la vérité toute
trouvée et le plaisir de la chercher, c'est le second parti que je
prendrais. »

La capacité de maintenir le plaisir de la recherche comme support
libidinal de la quête de savoir est une performance délicate et probablement irréalisable si ne s'y mêlaient des objectifs plus directement
figurables et donc plus aptes à occuper l'espace psychique. Le plus
courant est celui de la rivalité professionnelle où l'importance de la
mise apparente est souvent secondaire vis-à-vis de ce qui est en cause :
avoir raison des certitudes de l'autre supposé représenter celles du
père, garant de l'autorité et du savoir. Celles-ci ont pour l'enfant la
stabilité du roc de l'évidence, et ce sont elles que, devenu plus âgé,
il aura à cœur de pourfendre en oubliant ou ignorant qu'elles n'ont
d'autre origine que l'idéalisation dans laquelle il les a tenues. La lutte
acharnée que mène l'adolescent pour détruire ces certitudes n'est d'ail-

leurs rien d'autre qu'une manière négative de continuer à rendre hommage aux fantômes et surtout à continuer à les rendre présents et vivants.

A cet égard, un texte, partiellement autobiographique, de Kierkegaard montre comment l'idéalisation ici peut se poursuivre parce qu'elle s'adresse non pas à des contenus toujours révocables en doute mais à une méthode et plus encore au plaisir avec lequel celle-ci se voit exercée. Ecoutons Johannes Climacus : « A une imagination souveraine le père alliait une irrésistible dialectique. Quand, à l'occasion, il entrait en controverse avec quelqu'un, Johannes était tout oreilles et d'autant plus qu'on observait un cérémonial presque solennel. Son père laissait toujours l'adversaire s'exprimer à fond et, avant de passer lui-même à la riposte, il lui demandait par précaution s'il n'avait rien à ajouter. Johannes avait suivi l'argumentation de l'interlocuteur avec une attention soutenue, il était à sa façon intéressé au résultat. Une pause intervenait, la réplique du père suivait et voici qu'en un tournemain... tout était changé. Comment ? Cela demeurait pour Johannes un mystère, mais ce spectacle réjouissait son âme. L'adversaire reprenait la parole, Johannes redoublait d'attention pour ne rien perdre. L'autre achevait son explication ; Johannes entendait presque son cœur battre, si grande était son impatience du résultat. Le voici : en un clin d'œil tout était retourné, l'intelligible devenait incompréhensible, le certain douteux, l'opinion contraire, évidente. Quand un requin veut saisir sa proie, il doit se mettre sur le dos parce qu'il a la gueule sous le ventre ; il a le dos d'une couleur foncée et le ventre d'un blanc argenté. Il est magnifique, dit-on, d'assister à ce changement de couleur, parfois fulgurante ; même s'il fait mal aux yeux, l'on prend pourtant plaisir à cette vue. Johannes était témoin d'une transformation analogue quand il entendait son père discuter. Il oubliait les propos tenus par son père et son interlocuteur, mais il gardait ce frisson de l'âme. La vie scolaire lui fournissait des équivalents ; il voyait comment un mot pouvait changer toute une phrase, comment le subjonctif, au milieu d'une période à l'indicatif, apportait un sens tout nouveau[2]. A mesure qu'il grandissait et que son père s'entretenait davantage avec lui, Johannes accordait plus d'attention à ce

---

2. Cf. Fr. Lange, *op. cit.*, p. 221, 223 s, 278. Dans son Journal de septembre 1837, Kierkegaard avait écrit : « Etrange, lorsqu'on passe à l'étude de l'indicatif et du subjonctif : c'est ici que l'on comprend que tout dépend de la façon dont on pense, ici donc que la pensée, sous sa forme absolue, succède à une réalité apparente. » (Pap. II A 155) Cf. aussi « Coupable ? — Non coupable ? », troisième partie des *Stades sur le chemin de la vie : O.C.*, IX (SV² VI 217).

phénomène incompréhensible : son père semblait avoir la secrète intelligence de ce qu'il voulait dire et pouvait ainsi d'un mot tout brouiller. Quand donc son père, non content de réfuter, faisait lui-même un exposé, Johannes observait comment il procédait, comment il en venait progressivement à ses fins. Il devinait alors que si son père pouvait, d'un mot tout retourner, c'est qu'il avait sans doute lui-même oublié quelque chose dans la suite de sa pensée. » (*Johannes Climacus*, p. 20)

Au-delà de l'ironie magistrale du propos, on voit aussi comment l'idéalisation débouche non pas sur un désir de détruire les certitudes de l'interlocuteur mais sur le fantasme persécutif de pouvoir être la victime d'une pensée toute puissante qui devinerait le secret de celle de l'autre et aurait le pouvoir de la brouiller ou de la paralyser. Cependant l'identification au père qui jouit ainsi de sa verve dialectique se fait plus forte et l'auteur peut à son tour nous faire partager le plaisir esthétique du spectacle de cette performance réussie et nous y introduire, comme un bon romancier, avec le clin d'œil complice pour un souvenir désormais lointain.

Johannes Climacus avait-il été secrètement aussi vigoureusement critique à l'égard des certitudes adultes que l'avait été l'Homme aux loups s'emparant des dogmes religieux ?

On sait que Melanie Klein, qui ne faisait d'ailleurs que reprendre Freud en cela, s'inquiétait du poids supplémentaire que l'initiation religieuse risquait de produire chez des enfants intellectuellement inhibés. Croire que cette éducation pouvait être ainsi déterminante était aussi peu réaliste que d'imaginer, comme Rank, qu'on risquait de tarir la curiosité intellectuelle des enfants en leur donnant des informations sexuelles prématurées ou à l'inverse qu'on allait prévenir les névroses par une saine et honnête éducation en la matière. La clinique était à cet égard en avance sur ces considérations théoriques d'une pédagogie trop hâtive et il suffit pour s'en convaincre de relire les pages de l'*Homme aux Loups* concernant l'investissement critique passionné qu'il fait des dogmes religieux. Que cette critique ait aussi une forme obsessionnelle, voire qu'elle cache mal des intérêts franchement érotiques sous une forme cependant authentiquement métaphysique puisqu'elle ne concerne rien moins que le mystère de l'Incarnation n'enlève rien à l'affaire.

La mère de « L'homme aux loups » avait décidé de lui apprendre l'Histoire Sainte dans l'espoir « de le distraire et d'élever son âme » (p. 369). Cette initiation religieuse constitua pour l'enfant l'un des points clés de son développement, après la scène primitive et le rêve d'angoisse, déterminant dans l'ordre de leur apparition : la phase de perversité, la phobie et enfin la névrose obsessionnelle à thème religieux.

Freud découvre à son grand étonnement que l'initiation religieuse peut intervenir vis-à-vis du développement intellectuel de l'enfant non seulement sans l'inhiber mais au contraire comme une relance du questionnement sexuel et de l'activité rationaliste : « Et je pensai alors que justement cette critique des doctrines religieuses que je répugnais à attribuer à un enfant n'était de fait accessible qu'à une minorité d'adultes ».

Il faut cependant distinguer dans les réactions de l'enfant à l'égard de l'initiation religieuse, d'une part la critique rationaliste et la sublimation qu'elle implique, et d'autre part la relance des fantasmes pervers.

La « critique rationaliste » du texte sacré porte essentiellement sur deux points : « Qui est le père du Christ ? » et « Comment justifier l'attitude du Père à l'égard du Fils et réciproquement ? ». Ce que Freud commente ainsi : « Ainsi sa sagacité était en éveil et savait trouver avec une sévérité impitoyable les points faibles du texte sacré » et un peu plus loin : « Le petit garçon pressentait ainsi l'ambivalence des sentiments envers le père sous-jacente à toutes les religions et attaquait sa religion à cause du relâchement du rapport entre père et fils qu'elle impliquait » (p. 373).

Ce sont les éléments d'agressivité présents dans la relation entre Dieu le Père et son Fils qui éveillent la révolte de l'enfant, ce qui, sur un mode actif d'opposition, corrobore la relance du fantasme pervers homosexuel passif et masochiste.

Face au sadisme fantasmé du père dans la scène primitive, il n'avait pu que s'ancrer davantage dans la position masochiste, déjà préparée par son attitude passive lors de la première séduction par la sœur et qui avait évolué de la passivité envers la femme en passivité envers l'homme.

La reprise sublimatoire de ses fantasmes homosexuels à l'égard du père dans la représentation de l'Histoire Sainte situe différemment l'enfant dans une position de maîtrise critique. Il l'exprime dans ses différentes questions : Pourquoi Dieu tout puissant responsable du Bien et du Mal accepte-t-il que les hommes fassent le mal pour pouvoir ensuite les punir de damnation ? Pourquoi aucun miracle n'est-il venu prouver que le Christ était le Fils de Dieu ? On y voit la présence du fantasme d'un père sadique et impitoyable et le personnage du Fils martyr qui demande d'éloigner le calice loin de lui et de tendre la joue gauche pour un second soufflet, lui est occasion de révolte.

L'ambivalence homosexuelle passive à l'égard du père, soit tendre soit hostile, afin de provoquer sa punition et d'en jouir de manière masochiste, persiste dans la sublimation puisque c'est précisément le rapport sado-masochiste entre le Père et le Fils qui retient son attention.

En revanche, l'attitude de l'enfant a évolué puisqu'il ne s'agit plus de s'identifier au Fils martyr mais au contraire de se rebeller contre sa passivité. L'agressivité ne vise donc pas directement un personnage paternel mais la *situation* sado-masochiste elle-même.

Le mouvement sublimatoire est bien distinct, d'un simple déplacement « sublime » de la situation perverse, il implique un retournement du but pulsionnel qui de passif devient actif, et un changement d'objet puisque c'est la relation sado-masochiste elle-même qui est visée par la critique intellectuelle et non le père. La question « pourquoi » signe la position sublimée vis-à-vis de fantasmes qui s'incarnent dans les figures religieuses du Père et du Fils et elle offre la possibilité d'une maîtrise par la pensée. Celle-ci restait impossible tant qu'il n'était question que de s'identifier directement au « sadisme » paternel, car, ainsi que le note Freud, « il n'aurait naturellement pas été aussi facile de prendre une attitude active envers le père tout-puissant au cours de la phase sadique » (p. 341), ce qui devient possible par le biais d'une sublimation qui permet de sortir de l'identification à l'un ou l'autre personnage de la scène primitive.

Toutefois, la question de l'origine de la mise en place du processus sublimatoire demeure : pourquoi l'enfant, qui aurait pu utiliser l'information religieuse afin de renforcer son attitude perverse, va-t-il au contraire commencer à la renier ? Freud écrit : « Nous ne comprenons pas encore pourquoi il se rebellait en outre contre le caractère passif du Christ et contre les mauvais traitements infligés à celui-ci par son Père, ce qui était une façon de commencer à renier son idéal masochique préalable, persistant jusqu'en la sublimation de celui-ci » (p. 372). Le contenu représentatif est dit « sublimé » au sens où Freud utilisait cette expression dans les premiers textes, c'est-à-dire « annobli », « enjolivé », mais sans que le but pulsionnel soit modifié puisqu'il parle de « persistance de l'idéal masochique jusqu'en la sublimation de celui-ci ». Le but pulsionnel ne connaît qu'un « commencement » de renoncement. En fait, la sublimation rationaliste est possible parce qu'elle rejoint une phase préalable à la position sado-masochiste, celle de l'identification positive au père. Elle permet le dépassement de l'attitude perverse, grâce à l'appui qu'elle trouve dans cette première attitude active d'identification : « Mais le dieu que la

religion lui imposait n'était pas un vrai substitut du père qu'il avait
aimé et qu'il ne voulait pas se laisser ravir. L'amour pour son père
lui insuffla son sens critique aiguisé. Il résistait à Dieu [sous-entendu
à la sublimation du père hostile en Dieu] afin de pouvoir se cramponner à son père, il défendait par là, en réalité, le père ancien contre le
nouveau » (p. 373). On aurait ici non pas la marque d'une régression
à la phase préœdipienne, mais la résurgence d'un acquis passé. Là
encore se retrouve l'idée que la sublimation est un processus qui
s'amorce dès l'origine c'est-à-dire en fonction des premières positions
identificatoires du sujet. Le déplacement des conflits dans la sphère
de l'Histoire Sainte permet en outre à l'enfant de manifester des doutes
et d'effectuer un travail de séparation vis-à-vis de son lien ambivalent
et érotisé avec son père. Ainsi le déplacement de la question « d'où
viennent les enfants ? » sur l'interrogation à propos de la filiation
divine (Dieu le Père ou Joseph) jette le doute dans la théorie sexuelle
complaisamment fournie par Nania selon laquelle les filles naissent des
mères et les fils des pères. L'enfant qui ne savait plus quoi penser en
vient néanmoins à soupçonner que si l'on peut discuter là-dessus le
moins du monde, c'est que le rapport entre père et fils n'est pas aussi
intime qu'il se l'était toujours représenté. La sublimation porte donc
sur un matériel pulsionnel issu de sources diverses, mais là où le processus se bloquait dans l'ambivalence ou la provocation sado-
masochiste, elle permet d'introduire un travail pour le bénéfice du Moi
et de son emprise. Les deux fantasmes, celui du père cruel et celui
du père tendre qui engendre le fils, se retrouvent dans la critique rationaliste qui oppose le faux au vrai, le spécieux à l'authentique, etc.

L'activité rationnelle, plus qu'une lutte contre les idées du père
qui ne serait qu'un déplacement intellectualisé de la relation précédente, est d'abord animée par la quête nostalgique du père d'avant
l'Œdipe. « Mais, écrit Freud, à ces critiques rationalistes, s'adjoignent
bientôt des ruminations et des doutes, trahissant à nos yeux que des
émois secrets étaient aussi à l'œuvre » (p. 371).

Ce deuxième aspect constitue précisément l'échec sublimatoire
sous la forme de la rumination obsessionnelle. Il y a une sexualisation
de la pensée au sens où l'interrogation théorique devient un faux semblant auquel il ne peut être apporté de réponse et qui est donc destiné à se relancer à l'infini, dans le plaisir procuré par son énonciation
même. Le contenu sexuel de la pensée est d'ailleurs manifeste : « Le
Christ avait-il aussi eu un derrière ? », « le Christ avait-il aussi chié ? »,
interrogations sacrilèges où se retrouve l'écho de la découverte de la
sexualité parentale. Dans ce cas, la sexualisation de la pensée ne

consiste pas, comme Freud l'écrivait dans le *Léonard,* à colorer de l'angoisse ou du plaisir propres à la sexualité l'opération intellectuelle qui porterait sur un contenu non sexuel, mais au contraire, en conservant le contenu sexuel de l'interrogation, de la réduire à une pure parodie de sublimation qui vise en fait à prolonger le jeu fantasmatique. Comme l'écrit Freud : « Dans cette question ''le Christ peut-il avoir eu un derrière ?'' transparaissait l'attitude homosexuelle refoulée, car une pareille rumination ne pouvait rien signifier d'autre que cette seconde question : « mon père peut-il se servir de moi comme d'une femme ? Comme de ma mère dans la scène primitive ? » (p. 372).

Le déplacement sur le terrain religieux d'un conflit névrotique n'en constitue pas la sublimation et Freud nous montre que c'est bien d'après la modification du but que se juge celle-ci et non en fonction du contenu représentatif, ainsi qu'il l'avait déjà écrit à propos des actes religieux compulsionnels. La haine à l'égard du Père-Dieu cruel n'est donc pas sublimée entièrement en critique rationaliste mais s'exprime par la contrainte blasphématoire à penser « Dieu-merde » « Dieu-cochon » et, en contre-partie, par la crainte névrotique de Dieu laquelle engendre le cérémonial obsessionnel d'apaisement. « Naturellement » écrit Freud, « son opposition cessa bientôt d'être un doute de la vérité de la doctrine et se retourna en échange contre la personne de Dieu. Le petit garçon commença à craindre Dieu ». De même l'identification « sublimée » au Christ ne tarde pas à dévoiler à son tour ses implications homosexuelles, présentes dans les questions précédemment évoquées.

La coalescence entre la critique « théologique » et l'utilisation régressive des représentations théologiques tourne à l'avantage de cette dernière et s'il reconnaît quelque utilité momentanée à cette éducation religieuse, il note cependant l'échec final et la retombée dans l'inhibition :

« L'activité intellectuelle demeura à partir de ce premier échec gravement entravée. Aucune ardeur à apprendre ne se manifesta chez le jeune garçon, rien ne se montra plus de cette acuité intellectuelle grâce à laquelle il avait, à l'âge tendre de cinq ans, disséqué et critiqué les doctrines religieuses. »

L'Histoire Sainte a en fait constitué pour l'enfant davantage un moyen d'expression de ses conflits pulsionnels qu'une sublimation. On avait affaire, non pas à un processus sublimatoire conduisant le destin des pulsions dans une voie originale mais à un combat entre des « sublimations » plurielles attestant ainsi leur lien avec les contenus sexuels dont elles sont issues mais encore mal séparées.

Ces diverses « sublimations » déplacent la lutte dans les hauteurs et celle-ci sous une forme abstraite et intellectualisée, demeure plus vive que jamais, malgré ce que la conclusion optimiste de Freud donne à entendre :

« Ces phénomènes pathologiques mis à part [les symptômes obsessionnels] nous pouvons dire que la religion a réalisé dans ce cas tout ce pour quoi elle a place dans l'éducation de l'individu. Elle a dompté les tendances sexuelles de l'enfant en leur assurant une sublimation et un point d'attache sûr. Elle a dévalorisé ses relations familiales et par là, l'a protégé contre un isolement menaçant, en lui donnant accès à la grande communauté des hommes. L'enfant indompté et soucieux devient sociable, éducable » (p. 414).

Freud est resté longuement réticent à théoriser de manière explicite le rôle de l'agressivité sublimée dans l'activité intellectuelle en général, lorsqu'elle ne prend pas l'allure névrotique de la rumination obsessionnelle. Ce n'est qu'en 1937, dans une lettre à Marie Bonaparte, que l'on trouvera ce bref aperçu : « On peut considérer la pulsion d'exploration comme une sublimation complète de la pulsion agressive ou destructrice. Dans l'ensemble, dans la vie intellectuelle, la pulsion agressive prend une grande importance comme moteur de toute discrimination, de tout refus et de toute condamnation. » Cependant la dérivation sublimatoire qui assure le passage de la destructivité à la curiosité exploratrice et à l'attitude du conquistador n'est conditionnée ni par une désexualisation ni même nécessairement par une valorisation sociale de l'acte, mais bien plutôt par la capacité de la pulsion agressive de laisser subsister son objet et de ne chercher à en détruire que le caractère énigmatique. Visée qui est celle d'Eros où l'agressivité se trouve liée au même titre que dans la « conquête » sexuelle de l'objet. L'action pour s'être déplacée et métaphorisée en destruction de l'énigme, opération qui nécessite un démontage, une mise à plat, voire une « vivisection » de l'objet, n'a pas perdu son caractère agressif, ainsi que j'essaierai de le montrer en prenant comme appui et illustration le cheminement intellectuel de ce contemporain et compatriote de Freud que fut Robert Musil, tel qu'il se livre à travers son œuvre littéraire et surtout son *Journal*.

Nul mieux que Musil n'a fait sentir la vacuité de l'appellation d'intellectuel si l'on veut entendre par là que l'exercice de la pensée discursive peut désigner comme tel un individu aux yeux du *socius*. Contrairement au médecin, au militaire ou au diplomate qui ont l'air de leur « qualité », un mathématicien par exemple n'a l'air de rien du tout, c'est-à-dire, écrit Musil, qu'il a l'air « si généralement intelligent » que cela n'a plus aucun sens précis. (*L'homme sans qualités*, I, p. 75.)

Parce qu'il serait susceptible de s'appliquer comme méthode à
toute espèce de données ou de faits, l'exercice discursif en tant que
tel, dont les mathématiques constituent ici le modèle, ne pourrait
conférer à son auteur aucune *Eigenschaft*, aucune particularité qui lui
soit propre et le distinguerait des autres. Nous verrons que ce fantasme
d'une infinie disponibilité et d'une ouverture qui exigerait que l'on
reste toujours en deçà du constitué, donne une précieuse approche de
ce que peut être l'enjeu identificatoire inhérent à cet investissement
privilégié. Mais l'apparence lisse recouvre une violence dont Musil lui-
même constitue une sorte de paradigme mais surtout offre, ce qui est
exceptionnel, une description inégalée.

« Je viens de me trouver un fort beau nom : monsieur le vivisecteur. Sans doute y a-t-il toujours quelque pose à s'inventer un nom
aussi sonore ; il arrive pourtant qu'on en ait besoin, dans les moments
de profonde atonie, de malaise par surmenage : on s'y raccroche, on
résume en ce seul mot les principaux stimulants qui vous rendaient
d'ordinaire l'énergie, le plaisir et l'élan. Nulle honte à cela. » (*Journal*, I, p. 24.)

La vivisection offre, dit-on, sur l'autopsie des cadavres l'avantage
non négligeable de permettre de saisir les mystères du fonctionnement
de la vie lorsque celle-ci palpite encore. Or, même si elle se donne pour
tournée vers l'avenir, la problématique musilienne est en fait toujours
liée à l'instant parce que toute durée y est menace d'anéantissement.
Le « sens de la vie » lorsqu'il cherche à se systématiser en « théorie
de la vie » ressemble, dit-il, à « ce qui reste de la délicate architecture
d'une méduse après qu'on l'a tirée de l'eau et déposée sur le sable ».

Cet intellectuel qui pense « sous cent mètres de glace » fustige pour
trop bien connaître l'érudition cette « forme intelligente de la mort de
l'âme », car celui qui s'y adonne cesse d'être ouvert et réceptif en per-
dant la relation immédiate avec les choses comme avec les pensées.
« Seules, écrit-il, les pensées qui croissent dans les profondeurs de
notre être, couvées par une silencieuse réflexion quotidienne, portent
l'accent de la réalité [...] elles enivrent comme des pensées d'amour... »
(*Journal*, I, p. 205.)

Mais là où l'activité belliqueuse de la vivisection discursive s'exerce
le plus volontiers chez Musil, c'est sur les idéaux, et la désidéalisation s'applique d'abord et peut-être exclusivement sur ce qui a séduit
le sujet lui-même. Pas de doute ou d'ironie qui laisseraient intactes
les certitudes de l'auteur qui devance ici les risques de sa propre désillusion.

Le plus bas degré du plaisir de penser est certainement ce travail de critique, ce que Musil appelle « l'interprétation à la baisse », puissamment motivée par la crainte de s'en laisser conter, positivisme de commerçant rusé et violent qui ignore le sentimentalisme.

Plaisir de faire un croc-en-jambe aux idéaux, qu'il rapproche de la maligne tentation qui vient à l'esprit devant un beau grand vase de cristal qu'un seul coup de canne briserait en mille morceaux. Mais si ce plaisir constitue une transposition, selon Musil, de l'impassibilité et de l'agressivité de l'homme d'affaires à l'égard de ses concurrents, il reste que cette comparaison manque le principal, c'est-à-dire l'autodestruction qu'un tel plaisir implique lorsqu'il s'exerce dans la sphère de l'intellect. Comme il le dit ailleurs, la destruction de la pensée de l'autre, la réduction de ses arguments ou le démontage de sa logique ne s'opèrent jamais si efficacement et si passionnément que lorsqu'on a commencé par y croire. Il n'y a pas pour Musil de filiation intellectuelle qui ne soit aussi une renégation, et la vérité ne s'engendre que dans une destruction qui est simultanément celle de l'autre et celle de la part de soi-même qui avait pu partager la pensée de l'autre. Qu'auraient pu faire les plotiniens des platoniciens, demande Ulrich, sinon ce que toute vérité fait de l'erreur : les rejeter impitoyablement. « Dieu a prudemment agi en s'arrangeant pour qu'un éléphant donne toujours un éléphant et un chat un chat : d'un philosophe il naît un perroquet et un contre-philosophe » (*L'homme sans qualités*, II, p. 491).

Le goût de la désillusion ne se présente que secondairement comme l'expression d'une force, il n'est autre d'abord que celle de la méfiance comme le « grimpeur qui sait que le pied le plus sûr est aussi toujours le plus bas placé » (*L'Homme sans qualités*, I, p. 364) ou celle plus banale de l'envie qui, comme le note fort justement Musil, ne va jamais sans quelque masochisme : « Le fait est que la deuxième pensée, quand ce n'est pas la première, de tout homme qui se trouve confronté à quelque phénomène imposant fût-ce simplement à sa beauté est inévitablement celle-ci : "Tu ne vas pas me la faire, je finirai bien par t'avoir !" Et cette rage de tout abaisser, caractéristique d'une époque qui n'est pas seulement persécutée mais persécutrice, ne peut être plus simplement confondue avec la distinction naturelle que la vie établit entre le sublime et le grossier ; mais c'est bien plutôt dans notre esprit, un trait de *masochisme*, l'inexprimable joie de voir le bien humilié et même détruit avec une si merveilleuse aisance. On croirait à un désir passionné de se démentir » (*ibid.*, p. 366).

La destruction des certitudes parentales porte d'abord sur celles du Je lui-même et le reniement de l'objet admiré s'accompagne inévitablement d'un renoncement au plaisir que l'objet a pu offrir, comme si le sujet faisait volontiers d'avance le sacrifice d'un tel plaisir de crainte de s'en voir privé.

L'envie, au sens kleinien du terme, apparaît bien comme l'un des mobiles de l'exercice du doute et de la critique des idéaux. Que cette critique s'exerce de manière bénéfique sur ce qu'elle dénonce comme vacuité et illusion ne doit pas faire oublier qu'au départ une telle critique joue indifféremment contre toute idée pour peu qu'elle attire ou séduise. Le sérieux qu'on se plaît à reconnaître à l'esprit critique ne vient que secondairement masquer un processus beaucoup plus primitif. Comme l'écrit ailleurs Musil, le goût équivoque de l'homme pour la vérité ne va pas sans quelque misanthropie et satanisme. Si la voix de la vérité est toujours accompagnée de ces parasites assez suspects, néanmoins ceux qui y sont le plus intéressés n'en veulent rien savoir. La critique des idéaux apparaît doublement bénéfique au sujet qui y exerce la destructivité sadique à l'égard de l'objet, laquelle l'assure en retour de sa propre puissance, et de sa capacité de se garantir contre les risques de l'enthousiasme. Ce n'est pas l'amour des mathématiques sur lequel Musil s'exprime avec un certain lyrisme qui est le plus propre à illustrer ce type de contrainte, car s'il est décrit comme un entraînement difficile parce que la pensée scientifique apparaît trop sèche, trop étroite et sans échappée, néanmoins il apporte un plaisir de l'effort et l'attente d'un progrès personnel. En revanche les sciences humaines par leurs explications réductrices pour l'idéalisme lui semblent devoir une bonne part de leur pouvoir à cette singulière prédilection pour la désillusion, le goût de la contrainte, de l'inexorable et des sèches remontrances. Il ne faut d'ailleurs voir dans ces remarques de Musil aucune espèce de condamnation de ces disciplines ni de mise en doute de leur scientificité, mais plutôt une tentative pour analyser ce qui les rend si fascinantes et le type de plaisir particulier qu'il peut y avoir à penser, par exemple, ce qui semble le plus dépendant du libre-arbitre, comme la procréation ou le suicide, en fonction d'une courbe statistique.

Comme le doute, la contrainte méthodique peut séduire par la violence qu'elle implique : des expressions comme « tenir », « forcer », « serrer la vis », « ne pas avoir peur de casser les vitres », « la manière forte » ont un agréable parfum de sérieux (*L'homme sans qualités*, I, p. 366).

Selon Freud, sauf dans le cas spécifique du négativisme psychotique, la pulsion de destruction n'entre que pour partie dans l'activité du jugement et sous-tend l'une de ses deux alternatives : celle du rejet.

Elle disparaît en revanche dans ce renoncement à l'esprit critique à l'égard de l'objet qui est le propre de l'amoureux ou de celui qui aliène sa pensée à celle d'un autre.

Mais la démarche habituelle de l'activité critique ne peut être conçue comme un équilibre entre l'affirmation et la négation au sens où elles auraient un poids égal. En fait, même l'acceptation d'une idée se fait sur un fond de lutte, elle-même érotisée, ce qui signe la présence de l'intrication pulsionnelle contrairement à ce qui se passe dans le négativisme, et qui fonde les délicates jouissances du dialogue, voire de la dialectique. Parlant de son rapport affectif aux idées, Ulrich constate : « En fait je devrais dire que je n'ai jamais pu vivre sous l'empire d'une idée constante. Il ne s'en trouvait pas. On devrait aimer une idée comme une femme. Etre ravi de bonheur quand on retourne à elle. On la garde toujours en soi ! On la cherche toujours hors de soi ! Je n'ai jamais trouvé de telles idées. J'ai toujours eu un rapport d'homme à homme avec les prétendues grandes idées, peut-être même avec les vraies.

« Je ne me croyais pas né pour la subordination, *elles me donnaient envie de les renverser, de les remplacer par d'autres.* Peut-être est-ce justement cette jalousie qui m'a conduit à la science dont on cherche les lois en commun sans jamais les tenir pour incontestables. » (*L'homme sans qualités*, II, p. 266.)

Ces idées qui éveillent la joie de la lutte discursive tiennent la place de ces points de certitude indispensables à la quête identificatoire et d'autant plus résistants au doute qu'ils étaient donnés comme inanalysables et indiscutables.

En s'efforçant de les combattre, comme Freud devant le « On ne fera rien de ce garçon ! » de son père, il reste que ces formules semblent tenir leur force de la hauteur inexpugnable d'où elles sont prononcées et qui leur assure une valeur de point fixe à partir duquel le Je peut se construire.

Ulrich nous est dit haïr, selon le mot de Nietzsche, « les hommes incapables de souffrir la faim de l'âme par amour de la vérité, ceux qui ne vont pas jusqu'au bout, les timides, les douillets qui consolent leur âme avec des radotages sur l'âme et la nourrissent sous prétexte que l'intelligence lui donne des pierres au lieu de pain de sentiments religieux, philosophiques ou fictifs qui ressemblent à des petits pains trempés dans du lait » (*L'homme sans qualités*, I, p. 53). Chez Musil, la haine du dogme et l'amour de ce qui demeure encore irrévélé vont se perpétuer en tant que tels, et la certitude se situe bien plus dans la visée d'un combat que dans l'espoir d'une acquisition, ce qui donne son sens au « possibilisme » musilien.

L'IRONIE

L'ironie est toujours *bifrons* car en se portant sur les certitudes, décrétées naïves, de l'autre elle s'exerce simultanément, sinon sur celles du sujet lui-même du moins sur celles qu'il regrette de ne plus avoir. Elle a partie liée avec l'envie et c'est d'elle qu'elle tire sa verve destructrice, mais elle sait ne pas se laisser aller à la fascination qu'exerce l'objet et réussit le tour de force de lui faire accroire que si elle l'attaque c'est pour son plus grand bien.

Alcibiade à cet égard a bien raison d'affirmer simultanément sa haine et sa reconnaissance pour Socrate mais peut-être n'y a-t-il d'autre reconnaissance à avoir vis-à-vis de l'ironiste que celle qu'on peut avoir à l'égard de toute espèce d'épreuve qui amène à progresser, car la bienveillance pédagogique de ce dernier, qui n'a pas toujours le talent de Socrate, est pour le moins douteuse. La réponse la plus directe consisterait à opposer à l'ironiste un légitime questionnement sur les certitudes qui l'amènent à tant de virulence mais celui-ci a en général prévu l'attaque et c'est d'abord contre celles-ci qu'il exerce ses talents en affirmant qu'on ne saurait l'attraper par là puisqu'il n'en a pas et qu'il n'est certain que d'une chose, c'est ce qu'il ne sait pas.

L'analyse de la notion de parodie proposée par Genette offre quelque éclaircissement sur la technique de l'ironie.

La parodie serait un contre-chant (para-ôdé) dont il faudrait chercher l'origine dans la pratique des aides déclamant les vers d'Homère. Elle aurait été le fait d'amuseurs qui, entre les récitations des rhapsodes, se présentaient afin de « retourner en vue du déclassement tout ce qu'on venait d'entendre ». Aussi les appelle-t-on les *parodistes* puisque, à côté du sujet sérieux proposé, ils en introduisaient subrepticement d'autres comiques »[3]...

On serait tenté de ne voir dans ces considérations rien de plus que ce que Freud appelle « l'esprit de buvette » et la manière la plus commune de tempérer l'excès d'émotion ou de sérieux par la détente de l'effet comique. Mais ce qui fait de la parodie un genre à part c'est le fait qu'elle consiste, comme le note Genette, à conserver la récitation épique ou la représentation dramatique en son texte même en *le retournant* comme un gant.

La parodie n'est pas une simple moquerie, elle est le dévoilement

---

3. Scaliger, cité par G. Genette, in *Palimpsestes*, p. 21.

de la présence du Même dans l'Autre et c'est par cette nihilisation des différences qu'elle produit ses effets.

En cela elle se révèle être le jeu œdipien par excellence qui pervertit l'identification supposée nécessaire à l'édification surmoïque en s'identifiant non pas au texte manifeste mais à un contenu latent qu'il serait supposé abriter et dissimuler. Si l'ironie se révèle le plus souvent efficace, c'est parce qu'à souligner la présence de l'infantile dans l'adulte et du pulsionnel dans les idéalisations diverses, elle est forcément toujours gagnante. Mais pour continuer à gagner il lui faut idéaliser de plus en plus le pouvoir de l'adversaire. Réduire celui-ci à néant c'est aussi annihiler les idéaux dont il est dépositaire et se condamner du même coup au vide du Réel. Face au risque mélancolique, reste alors à reconstruire d'autres idéaux, mais l'ironie se voit dès lors reléguée hors jeu.

On est souvent tenté de distinguer diverses formes au niveau de l'ironie : elle serait heuristique et féconde chez Socrate, pernicieuse et stérile chez les Cyniques. En fait c'est pourtant bien de la même qu'il s'agit, mais là où elle est un moyen en vue d'une fin, elle devient ailleurs une fin en soi. L'histoire de la philosophie ne considère pas seulement la mort de Socrate comme le signe de la défaite de la raison face à la violence mais comme un dénouement naturel, comme si la torpille, ayant produit son effet, pouvait désormais laisser place nette et s'effacer pour qu'autre chose puisse apparaître. La libido destructrice qui sous-tend l'opération de déstabilisation par l'ironie se voit retourner contre l'envoyeur par des moyens certes moins subtils. Pourtant rien ne semble plus éloigné de la violence que l'ironie qui semble se modeler à ce qu'elle veut détruire et ne s'énonce que de manière suffisamment feutrée et indirecte pour que l'adversaire ne s'aperçoive que dans un second temps qu'on l'entraîne dans un mauvais pas. A la limite l'ironiste ne devrait même pas parler mais se contenter d'amener l'autre à parler et surtout à *entendre* ce qu'il dit, et ainsi de permettre au latent de se dévoiler, ce qui ne saurait se produire sinon entre les lignes du texte manifeste. L'ironiste utilise pour cela le moyen du mimétisme et de l'hyperbole vis-à-vis du propos de son interlocuteur. Vladimir Jankelevitch cite à cet égard l'ironie de Montesquieu contre la bonne conscience raciste et esclavagiste de son époque : « ceux dont il s'agit sont noirs des pieds jusqu'à la tête et ils ont le nez si écrasé qu'il est presque impossible de les plaindre. On ne peut pas se mettre dans l'esprit que Dieu, qui est un être très sage, ait mis une âme, surtout une âme bonne, dans un corps tout noir »[4].

4. Montesquieu, *De l'esprit des lois*, XV, 5.

Cependant, faire jaillir l'absurdité logique ou le scandale éthique n'a d'efficacité que pour autant que l'on reconnaisse comme des valeurs la logique et l'éthique dont il est question. L'ironiste sécrète presque automatiquement un cynique qui acceptera de le suivre jusqu'au bout de ses arguments, c'est-à-dire en l'occurrence lui montrera qu'il a bien raison de penser que derrière la loi se trouve une violence nue et qu'il est tout prêt à lui en administrer personnellement la preuve.

Aussi l'ironie se contente-t-elle le plus souvent d'être un accompagnement discret, une violence *de pensée* qui ne saurait menacer la violence du pouvoir et peut tout au plus la gêner dans l'expression de ses rationalisations et la forcer à dire son nom, à dévoiler sa présence.

Je tenterai de montrer dans des domaines volontairement choisis pour leur apparente absence de relation comment l'ironie révèle la témérité de la pensée lorsqu'elle s'affronte à une situation où elle sait d'emblée qu'elle n'aura pas raison de l'adversaire.

L'ironie témoigne dans ce cas de l'impossibilité de renoncer à penser et à exprimer sa pensée ce qui, à long terme, va de pair car on ne peut indéfiniment garder ses idées secrètes sans admettre implicitement leur faiblesse. L'ironie montre à sa manière une confiance dans la force de l'idée ou plutôt le lien entre cette confiance et la manière dont le sujet constitue et investit son identité. Contrairement à l'humour ou au comique du trait d'esprit, l'ironie ne fait pas rire même si, par identification à l'agresseur qui est toujours le plus faible[5] on peut en éprouver une satisfaction certaine. Elle s'appuie sur une certitude mais elle a partie liée avec le doute à double égard : d'une part parce que cette certitude est acquise, souvent douloureusement au prix de doutes antérieurs et d'autre part parce qu'elle vise à son tour à produire un doute similaire dans les certitudes adverses qui sont les mêmes que celles dont le sujet a dû se défaire.

La vengeance se double ici de la nécessité de détruire l'ancienne croyance parce qu'elle risquerait de faire retour.

Le prosélytisme et la veine pédagogique dont font soudain preuve à l'égard des plus jeunes les enfants qui ont dû renoncer à croire au père Noël ou à la naissance des enfants dans les légumes, procède de la même nécessité de s'affirmer dans l'incroyance en la communiquant aux autres.

L'observation du petit Hans donne à entendre, dans une séquence particulièrement nette, la manière dont s'engendrent et se succèdent le doute, le scepticisme et l'ironie.

---

5. L'ironie du côté du plus fort s'appelle alors du cynisme.

Ces trois termes s'inscrivent dans la dynamique suivante : le doute se forme au point de contact entre les évidences premières subjectives et les données d'une représentation nouvellement acquise et se porte à la fois sur les unes et les autres. Le scepticisme vise le dire parental (ou autre) qui propose une explication en désaccord manifeste avec les ébauches de relation causale établies par l'enfant. Quant à l'ironie, elle n'intervient qu'après coup, lorsque celui-ci s'est forgé une théorie qui lui permet de rejeter comme fausses les autres explications. Elle a la valeur d'une vengeance, ainsi que le souligne Freud : « Si tu m'as jugé assez bête pour croire que la cigogne ait porté Anna, alors je peux en échange te demander de prendre mes inventions pour de la vérité » (1909 b, p. 185).

La question que pose Hans à sa mère (« Maman, as-tu aussi un fait-pipi ? ») lorsqu'il est âgé d'un peu moins de trois ans témoigne d'un doute au sens d'une incertitude. L'enfant hésite à croire le témoignage de ses sens puisqu'il vient contredire « l'évidence » selon laquelle tous les êtres animés sont pourvus d'un pénis. Il ne s'agit plus ici de la différence des genres qu'il admet sans y attacher d'importance particulière, mais de l'absence du « fait-pipi », fait qu'il a eu loisir de constater en voyant sa mère se déshabiller. On peut donc supposer que sa question est une demande de confirmation autant que d'information. D'où la perplexité dans laquelle le laisse la réponse de la mère (« Bien entendu, pourquoi ? ») et à laquelle il n'oppose pas son observation mais l'ébauche d'un fantasme : « J'ai seulement pensé. » Sa réponse à la menace de castration énoncée par la mère montre accessoirement que son observation de la manière de la mère d'uriner sans « fait-pipi » mais avec un « tutu », c'est-à-dire en position assise peut être utilisée fort astucieusement comme un retour à l'envoyeuse de la négation de la castration. Lorsque le père, sommé de dire à son tour s'il possède ou non un pénis, fait la même réponse que la mère, Hans déplace sur ce dernier ce qu'il n'a pas dit à sa mère : « Mais je ne l'ai jamais vu quand tu te déshabilles ».

Il revient d'ailleurs à la charge en observant ostensiblement la mère quand elle se déshabille et lorsqu'elle lui demande ce qu'il regarde ainsi, il lui répond : « Je regarde seulement si tu as un fait-pipi. » Toutefois l'observation ne suffit pas à l'entraîner vers la certitude et, la mère ayant réaffirmé l'inverse de ce qu'il constate *de visu*, il glisse vers un compromis. Peut-être en a-t-elle un après tout, mais il n'est certainement pas très visible. D'où sa réponse : « Je pensais que puisque tu étais si grande, tu devais avoir un fait-pipi comme un cheval », et l'on sait, en outre, quel rôle cet animal était pour Hans supposé tenir dans la procréation.

Le doute de Hans profite à son angoisse de savoir car il lui permet de substituer l'opposition grand-petit à celle de la présence-absence, comme il avait remplacé l'alternative vie/non-vie par celle de dehors/dedans. Il retrouve cette solution de compromis lorsqu'il voit sa sœur nue, mais on note qu'il l'abandonne progressivement. A trois ans et demi, il constate que le fait-pipi, qu'elle n'a pas, est encore petit, mais ajoute qu'il deviendra plus grand quand elle grandira. Trois mois plus tard, il constate sur un ton de pitié « Elle a un tout petit, tout petit fait-pipi » et répète cette formule devant une poupée qu'il s'empresse de déshabiller. A quatre ans et demi en revanche, le ton a changé et du doute Hans est passé à l'ironie. On lui demande pourquoi il rit, un jour où il assiste au bain de sa petite sœur, et il répond « Je ris du fait-pipi d'Anna ». « Pourquoi ? », demande le père. « Parce que son fait-pipi est si beau », conclut ironiquement l'enfant. Freud commente cet échange en y voyant la marque d'une « altération précoce de l'intellect » des enfants qui les contraindrait à ne pas constater (sur le plan intellectuel) ce que pourtant ils voient vraiment (sur le plan de la représentation visuelle). Outre le fait que sa mère l'a confirmé dans cette dichotomie, Hans conserve sa croyance dans le pénis féminin parce que son organisation mentale enfantine passe par elle, étant donné que le pénis distingue l'animé de l'inanimé, certitude un instant ébranlée par le fait que la locomotive lâche de l'eau sans avoir de fait-pipi visible. Cette remarque de Freud vient donner un contenu plus précis à la notion de différence des genres : le masculin et le féminin s'unissent pour former le genre animé par opposition à l'inanimé et le pénis devient une propriété du vivant, ce qui laisse à penser quelles conséquences sur le plan narcissique et identificatoire la menace de castration peut alors comporter.

Toutefois le fantasme de castration ne remet pas en cause cette classification puisque l'absence de pénis ne peut apparaître à l'enfant que comme une perte mutilante et non comme une donnée constitutionnelle. Hans combine deux « explications » à ce sujet : d'une part le pénis était là avant et d'autre part on pourrait le voir bien qu'il ne soit pas visible, contradiction qui reprend celle du discours maternel. Ainsi, lorsque son père lui demande pourquoi il a déchiré l'entre-jambe de sa poupée avec un canif en le faisant habilement ressortir après l'avoir glissé à l'intérieur, Hans répond : « Son fait-pipi était là avant. J'aurais pu le voir de toutes façons. » (1909 b, p. 152)

De même le fantasme des girafes, première représentation de la différence des sexes et scène triangulaire (la grande girafe, la girafe chiffonnée, Hans) permet une astucieuse esquive de la castration.

Chiffonner un papier (ou une girafe) c'est lui enlever sa forme sans perte de substance car, si on le lisse et l'étire à nouveau, l'objet peut reprendre ses dimensions initiales.

En ce sens la réponse de Hans à son père est pleine d'un humour involontaire : « Le Père : "Le professeur ne comprendra pas comment tu peux croire qu'on peut chiffonner une girafe." Hans : "Ecrivons-lui tout de suite que je ne sais pas moi-même". » Propos que l'on peut entendre comme le fait que Hans ne sait pas comment il peut se faire que le pénis adopte un aspect aussi étrange que celui du sexe féminin et qu'il serait assez d'accord pour que le Professeur, qui sait tout, lui communique quelque lumière à ce sujet.

Le doute, c'est-à-dire le vacillement de l'évidence et l'émergence d'une interrogation n'est pas séparable du second aspect que nous avons évoqué, c'est-à-dire le scepticisme.

Contrairement au doute qui est subi, le scepticisme se porte activement contre les dires parentaux et implique la différenciation entre le vrai et le faux. L'enfant, appliquant sans le savoir la maxime cartésienne selon laquelle il est prudent de ne pas se fier à qui vous a une fois trompé, va mettre en doute aussi leurs explications « exactes », précisément parce qu'il avait fait confiance aux autres qui ne l'étaient pas. Toutefois le scepticisme de Hans n'implique pas qu'il oppose à son informateur une certitude dont il serait secrètement détenteur. A plusieurs reprises, on a le sentiment qu'il s'efforce d'entraîner son père dans une mystification et lorsque ce dernier cherche à lui démontrer l'inanité de la fable de la cigogne, Hans lui oppose un refus partiel, au nom de sa théorie qu'il n'exprime jamais directement. Or celle-ci n'est pas déduite d'éléments d'observation, elle constitue une nouvelle croyance forgée par l'enfant sous la dépendance de ses fantasmes érotiques. Hans est donc en un sens à l'opposé du sceptique qui, faute de pouvoir atteindre une certitude, retient indéfiniment son jugement. Il procède au contraire sur le mode additif en tentant de faire tenir ensemble plusieurs éléments venus de diverses sources. Comme l'écrit Freud, qui prête cependant aux enfants une plus grande propension à aimer la vérité que n'en auraient les adultes, « l'incertitude des dires des enfants est due à la prédominance de l'imagination de ceux-ci, tout comme l'incertitude des dires des adultes est due à la prédominance des préjugés de ces derniers (1909 b, p. 166). Dans les deux cas, la soumission à la réalité, qui prend la forme de la rigueur d'un raisonnement, s'oppose à la croyance qui exprime un désir et s'en tient là. Mais l'« imagination » agit ici comme un facteur d'ouverture et elle répond au doute par une prolifération d'images. Peut-être d'ailleurs le doute n'a-t-il été possible que parce que sous la pression de l'« imagination » l'observation pouvait être investie. On est loin du dogmatisme adulte qui affirme là où il ne sait pas et surtout ne veut pas savoir, car l'imagination ne semble pas s'arrêter à une théorie, même si certaines relations causales peuvent à un moment jouer un rôle privilégié, ce qui est le cas de la « voiture du cheval »[6]. Le scepticisme de Hans à l'égard des dires paternels doit s'entendre comme une protection à l'égard de ses propres hypothèses concernant la naissance, événement lié à des représentations où figure une voiture lourdement chargée tirée par un cheval. Nous citons ici un extrait d'un dialogue qui montre que Hans campe en fait solidement sur ses positions théoriques même si il les ressent comme incertaines ou incomplètes :

« *Le Père :* Peux-tu te rappeler comment la vache a eu son petit veau ? *Hans :* Oui, il est arrivé en voiture. Et une autre vache l'a poussé hors de son derrière. *Le Père :* Pourquoi n'as-tu pas pensé que la cigogne l'avait apporté ? *Hans :* Je n'ai pas voulu penser cela. *Le Père :* Mais tu as pensé que la cigogne avait apporté Anna ? *Hans :* Le matin (de l'accouchement) je l'ai pensé. » (1909 b, p. 156)

Freud distingue trois aspects dans les réponses de Hans : *1/* les cas où, sous la pression d'une résistance, il falsifie les faits ou les dissimule ; *2/* les cas où, étant lui-même indécis, il dit comme son père (cas que Freud propose de ne pas prendre en compte) ; *3/* les cas où, libre de toute contrainte, il laisse spontanément jaillir ce qui constitue sa vérité intime.

Le scepticisme de Hans s'appuie non seulement sur son expérience d'avoir été trompé mais aussi sur cette « vérité intime » ou, comme Freud le dit ailleurs, sur ces « noyaux de pure vérité » que recèlent les théories sexuelles infantiles.

L'ironie de Hans transparaît à tout instant dans les propos qu'il tient à son père lorsque celui-ci le presse de questions. On pourrait s'étonner qu'un enfant si jeune soit capable d'une opération intellectuelle aussi complexe qui suppose, pour mystifier l'interlocuteur, de lui renvoyer un discours manifestement ridicule dans lequel celui-ci ne peut cependant éviter de se reconnaître. Toutefois, si on compare

---

6. Cf. à ce sujet, la fonction du mot de passe de Hans dans la théorie sexuelle qu'il partage, selon Jean Laplanche, avec ses camarades de jeu. (*Wegen* ou *Wägen dem Pferd*, « phrase quasi magique, écrit-il, que les petits camarades de Hans se répétaient, manifestement pour couvrir l'énigme de la naissance et de la procréation »), in *Problématiques I, op. cit.*, p. 95.

cette attitude avec le comportement banal d'un enfant du même âge qui, par crainte des représailles maternelles n'agresse pas directement un frère plus jeune mais se moque de lui en l'imitant pour le mettre en colère, on ne peut douter que Hans soit capable d'une telle parodie[7]. Il oppose à son père une foule d'« informations » concernant la cigogne où se mêlent des éléments d'observation relatifs au médecin accoucheur, des souvenirs de livres d'images, et des fantasmes, comme s'il lui fallait récupérer la maîtrise et affirmer qu'il n'a que faire des informations et qu'il est capable d'en donner, à son tour, de bien plus précises. Il conclut en demandant à son père de garder le secret (1909 b, p. 142), ce qui renvoie à la cachotterie parentale, de même qu'à la transmission des informations sexuelles entre enfants qui se fait sous le sceau d'un secret à l'égard des adultes ou d'autres enfants considérés comme trop jeunes.

Mais, de la même manière que Hans juxtapose les explications, son ironie n'est pas, comme celle de l'adulte, centrée sur un désir de moquerie ou de vengeance. Elle fait partie d'une sorte d'auto-mystification où il laisse libre cours à un flot désordonné d'associations, où l'on apprend notamment que la cigogne a mordu un parapluie (souvenir) et qu'elle est censée tirer une voiture pleine de bébés, qui n'est pas sans lui évoquer celle dans laquelle Croquemitaine emporte les enfants méchants (p. 148). Le récit imaginaire de Hans, auquel il n'adhère pas totalement mais dont il se sert pour opposer à son père son propre « savoir » sur l'origine, exprime en même temps les préoccupations auxquelles se rattache sa phobie. Comme le dit Freud à propos de l'explication de la naissance des poussins donnés à Hans par son père : « Le mécontentement de Hans, sa méfiance et sa connaissance supérieure des choses se combinent en un ravissant persiflage qui s'élève dans ses dernières paroles (« laissons l'œuf à la poule, alors il poussera un poulet. Emballons-le dans la caisse et emportons-le à Gmunden ») jusqu'à une allusion très claire à la naissance de sa sœur ».

L'ironie vient à la place des questions, elle n'est pas seulement une réponse à la dissimulation parentale, mais aussi un témoignage sur une élaboration fantasmatique complexe qui affirme la liberté de transgresser l'interdit œdipien et de dénier la réalité de la différence des sexes. La « perversion polymorphe » de Hans fonctionne aussi bien dans

---

7. Ainsi que le note Freud : « Quelle peut être la raison pour laquelle Hans maintient si obstinément toutes ces absurdités ? Oh ! Ce ne sont pas des absurdités, c'est une parodie et la vengeance de Hans contre son père. »

la pensée qu'au niveau des zones érogènes et donne cet étonnant tableau d'efflorences imaginatives typiques de l'enfance.

On peut supposer que l'ironie de l'enfant puisse s'éteindre avec ce qui l'a provoquée c'est-à-dire en l'occurrence qu'il puisse obtenir de faire reconnaître ce qu'il sait sans avoir besoin de cette médiation. Mais elle peut aussi perdurer dans un désir de revanche lorsque le conflit paraît trop irréductible.

La fonction de l'ironie est particulièrement significative, tant au moment de l'adolescence que dans la psychose. L'ironie de l'adolescent, comme d'ailleurs celle de l'enfant fait suite à une découverte relative à l'équivocité du sens, à une rupture dans la croyance en l'adéquation du discours et de son référent. C'est une ironie nihilisante qui vise à dépasser la déception et à protéger le sujet par la distance qu'elle introduit entre lui et les autres, entre sa capacité de penser et les objets. Mais derrière ce masque, l'enfant ou l'adolescent conservent plus ou moins intacte la croyance dans le sérieux de leur existence et de leurs entreprises. Une telle attitude est bien éloignée de celle du formalisme pour lequel rien ne peut être pris au sérieux puisque tout est apparence, soumis à la juridiction d'un Je absolu capable à son gré d'affirmer ou de supprimer toute espèce de contenu. Cette approche philosophique d'un stade « esthétique », tel que l'ont défini Hegel ou Kierkegaard, n'est pas sans lien, en revanche, avec la place de l'ironie chez les adolescents psychotiques.

Celle-ci ne procède-t-elle pas d'une même toute-puissance fantasmée, celle de l'autre face à laquelle seule l'ironie pourrait sauver du désespoir ?

D'autre part, si habituellement l'ironie, même lorsqu'elle prend apparemment le moi pour cible, se trouve en fait dirigée vers l'extérieur pour dégonfler chez l'interlocuteur ce que le sujet pressent de complaisance satisfaite, il semble qu'il en soit différemment dans la psychose.

L'ironie psychotique ne possède pas la fonction heuristique propre à la tradition socratique. Comme l'humour, elle a partie liée avec le narcissisme, mais tandis que celui-ci tire son caractère sublime d'un triomphe de l'invulnérabilité du moi face aux souffrances liées aux réalités extérieures, elle ne triomphe que dans la destruction, celle de l'autre ou celle du moi.

Paul-Claude Racamier rappelle la parenté de l'humour avec la folie et la manière dont l'humour, par l'absurdité fascinante, permet au moi d'éviter d'entrer en contact avec une réalité insupportable (1973). L'ironie en revanche, ne fonctionne pas dans la distraction qui va permettre l'évitement. Bien au contraire, elle dévoile en permanence le spectacle insupportable que l'humour cherchait à dédramatiser ou à faire oublier. Une telle exhibition, comme la tête de Méduse, a pour effet de glacer celui qui s'était un instant pris au piège de sa séduction.

La destruction de la pensée de l'autre ainsi visée par l'ironie ne va toutefois pouvoir se réaliser qu'au prix de l'annihilation de toute pensée, y compris celle du sujet lui-même. Dans cette sorte de suicide où celui-ci entraîne ses objets, la mort n'est cependant qu'apparente puisqu'elle est la condition pour que sa pensée continue d'exister par cette affirmation réitérée d'une annulation du sens. Grâce à l'ironie, une communication se maintient, même si elle apparaît toute entière sur le mode négatif.

On a souvent fait remarquer que son mécanisme consistait à se trouver toujours ailleurs, à surprendre et mettre l'autre en porte-à-faux, et ces métaphores spatiales me semblent pouvoir s'appliquer à la situation de l'adolescent psychotique qui, dans le moment où il se voit à nouveau confronté à la question de sa place, se trouve mis lui aussi dans un tel porte-à-faux. Ce que l'ironie révèle alors par son jeu avec le déplacement permanent auquel elle contraint l'autre, n'est-ce pas l'obligation qui est faite au sujet d'occuper une place désavouée, qui est d'avance un lieu impossible ?

Dans le cas de *L'homme aux rats*, le fonctionnement de l'ironie n'apparaît pas directement de manière manifeste, mais sous le déguisement du symptôme obsessionnel. La violence contre laquelle elle s'exerce n'est d'ailleurs elle-même qu'esquissée et il faut supposer que le récit du capitaine cruel a été entendu par le patient de manière délirante comme la menace qu'il allait effectivement le sodomiser avec les rats.

Face à cette conviction, ce dernier se soumet et n'oppose plus que l'ironie que Freud interprète à partir du symptôme : « Notre malade savait déjà que ce "supérieur cruel" se trompait et qu'il ne devait de l'argent qu'à l'employé de la poste. Il aurait été tenté de donner une réponse ironique comme par exemple "oui, tu parles" ou bien "penses-tu que je vais lui rendre cet argent !" Réponses qu'il ne fallait pas donner. »

La toute puissance que l'Homme aux Rats prête au capitaine cruel repose sur une obligation de penser le faux telle que la connaissent les psychotiques : « Dans cette obéissance forcée, il refoulait ce qu'il savait mieux que le capitaine, c'est-à-dire que l'avertissement reposait sur des données fausses : "Oui, tu dois rendre cet argent à A..., comme l'exige le remplaçant du père. Le père ne peut se tromper. Sa Majesté non plus ne peut se tromper et si Elle s'adresse à quelqu'un en lui donnant un titre que cette personne n'a pas, celle-ci le portera désormais..." » (*op. cit.*, p. 241).

Mais là où Hans peut se livrer à un discret persiflage ironique, l'Homme aux Rats doit croire à la réalité de la menace. A une exigence impossible (acquitter une dette envers qui on ne doit rien), il oppose une autre exigence impossible : que le père mort et l'amie stérile aient des enfants (soient pénétrés par des rats) comme condition pour qu'il se soumette à son tour à l'absurde.

Parce qu'il doit croire et qu'il ne lui est donc permis ni d'exprimer un doute ni même de le ressentir consciemment il faut faire *l'ellipse*. C'est en cela que le *Witz* rejoint le persiflage ironique dans une véritable forclusion de la représentation interdite, ce que Freud appelle « omission sans substitution » (1905 c, p. 124).

Mais s'agit-il d'ironie sinon dans ce sens très particulier de l'ironie psychotique qui n'est pas le résultat d'une attaque de pensée contre une croyance imposée mais plutôt l'échec de cette violence elle-même. Dans l'exemple de la femme obsessionnelle qui se prend à penser qu'elle possède peut-être depuis toujours le peigne qu'elle vient d'acheter pour son enfant. Freud résume la situation dans un « ... si je dois croire cela, je peux tout aussi bien croire ceci... ». Absurde contre absurde, violence contre violence, mais l'ironie est en fait absente car la patiente doute réellement, c'est-à-dire qu'elle accorde créance à l'absurde qu'elle a aussi produit. Lorsque l'ellipse se produit dans le *Witz* ironique, l'effet est obtenu précisément par la reconstitution de la situation d'aliénation en même temps que celle-ci est dénoncée comme fictive puisque chacun en est conscient. C'est l'exemple bien connu de Monsieur X, « auteur à l'esprit caustique et combatif que ses brocards mordants exposèrent à plusieurs reprises aux sévices de ses victimes » qui, « s'il l'entend (la nouvelle incartade de son adversaire) recevra une gifle » (*ibid.*, p. 124).

Si l'ironie et si souvent présente dans les traits d'esprit qu'évoque Freud, c'est aussi parce qu'ils sont produits à partir de *l'omission sans substitution* de la référence à une violence dont l'existence ne doit même pas être évoquée. Ainsi en est-il des persécutions antisémites qui constituent la toile de fond de la plupart des exemples cités. L'ironie constitue ici un dernier bastion, une fronde bien dérisoire face à la massue du pouvoir, mais qui témoigne que, dans la pensée du moins, l'agressivité a pu demeurer intacte. Agressivité bien particulière néanmoins, comme nous le disions au début en ce qu'elle vise une certitude qui a été celle du sujet lui-même.

Théodore Reik, dans sa brève étude sur l'ironie chez Anatole France le note également : « Le ton d'ironie classique dans l'œuvre d'Anatole France ravive, en même temps que l'agressivité et la moquerie contre les personnes et les institutions, le souvenir de l'affection et du respect éprouvés jadis pour elles. Un moment la tentation surgit de souffrir de nouveau les anciennes émotions, mais elle est rapidement rejetée et remplacée par leur caricature... Sa haine pour ces personnes et ces institutions ne devient si intense que parce que jadis il les avait si intensément aimées. » (*Psychologie de l'ironie*, p. 484)

Ce qu'Anatole France, que cite Reik, avait lui-même fort bien exprimé sous forme aphoristique : « L'ironie est la dernière phase de la désillusion. » Elle est aussi celle qui subsiste le plus durablement. Musil, là encore, nous en donne un exemple au point que l'on peut dire que le doute, sous la forme particulière de l'ironie plus subtile que la destructivité dogmatique du sceptique, constitue l'essence de l'esprit musilien.

Le fantasme mégalomaniaque intellectualisant a évolué, il s'est comprimé et en se condensant a pris de la puissance. Ce qui ne passe pas avec le système passera avec l'humour et la vivacité de l'aphorisme tandis que le « Nocturnal de monsieur le vivisecteur » devient beaucoup plus modestement le « Journal de guerre d'une puce à l'oreille » : « Je ne suis pas une puce ordinaire, je suis une puce à l'oreille. On m'a glissée très tôt dans l'oreille de mon maître. — Dieu sait quand — depuis lors il croit être quelqu'un d'exceptionnel, un représentant de l'esprit... » (p. 136).

L'ironie joue pour lui à la fois le rôle d'un contrepoids à la passion de la pensée en rétablissant une mesure et un ordre plus souple que celui du système. Elle tient lieu d'une séduction formelle qui rend acceptable l'agressivité de la pensée en lui donnant un tour plus léger. Ainsi les critiques envieuses à l'égard de Thomas Mann, qu'il regrettera d'ailleurs explicitement par la suite, passent moins bien que le soupçon ironique qu'il exprime sur l'onanisme du héros de *La montagne magique* : « Et à quoi donc Castorp, son cher souci, passe-t-il son temps sur la montagne magique ? Evidemment à se masturber ! Mais Mann cache le sexe de ses personnages, comme on le fait aux moulages » (*Journal*, II, p. 229). Car le *Witz*, ainsi que le remarque le sagace Arnheim, vient de *wissen*, « savoir » ; c'est la sagesse même de la langue qui définit l'origine purement intellectuelle de cette qualité (*L'homme sans qualités*, I, p. 648). Pour Arnheim, l'homme d'affaires haut placé, cette forme d'esprit est inutile et malséante : l'homme *witzig*, spirituel, est toujours *vorwitzig*, impertinent, il dépasse les limites auxquelles il est correct de se tenir. Le refus des « qualités » se rapproche du *Witz* au même titre que l'absence de *Witz* semble s'identifier avec le tragique, c'est-à-dire avec le poids et la plénitude de la vie. Le goût de la violence froide et brutale qui conduit Ulrich à devenir mathématicien « non sans quelque intention de cruauté » se sublime en ironie impertinente. Elle abandonne son objet primitif de destruction, autovivisection ou ravages des idéaux, et dérive son but vers le jeu avec un objectif fictif qu'elle laisse subsister pour mieux en jouir, comme un chat semble inhiber son désir de manger sa proie pour se garder le plaisir de jouer à la chasser.

A y regarder de manière un peu rapide on pourrait être tenté de dire que l'ironie est, dans la pensée, un équivalent du jeu tel que l'a défini Winnicott « en fonction par exemple de sa capacité de prélever des éléments de la réalité extérieure en les mettant au service d'une réalité personnelle[8].

Ce serait oublier que l'ironie est essentiellement adressée à autrui avec une visée précise. Si l'humour a une similitude profonde avec le jeu ne serait-ce d'ailleurs que par le caractère solitaire de l'un et de l'autre, l'ironie sans témoin risque fort de se tarir et de retrouver sa forme primitive d'agressivité, voire de se retourner contre l'émetteur.

Or un tel retournement n'est pas de l'humour mais de la mélancolie. La différence entre l'un et l'autre est délicate mais néanmoins certaine et c'est en termes topiques qu'il est possible de l'expliciter.

L'humour demande une élaboration complexe qui peut être rapprochée du travail de deuil lequel, loin de se détourner de la représentation cause de souffrance, la mobilise intensément. A chaque détail remémoré, dit Freud, le Moi doit *choisir* de partager son funeste destin ou « se laisser décider par la somme des satisfactions narcissiques à rester en vie et à rompre sa liaison avec l'objet anéanti ».

L'identification qui a trait à l'être et non à l'avoir peut proposer son soutien pour renoncer à l'objet. L'édification de l'objet dans le Moi permet alors au sujet de se délivrer de l'obligation de conserver ses investissements bloqués sur lui et il peut ainsi partir à la recherche de nouveaux objets. L'humour transporte ce même processus à l'intérieur du Moi, car c'est celui-ci qui se trouve alors menacé.

Il constitue une forme de triomphe plus que de défense contre la souffrance et se fonde sur la modification topique suivante : le sujet

---

8. Parmi beaucoup d'autres considérations sur l'ironie, Jankélévitch glisse d'ailleurs celle-là : « L'ironie est pouvoir de jouer, de voler dans les airs, de jongler avec les contenus soit pour les nier, soit pour les recréer. » (*L'ironie*, p. 17.)

surinvestit son Surmoi afin de sauver son Moi et ce déplacement de l'énergie d'une instance à l'autre permet que l'intensité pulsionnelle se conserve.

Comment peut-on parvenir à rendre humoristique pour soi-même et pour autrui sa propre souffrance ? L'humour se produit aux frais des affects négatifs, il leur emprunte leur énergie et la convertit en un affect opposé, source de plaisir grâce à un développement qui inhibe l'évolution de la douleur et porte l'investissement sur un autre point.

Il réussit ce déplacement grâce au fait qu'il se présente en effet comme protecteur et consolateur. « Seule notre enfance, écrit-il, connut des affects, alors fort pénibles dont, adultes, nous sourions aujourd'hui tout comme l'adulte, en tant qu'humoriste, rit de ces affects pénibles de l'heure présente » (1905 c, p. 393). L'élévation du Moi dont témoigne le déplacement humoristique aurait donc pour origine la comparaison que l'adulte peut faire entre son Moi actuel et son Moi infantile.

Or, si l'adulte peut en effet se mettre à distance de ce qui lui arrive en se projetant dans un temps futur où toutes ses souffrances actuelles auront pour lui le sens qu'ont actuellement les petits ou grands chagrins de son enfance, c'est néanmoins à une toute-puissance de type infantile que nous ramène l'humoriste. On lit à la fin du *Mot d'esprit* : « Cette euphorie à laquelle nous nous efforçons par là d'atteindre n'est rien d'autre que l'humeur d'un âge où notre activité psychique s'exerçait à peu de frais, temps auquel nous ignorions le comique, étions incapables d'esprit et n'avions que faire de l'humour pour goûter la joie de vivre » (p. 326).

On pourrait contester le côté radical de cette affirmation de Freud à divers titres. Ainsi, l'enfant connaît certainement et très tôt l'ironie, le petit Hans est là pour en porter témoignage. D'autre part, le rire de l'enfant, par exemple lors des jeux de cache-cache, correspond bien à quelque chose de l'ordre d'une jouissance par la maîtrise d'une situation de présence/absence qui est habituellement pour lui cause de souffrance. Il faudrait donc faire place à côté du rire « pur » à un sens plus complexe du comique chez l'enfant.

Quant à l'humoriste, comme le dira Freud ultérieurement, il est installé dans une identification paternelle qui lui permet de traiter les autres mais surtout, *lui-même*, comme s'il s'agissait d'un enfant. L'auteur de l'humour est finalement le Surmoi, car « la personne de l'humoriste a retiré l'accent psychique de son Moi et l'a déplacé sur son Surmoi » (1927 d, p. 326).

Si la distorsion due au surinvestissement du Surmoi ne débouche pas sur une issue pathologique mais, en l'occurrence, sur le plaisir de l'humour, c'est parce que le Surmoi n'est pas présent en tant qu'instance interdictrice, sévère, voire cruelle, mais comme un représentant de la fonction consolatrice et protectrice occupée par les parents dans l'enfance. Le besoin de protection par le père, que Freud considérait comme une des composantes originaires de la psyché, est désormais assuré par le Surmoi qui peut s'adresser ainsi au Moi : « Regarde, voilà donc le monde qui paraît si dangereux, un jeu d'enfant, tout juste bon à faire l'objet d'une plaisanterie » (*ibid.*, p. 328).

L'humour, contrairement à l'effet comique, n'est pas une production aléatoire mais, comme un trait de caractère, une disposition du Moi appartenant à l'image identificatoire qu'un sujet peut avoir de lui-même. Peut-on l'apparenter à quelque chose de l'ordre d'une sublimation ? Le travail sublimatoire, en empruntant les mêmes mécanismes, parvient, en effet, non seulement à s'inscrire dans une durée, mais à produire un objet que le sujet peut offrir comme le représentant de lui-même et vis-à-vis duquel il entretient une relation privilégiée, toutes ses autres relations étant le cas échéant tenues de passer par la médiation d'un partage avec cet objet. Posséder une disposition psychique propre à l'humour, c'est finalement être capable de retrouver le cheminement qui avait permis, au début, de surmonter les premières blessures narcissiques. La représentation d'un temps futur (« Quand je serai grand ») est ce qui permet à l'enfant de se défendre contre cette souffrance. Dans le cas de l'humour, l'évocation de cette victoire passée offre au Moi le pouvoir de se sacrifier sous sa forme actuelle en surinvertissant son Surmoi.

Car l'humour n'a rien de naturel, il est opposé au mouvement narcissique spontané qui conduit au dépit, à la colère ou à la souffrance. De la même manière que le lézard qu'on attrape n'hésite pas à abandonner un morceau de son anatomie pour garder le reste libre et intact, l'humoriste sacrifie son Moi en le ramenant aux dimensions d'un Moi infantile et en se hissant lui-même au niveau de sa propre instance idéale. Il ne s'agit pas comme dans l'idéalisation de vénérer un Idéal du Moi élevé mais extérieur. L'humour ne se rapproche ni de l'humilité ni de la résignation philosophique, laquelle n'a en elle-même rien d'amusant, ainsi que le rappelle Freud : « Dans le cas où un homme triomphe de son affect douloureux en comparant l'immensité des intérêts mondiaux à sa propre petitesse, ce triomphe n'est pas le fait de l'humour mais de la pensée philosophique » (1905 c, p. 192).

C'est en ce sens que la disposition d'esprit humoristique se différencie du travail du deuil dont par ailleurs tout semble la rapprocher. Dans le deuil, le Moi se soumet au verdict de la réalité qui lui impose

de retirer la libido des liens qui l'unissait à l'objet perdu. C'est l'évaluation de la somme des satisfactions narcissiques opposées à l'attachement à l'objet qui le pousse à choisir de rester en vie et de rompre
sa liaison avec l'objet anéanti. Si l'on considère que dans le cas de
l'humour cet objet apparaît comme étant le Moi lui-même, on a un
schéma à la fois proche et différent de celui du deuil. La distinction
touche au caractère grandiose et exaltant de l'humour, qui s'explique
par le fait qu'il soit lié au triomphe narcissique, à l'invulnérabilité vic-
torieusement affirmée du Moi. Comme l'écrit Freud : « Le Moi se
refuse à se laisser offenser, contraindre à la souffrance par les occasions qui se rencontrent dans la réalité ; il maintient fermement que
les traumatismes issus du monde extérieur ne peuvent l'atteindre ;
davantage : il montre qu'ils ne sont pour lui que matière à gain de plaisir » (1927 d, p. 323).

La possibilité, grâce à un remaniement topique, de faire d'un traumatisme qui aurait pu être passivement subi l'occasion de gagner du
plaisir est ce qui définit l'essence même du travail sublimatoire. Le
plaisir ainsi obtenu n'atteint jamais, comme le dit Freud, « l'intensité
du plaisir pris au comique ou au mot d'esprit, et il ne se prodigue
jamais en francs éclats de rire » (*ibid.*, p. 328). De la même manière,
les sublimations n'offrent jamais des décharges de plaisir aussi intenses et instantanées que le sont les satisfactions sexuelles directes.

Ni l'humour, ni les sublimations ne sont des acceptations de la
réalité, mais des défis lancés à celle-ci. On le voit de manière particulièrement nette lorsqu'il s'agit de réalisations d'ordre sportif, par exemple, qui semblent braver les lois de la pesanteur et les possibilités d'un
corps ou lorsqu'il s'agit de la création d'une néo-réalité dans l'œuvre
artistique. Mais, de la même manière, quoique plus modestement, le
travail de pensée qui utilise les difficultés voire les échecs vécus dans
le quotidien pour en faire l'occasion d'une recherche et la quête d'une
explication, relève bien du même mécanisme.

On sait que les bornes imposées par la réalité ne sont jamais vécues
par un sujet de manière anonyme mais comme la manifestation d'une
instance parentale interdictrice, voire persécutrice s'il ne s'agit pas seulement d'une barrière mais d'une atteinte imposée au Moi. On pourrait à partir de ce fait interpréter le déplacement topique propre à la
sublimation sur le modèle de l'humour de la manière suivante : l'identification à l'instance idéale protectrice et son surinvestissement se dou-
blent d'une victoire contre cette même instance sous sa forme négative,
et c'est à cette dernière qu'il faut attribuer l'émergence de l'affect de
triomphe si caractéristique de l'humour mais présente aussi dans le

plaisir sublimé. On se rapprocherait par là du modèle de la manie ou de ce que Freud soulignait, dès *Totem et tabou*, à propos de la fête rituelle : « Nous savons que les membres du clan se sanctifient par l'absorption du totem et renforcent ainsi l'identité qui existe entre eux et leur identité avec lui. La disposition joyeuse et tout ce qui en découle pourrait s'expliquer par le fait que les hommes ont absorbé la vie sacrée dont la substance du totem était l'incarnation ou plutôt le véhicule. » (1912-1913, p. 162) La possibilité d'un gain de plaisir dans l'humour ou dans la réussite ponctuelle d'une activité soutenue par un processus sublimatoire ne se produit pas uniquement sur le fond d'une identification à un père protecteur. Elle implique toujours (et c'est pour cela qu'il peut y avoir plaisir dans le triomphe) la victoire sur un objet haï, intériorisé sous la forme d'un Surmoi interdicteur et cruel. Rappelons à ce sujet la fête maniaque que Freud définit dans « Deuil et mélancolie » selon un étrange crescendo : « Dans la manie il faut que le Moi ait surmonté la *perte de l'objet* [ce serait alors l'issue normale du deuil, mais Freud nous a dit que le travail du deuil, en épuisant l'énergie libidinale, ne connaissait pas de tel sentiment de triomphe] ou bien le *deuil relatif à cette perte* [ce serait alors la situation d'un Moi reprenant en main les bribes de libido détachées une à une de l'objet, mais un tel enthousiasme n'est guère concevable qu'à l'issue du travail et donc ne laisse pas d'occasion pour une décharge aussi importante] ou bien ce peut être *l'objet lui-même*. » [1917 e (1915), p. 167) Il ajoute que cette dernière possibilité demeure de toute manière ignorée du Moi qui ne sait pas ce qu'il a surmonté et ce dont il triomphe. La relation de haine destructrice dans l'humour est transposée à l'intérieur de la psyché, l'instance idéale exigeant que le Moi s'abandonne lui-même mais, simultanément et grâce à cette opération, le Moi s'identifie aux aspects positifs de l'objet aimé détruit. Il faudrait faire une place particulière à l'analyse des relations entre l'humour et la manie qui, contrairement à la sublimation, repose sur une rébellion contre l'Idéal du Moi qui assure au sujet de manière illusoire et ponctuelle une coïncidence ou une dissolution temporaire du Moi avec son idéal (1921 c, p. 202). Cette situation est particulièrement évidente dans le cas de l'humour de gibet et on la trouve également dans le goût qu'ont beaucoup d'adolescents pour un humour qui repose davantage sur une identification à l'agresseur que sur un Surmoi protecteur et consolateur, ainsi que je l'ai précédemment évoqué à propos des psychotiques qui donnent l'impression qu'ils trouvent là un moyen peut-être unique de communiquer à celui qu'ils écoutent qu'une violence insupportable leur est faite et qu'ils ne sont pas cet identifié qu'un identifiant anonyme (parents, société, institution psychiatrique) leur a imposé.

Face à l'angoisse de mort qui, ainsi que l'écrit Freud, « se joue entre le Moi et le Surmoi » (1923 b, p. 273), l'humour et la sublimation offrent des réponses chacune à leur manière. Par l'humour, le Moi refuse de s'abandonner lui-même et se rebelle contre l'Idéal du Moi en s'appuyant pour cela sur les aspects positifs de son Surmoi. Les formes de sublimation qui mènent à la production d'une œuvre (ou de manière beaucoup plus générale à un travail) situent la relation entre le Moi et le Surmoi d'une manière différente : le Moi contraint le Surmoi à l'aimer en renonçant à la forme critiquée par ce dernier et en édifiant par son travail sublimatoire une forme nouvelle du Moi sur le modèle de l'Idéal. C'est en ce sens qu'il me semble que l'on peut comprendre la sublimation comme une érection ou un rétablissement du Moi dans le Moi après que ce dernier ait pu ou ait risqué de faire l'objet d'une perte.

LA PASSION DE PENSÉE

*La clôture et l'infini*

Descuret, dans sa *Médecine des passions*, a résumé la biographie d'un Hongrois, Mentelli, philologue, mathématicien, qui, sans but déterminé, uniquement pour le plaisir d'apprendre et de satisfaire ses besoins intellectuels, consacra sa vie tout entière à l'étude, sans paraître éprouver d'autres besoins. « Vivant à Paris, dans un réduit infect qui lui avait été accordé par charité, il avait retranché de ses dépenses tout ce qui n'était pas absolument indispensable pour vivre. Sa dépense, à part l'achat des livres, était de sept sous par jour, dont trois pour la nourriture et quatre pour l'éclairage ; car il travaillait vingt heures par jour, ne s'interrompant qu'un seul jour pour donner des leçons de mathématiques dont le prix lui était nécessaire pour vivre. De l'eau qu'il allait chercher lui-même, des pommes de terre qu'il cuisait sur sa lampe, de l'huile pour alimenter celle-ci, du pain de munition, c'est là tout ce dont il avait besoin. Il couchait dans une grande boîte où il mettait le jour ses pieds enveloppés d'une couverture de laine ou d'un peu de foin. Un vieux fauteuil, une table, une cruche, un pot de fer-blanc, un morceau d'étain grossièrement courbé, servant de lampe, composaient tout le reste de l'ameublement. Mentelli avait supprimé tous les frais de blanchissage, en supprimant le linge. Une capote de soldat achetée à la caserne et qu'il ne remplaçait qu'à la dernière extrémité, un pantalon de nankin, une casquette de peau et d'énormes sabots composaient tout son costume. En 1814, les boulets des Alliés tombant autour du réduit qu'il occupait alors ne le troublèrent nullement... Durant la première épidémie de choléra à Paris, il fallut employer la force armée pour contraindre cet anachorète scientifique à interrompre ses études, afin de nettoyer sa cellule infecte. Il vécut ainsi trente ans, sans être jamais malade, sans se plaindre, très heureux. Enfin, le 22 décembre 1836, à l'âge de soixante ans, étant allé comme d'habitude renouveler sa provision d'eau à la Seine, son pied glissa, il tomba dans la rivière qui était très haute et se noya. Mentelli n'a laissé aucun ouvrage, aucune trace de ses longues recherches. » (*in* Th. Ribot, *La psychologie des sentiments*, p. 374)

Ce qui fait aux yeux du lecteur la folie de Mentelli n'est pas le caractère monomane de sa passion ni les conséquences extérieures visibles de son désinvestissement de tout ce qui n'était pas la pensée mais la notation finale sur l'absence totale de traces de ces longues recherches.

Descartes, se renfermant dans son poêle, Montaigne en sa tour, outre le fait que leur réflexion les poussait vers le monde, ont laissé un témoignage de la présence intérieure de ce qu'ils avaient momentanément mis entre parenthèses. Sans son œuvre, Mentelli n'existe que comme un cas clinique, car la passion de pensée a précisément pour effet de transposer la vie à l'intérieur de celle-là et donc de la rendre invisible si elle ne se communique de quelque manière.

Une œuvre d'art jamais exposée, un travail de pensée jamais exprimé se condamnent à l'inexistence et leurs auteurs deviennent du même coup suspects d'alléguer une activité sans pouvoir en donner de preuve. Même l'anachorète dans sa méditation silencieuse ne se voit authentifier comme tel que par la méditation d'une communauté religieuse qui peut l'identifier, même s'il lui est extérieur.

Auteur de théorèmes Mentelli est un savant, sans eux nous en sommes réduits à imaginer quelque dérèglement qui lui aurait fait brûler au fur et à mesure des écrits géniaux pour pouvoir continuer à se chauffer, ou encore pour qu'ils ne soient pas volés ou parce qu'ils lui apparaissaient indignes de subsister. On l'imagine difficilement pensant sans produire sous forme écrite ou orale et cette absence nous incline à le voir ruminant stérilement les mêmes idées fixes, entouré de livres dont il n'aurait retiré aucune matière, qu'il se serait contenté indéfiniment de relire, peut-être de recopier.

Mais aussi scandaleuses qu'elles puissent être, les conditions de vie de Mentelli-auteur ne sont pas si surprenantes. Confort mis à part, on peut même y voir une sorte de cadre particulièrement favorable à l'éclosion des pensées auxquelles il offre une enveloppe voire une clôture. Point de distraction possible ici qui viendrait séduire la pensée hors de son cheminement, et obscurcir avec les couleurs trop vives de la réalité, celles, plus délicates, de l'imagination.

Embastillé, Sade fera l'épreuve de cette transformation intérieure qui recrée le monde et les passions à l'échelle d'une cellule[9], au point de ne pouvoir reprendre sa liberté lorsqu'elle lui sera offerte.

Il y a de la provocation dans la manière dont la passion de pensée s'offre comme substitut de toute espèce de passion, l'esprit retrouvant la mégalomanie infantile avec la toute puissance du fantasme, mais aussi de l'exercice rationnel lorsqu'il n'est limité que par ses seules règles internes.

Kierkegaard, dans *Johannes Climacus* nous ouvre un aperçu sur les débuts de cette passion et la place que la clôture imposée avait pu y tenir :

« Les dispositions fondamentales de son âme, nullement contrariées dans son enfance, avaient plutôt été favorisées par les circonstances. La maison de son père n'offrait guère de distractions et, comme il ne sortait presque jamais, il s'habitua de bonne heure à s'occuper de lui-même et de ses propres pensées. Son père était un homme sévère, en apparence sec et prosaïque, alors que sous ce manteau de bure il cachait une imagination ardente que même son grand âge ne put atténuer. Quand parfois Johannes lui demandait la permission de sortir, il essuyait le plus souvent un refus. Mais parfois, en manière de compensation, son père lui offrait de le prendre par la main et de faire une promenade en arpentant le parquet de la pièce. Maigre compensation, à première vue ; et pourtant, il en était ici comme du manteau de bure qui recelait tout autre chose. La proposition était acceptée et Johannes était libre de choisir le lieu de la destination. Ils sortaient donc par la Porte de la ville pour se rendre à un château de plaisance du voisinage ; ils se dirigeaient encore vers le rivage ou se promenaient dans les rues, au gré de Johannes, car son père avait un absolu pouvoir d'évocation. Alors, tout en allant et venant sur le parquet, le père décrivait tout ce qu'ils voyaient, ils saluaient les passants, les voitures les croisaient à grands fracas et le bruit couvrait la voix du père ; les fruits de la marchande des quatre saisons étaient plus alléchants

9. Voir chapitre 5, à propos de « l'érotisme de tête », p. 289.

que jamais. Il racontait tout avec tant d'exactitude et de vie, de façon si présente le moindre détail connu de Johannes, de façon si minutieuse et évocatrice les choses qu'il ignorait qu'après une demi-heure de cette promenade avec son père, l'enfant était recru de fatigue, comme s'il avait été toute la journée dehors. Johannes apprit vite à excercer l'art magique de son père. Les événements qui, auparavant, se présentaient sous une forme épique, se déroulèrent désormais dans le style dramatique ; tous deux conversaient en se promenant. S'ils suivaient des chemins connus, ils se contrôlaient l'un l'autre pour que rien ne fût oublié ; si Johannes ignorait la route, il proposait les péripéties, tandis que la toute-puissante imagination de son père était capable d'en faire un ensemble cohérent, d'utiliser le moindre désir enfantin et de l'inclure dans le drame qui se jouait. Il semblait à Johannes qu'au cours de la conversation, le monde sortait du néant, que son père était Dieu et lui-même son favori autorisé à y mêler ses idées saugrenues entièrement à son gré ; car il n'était jamais rabroué, il ne dérangeait jamais son père, qui passait tout en revue et toujours à la satisfaction de son fils. » (p. 318)

La condition de base de ce débordement imaginatif, ce sont les limites de la chambre qui permettent d'évoquer et de faire vivre la réalité qui se projette comme sur un écran sur les murs de l'espace clos.

Comme peut l'éprouver, à moindre degré tout enfant immobilisé par une maladie, la vie intérieure possède des ressources insoupçonnées en temps dit « normal ». La passion de penser reconstitue volontairement cette clôture et il n'est guère étonnant qu'elle passe de ce fait pour une sorte de maladie ou tout au moins d'étrangeté.

J'envisagerai la notion de passion appliquée à la pensée essentiellement dans une triple perspective :

— la passion du sens christique ou prométhéen du terme, telle qu'on peut la rencontrer dans le mythe héroïque du chercheur, toujours empreint de masochisme ;

— la passion comme résultat d'un détournement de la fonction, d'une séduction qui serait ici celle qu'opère la dimension de l'énigme vis-à-vis du jugement ;

— la passion au sens particulier du dispositif passionnel qui fait de la possession de l'objet non pas une promesse de plaisir mais une nécessité vitale.

*Le mythe héroïque du penseur*

On pourrait donner bien des exemples de masochisme romantique qui caractérise l'expression autobiographique de la passion de pensée. Musil, là encore, est maître en la matière. Un homme qui cherche la vérité peut se faire savant, écrit-il, celui qui veut laisser sa subjectivité s'épanouir devient peut-être écrivain, mais que peut faire celui qui cherche quelque chose situé entre les deux sinon devenir vivisecteur d'âmes ? Un tel homme devra porter le scalpel de l'exactitude sur ce qu'il y a de plus profondément subjectif, mais ce fantasme de vivisection ne prend toutefois son véritable sens qu'à bien considérer que c'est d'abord d'une autovivisection qu'il s'agit, opération qui conditionne ce démontage des idéaux auquel se livre Musil.

Les psychanalystes n'échapperont pas toujours à des représentations de ce type ainsi que l'attestent certains discours sur la souffrance de l'analyste, supposée mieux que tout le reste, et en particulier la théorie, éclairer son écoute. Mais sans souscrire pour autant au pathos, il est vrai qu'entre le divan et le fauteuil tout s'est appris et se pratique *in vivo*, et ce fantasme d'autovivisection s'expose sous sa forme la plus crue dans le rêve fameux de Freud de la dissection de son propre bassin. Que l'affect d'horreur soit absent de ce rêve, Freud l'explique par la réalisation onirique du désir de passer outre le sentiment inhibiteur qui lui a fait retarder la publication de la dissection-autoanalyse de ses rêves : « La préparation sur mon propre corps dont je suis chargé en rêve est donc cette analyse de moi-même que comporte la publication de mon livre » (*Interprétation des rêves*, p. 386).

Le déplaisir de l'auto-analyse, regard jeté sur ce qui aurait précisément dû rester caché, se démultiplie lorsqu'il s'agit de la donner à voir à un public, dépossession à laquelle Freud ne s'est que partiellement résigné.

On trouve en revanche chez Musil la description d'un étrange fantasme d'exhibition, non pas de sa pensée, mais de ce qui en est le support. Avec ce récit fantastique, écrit en 1913, d'une visite guidée de son propre cerveau, derrière l'humour et une certaine poésie se manifeste une sorte d'objectivation mégalomaniaque et masochiste de cet organe dont le lien avec le Je et son activité de pensée demeure proprement irreprésentable : « ... Le cerveau d'un écrivain. Je dégringolai le long de la cinquième circonvolution dans la région de la troisième bosse. Le temps pressait. Les masse encéphaliques se voûtaient. Grises, insondables comme des montagnes inconnues le soir. Déjà la nuit tombait sur la région du bulbe rachidien : couleurs de pierre précieuse, de colibri, fleurs lumineuses, parfums épars, sons isolés. Je reconnus qu'il me faudrait bientôt quitter ce corps si je ne voulais me rendre coupable d'indiscrétion... » (*G. W.*, I, 995, 1001, année 1913, publié dans les *Cahiers de l'Herne*, p. 29 sq.)

Mis en cause à propos de l'analyse de son propre cerveau sur lequel des géologues littéraires ont prélevé quelques fragments, Musil tente en vain de se défendre quand le cerveau lui-même se met à parler et, d'organe observé, devient interlocuteur : « J'eus alors une impression étrange. Le cerveau sur lequel nous étions assis parut s'intéresser à notre conversation. Je l'entendis doucement qui à l'aide de voyelles dont la pulsation comme dentelée devait être due à la transmission par la colonne vertébrale, me murmurait quelque chose au sacrum. Ce murmure grimpa le long de mon dos ; il fallut bien l'exprimer. Je répétai donc endoctriné de la sorte... »

Fantasme de pénétration anale par une pensée toute-puissante qui ne serait autre que la sienne, mais surtout objectivation de sa propre pensée sous une forme matérielle qui se retrouve en négatif dans la plainte hypocondriaque de l'inhibition intellectuelle. La conversation se poursuit sur le thème de la littérature et de la vie, mais bientôt le cerveau se met à bâiller et les compagnons s'endorment. L'angoisse gagne le narrateur qui décide de s'enfuir, et cet accouchement du Je va se faire par l'intermédiaire de la vue : « ... je pris rapidement quelques dispositions indispensables et, fouetté par le silence, je filai à toute vitesse le long de la plus proche faille. Je me retrouvai sur les filaments du nerf optique, le long duquel je me laissai couler, puis glissai doucement, comme je l'espérais, sous la sclérotique. Aussitôt je reçus une généreuse bouffée d'air et, rendu par hygroscopie à mes dimensions normales, satisfait, mais un peu engourdi et pensif, je rentrai chez moi. » *(Ibid.)*

Cette visite sous un crâne condense sous une forme théâtrale l'inlassable dialogue que mène Musil avec lui-même sur la possibilité de comprendre la vie sans la faner, de manier le scalpel sans tuer, dans le vœu d'une sorte de vivisection qui ne serait pas mortelle.

Pour que l'analyse ne se transforme pas en squelette théorique et que la richesse imaginative ne se dissipe pas en bêlements creux, il faudrait, selon Musil, que l'auteur puisse réaliser en lui-même cette synthèse de la ratio et de l'irrationnel. La vivisection constitue une transposition dans la sphère personnelle du climat de précision propre à l'ingénieur, qu'il connaissait par lui-même et par son père. Dans cette opération, la règle à calcul prend une valeur magique de fétiche,

instrument de pouvoir et protection, qu'il décrit ainsi : « Deux systèmes de chiffres et de graduation combinés avec une ingéniosité inouïe :
deux petits bâtons laqués de blanc glissant l'un dans l'autre dont la
coupe forme un trapèze aplati, à l'aide de laquelle on peut résoudre
en un instant, sans gaspiller une seule pensée, les problèmes les plus
compliqués ; un petit symbole qu'on porte dans sa poche intérieure
et qu'on sent sur son cœur comme une barre blanche ! » (*L'Homme
sans qualités*, I, p. 43.) Mais si l'habitude d'ulitiser la règle à calcul
peut conduire à un certain scepticisme concernant bien des affirmations humaines, elle reste néanmoins limitée à un secteur d'activité partiel. Si l'on avait proposé aux ingénieurs, écrit Musil, « d'appliquer
à eux-mêmes et non plus à leurs machines la hardiesse de leurs idées,
ils eussent réagi comme si on leur eût demandé de faire d'un marteau
l'arme d'un meurtre » *(ibid.)*

Le chercheur se fait vivisecteur en pleine connaissance de l'activité qu'il déploie, et Ulrich en arrive à la conclusion que la cause de
cette obligation de penser qu'il ressent est « tout simplement » qu'il
ne s'aime pas.

Afin de parvenir à des fins qui ne sont pas la souffrance mais un
plaisir de connaître, l'auto-analyse requiert qu'une telle agressivité
puisse se retourner sur le Moi : « Tout ce qui nous concerne nous le
transformons en quelque chose comme une surface fermée ou lisse,
sans rien qui dépasse. Notre intérêt exige d'éviter l'analyse, dont nous
ne nous accommodons que lorsqu'elle nous promet une meilleure
synthèse » (*Journal*, II, p. 226).

Dans la relation passionnelle, l'objet se présente comme seul détenteur d'un pouvoir qui est conjointement de plaisir et de souffrance face
à un sujet démuni.

Que sa pensée lui échappe dans l'inhibition intellectuelle ou dans
ce sentiment particulier que Musil a décrit comme « la mélancolie des
pensées refroidies », ou que le sujet au contraire y adhère dans ces instants de fulgurance qui sont aussi des moments de jouissance identificatoire, il s'agit d'une même objectivation fantasmatique de sa propre
pensée. Cette dernière, en tant qu'objet séparé, figure alors comme
support narcissique d'un investissement passionnel, et apparaît cependant au Je comme étrangère et immaîtrisable.

Pour Musil, il semble qu'un tel investissement de sa propre pensée répondait avant tout à un besoin de cohésion projeté sur la conquête systématique du champ du savoir. Et, de même que Freud
rapproche les systèmes philosophiques des constructions délirantes de
la paranoïa, Musil récuse, pour bien la connaître, l'ambition systéma-

tique : « Les philosophes sont des violents qui, faute d'avoir une armée à leur disposition, se soumettent le monde de la manière qui consiste à l'enfermer dans un système. » (*L'homme sans qualités*, I, p. 304.)

Face au fantasme nietzschéen d'une race de conquérants intellectuels qui viendra un jour s'établir dans les vallées de l'abondance spirituelle, Musil est bien conscient du risque pour le conquistador de l'intellect de se retrouver dans la peau d'un commissaire de la logique qui, loin d'embrasser la totalité du connaissable, n'étreindrait que du vide.

Mythe héroïque où celui qui atteint la connaissance devra le payer du sacrifice de lui-même et de la souffrance de n'être pas reconnu, du moins de son vivant.

On trouve des accents semblables dans l'autobiographie théorique de Freud : « J'ai fini par comprendre, écrit-il, que je faisais partie dorénavant de ceux qui, selon l'expression de Hebbel, "troubleraient le sommeil du monde" et je n'avais pas à compter sur l'objectivité et la tolérance. Mais, comme ma conviction de la justesse générale de mes observations et de mes conclusions ne faisait que s'affirmer et que j'avais, en même temps une grande confiance dans mes propres jugements, un courage moral suffisant, l'issue de la situation dans laquelle je me trouvais n'était pas douteuse. Je me décidai à croire que j'avais eu le bonheur de découvrir des rapports particulièrement significatifs et j'étais prêt à subir le sort que cette découverte devait me valoir momentanément. » (Contributions à l'histoire du mouvement psychanalytique, p. 89)

Isolées de leur contexte, ces lignes ne manqueraient pas d'être tenues pour un discours paranoïaque armée d'une logique bien connue : plus on est haï, plus on a ainsi la preuve d'avoir raison ; le vrai et le faux ne sont pas susceptibles de degrés et c'est à l'envie que suscite chez les autres la possession de la vérité par le sujet que celui-ci peut se trouver assuré.

Des conditions historiques dans lesquelles cette hostilité, au demeurant réelle, s'était manifestée, Freud ne dit pas un mot et c'est à nouveau par l'interprétation des rêves et l'épisode du bonnet du père tombé dans le ruisseau qu'on peut avoir une idée de la signification du fantasme qu'il nous livre comme un document :

« Et voici comment je me représentais ce sort : je réussirais probablement à me maintenir grâce aux effets thérapeutiques de mon procédé, mais je resterais ignoré par la science, tant que je vivrais. Quelques dizaines d'années après ma mort, un autre redécouvrirait inévitablement ces mêmes choses, aujourd'hui inactuelles, saurait les imposer à l'acceptation générale et m'éléverait à la dignité d'un pré- décesseur malheureux. En attendant, je chercherais, suivant l'exemple de Robinson, à m'installer aussi commodément que possible dans mon île solitaire. Lorsque, faisant abstraction du trouble et de la confusion du temps présent, je me reporte par la pensée à ces années de solitude, il me semble que ce fut une belle et héroïque époque : le « splendide isolement » avait ses avantages et n'était pas dépourvu de charme. Je n'avais aucun ouvrage à lire sur les questions qui m'intéressaient, je n'avais pas à écouter les objections d'adversaires mal informés, je ne subissais aucune influence, je n'étais pressé par rien » (*ibid.*, p. 89, 90).

On retrouve ici à nouveau la référence à la fécondité de la clôture, laquelle est dans un premier temps imposée puis reprise par le sujet lui-même dans un retournement qui le transforme en instrument de savoir.

Ayant renoncé à la reconnaissance extérieure et aux bénéfices qu'il peut tirer des relations objectales, le penseur se met à bouillir d'un feu intérieur mais dont il ne laisse rien paraître.

Comme l'écrit ailleurs Musil, « l'homme de pensée est engagé dans une aventure belliqueuse, son esprit est « froid, vigoureux, tranchant dans les détails et sans merci, téméraire et irresponsable, sans scrupule envers l'ensemble... » (Cahier 16, trad. fr. in *L'Herne*, p. 98.) Des mathématiques utilisées comme scalpel de l'autovivisection dans la volupté du savant qui observe son propre corps au microscope et se réjouit d'y faire quelque découverte à ce « regard mauvais » de la science, le fantasme de la dangerosité de la pensée scientifique culmine dans le mépris de Musil à l'égard de la métaphore qui consiste à qualifier les grands militaires de « mathématiciens du champ de bataille ». La stratégie la plus efficace ne va pas au-delà de l'arithmétique la plus élémentaire dit-il, et en revanche « la soudaine nécessité d'une déduction aussi modérément subtile et complexe que la résolution d'une équation différentielle simple coûterait la vie à des milliers d'hommes » (Musil, trad. fr. in *L'Herne*, p. 101).

C'est pourquoi Musil se déclare « moins scientifiquement qu'humainement amoureux de la science », c'est-à-dire qu'il l'aime moins en raison d'un jugement intellectuel qui lui ferait reconnaître sa valeur qu'en fonction des possibilités fantasmatiques qu'elle offre en particulier en ce qui concerne le courage et la subversion. Dans le domaine scientifique un élément qu'on avait tenu jusque-là pour une erreur peut renverser brusquement toutes les conceptions, en revanche « l'homme n'est pas encore né qui eût pu dire à ses fidèles : Volez, tuez, forniquez [...] notre doctrine est si forte qu'elle tirera de la sanie même de vos péchés le clair bouillonnement des torrents » (*L'homme sans qualités*, I, p. 46). Pour Musil, la force de l'intellect n'est pas de transgresser l'interdit ni de l'ignorer mais de se situer à un niveau de récupération ou de regénération, où le négatif s'intègre dans le positif. La vision hégélienne de l'Histoire et de l'Esprit absolu se trouve chez lui ramenée à une dimension individuelle telle que l'homme de pensée peut prétendre y participer. Ce dernier lui apparaît de ce fait comme le véritable aventurier de l'époque moderne, et la tentative d'adapter au réel la puissance de la pensée ne pourrait avoir qu'un résultat explosif parce que le réel par sa fixité se trouverait avec celle-ci dans un déphasage irrattrapable.

## Le détournement du jugement par la passion de la recherche

On peut dès lors prendre en considération ce qui est primordial dans l'intellectualité, c'est-à-dire l'investissement d'une activité de recherche essentiellement solitaire qui se formule comme une réflexivité analytique et critique portant sur la pensée, ses motivations et ses instruments. Et là, le psychanalyste non seulement a quelque chose à dire, mais peut, au moins à titre d'exemple, se prendre lui-même comme objet de sa propre investigation.

L'intellectualité n'est pas synonyme de l'intellectualisation comme symptôme névrotique et procédé de défense. Car si l'intellectualisation adopte la guenille de l'intellectualité c'est pour masquer, bien ou mal, des conflits pulsionnels où le désir de savoir n'entre guère en ligne de compte.

L'opposition entre l'homme d'action et l'intellectuel n'est pas davantage pertinent, car il s'agit non pas d'une substitution de la pensée à l'action mais en l'occurrence, d'un déplacement de l'action dans un domaine particulier.

L'intellectuel reconstitue, dans le vase clos de ses pensées, la scène du monde extérieur plutôt qu'il ne renonce à l'amour et à l'action. Sa spécificité résiderait alors davantage dans le renfermement évoquant tour à tour l'activité auto-érotique, avec l'impression de vacuité qui peut être liée au sentiment d'une absence de risque, et l'ambivalence phobique de celui est simultanément terrifié et fasciné par la vie qu'il pressent à l'extérieur. Les tempêtes sous un crâne ne sont pas moins intenses que les tempêtes réelles mais il leur manque cet abandon à l'imprévu, ce choix d'une ouverture au risque, avec tout son poids de passivation potentielle qui caractérise paradoxalement celui qui s'engage dans des aventures qui ne concernent pas que l'esprit.

Que certains intellectuels parviennent à une création durable susceptible d'apporter aux autres une meilleure compréhension d'eux-mêmes et de ces questions auxquelles ceux-ci ont pour leur part renoncé, ne change rien à l'évaluation implicite que connote la notion d'intellectualité. Tout au plus constate-t-on un changement dans les mots : le savant, le créateur dans tel ou tel domaine se définissent par leurs actes, c'est-à-dire leurs œuvres, l'intellectuel en revanche sera volontiers soupçonné d'inutilité et notre époque aura même connu leur rééducation.

On aurait tort de s'en étonner, car l'objet du désir pour l'intellectuel est non seulement absent, ce qui est le propre de tout objet du désir, mais inaccessible, voué à une relance perpétuelle et inépuisable. De ce fait quelles que soient leur fécondité et l'utilisation possible par le socius de leurs productions, la motivation libidinale des intellectuels demeure indépendante, car elle est inscrite dès l'enfance dans un dialogue intériorisé avec les images de ceux qui étaient supposé détenir cette vérité dont ils se trouvent désormais voués à poursuivre indéfiniment le fantasme.

Même si l'intellectualité peut secondairement être synonyme de compétence ou d'efficacité dans le domaine de l'activité de pensée, c'est en termes économiques d'investissement libidinal que se pose sa définition par un psychanalyste. En ne parlant pas d'intellectualité mais de l'intellectuel, comme type d'organisation de la personnalité, on désigne le fait que ce mode d'investissement occupe alors une place prépondérante, qu'il s'agit, comme le dit Freud à propos de Léonard, « d'une seule tendance développée à l'excès », particularité dont il suppose l'origne « dès la plus tendre enfance » reliée à des « impressions de la vie infantile ».

L'intellectualité repose bien en effet sur une série de choix qu'effectue un sujet de manière très précoce, et qui résultent bien entendu de contraintes internes, comme on parle d'un choix de la névrose. Non seulement l'intellectuel met la fonction pensante au service de la pulsion de recherche, mais il affecte cette fonction d'un pouvoir préférentiel de lui assurer les satisfactions libidinales et narcissiques qu'il est en droit d'attendre. Je dis « préférentiel » afin de marquer que cette désignation se fait aux dépens d'autres moyens de satisfactions, soit qu'elle s'y substitue purement et simplement, soit qu'elle ne leur laisse que la partie congrue de ce « temps disponible » qui est l'aune à laquelle on peut mesurer le poids relatif des investissements. On se rend compte de la ténacité dont le sujet peut faire preuve dans une telle situation si l'on considère que l'expérience lui montre que sa fonction pensante est loin de lui apporter toujours le plaisir qu'il en espère, et que le doute, l'inhibition intellectuelle, le sentiment dépressif d'impuissance et de non valeur, tout devrait au contraire l'inciter à préférer des placements libidinaux dont il se prend souvent à rêver qu'ils seraient moins coûteux et plus rentables.

On m'objectera que si l'intellectuel a pris de telles options, c'est précisément faute d'avoir pu en réaliser d'autres et qu'il tire, même de ce qu'il peut ressentir comme des échecs, le bénéfice secondaire d'avoir évité de se confronter à des situations directement mobilisatrices du pulsionnel. Mais cette objection nous renvoie davantage à l'intellectualisation défensive dont j'ai dit qu'elle s'opposait par bien des aspects à l'« intellectualité », même si les deux peuvent coexister chez un même sujet. La ratiocination intellectualisante, contrairement au plaisir manipulatoire des idées et à l'interaction avec la pensée de l'autre, procède bien de l'évitement phobique du pulsionnel mais elle n'est pas le propre de l'activité de pensée qu'elle inhibe au contraire. Elle défend le moi contre l'irruption incontrôlée, aussi bien d'affects que de pensées. Du divan ne s'élèvent que des associations sans surprises, tout est décrété d'avance explicable et les interprétations, même si elles désarçonnent parfois un court instant, sont rapidement réintégrées, fagocitées.

En revanche, si l'intellectualité et la quête de savoir qui la caractérise visent elles aussi à protéger le moi, il me semble toutefois que c'est en fonction d'une trajectoire tout à fait différente. L'investissement de la dimension de l'énigme propre à l'intellectualité implique que le sujet se tienne au plus près de l'objet d'angoisse afin de ne pas risquer d'être à nouveau débordé par lui de manière traumatique. Cette dimension du risque et du traumatisme renvoie à l'origine du *Wissensdrang*, elle permet aussi de comprendre ce qui se présente parfois comme addiction à la recherche dans sa dimension passionnelle où l'enjeu, souvent aussi futile pour les observateurs extérieurs qu'un jet de dés, peut recouvrir comme l'énigme du Sphinx une question de maîtrise ou de mort.

En mettant la fonction pensante au service de la pulsion de recherche *(Forschertrieb)*, l'intellectuel opère un détournement de fonction dont il aura à supporter les conséquences. Car la fonction pensante ne naît pas du désir de savoir. Il s'agit selon Freud d'une fonction indépendante, la fonction du jugement *(Urteilfunktion)* qui repose sur les motions pulsionnelles primaires du prendre-en-soi-rejeter. Le jugement, comme manifestation de la capacité de penser différente de la compréhension ou de la connaissance, est à l'origine provoqué par le désir de satisfaction. Il s'agit de trouver l'objet qui va faire cesser la tension déplaisante. Le Moi dispose de la trace mnésique de l'expérience de satisfaction et fait l'expérience perceptuelle de la réalité. L'activité de pensée correspondant au jugement se produit précisément lorsque percept et trace mnésique ne correspondent pas, elle a alors un rôle inhibiteur, avertissant le moi de ne pas prendre la proie pour l'ombre et de ne pas déclencher la décharge : « Quand les deux investissements (investissement du souvenir empreint de désir et investissement perceptuel qui lui ressemble) ne coïncident pas, il se produit une poussée vers l'activité de la pensée qui cesse dès qu'il y a coïncidence », écrit Freud dans l'*Esquisse pour une psychologie scientifique* (1895, p. 346). Il reprend ce même point de vue en 1911 dans les *Formulations sur les deux principes* en le précisant : « La suspension devenue nécessaire de la décharge motrice est assurée par le processus de pensée qui se forme à partir de l'activité de représentation. » Il ne s'agit plus de jugement, mais de processus de pensée de nature représentative qui ont pour rôle de permettre à l'appareil psychique de supporter la tension. La rêverie, l'activité fantasmatique en seraient des exemples. Lorsque Freud reprend la question du jugement en 1925 à propos de la *Dénégation*, il le situe à la jonction entre l'ajournement de la décharge et l'action : « Le juger est l'action intellectuelle qui décide du choix de l'action motrice et met fin à l'ajournement du penser. »

J'ai rappelé ces trois passages pour souligner que de 1895 à 1925 au moins, Freud poursuit sa définition des processus de pensée, complètement indépendamment des perspectives sur le désir de savoir, et à partir d'un stock d'hypothèses différent. C'est d'une perspective analogue que Piera Aulagnier a défini dans *La violence de l'interprétation* l'activité de pensée comme une « zone-fonction érogène partielle » qui se met en place avec les premiers rudiments du langage et effectue une sorte de « traduction simultanée » du vécu du Je en Idées.

Si chez tout sujet la fonction pensante va poursuivre sa route indépendamment de la pulsion d'investigation en fonctionnant le plus souvent au service de l'autoconservation, qu'en est-il de l'activité de recherche ? Elle apparaît tout entière située du côté du pulsionnel, dans la focalisation vers la quête de l'objet qui fera cesser la tension. Lorsque cette activité de recherche affecte le domaine spécifique de la pensée, il semble qu'elle poursuive en fait toujours le même objet susceptible de se spécifier différemment. On en trouverait une illustration dans *Inhibition, symptôme et angoisse*, avec ces lignes exemplaires par ce qu'elles révèlent de l'attitude typique du chercheur : ... « Nous retrouvons de façon inattendue l'énigme qui s'est si souvent posée à nous : d'où vient la névrose ? Quelle est sa cause ultime et spécifique ? Après des dizaines d'années d'efforts, ce problème se dresse devant nous, psychanalystes, aussi entier qu'au départ » (p. 75). L'objet de la recherche s'y définit comme la causalité cachée et énigmatique. Il ne s'agit pas d'appliquer un schéma à divers cas de figures, au contraire ces applications n'auront de sens que si le résultat ne concorde pas avec le schéma initial et amène donc à le mettre en cause et à le modifier.

J'en viens maintenant à ce qui semble spécifier l'activité de pensée du côté de la connaissance et non du jugement, à savoir le fait que cette causalité cachée et énigmatique, objet de la recherche, soit tributaire de l'idée qu'il existerait une cause des causes à l'origine, « cause ultime et spécifique » comme le dit Freud. Point important en ce qu'il permet de distinguer, parmi ceux qui travaillent avec leur fonction de pensée sous une forme abstraite, la catégorie particulière du théoricien. Pour ce dernier, tout problème, toute question qui surgit dans sa pratique *hic et nunc* ne peut se limiter à elle-même, mais se prolonge dans un questionnement fondamental, une « énigme ». L'activité théorique n'est pas seulement synonyme d'abstraction, elle renvoie aussi au fantasme d'une contemplation au sens platonicien du terme d'un au-delà de l'apparence, donc d'un caché, par où l'adulte retrouve à un autre niveau l'attitude infantile devant l'énigme des origines.

On ne trouve pas chez l'intellectuel un prolongement du questionnement sexuel infantile car, pour lui comme pour tout le monde, l'expérience acquise est venue apporter des réponses partielles et déplacées vis-à-vis de l'interrogation initiale. En revanche, ce qui frappe, chez lui et chez l'artiste, concerne davantage l'affect qui accompagne la quête d'un objet infiniment variable dans son contenu et pourtant toujours identique, qu'il s'agisse de connaître, rendre compte, donner à voir le jaune des tournesols, le parfum de la madeleine ou le sens de la névrose. En cela l'attitude de l'intellectuel se détache de la normalité qui impliquerait une pluralité et une mobilité des investissements opposées au monoïdéisme de la recherche, ce qui, lorsqu'on l'observe chez les autres, agace ou fait sourire au même titre que toute passion dont les conséquences ne seraient pas mortelles. Ce n'est donc pas à un développement de la pulsion de savoir infantile qu'on assiste mais à une *fixation sur la dimension de l'énigmatique*. Freud nous a donné avec la notion de sublimation une explication et une direction à poursuivre à propos de cette position libidinale spécifique où la libido se soustrait au refoulement et se sublime « dès l'origine » en curiosité intellectuelle venant renforcer la pulsion d'investigation déjà par elle-même puissante et permettant à la pulsion « de se consacrer librement au service actif des intérêts intellectuels » (1910 c, p. 60).

Vis-à-vis de l'issue dans l'inhibition ou l'obsession, cette solution marque un gain en mobilité sur le plan du contenu élargi à des sujets non sexuels. Mais outre le fait que le questionnement de l'adulte va la plupart du temps se recentrer sur un nombre d'autant plus limité de sujets qu'il s'efforcera de les approfondir, cette ouverture se paie d'une fixation au niveau de la forme, c'est-à-dire l'investissement de l'énigme. Ce que Freud signale indirectement lorsqu'il ajoute : « La recherche devient ici encore dans une certaine mesure compulsion *(Zwang)* "ersatz" de l'activité sexuelle. » En fait, même la sexualité, contrairement à ce qu'il écrit un peu plus loin dans le même texte, peut devenir objet de recherche car elle a alors changé d'indice. Ce qui est vrai de la psychanalyse elle-même mais l'était aussi pour Léonard de Vinci dont les *Carnets* portent témoignage de son intérêt pour l'anatomie sexuelle, le phénomène de l'érection, etc. La curiosité se voit ainsi ouvrir une voie libérée du refoulement et de ce fait n'a plus de raison de trouver de fin. Quel qu'en soit le thème, elle ne se heurte plus directement au refoulement et, faute d'opposition, le sujet n'est plus contraint de modifier ses investissements. Et de même se retrouve chez l'adulte la caractéristique infantile de l'investigation, à savoir la solitude qui lui permet de se poursuivre isolément, à son gré. Les équipes scientifiques, même si elles sont nécessaires au même titre que la communication de la recherche, n'impliquent jamais autre chose qu'une coordination plus ou moins harmonieuse de monades. Toute l'organisation socio-économique du chercheur, dans l'économie libérale aussi bien, repose précisément non sur une incitation financière à la découverte mais sur l'assurance d'une indépendance matérielle, qui d'ailleurs prolonge d'une certaine manière le statut de l'enfance.

Le mobile vient alors de l'intérieur et de même la contrainte, sous les multiples formes de l'inhibition intellectuelle par où se retrouvent non seulement l'estampille sexuelle d'origine mais aussi la trace du conflit, voire du traumatisme auquel on peut lier la détermination d'un devenir d'intellectuel.

L'investissement de l'énigme, lorsqu'il se prolonge une vie durant, donne à penser que celle-ci a dû au départ se présenter sous une forme particulière dans l'univers mental du sujet. Pour tout enfant la perception d'une différence avec ce qu'il connaît, et avant tout avec lui-même, constitue une invitation à l'interrogation dans la mesure où elle heurte l'évidence monolithique de l'omnipotence infantile. C'est en ce sens qu'avant même que se formule l'angoisse de pouvoir perdre ou la conviction d'avoir perdu le pénis, la découverte de l'existence de l'autre sexe peut avoir cette valeur vis-à-vis de l'émergence d'un besoin de comprendre.

Peut-on pour autant considérer l'énigme comme le prolongement de la perception du différent ? Non, et c'est précisément en cela que l'énigme occupe une place particulière qui la rend apte à caractériser les investissements de l'intellectuel.

Car il faut une position *thétique* du différent, sa reconnaissance en tant que tel pour en faire une énigme, sinon il ne provoque que de l'angoisse comme le montre par exemple Winnicott à propos de l'angoisse du 8ᵉ mois devant le visage étranger. Tout se joue en fonction de ce qui va faire du différent un objet de recherche et *donc une promesse de plaisir* au lieu d'une menace. L'*Unheimliche* en revanche témoigne de l'échec à mener à bien cette opération. Je ferai l'hypothèse que la capacité de trouver un biais, un « truc », qui permette de traiter le différent comme du déjà connu est nécessaire à cette élaboration, ce qu'un bref exemple me permettra de préciser. Un patient rapportait en séance un souvenir particulièrement net et important pour lui datant des premières semaines de son entrée à l'école qui avait été retardée, sa mère ayant préféré l'initier elle-même aux rudiments de la lecture et du calcul. On avait donné à la classe un exercice consistant à compter de 2 en 2, performance que l'enfant avait ressenti comme une sorte de folie impossible comparable à l'injonction de se lancer dans le vide. Son désarroi, qui n'avait rencontré aucun écho chez le maître, vraisemblablement accablé devant une telle stupidité, avait, en revanche, été miraculeusement effacé par l'intervention d'un voisin secourable lui suggérant de compter discrètement sur ses doigts le chiffre qu'il fallait à chaque fois omettre. Quoi qu'il en soit des implications sexuelles de cette petite scène de complicité enfantine, le réconfort qu'il avait trouvé était resté en mémoire, avec toute la vivacité des souvenirs-écrans, à l'intellectuel qu'il n'avait pas manqué de devenir. Il n'y avait certes pas là de trace de cette activité de découvreur hardi dont nous parle Freud. Toutefois des expériences de ce genre permettent de se forger, avec l'aide d'un pair le cas échéant, une confiance suffisante dans sa propre capacité de faire passer le différent par les défilés du même me paraît indispensable à l'investissement de l'énigme. *Mutatis mutandis*, peut-être n'est-ce pas si éloigné de la manière dont beaucoup de psychanalystes abordent avec ce mélange d'excitation et d'angoisse les manifestations de la psychose qui sont susceptibles simultanément d'apparaître comme radicalement autres et pourtant de pouvoir être rapprochées et entendues à partir d'un écho familier venu de l'inconscient.

La capacité de prévenir le traumatisme en faisant du différent non pas de l'étrange inquiétant mais une énigme stimulante se dessine toutefois sur la toile de fond d'une souffrance traumatique potentielle. En ce sens la recherche serait infinie parce que la nécessité de contre-investir le risque de souffrance se répéterait.

Piera Aulagnier a bien montré comment le point de vue économique était important dans cette perspective où un « trop tôt » du doute, du travail de la pensée, peut laisser chez un sujet soit un désinvestissement, soit à l'opposé un surinvestissement de la recherche sur le mode d'une allergie à l'illusoire[10].

Ferenczi, dans des notes fragmentaires de la fin de sa vie, avait avancé une ébauche de théorisation sur le lien entre la naissance de l'intellect et la souffrance traumatique : « L'intellect, écrit-il, ne naît pas seulement de souffrances ordinaires mais seulement de souffrance traumatique. Il se constitue comme phénomène secondaire ou tentative de compensation à une paralysie psychique complète. » (*O.C.*, IV, p. 285) Il donne en appui à cette hypothèse les exemples des performances intellectuelles incompréhensibles dans leur rapidité et efficacité des personnes en danger de mort immédiat et conclut : « L'intelligence pure serait donc un produit du processus de l'imminence de la mort ou du moins de l'installation de l'insensibilité psychique, mais elle est aussi fondamentalement une maladie mentale dont les symptômes peuvent devenir utilisables sur le plan pratique. » Je ne ferai que quelques remarques sur ce passage : d'une part, il me semble utile de penser le surinvestissement de l'activité de pensée dans la recherche sur un fond de risque de désinvestissement secondaire au traumatisme pour comprendre la dimension masochiste souvent remarquée[11] chez l'intellectuel et l'artiste qui, bien loin de s'écarter des représentations pénibles, les surinvestissent et s'en obsèdent grâce au fantasme de la possibilité d'avoir sur elles une emprise en les

10. Ce à quoi elle relie « l'investissement d'une quête de vérité sur soi-même » dans la forme particulière qu'elle prend chez les analystes. Cf. *Les destins du plaisir*, 1979.
11. En particulier par Jean Laplanche in *Problématiques III*, Paris, PUF, 1980, p. 215 sq., qui reprend et prolonge le point de vue développé par Eissler à propos de la relation au traumatisme chez Léonard (K. Eissler, *Léonard de Vinci*, Paris, PUF, 1980) abordée également par D. Anzieu et M. Besdine, in *Psychanalyse du génie créateur* (Dunod, 1974).

ramenant à l'intérieur d'un réseau causal ou d'une représentation artistique. On montrerait aisément la présence de la traumatophilie liée à la sensibilité complexuelle de chaque individu dans le choix de l'objet de recherche : folie, maladie, expressivité d'un fond inconscient chez l'artiste, quête des origines chez l'historien[12].

Cette dimension du surinvestissement dans son aspect névrotique, aucun intellectuel ne peut nier la ressentir, simultanément d'ailleurs avec la certitude que rien d'autre ne pourrait le retenir avec autant de force. Je ne reviendrai pas sur la portée traumatique de la scène primitive dans sa capacité de déterminer un surinvestissement du questionnement sur l'origine. C'est le fantasme de mort et de déréliction qui lui est lié qui est alors en cause et non cette mort réelle dont parle Ferenczi.

De cette nécessité de lutter contre le désinvestissement de l'activité de pensée secondaire au traumatisme découlerait la nature passionnelle des investissements de nombreux chercheurs et artistes au sens où Piera Aulagnier a définie comme le fait que « l'objet soit devenu source exclusive de tout plaisir » et qu'il ait été « déplacé dans le registre des besoins »[13]. A ces deux aspects s'en joint un autre qui, en ce qui concerne les objets théoriques, semble particulièrement exact : le fait que le Je du sujet soit inexistant pour l'objet qu'il a investi passionnément. Ce que Spinoza disait en parlant de l'amour intellectuel de Dieu qui implique qu'on « ne puisse faire effort pour être aimé en retour ». Toutefois les objets intellectuels, mais aussi les jeux de hasard ou de la drogue, renvoient à des objets fantasmés intérieurs, personnages avec lesquels nous entretenons un incessant dialogue, tantôt pour leur démontrer qu'ils ont tort, tantôt pour leur affirmer qu'ils peuvent nous aimer puisque nous leur ressemblons tellement...

La progression de la démarche intellectuelle repose sur deux jambes : celles de l'analyse et de la synthèse, mais sauf dans la circularité du système hégélien, l'allure apparaît le plus souvent boiteuse, soit qu'elle privilégie la dimension synthétique et s'apparente alors à une quête mystique, soit qu'elle ne parvienne pas à sortir de l'analyse qui

---

12. Que dire par exemple de Léonard suivant les condamnés à mort pour les dessiner et observant les contorsions et les expressions sur les visages des pendus !

13. Piera Aulagnier, *Les destins du plaisir* (p. 174). Mais dans le cas des investissements intellectuels, plutôt que d'exclusivité, c'est de nécessité qu'il faudrait parler. Ainsi le montre la relation que tel ou tel aura avec ses livres dans des situations où on l'imaginerait plus volontiers préoccupé d'autre chose. Mais cela n'implique pas qu'il ne soit pas capable d'accorder au reste une place même limitée dans ses préoccupations.

devient alors *Unendliche*. Et les propos de Freud à Lou Andréas-Salomé font preuve en la matière d'un vigoureux optimisme lorsqu'il affirme, outre le fait que l'unité de ce monde lui semble aller de soi, qu'il « pense que la synthèse ne présente aucune difficulté du moment qu'on est en possession de l'analyse » (Correspondance avec S. Freud, p. 43). Cette double dimension dans leur asymétrie fondamentale offre un abord privilégié du travail d'Eros et de Thanatos dans la quête discursive. L'analyse est soutenue par une pulsion de désintrication, elle-même liée à un mouvement érotique puisque l'analyse se fait en vue d'une meilleure synthèse. Mais là aussi le lien n'est pas toujours solide, et la dimension destructrice de l'intelligence, qui lui donne sa force et son mouvement, peut finir par fonctionner de manière autarcique sans plus être davantage au service des buts d'Eros, car la visée érotique de la possession et jouissance de la vérité demeure toujours en perspective pour la quête intellectuelle, mais trop lointaine pour pouvoir en soutenir seule l'activité. D'où le risque de désintrication qui signerait l'échec de cette démarche, soit dans l'inhibition intellectuelle et la sensation d'avoir détruit sa propre capacité de penser, soit dans le contre-investissement de cette position dépressive par l'affirmation mystique d'une possibilité de contact direct avec la vérité par l'intuition ineffable.

Le fantasme d'une certitude, d'une possession de la vérité est à l'horizon. C'est la synthèse ultime, victoire de l'Eros, telle que l'a illustrée la philosophie : le Savoir absolu chez Hegel, le troisième genre de connaissance par l'amour intellectuel de Dieu chez Spinoza, la contemplation des Idées chez Platon.

Le système philosophique indique la direction vers laquelle tend la quête discursive, mais le philosophe, lui, ne croit pas y être parvenu pas plus que tout autre checheur, sinon il quitterait le sol de la philosophie pour devenir un mystique. En revanche, en nous explicitant le chemin qui mène au vrai, c'est sur une perspective critique relativiste qu'il se situe.

Cette attitude d'investigation où l'intellectuel expose son confort intellectuel à la recherche à la fois nécessaire et chimérique de la vérité n'est pas naturelle. Si chaque sujet a besoin d'un stock de connaissances et de pensées sur lui-même, les autres, le monde, etc., cela n'implique pas qu'il la poursuive dans une remise en cause permanente, même si elle demeure toujours partielle.

*De l'investissement passionnel d'une activité sublimée selon Freud*

Si l'on suit les développements de Freud à propos de l'idéalisation, il semble difficile de pouvoir rapprocher le phénomène passionnel, qui se fonde sur la surestimation de l'objet et constitue l'exemple même de l'aberration idéalisante, avec l'investissement d'une activité sublimée.

Pourtant l'activité de pensée, comme nous l'avons vu, n'est pas étrangère, loin de là, aux mécanismes de l'emprise passionnelle à cet « abandon » du Moi à l'objet, abandon qui ne se distingue déjà plus de l'abandon sublimé à une idée abstraite où les fonctions imparties à l'Idéal du Moi sont totalement défaillantes » (1921 c, p. 178).

Quels remaniements topiques impliquent une telle relation où l'objet est en fait la propre activité de pensée du sujet ? Certains théoriciens disent parfois la ressentir comme une force qui leur serait extérieure tout en étant le plus intime d'eux-mêmes, un peu à la manière dont un rêveur peut, au réveil, considérer ses rêves.

Il paraît certes presque impossible qu'un individu, sans parler d'un génie, puisse se distinguer dans un domaine ou un autre s'il ne consacre pas à son activité une quantité de libido telle qu'il en vienne à apparaître aux autres comme passionné, envoûté par son objet. Dans le meilleur des cas, l'entourage manifestera une tolérance polie, parfois un peu envieuse, mais aussi condescendante à l'égard de ce qui se présente essentiellement comme un excès. Comment un chercheur pourrait-il convaincre non seulement ses proches mais d'autres chercheurs du bien fondé de la folie qui lui fait poursuivre l'investigation de tel point de détail ? Il se verra bien plutôt soupçonné d'entretenir une monomanie étrange et, en tous les cas, soumise à des fins qu'il est seul à percevoir. Contrairement au travail qui fait vivre, ce type d'ouvrage est susceptible de dévorer la majeure partie des investissements de celui qui l'exerce et plus particulièrement de son temps libre, mesure de la répartition libidinale.

Celle-ci ne semble donc pas caractérisée par un équilibre harmonieux, ce qui n'a rien pour surprendre si l'on considère que c'est du développement à l'excès d'une tendance particulière établie dès l'enfance, que dépend le fait de se trouver ainsi durablement passionné à l'âge adulte. Bien des éléments d'ordre événementiel ou constitutionnel peuvent entrer en jeu pour disposer ainsi le sujet, mais ce déséquilibre par rapport à une distribution bien tempérée des investissements (dont on ne voit d'ailleurs pas en fonction de quelle norme il faudrait la fixer) est de règle à chaque fois, surtout lorsqu'il s'agit d'un sujet capable de réalisations exceptionnelles.

Cette passion pour une activité définie peut prendre l'allure d'une contrainte, d'un *Zwang*, et créer un véritable état de manque si le sujet est empêché pour une raison ou une autre de l'exercer. Il ne ressent plus les possibilités de se distraire comme un plaisir, mais comme une perte de temps, un arrachement douloureux, sauf s'il se les octroie lui-même en fonction de l'utilité qu'elles peuvent présenter pour son activité. Il retournera d'ailleurs à cette dernière comme on retrouve un être cher, car c'est là qu'il se retrouve, dans cette sorte de dialogue intériorisé qu'il entretient avec lui-même par la médiation de son objet. On pourrait donner plus d'un exemple de cette disposition très particulière que ces sujets vivent comme une évidence, même lorsqu'ils sont conscients qu'ils la font vivre à leur entourage comme une bizarrerie.

L'hyperinvestissement ne suffit pas en soi à caractériser une attitude passionnelle et l'un des critères que Freud en donne à propos de la passion amoureuse dans « Pour introduire le Narcissisme » ne se présente pas en termes économiques, mais toujours topiques. La passion, écrit-il, en faisant déborder la libido du Moi sur l'objet a la force de « supprimer les refoulements et de rétablir les perversions » (1914 c, p. 104). Il reprend cette idée sous une autre forme dans « Psychologie des foules et analyse du Moi » : « La conscience morale ne s'applique à rien de ce qui advient en faveur de l'objet ; dans l'aveuglement de l'amour on devient criminel sans remords. » (1921 c, p. 178)

Or, ce qui est vrai de la passion amoureuse (et ne l'est pas moins du fanatisme) vaut aussi dans une certaine mesure pour l'activité sublimatoire lorsqu'elle n'est pas un « abandon sublimé ». Freud lui-même en serait un exemple, car sa propre passion pour la vérité, identifiée à la quête des déterminations inconscientes, le mène à affirmer que les normes de la morale ne doivent pas s'appliquer aveuglément et que son propre objet de recherche justifie qu'on en invente de nouvelles : « Nous disons que celui qui a su, après avoir lutté contre lui-même, s'élever vers la vérité se trouve à l'abri de tout danger d'immoralité et peut se permettre d'avoir une échelle de valeurs morales quelque peu différente de celle en usage dans la société. » (1916-1917) Si l'on extrait cette citation de son contexte, c'est-à-dire du conflit auquel Freud devait faire face vis-à-vis de la morale sexuelle de son temps, on peut y voir une sorte d'affirmation nietzschéenne d'un droit à transgresser au nom de valeurs supérieures. Lorsqu'il lui faut défendre le droit de parler de la sexualité à Dora ou de transiger avec le secret médical pour rendre compte d'une analyse, c'est de l'exemple d'un Bernard Palissy brûlant ses meubles ou de l'artiste dépensant les derniers sous du ménage pour acheter des couleurs qu'il se réclame.

Il est certain que les développements sur l'opposition entre la science et la morale, et le droit de la seconde à régenter la première tiennent du lieu commun et que les actions criminelles qu'un chercheur serait tenu de commettre pour le bien de la science sont, en règle générale, assez limitées[14].

Toutefois le problème se pose et c'est précisément la nature passionnelle du lien qui unit le chercheur à son objet qui peut l'amener à oublier ou à transformer les normes éthiques lorsqu'elles font obstacle à son travail. Il ne s'agit pas d'une transgression perverse, avec ce qu'elle implique de jeu érotisé, mais de la mise à l'écart de tout ce qui n'appartient pas à l'idéal ainsi poursuivi. La place de l'agressivité dans la pulsion de savoir serait à elle seule un motif suffisant pour que surgissent des conflits au cœur d'activités sublimées, et le fait que ceux-ci soient menés au nom de l'idéal scientifique qui, au même titre que l'état de guerre, amène à remodeler la morale, montre que c'est bien de passion qu'il s'agit, au sens où, comme l'écrit Freud : « Toute la situation se laisse résumer intégralement en une formule : l'objet s'est mis à la place de l'Idéal du Moi. » (1921 c, p. 178) La fonction surmoïque s'efface au profit de ce qui apparaît conforme à l'objet représentant de cet idéal.

On peut aussi envisager la possibilité d'un investissement passionné d'une activité sublimée à partir d'un autre critère. Dans « Psychologie des foules et analyse du Moi », Freud compare l'identification et la passion en se demandant si l'objet dans l'état amoureux est mis à la place du Moi ou de l'Idéal du Moi (p. 179) et conclut que l'identification dans les phénomènes de foules passe par le partage d'un Idéal du Moi commun parce que lié à un même objet extérieur. Cette perspective ouvre un autre questionnement que je formulerai en reprenant les termes utilisés par Piera Aulagnier comme une différence entre un investissement dont on attend du plaisir et un investissement nécessaire, ayant trait à un besoin[15].

14. Si toutefois on ne les confond pas avec la rationalisation après coup, au nom de la science, d'actes authentiquement criminels qui n'étaient pas nécessairement au but qu'ils prétendaient servir.
15. Cf. la définition de la passion par Piera Aulagnier, qui écrit : « Je définis par ce terme une relation dans laquelle un objet est devenu pour le Je d'une autre source *exclusive* de tout plaisir et a été par lui *déplacé dans le registre des besoins* » in *Les destins du plaisir, op. cit.*, p. 174.

On sait que pour Freud la haine précède l'amour dans l'antériorité des liens objectaux. L'objet, en se manifestant comme extérieur, vient rompre le sentiment de complétude narcissique originaire, et de ce fait est décrété mauvais, cependant que son pouvoir de faire cesser l'état de besoin le constitue également comme objet d'amour. La certitude du retour de l'état de besoin après la satisfaction pousse le sujet à l'investir de manière durable, c'est-à-dire dans les intervalles libres du désir. Grâce à l'amour la crainte du manque s'atténue, puisque le lien objectal assure la présence de l'objet. Dire qu'un sujet peut devenir nécessaire à un autre, au sens où il ne pourrait pas être remplacé et où son absence provoquerait non pas seulement une souffrance mais un risque vital, ne semble guère concevable, sinon dans le lien qui unit la mère et le nourrisson, et encore, en supposant qu'aucun substitut de celle-là ne puisse se trouver. L'objet source de plaisir devient objet du besoin et tout se passe comme si l'étayage s'effondrait, ramenant le processus à son point zéro mythique.

Dans le dispositif passionnel, c'est le sujet qui se met lui-même dans la situation d'une dépendance derrière laquelle se profile toujours un risque de mort. La relation passionnelle qui unit le joueur au hasard ou celle du toxicomane à l'objet drogue, montrent la présence latente d'un défi persécutif adressé à une instance parentale toute puissante.

Les troubles pathologiques que présentent certains grands créateurs laissent penser que de telles perturbations peuvent être compatibles avec l'investissement sublimé de leur activité, et même la soutenir pendant un temps au moins, car celle-ci demeure d'une autre nature. Que la passion implique la présence d'un risque mortifère au sein de la source même de son plaisir se conçoit difficilement dans le cas où c'est l'activité sublimée du sujet qui est passionnément investie. Et pourtant, on ne voit pas quelle serait un investissement de quelque importance qui n'impliquerait pas, au moins en pensée, le fantasme qu'il ne reculerait devant rien, pas même la mort. En 1915, Freud notait : « La vie s'appauvrit, elle perd de son intérêt, dès l'instant où dans les jeux de la vie il n'est plus possible de risquer la mise suprême, c'est-à-dire la vie elle-même. Elle est aussi insipide, aussi vide qu'un flirt américain dans lequel il est établi d'emblée qu'il ne se passera rien, à la différence d'une relation amoureuse continentale dont les graves conséquences doivent toujours être présentes à l'esprit des deux partenaires. » (1915 b, p. 28)

Le jeu et son risque sont donc présents au cœur même de la vie, mais les attachements objectaux nous y font renoncer, tandis que les activités sublimées portent à admettre la nécessité d'un certain danger, ainsi que le montrent les exemples évoqués par Freud des performances aériennes, des expéditions dans les pays lointains ou des expériences avec les substances explosives. Toutefois, si le risque n'y est pas recherché pour lui-même mais accepté comme indispensable, il donne en retour un surcroît d'intérêt à ce type d'activité. La devise de la Hanse que cite Freud, peu après dans le même texte, serait à cet égard un parfait exemple d'investissement passionnel sublimé dans sa relation avec la mort : « Navigare necesse est, vivere non necesse ! ». Lorsque le fait de naviguer devient pour le sujet une nécessité qui peut faire oublier la vie, il n'y a à cet égard pas d'autre différence entre lui, le drogué ou le joueur que celle qui fait de son activité quelque chose d'utile pour la collectivité à laquelle il appartient.

Une autre caractéristique de l'objet passionnément investi tel que l'analyse Piera Aulagnier est de se présenter non seulement comme ce qui comporte un pouvoir de mort à l'égard du sujet, mais surtout comme ce qui est seul capable de répondre simultanément aux visées d'Eros et de Thanatos et ainsi de permettre que se réalise une intrication, même si elle ne dure que le temps de la rencontre. C'est bien là d'ailleurs ce qui lui donne son caractère paradoxal de nécessité et d'interchangeabilité. De tels enjeux ne sous-tendent pas nécessairement l'activité sublimatoire mais celle-ci s'en accommode et s'en trouve même galvanisée. Dans ce cas, le but n'est pas seulement l'activité en tant que telle avec sa réussite et elle n'est pas davantage limitée au rendez-vous avec la mort. C'est la réunion de ces deux aspects qui offre au Moi son triomphe lorsqu'il a réussi à se préserver sans renoncer à l'ambition et au défi. Le témoin, spectateur ou lecteur, peut jouir par identification d'une telle victoire à condition de payer pour cela amende de son narcissisme en investissant de manière passionnée le héros qui a su risquer sa vie, dialectique qui évoque celle de la lutte à mort où s'affrontent les futurs maître et esclave dans la *Phénoménologie de l'esprit* de Hegel.

La notion de nécessité est inscrite au cœur même de la relation qui lie le sujet à son activité sublimée, non pas que celle-ci soit impossible à inhiber mais parce que, lorsque le sujet retrouve quelque liberté vis-à-vis de ses entraves névrotiques, c'est vers elle qu'il se tourne pour en attendre ses satisfactions les plus importantes. Comme dans toute passion, il semble compter sur elle pour en retirer, sinon l'unique plaisir qui lui soit accessible, du moins le seul qui compte vraiment pour lui et dont il puisse espérer qu'il soit durable. On montrerait sans peine qu'il s'agit pour lui, fort consciemment, d'un besoin qui crée un état de malaise comparable au manque lorsqu'il est empêché pour une raison ou une autre de s'y livrer. A ce moment-là, l'activité sublimée peut apparaître en effet comme source exclusive de tout plaisir, dans la mesure où l'impossibilité de la pratiquer rend tout le reste ennuyeux et pesant. Un seul objet manque et tout est dépeuplé : cette équation concerne aussi bien la passion amoureuse que celle qui vise des objets sublimés. L'avantage de ces derniers est qu'il est souvent beaucoup plus difficile de les retirer au sujet qui peut s'efforcer de les reconstituer dans les circonstances les moins favorables. La manière dont J.-P. Sartre raconte comment il parvenait à s'isoler pour penser et écrire au cours de sa mobilisation pendant la guerre ou dont Soljenitsyne réussit à écrire en cachette dans le Goulag en sont des exemples parmi beaucoup d'autres.

La possibilité d'investir de manière passionnelle une activité sublimée porte témoignage de l'intrication entre sublimation et idéalisation. Comme pour l'objet de la passion, la découverte du plaisir qu'un sujet peut avoir à peindre, écrire ou penser fait souvent l'objet d'un éblouissement analogue à un coup de foudre. Il s'agit certes le plus souvent de souvenirs écrans, mais la plupart des personnes qui se consacrent vraiment à ce type d'activité peuvent évoquer le moment non pas où elles ont commencé à l'exercer mais où elles ont pris conscience de la qualité de plaisir qui s'y attachait et de la fonction indispensable qu'elle venait à prendre dans leur vie. La différence avec l'idéalisation consiste dans le fait que l'Idéal du Moi n'est pas projeté sur un objet extérieur, éventuellement sur le savoir ou la pensée d'un autre, et n'a pas de ce fait un caractère aliénant au sens où le sujet se rendrait étrangère la part la plus investie de lui-même, c'est-à-dire celle qui lui permet d'acquérir le bonheur narcissique par le biais de l'estime de soi. L'idéal est situé dans cette zone intermédiaire, bien nommée transitionnelle par Winnicott, où elle se trouve à l'extérieur de lui, mais où il ne dépend de nul autre que lui-même de pouvoir l'atteindre.

Il n'est de ce fait pas surprenant que l'activité sublimatoire atteste également sa capacité d'être le lieu d'un investissement passionnel par le risque d'une souffrance que le sujet pourrait y trouver et vis-à-vis de laquelle il serait tout particulièrement démuni. Dans *Malaise dans la civilisation*, Freud énumère et analyse les différentes techniques de défense contre la souffrance dont dispose un individu et se trouve de ce fait amené à mettre en parallèle l'usage de la drogue, le fanatisme religieux, le yoga et la psychose comme diverses formes de retrait vis-à-vis de la réalité qu'il oppose à la création d'une néo-réalité artistique et à la transposition des investissements dans un domaine protégé, celui des sublimations. On retrouve la différence entre la modification auto et allo-plastique, mais ce clivage ne va pas, dans les exemples choisis par Freud, sans poser quelques problèmes.

La drogue a une action directe sur la sensorialité car la substance toxique, par sa présence dans le sang et les tissus, non seulement procure des sensations immédiates mais, en plus, modifie les conditions de la sensibilité au point de rendre le sujet inapte à toute sensation désagréable du moins au moment où la drogue agit[16]. Le yoga procède différemment en ce sens qu'il « ne s'attaque plus à l'appareil de la sensibilité mais aux sources intérieures des besoins pour tenter de s'en rendre maître » (1930 a, p. 24). Cette technique est à mi-chemin entre le simple retrait loin des excitations (et donc la tentative de neutraliser les pulsions par l'isolement que réalise par exemple le repos ou le sommeil) et l'action sur le Moi propre réalisée par le toxique. Dans tous les cas, l'action procède par suppression, si l'on excepte bien sûr le fait que la drogue a aussi le pouvoir positif de rendre la réalité modifiée conforme à la représentation et au désir que le sujet en forge. La religion agit de même en supprimant la révolte et en intimidant l'intelligence, tandis que la psychose, qualifiée par Freud dans ce texte de « révolte désespérée », insère ses chimères dans une réalité qui lui est devenue insupportable.

Peut-on considérer que la voie alloplastique, celle du travail professionnel, de la création artistique et du labeur intellectuel se distingue radicalement de la précédente ?

En ce qui concerne le travail professionnel, c'est essentiellement son aspect social qui retient Freud, avec le fait qu'il soit accessible à tous ou presque, ce qui n'est pas le cas des activités artistiques ou intellectuelles. Mais le plus souvent, il se contente de déplacer le conflit et non de le sublimer, l'individu revivant dans ses relations socio-professionnelles les mêmes problèmes que ceux auxquels il avait voulu échapper. Ce n'est pas le cas pour la création artistique ou de pensée grâce à sa capacité de constituer un isolement actif permettant de construire dans un espace privé les objets sur lesquels l'investissement peut être transposé. C'est donc dans la création d'une zone qui ne concerne

---

16. « Les plus intéressantes méthodes de protection contre la souffrance sont encore celles qui visent à influencer notre propre organisme. En fin de compte, toute souffrance n'est que sensation, n'existe qu'autant que nous l'éprouvons ; et nous ne l'éprouvons qu'en vertu de certaines dispositions de notre corps. » *Malaise dans la civilisation, op. cit.*, p. 22.

ni la réalité extérieure ni les organes sensoriels qui peuvent l'appréhender, que se situe l'espace sublimatoire. S'agit-il pour autant d'une
sorte de lieu neutre vis-à-vis duquel le sujet pourrait conserver la
liberté de placer ou de retirer ses investissements ? Ni la réalité extérieure qui contraint celui qui veut la modifier, ni les actions menées
à l'encontre de la capacité de ressentir qui diminuent d'autant cette
liberté et obligent celui qui s'y adonne à maintenir un contre-
investissement coûteux ne permettent de constituer un espace de ce
type. J'ai évoqué précédemment à propos de l'usage de la drogue le
fait qu'elle ne se contente pas de cuirasser momentanément le sujet
contre la souffrance mais lui offre aussi un ensemble de sensations
conformes à la représentation qu'il se fait de la réalité. Or cet état de
narcose du toxicomane n'est pas très éloigné de ce que Freud décrit
à propos du plaisir artistique, puisqu'il utilise d'ailleurs le même terme
dans les deux cas.

Rêver, halluciner, se fondre dans la contemplation d'une œuvre
d'art ou s'identifier à un héros, ces moyens pour se défendre contre
la réalité relèvent-ils de processus tellement différents ? Et qu'en est-
il du « labeur intellectuel » et de la quête de vérité ? Freud souligne
que la faiblesse de cette technique défensive est liée au fait qu'elle ne
protège pas contre la souffrance physique, ce qui est en soi une évidence, mais peut-être faut-il aller plus loin : la souffrance physique se
redouble d'une autre souffrance qui est celle de l'inhibition. Bien avant
sa maladie, Freud écrivait à Pfister la confidence suivante : « Je ne
peux pas me représenter une vie sans travail comme vraiment agréable ; pour moi, vivre par l'imagination et travailler ne font qu'un ; rien
d'autre ne m'amuse. Ce serait la recette du bonheur, n'était l'affreuse
pensée que la productivité dépend entièrement d'une disposition aléatoire. Que peut-on entreprendre au cours d'une journée ou d'une
période où les idées se refusent et où les mots ne veulent pas s'aligner ?
Cette éventualité ne cesse de me faire trembler. C'est pourquoi, tout
en me soumettant au destin comme il convient à un honnête homme,
je formule cependant une secrète prière : surtout pas de longue maladie, pas de misère physique qui paralyse mes facultés de création.
Mourons sous le harnais, comme dit le roi Macbeth. » (Correspondance Freud/Pfister, 6 mars 1910, p. 70) L'inhibition intellectuelle est
ici liée à une cause extérieure, la maladie physique, mais c'est d'une
souffrance par la pensée qu'il est question et celle-ci apparaît comme
le mal par excellence.

Nous voici ramenés à l'investissement passionnel par le biais de
la souffrance du manque. Lorsqu'il s'agit de drogue, de jeu de hasard

ou d'asservissement passionnel à un autre, le risque qu'entraîne cette souffrance est plus grand, parce que l'objet se trouve propre à entraîner le sujet vers un processus d'accroissement où il n'est pas seul maître de la situation. Mais d'autre part, l'objet drogue ou le jeu sont relativement plus faciles à se procurer que ne le sont parfois les idées pour celui qui investit passionnément sa propre activité de pensée, car celles-ci ne dépendent que de la faculté de création du sujet lui-même qui ne peut dès lors s'en prendre à un autre lorsque celle-ci lui fait défaut. Les autres jouent tout au plus un rôle de facilitation ou d'empêchement momentané vis-à-vis d'une réalisation dont le sujet sait qu'il demeure capable, même s'il en est éloigné du fait de circonstances trop défavorables. Le processus sublimatoire est précisément ce qui le défend dans une certaine mesure contre le risque de souffrance du manque vis-à-vis duquel il serait sinon totalement démuni. Il rend possible une transposition des investissements dans une négociation avec les instances idéales qui permet de ne pas donner trop de prise à l'inhibition. Toutefois ce processus n'est jamais suffisant à garantir le sujet contre de telles éventualités et le fait que certains aient à l'occasion recours aux toxiques, ainsi que Freud l'avait fait lui-même, dans le but de délivrer leur pensée de l'inhibition marque assez combien cet investissement sublimé de l'activité intellectuelle peut se trouver pris dans les rets d'une relation passionnelle.

## 4

## Se réfléchir en soi-même

La relation entre le scopique et le spéculatif est, au moins en français, inscrite dans le mot « savoir », à moins qu'on ne veuille user de calembour et y mettre aussi quelque résonance spéculaire dans un « s'avoir »... Plus subtile serait la relation du savoir à ce qui en met « plein la vue », qui comble le visuel pour mieux paralyser la pensée. La vision séduite ou intimidée par l'objet traumatogène est à l'opposé du regard perçant qui focalise son rayon sans se laisser déborder par ce qui environne. Du scopique au spéculatif, le chemin n'est pas direct loin de là et nécessite au contraire une dérivation pulsionnelle et un effort constant pour le soutenir. Nous tenterons d'en retracer l'origine.

La découverte de l'autre sexe est déterminante quant à l'émergence du sentiment de l'étranger qu'on ne saurait éprouver qu'au sujet de celui ou celle qui, néanmoins, vous ressemble. Incrédulité, « stupeur » « terreur » dira Freud, curiosité en tous les cas, ces affects sont à la base de l'activité de connaissance mais ne sont-ils pas aussi liés à ce sentiment du Beau que Freud a toujours déclaré psychanalytiquement inabordable ? Cette question nous fera passer de l'objet de la pulsion scopique à son but, sous cette forme particulière que Freud qualifie de « préliminaire ».

Pour Freud, la nature génitale de l'objet semble suffire à déterminer la pulsion scopique indépendamment de sa source. Plus significative encore est la relation qu'entretient cette pulsion avec un objet investi et absent car elle se trouve, par rapport aux autres pulsions,

dans un rapport tout à fait privilégié avec la découverte de la différence des sexes et la castration. Le regard de l'enfant, qui vient d'abord
redoubler le plaisir masturbatoire en se portant vers l'organe génital,
se tourne vers celui des autres à fin de comparaisons. Or il s'agit là
d'un plaisir indexé à un *savoir* puisque la comparaison ne peut ajouter au plaisir qu'en se rapportant au mécanisme de la curiosité qui
vient non pas multiplier le plaisir mais s'assurer par la connaissance
d'une certaine forme d'emprise. En ce sens Freud, en qualifiant la pulsion scopique de pulsion portant l'enfant à rechercher dès le début
d'autres personnes comme objet sexuel, ne peut justifier le passage de
la pulsion scopique auto-érotique à sa forme objectale que par le biais
d'une activité de la psyché qui s'apparente déjà au savoir : la comparaison qui implique la mise en rapport d'une représentation de soi et
de l'autre. Mais la perspective se fait beaucoup plus précise : ce n'est
plus seulement l'organe génital de l'*alter ego*, du petit camarade qui
est l'objet de l'investigation de l'enfant, mais celui de la mère. Ce n'est
pas la comparaison au sens d'un intérêt théorique qui motive alors le
désir de voir, mais le plaisir que l'enfant peut attendre du pénis supposé de la mère, jouissance dont Freud à plusieurs reprises rappelle
la liaison avec celle de la succion du sein. Attente, comme en témoigne le petit Hans, d'un organe génital bien plus fascinant que le sien
puisqu'il est à la fois tellement plus grand et capable d'être l'agent
d'actes érotiques qu'il devine.

D'autre part, selon Freud, le désir de voir se rapporte directement
à la menace de castration à laquelle l'enfant ne croit pas tant qu'elle
lui est seulement énoncée par l'adulte (voir la réponse ironique de
Hans à sa mère) et que la vision du sexe de la petite fille vient certes
renforcer mais non rendre croyable puisqu'il peut se rassurer en se
disant qu'elle ne l'a « pas encore ». Ce que vise ardemment la pulsion
scopique de l'enfant, c'est cet objet phallique inexistant qui viendrait
le garantir contre l'épreuve de la castration. C'est en ce sens qu'il faudrait entendre le « besoin de comparer » dont il nous est dit qu'il est
le « motif déterminé » de la composante active du voyeurisme lorsqu'il
se tourne vers l'adulte. « Le Moi est toujours l'étalon grâce auquel on
mesure le monde ; c'est par une comparaison constante avec soi-même
qu'on apprend à le comprendre » (1909 b, p. 169). Formulation qui
induit une sorte de télescopage de la pulsion de voir avec le désir de
savoir. La pulsion de voir, lorsqu'elle se trouve ainsi dans la dépendance du besoin de comparer, passe du côté des intérêts du Moi, processus que la sublimation ne fera qu'accroître et qui pose la notion de

castration dans sa dimension narcissique comme ce qui risquerait de manquer au Je pour qu'il puisse continuer d'être aimé et désiré.

L'objet du voyeurisme actif est donc tout d'abord l'organe génital du petit enfant puis celui de l'adulte mais surtout le pénis de la mère ou plus précisément son pénis fantasmé. La pulsion de voir subit ainsi de manière directe l'impact de la castration la plus radicale puisque son objet privilégié se révèle absent. La constatation de cette absence transforme souvent, nous dit Freud, cette ardente aspiration en son contraire et fait place au dégoût (1910 c, p. 73). Qu'une telle réaction ne soit pas constante, même si Freud en atteste la fréquence, aurait de quoi surprendre si l'on ne savait pas que le processus du déni est précisément là pour compenser la perception visuelle de l'absence. Compenser et non pas empêcher ou balayer : la perception visuelle acquise demeure et les processus psychiques engagent une action énergique pour éviter le retrait total de l'intérêt de la pulsion de voir et son rabattement sur une position auto-érotique et homosexuelle. Ce déni porte sur la reconnaissance du caractère contradictoire des deux représentations suivantes : celle du pénis de la mère auquel l'enfant persiste à croire et celle de la réalité de la conformation maternelle, perception qui demeure néanmoins, même si elle porte sur l'observation des petites filles extrapolée à une représentation imaginaire du sexe de la mère.

Freud formule tout d'abord de manière générale la modification relative à l'objet, en l'occurrence le pénis maternel : « Quelque chose d'autre a pris place, a été désigné pour ainsi dire comme substitut et est devenu l'héritier de l'intérêt qui lui avait été porté auparavant » *(ibid.).* La dernière impression, le dernier moment au-delà duquel l'enfant n'a plus pu croire à son illusion, l'objet vu l'instant d'avant le traumatisme contribuent à constituer ce monument — substitut qui permettra au fétichiste de rester toujours en deçà de la castration faute de pouvoir opérer la dérivation sublimatoire qui poserait le savoir sur l'absence comme substitut de l'objet.

L'aspect temporel de la description, si on le métaphorise en un « en deçà » et un « au-delà » plus général, donne bien la mesure de la perversion fétichiste par rapport au dépassement « normal » de cet effroi. Il semble probable qu'un refoulement et donc un oubli relatif, tant des perceptions visuelles déplaisantes que du désir de voir lui-même, doivent entrer en jeu, comme c'est le cas pour Hans qui nie ce qui concerne les organes génitaux des grands animaux, la connaissance qu'il a de leur aspect et même son désir de les observer.

La position sublimatoire fera dès l'origine l'économie d'un tel refoulement, en suivant une voie analogue à celle du fétichisme. Par contre, la détermination du substitut ne conservera pas comme le fétichisme une relation figée au moment « en deçà » de la révélation de l'absence, mais au contraire fera de cet objet fanstasmé et de son absence conjuguée, non un « monument » du passé mais un horizon du devenir.

On a pu dire que l'attitude esthétique n'est pas éloignée de l'attitude perverse dans son rapport à l'illusion. J. Clavreul notamment (1967) montre combien le pervers, dans son affirmation qu'il n'y a eu pour lui ni illusion ni désillusion du côté de son désir et de son savoir, se rapproche du risque psychotique d'établir un savoir absolu, hors du temps. Risque qu'il évite en reconstituant ailleurs le champ de l'illusion dans une activité et un savoir de portée limitée en ce qu'ils sont essentiellement marqués du sceau de l'inutile et valorisés par cela même. L'esthète également se met en position de n'être jamais dépourvu, à condition de pouvoir se tenir dans le champ de l'illusion. Comme le fait remarquer Clavreul à propos du pervers, la nécessité qui le contraint à se mouvoir dans l'inutile l'oblige à briller d'un éclat particulièrement vif aux yeux de ceux qui l'observent et qu'il doit éblouir. Il lui faut se trouver confirmé dans la valeur de son objet et surtout dans le fait qu'il entretient avec lui une relation privilégiée à tout instant, à la demande.

En envisageant ce qui apparente le *Schaulust* à un plaisir préliminaire, on ne considère que le but actif de la pulsion de voir et non la situation où le sujet regardant peut être également vu, retournement qui est cependant au centre de la problématique de la pulsion scopique. Je limiterai cette vaste question à un aspect qui a une relation directe avec la place de la pulsion scopique dans la pulsion épistémophilique : la manière dont s'assure l'emprise du sujet sur son objet dans la double relation voir et être vu.

Les différentes formes, réfléchie (auto-érotique), active et passive de la pulsion de voir peuvent chaque fois être rattachées à un type d'emprise sur l'objet. Désirer voir ce qui est à l'origine de la sensation de plaisir découverte par la masturbation, est une manière de s'assurer que la source de plaisir existe et qu'on la domine, c'est-à-dire à la fois que l'on maîtrise l'excitation qu'elle procure et que l'on a une emprise sur son objet. La vue ici confirme et élabore ce qui a été acquis dans la maîtrise manipulatoire, le plaisir de voir est alors second par rapport au plaisir masturbatoire, il en prolonge la jouissance et l'intègre dans un processus de reconnaissance.

L'aspect d'emprise est encore beaucoup plus net lorsque l'activité de regarder n'est pas réfléchie mais dirigée vers le corps de l'autre. La curiosité sexuelle s'apparente ici au désir de s'assurer sur l'autre une emprise analogue à celle que vise le sujet sur son propre corps. L'exhibitionnisme passif ne semble pas répondre aux mêmes buts et pourtant le plaisir d'être vu n'est tel que s'il procède du désir actif de montrer. L'exhibitionniste s'assure par personne interposée qu'il y a bien quelque chose à voir et la relance du processus est précisément soutenue par l'absence de maîtrise dans l'angoisse de castration. D'autre part, par le biais du défi ou de la séduction, l'exhibition entre dans une visée de fascination ou de victoire sur l'autre[1]. Le *Schaulust* renverrait donc toujours à une opération d'emprise, soit sur le corps propre soit sur celui de l'autre, les deux processus se jouant dans un rapport spéculaire. En revanche, l'exhibitionniste dépossède de son activité celui ou celle qu'il provoque à voir, puisqu'il lui dénie le pouvoir de voir autre chose que ce qu'il montre. Il est « celui qui sait » devant l'autre qui ne sait pas, et lui impose une jouissance. Le sens passif de l'exhibitionnisme (« être regardé ») ne doit pas faire oublier qu'au-delà de l'apparence, seul est véritablement passif celui qui prête son regard, séduit ou contraint par les circonstances.

Lacan (*Du regard comme objet a*, *Le Séminaire*, XI), à propos du regard du sujet, rappelle que si le monde peut nous apparaître comme omnivoyeur car le sujet, qui ne voit que d'un point, est néanmoins regardé de partout, il n'est cependant jamais exhibitionniste (au contraire des images du rêve où le « Ça montre » vient en avant) en ce sens qu'il ne provoque pas notre regard sauf dans les conditions où naît alors le sentiment d'étrangeté. En fait, une telle provocation est le propre de tout spectacle fascinant ou horrible. On peut considérer que l'*Unheimliche* est au fondement du risque traumatique mais il n'est pas pour autant présent comme sentiment à chaque fois. On trouve dans les *Carnets* de Léonard de Vinci un témoignage de la manière dont celui-ci a pu combattre le risque d'une résurgence de l'étrange lié à l'incomplétude de la forme[2]. Il recommande comme

1. Freud envisage également une visée de l'exhibitionnisme entièrement tournée vers le voyeurisme chez des « exhibitionnistes qui montrent leurs parties génitales pour qu'on leur en montre autant » (*Trois essais sur la théorie de la sexualité, op. cit.*, p. 42).
2. Cf. les multiples expressions de la langue anglaise pour désigner l'*Unheimliche* : L'*Uncanny* exprime directement la situation de traumatisme à laquelle le sujet n'a pas eu le temps de se préparer et se trouve brusquement confronté ; il s'oppose au *canny* évoquant l'attente réflexive la circonspection ou la sagacité. Le *Unwholesome* rend la même idée en renvoyant cette fois directement non seulement à la situation traumatique mais à l'objet qui la cause, objet incomplet et donc menaçant.

« utile pour stimuler l'esprit à diverses inventions » de s'efforcer, lorsque l'on regarde un mur maculé de taches ou composé de pierres de nature variée, de ramener à des formes nettes et complètes les ébauches qui y apparaissent confusément, composant ici un paysage, là des silhouettes en action, une bataille, etc. (Eissler, p. 234). Ce conseil, qui se rattache à la vigilance compulsive qui semble avoir été propre à Léonard, peut être compris comme une mesure de défense préventive contre l'irruption traumatique d'images insupportables. Eissler note l'importance du processus projectif pour ancrer dans la perception les fantasmes flottant librement sous la poussée du refoulé dans la mesure où l'imagerie projetée est moins susceptible de sortir de ses liens.

L'ébauche incomplète peut donner lieu à n'importe quelle fantasmagorie, y compris la plus inquiétante, tandis que l'activité projective s'applique ici à clore et à définir, donc à sortir de l'incertitude.

Si le monde est susceptible d'exhibitionnisme, c'est au sens où il déconcerte le sujet qui n'y retrouve pas sa maîtrise intellectuelle consciente, mais se heurte aux anciennes croyances animistes désormais refoulées. L'incertitude intellectuelle naît alors du vacillement du jugement devant l'évidence sournoise de convictions renaissantes que l'adulte croyait surmontées. Et c'est bien de l'emprise, par le moyen de la vue sur un monde susceptible d'exhiber un spectacle qui provoque le retour traumatique du refoulé dont nous parle Léonard, tant dans ses conseils au peintre que dans les passages fameux des *Carnets* où il s'extasie sur la puissance du regard. L'inquiétante étrangeté est précisément liée à cette capacité de percevoir le danger interne pulsionnel par lequel le Moi est menacé de désorganisation comme s'il venait de l'extérieur, d'un spectacle qui provoque et fascine le regard qui n'arrive pas à y cerner une forme par laquelle le jugement assurerait son emprise. Lorsque Léonard compare l'aveugle à un « homme enterré vivant dans une tombe où il pourrait se mouvoir et survivre », il affirme une équivalence entre vivre et voir qu'Eissler interprète en termes d'une obligation pour Léonard de se garder de l'effet traumatique d'un afflux de stimuli par une vigilance constamment soutenue et un hyperinvestissement de la vue.

L'inquiétante étrangeté, qu'il s'agisse de sa propre image aperçue par hasard ou d'un personnage (Coppola — Coppélius — l'homme au sable) qui est le même à travers divers déguisements ou s'avère vivant lorsqu'on le croyait mort, renvoie toujours à l'aveuglement vis-à-vis d'une chose sue et méconnue qui revient de l'extérieur. En ce sens, la vision et la clairvoyance assurent une protection privilégiée contre ce type de menace. Si le sujet, regardé de partout par un monde omni-voyeur, ne voit lui-même qu'à partir d'un point, c'est bien à un déséquilibre de ce type et à ce qu'il peut représenter de menace que vient s'opposer ce passage bien connu des *Carnets* où Léonard parle de l'œil : « Qui pourrait croire qu'un espace si petit pourrait contenir des images de tout l'univers ? Ici les silhouettes, ici les couleurs, ici toutes les images de l'univers sont réduites à un point. Là sont les miracles qu'il puisse recréer et reconstituer par son grossissement des forces déjà perdues, mélangées entre elles dans un si petit espace. » (Mac Curdy, p. 238, CA , 345, *cit.* Eissler, p. 235)

Voir est pour Léonard en relation directe avec savoir dans la mesure où, comme on l'a souvent fait remarquer, la science pour lui repose avant tout sur l'observation exacte, mais demeure limitée à la capacité de représenter visuellement un problème, cette représentation devenant l'équivalent d'une preuve scientifique. Dans sa passion d'observation, Eissler souligne particulièrement le lien entre vision et représentation, allant jusqu'à écrire que son œil et sa main étaient unis dans une unité centripète-centrifuge (p. 232), le flot de ses perceptions visuelles étant retransmis immédiatement en dessins, esquisses, etc. Si cette nécessité de retraduire le perçu peut être commune aux artistes et aux créateurs en général, il est frappant de constater que Léonard n'avait que la vue pour ce faire, allant jusqu'à conseiller aux anatomistes de ne pas s'encombrer de mots sauf s'ils s'adressaient à un aveugle. La représentation visuelle constituait donc pour lui non seulement le moyen de s'assurer une connaissance vraie des choses, mais aussi celui de la communiquer. Représentation qui pouvait s'avérer tout à fait différente dans le cas des diagrammes et des esquisses de celle de la représentation picturale proprement dite.

Réciproquement, cette capacité de la vue d'assurer une emprise sur l'objet donne à la cécité la valeur d'une castration. Comme il l'écrit : « Puisque l'œil est la fenêtre de l'âme, cette dernière est *toujours* dans la crainte d'en être privée. » Freud a souligné l'équivalence symbolique entre les yeux et les organes génitaux[3] et d'autres, comme

---

3. Cf. par exemple dans « Le problème économique du masochisme », *op. cit.*, p. 90, « La castration *ou le fait de rendre aveugle qui la représente*, a souvent laissé dans les fantasmes sa trace négative : aucun dommage ne doit alors arriver précisément ni aux organes génitaux, ni aux yeux ». Comme le fait remarquer Didier Anzieu, la découverte du rôle de la scène primitive de Freud dans son auto-analyse s'est faite autour de plusieurs rêves dont un, « Mon fils le myope... » (janvier 1898), réalise à la fois la défense (tu perdras la vue si tu regardes ce qui est défendu) et le désir (les myopes ont besoin de s'approcher pour mieux voir). Cf. le commentaire de ce rêve par D. Anzieu in *L'auto-analyse de Freud*, I, *op. cit.* (cf. aussi les rêves de Rome vue de loin, dans la brume, etc. et les « beaux yeux » dans le rêve de la table d'hôte).

Ferenczi[4] ont insisté sur la même idée à partir de l'idée de vulnérabilité et fait que la place des yeux dans le visage permet de les assimiler par transposition aux testicules.

K. Eissler fait justement remarquer que pour Léonard la vue assure aussi bien l'emprise sur le monde que la maîtrise de l'excitation : « Il est nécessaire de supposer que des contenus inconscients peuvent être tenus à l'écart de la conscience sans que le mécanisme du refoulement soit pleinement développé, essentiellement en concentrant toute l'énergie disponible sur des contenus externes. Cet hyperinvestissement de la réalité externe peut empêcher l'intrusion de contenus qui ont composé le refoulé. »

La vision se présente donc à la fois comme l'ouverture par laquelle le traumatisme peut survenir[5] et comme ce qui permet de déplacer les investissements de manière à éviter l'enfermement dans le retour du refoulé. Ces perspectives se rapprochent de ce qu'écrit Anton Ehrenzweig à propos de la mise en disponibilité de la perception interne et externe, condition pour que la ressaisie s'opère en dehors des cadres ordinaires de la perception. « La créativité garde des relations étroites avec le chaos du processus primaire — que nous ayons alors le sentiment d'un chaos ou bien d'un ordre créateur élevé, cela dépend entièrement de la réaction de nos facultés rationnelles. Si elles sont capables de laisser leur contrôle dériver de la focalisation consciente au *scanning* inconscient, la disruption de la conscience se fait à peine sentir. Le passage à vide momentané est oublié au moment où l'esprit créateur remonte à la surface avec une pénétration fraîchement acquise. Si au contraire les facultés de surface font une réaction de rigidité défensive et s'obstinent à juger les contenus de la différenciation à partir de leur propre foyer restreint, alors l'imagerie de la visualisation profonde, qui s'éparpille davantage sur des bases plus larges, nous laisse une impression de vague et de chaotique. » (A. Ehrenzweig, *L'ordre caché de l'art*, p. 69)

Il s'agit là d'une vision, mais au sens métaphorique d'une vision intérieure et de ce fait inapte à la saisie par le langage. La rigidité défensive n'est telle qu'à protéger le sujet contre le risque de se laisser fasciner par ces expériences et de ne plus parvenir, comme un plongeur ivre des profondeurs, à refaire surface dans ses pensées.

---

4. Cf. Ferenczi S., Le symbolisme des yeux in *Œuvres complètes*, II, *op. cit.*, p. 6 sq.

5. « Mais l'hyperinvestissement des organes des sens, la vigilance constamment soutenue à l'égard des plus infimes modifications et détails du monde extérieur ne fournissent cependant pas un gardien fiable contre un traumatisme potentiel. L'afflux des stimuli peut, malgré tout, créer dans l'appareil psychique un surcroît d'excitation, à moins d'avoir sous la main des contremesures », *ibid.*

Mais cette métaphore est peut-être elle-même trop facile et porteuse de la représentation qu'il y aurait un dedans sinon connaissable, du moins accessible.

L'expérience de l'endormissement mais aussi, de manière plus exceptionnelle, celle de l'anesthésie ou de l'événouissement, constitue une sorte de base tangible pour cette idée d'une plongée intérieure dans un monde silencieux, disponible et auto-suffisant. Les processus secondaires et la réalité dans son ensemble peuvent dès lors apparaître dans la plus classique tradition idéaliste comme une apparence moins « réelle » que l'autre et surtout comme des entraves pour y parvenir. Retrouvailles du paradis perdu de l'évidence ou bégaiement répétitif condamné à l'affirmation stérile « Ici, il y a », nous en avons déjà évoqué la question[6]. A la métaphore longitudinale d'un vecteur allant de la surface à la profondeur, on préférera donc une métaphore horizontale : celle d'une surface sableuse parcourue d'inscriptions variées issues elles-mêmes de regroupements de grains de sable en fonction de la nécessité interne de chaque figure.

La plongée précédemment évoquée s'apparenterait davantage à un brouillage momentané des traces dû à des secousses de cette surface et l'arrêt du mouvement provoquerait à nouveau la reconstitution, en quelque sorte élastique, de ces inscriptions mais sous une forme modifiée, certaines ayant disparu, de nouvelles les ayant remplacées et l'ensemble se trouvant donc soumis à une autre « gestalt ». Car il ne saurait y avoir de vision qu'avec ce qu'en feront les mots et les pensées. Le fantasme d'aller pêcher quelques géniales intuitions infra verbales témoigne seulement d'une conception de l'activité rationnelle qui l'imagine comme un carcan et non comme dans un fonctionnement vivant à la manière d'une respiration qui ne saurait se contenter de l'inspiration mais doit aussi avec l'expiration permettre une organisation.

Lorsque Spinoza écrit : « Les yeux de l'esprit par lesquels il voit et observe les choses sont les démonstrations elles-mêmes » (*Ethique* V-pr. XXIII, scolie) il reprend en fait cette métaphore spontanée que retrouvera Rimbaud avec l'image du « voyant » mais il l'intègre dans le processus de connaissance au lieu de lui opposer. [Lettre à P. Demeny, 15 mai 1871, p. 250.]

Cette opposition, presque cette lutte, contre l'emprise des processus secondaires est une illusion idéalisante si on perd de vue qu'il s'agit d'une opération transitoire qui prélude à un travail d'élaboration où

---

6. Cf. chapitre 1, « Le paradis perdu de l'évidence ».

la modalité de l'emprise est d'autant plus nette que le chaos a été plus profond et les formes dans lesquelles le créateur l'utilise, plus neuves.

La passion dont font preuve les créateurs de formes ou de mots vis-à-vis de tels exercices de dépossession des mécanismes de défense habituels de la psychè, n'est pas sans lien avec cette hardiesse que Freud trouvait en Léonard.

Il ne s'agit évidemment pas d'un trait de caractère inné chez certains sujets qui seraient doués d'une énergie particulièrement intense, mais d'une *liaison* qui s'établit dès l'enfance entre des buts préférentiels et l'énergie de la pulsion sexuelle en général. Cette liaison à moindre degré existe toujours puisque, comme nous l'avons vu, le premier objet de l'investigation est toujours sexuel, mais le fait particulier et déterminant ici est le *renversement* qui s'effectue entre une tendance dominante au service de la sexualité, et une tendance dominante qui a pris la sexualité à son service.

Cette diposition trouve son origine, selon Freud, dans l'histoire œdipienne du sujet et la relation privilégiée d'un enfant avec sa mère en constitue un premier élément. On sait que Freud a relevé dans sa propre auto-analyse l'importance de ce fait noté dès le début de son œuvre : « J'ai remarqué que les personnes qui se savent préférées ou distinguées par leur mère apportent dans la vie une confiance particulière en elles-mêmes et un optimisme inébranlable, qui souvent paraissent héroïques et mènent vraiment au succès[7]. »

M. Besdine a insisté sur l'importance de cet élément pour les futurs créateurs (Complexe de Jocaste, maternage et génie, in *Psychanalyse du génie créateur*) et le cas de Léonard en constitue un exemple. L'autre élément de la situation œdipienne serait relié à la capacité, à la fois de reconnaître l'interdit paternel et d'adopter une attitude active de transgression, toutefois déplacée quant à son objet. Le souvenir d'enfance que Freud retrouve au cours de son auto-analyse, en même temps qu'il interprète le sens du rêve « Mère chérie et personnages à becs d'oiseaux » en est une illustration. L'attitude active qui se manifeste par le défi consistant à uriner dans la chambre de ses parents en leur présence se prolonge devant la malédiction paternelle (« Ce garçon ne fera jamais rien ») en démentis successifs que la

---

7. Cf. *L'interprétation des rêves, op. cit.*, p. 342, idée à laquelle il tient puisqu'il la reprendra à peu près dans les mêmes termes, dans « Un souvenir de Goethe » (in *Essais de Psychanalyse appliquée*) : « Quand on a été sans conteste l'enfant de prédilection de sa mère, on en garde pour la vie ce sentiment conquérant, cette assurance du succès qui, en réalité, reste rarement sans l'amener. »

réussite ultérieure de Freud vient apporter[8]. De même, la « hardiesse » de Léonard lui paraît reposer sur cette révolte contre son père qui fut la condition infantile de son œuvre d'investigateur. Notant sa capacité de rejeter l'imitation des Anciens et l'autorité en général en matière de savoir, il précise : « Il ne l'aurait pas pu s'il n'avait appris dès l'enfance à renoncer au père. » (1910 c, p. 30)

Nous trouvons dans le cas de Léonard un témoignage particulièrement intéressant de ce prolongement sublimatoire de la hardiesse de l'investigation face à l'interdit de voir. Il s'agit de son œuvre d'anatomie, où la curiosité infantile à l'endroit du contenu du corps maternel, et en particulier de cette figure fantasmatique que Mélanie Klein appelle les « parents combinés », se prolonge directement dans l'investigation du corps humain.

Kurt Eissler fait remarquer le courage dont devait être animé l'anatomiste à l'époque de Léonard et il cite deux passages des *Carnets* qui sont particulièrement éloquents à cet égard. Dans l'un, Léonard s'adresse à un interlocuteur fictif et lui décrit la difficulté du travail de dissection : « Malgré l'intérêt qui te possède pour ce sujet, tu peux en être détourné par un dégoût naturel, ou, si cela ne t'en détourne pas, alors peut-être par l'effroi de passer les heures de la nuit en compagnie de ces cadavres découpés, écorchés et horribles à voir, et si cela ne t'en détourne pas, peut-être te manquera-t-il le don graphique nécessaire à une telle représentation. » (Vangensten *et al.*, *op. cit.*, vol. I, p. 35, *in* Eissler K., *op. cit.*, chap. 14) Un autre passage des *Carnets* fait état d'un fantasme où Léonard se retrouve à l'entrée d'une énorme caverne ignorée de lui et qui le laisse à la fois fasciné et terrifié : « Et après être resté ainsi un moment, soudain deux émotions naquirent en moi, la peur et le désir, peur devant la sombre et menaçante caverne, désir de voir s'il ne pouvait y avoir quelque merveille à l'intérieur. » (Mac Curdy, *op. cit.*, p. 227, BN 155, *in* Eissler K., *op. cit.*, chap. 14) Le fantasme de scène primitive et l'attitude positive et hardie de l'enfant qui se prolongent dans la passion adulte de l'investigation ne sauraient mieux se trouver résumés que dans ces quelques lignes.

Ce récit, qui se présente comme une notation biographique ne per-

---

8. L'insistance de Freud sur le facteur chronologique est importante. Comme il l'écrit dans les *Trois essais sur la théorie de la sexualité* : « La précocité sexuelle va souvent de pair avec la précocité intellectuelle, et comme telle se retrouve dans l'enfance des individus les plus éminents. Dans ce cas elle ne paraît pas être pathogène au même titre que lorsqu'elle est isolée », *op. cit.*, p. 160.

mettant pas de le situer comme souvenir, fantasme, rêve ou même parmi ces récits de voyages ou d'événements imaginaires dont Léonard était coutumier, figure de manière symbolique la curiosité de Léonard devant une scène obscure et énigmatique. La présence du pénis caché dans l'antre maternel n'y est pas représenté sinon comme ce que dessine le désir de voir. Objet phallique qu'il faudrait aller chercher en pénétrant dans la sombre caverne, il serait ce qui aimante le désir de voir et ici la vue fonctionnne comme mandant d'un désir plus primitif de pénétration. La précision de la description montre le corps tout entier tendu dans l'acte de voir, ramassé, maintenu en appui d'une main tandis que l'autre recrée par sa forme d'écran une luminosité qui puisse permettre à la vue de s'accommoder à l'obscurité de la caverne ; tout, jusqu'au balancement latéral qui accompagne le regard scrutateur, représente une pénétration dévolue au désir de voir. Or ce qui est frappant dans cette scène est précisément la manière dont le « Schaulust » est figuré non pas comme résultant d'une contemplation mais dans l'émotion de l'énigme. En ce sens la scène en elle-même constitue une représentation de l'énigme, mais non une « solution » ou une réponse au sens où le feront les diverses théories qui tourneront autour de la masse fantasmatique, en saisissant des aspects partiels, un peu comme le regard réorganise un ordre qui lui permet de ne pas se trouver submergé par le tableau ou la scène.

Si la pulsion scopique est présente dans le désir de savoir c'est parce que celui-ci dépend à l'origine de la figuration de la scène primitive. Mais si ce voir se prolonge en désir de savoir, c'est parce que la scène primitive ne se donne jamais que comme énigme, masse fantasmatique qui submerge la capacité de traduire en mots. Cette difficulté du mot à rattraper et à cerner l'image est à l'origine de toute espèce de théorie dans la mesure où celle-ci se constitue précisément comme construction destinée à occuper la place manquante de ce qu'aurait dû être la traduction littérale de l'observation. Elle confère son caractère définitivement inconscient à la dite scène, assurée de ne jamais trouver dans l'association avec les représentations verbales correspondantes de quoi clore le processus, et vient au contraire relancer la tentative inépuisable d'une emprise verbale sur l'image. La pulsion de savoir se résume dans cette entreprise de substitution des mots aux images qui implique de pouvoir conserver l'image dans son irréductibilité première et chercher à l'infini les mots qui puissent non seulement la rendre visible pour d'autres mais aussi la fixer pour soi sous une forme accessible dans le symbolique. L'appropriation du voir dans l'opération de maîtrise propre au savoir est d'emblée une sublimation parce que celle-ci ne se définit pas par une qualité élevée ou « socialement valorisée » de son objet mais par un processus qui permet au but de se transformer en jouissance non de l'objet mais de cette quête par où l'objet se dessine comme visée. Cela suppose néanmoins au point de départ que le fantasme de la scène primitive ait été la mise en scène d'une situation source de plaisir pour le sujet, même si elle conserve le caractère d'une énigme. Ce à quoi le sujet resterait fixé ne serait pas l'objet-scène en lui-même mais l'attitude et le plaisir induits en lui par la scène. M. Klein illustre cette distinction importante avec l'exemple du « souvenir d'enfance » de Léonard. L'identification, propre au fonctionnement et à la formation du symbole, entre le mamelon le pénis et la queue de l'oiseau fut, écrit-elle, « absorbée dans l'intérêt pour le mouvement de cet objet, pour l'oiseau lui-même, son vol et l'espace dans lequel il volait[9]. Ce n'est pas la situation source de plaisir qui demeure seule fixée, mais l'énigme qui l'entoure. Le sujet se propose désormais, afin d'en jouir, la recherche des mots pour exprimer l'indicible, d'images pour figurer l'irreprésentable. Quête qui si elle se formulait telle serait vaine et aboutirait soit à l'inhibition absolue, soit à quelque transcendance mystique. Il faut donc que s'effectue ce déplacement qui, de l'énigme de la jouissance, va permettre au sujet à la fois de soutenir sa recherche sans jamais la voir manquer d'objet et de lui trouver un objet, faute de quoi elle se transformerait en un processus d'emprise obsessionnelle du sujet sur sa propre pensée.

Dans ce cas en effet la scène primitive ne constitue pas l'origine du questionnement mais elle en est l'objet même, c'est l'énigme de la jouissance qui est inlassablement répétée[10] en même temps que le questionnement s'épuise à maîtriser l'élément pulsionnel vis-à-vis duquel il fait écran. La sublimation consiste en cette position particulière qui conserve la présence d'une image énigmatique et investie, mais opère par rapport à elle un retournement par où elle cherche non pas à continuer d'en jouir dans des substituts mais à trouver la cause de la jouissance et de la souffrance qui s'y attachent.

Lorsque la pulsion scopique se sublime pour soutenir le travail

9. M. Klein, « L'analyse des jeunes enfants », in *Essais de psychanalyse*, p. 121, Payot, 1968.

10. Cf. Piera Aulagnier, « Le " désir de savoir" dans ses rapports avec la transgression », in *L'Inconscient*, n° 1, janvier-mars 1967. « ... La sublimation du rapport sujet-savoir présuppose que le sujet accepte de reconnaître que tout nouvel objet de savoir ne peut le renvoyer qu'à un nouveau non-su, que le champ du savoir ne peut obtenir le sceau de la vérité que pour autant qu'il préserve ce manque. »

de l'investigation discursive, elle semble abandonner ses caractéristiques et se métaboliser en un élément d'un ensemble qui la dépasse. Tel n'était pas le cas de la « science visuelle » de Léonard de Vinci, à qui les historiens ont fait le reproche de n'avoir pas su atteindre un niveau véritablement théorique et d'être restée prisonnière du descriptif. Toutefois la « science visuelle » est loin d'une simple reproduction d'observations empiriques, car son but est la reconstitution d'un spectacle tel qu'un œil omnivoyant pourrait le percevoir. L'objet théorique n'était donc pas pour Léonard au-delà de l'image mais c'était celle-ci qui, par sa capacité d'inclure dans un même champ une multiplicité de points de vue, s'élevait elle-même au niveau d'un objet théorique, c'est-à-dire construit. Son ambition concernant la peinture était également d'en faire un instrument d'emprise, tel qu'il aurait été capable de contenir en lui « toutes les formes qui existent dans la nature et même celles qui n'existent pas ».

L'ambition visionnaire n'est jamais absente chez tout grand créateur et la prudence de Freud à s'en défendre en témoigne. Par là se retrouve le « plaisir de voir » sous sa forme la plus intense qui est aussi celle de sa sublimation, passion, comme l'écrit Nietzsche, « d'un Moi d'une avidité sans limites qui désire tout et qui voudrait avec mille individus voir comme avec ses yeux, prendre comme avec ses mains, un Moi qui rattrape tout le passé et qui ne veut rien perdre de quoi que ce soit qui pourrait lui appartenir ».

Par « l'intermédiaire du Moi »

> *La vie quotidienne se déroule dans un autohypnotisme,*
> *elle est vécue selon les lois de la vie, dans l'enchaînement*
> *temporel de la vie, avec cette viscosité qui caractérise la vie*
> *sans pensée, la vie sans effort de pensée.*
>
> (Bachelard, *Le rationalisme appliqué*, p. 26).

Bachelard souligne ici ce qui constitue l'opposition à la fois la plus forte et la plus évidente à la notion de plaisir de pensée, le fait que la vie par ses rythmes propres puisse constituer la pensée comme une rupture et donc comme un effort. Chacun sait d'expérience que « se laisser vivre » implique une foule d'activités diverses tendant à la conservation et à l'aménagement des conditions jugées favorables à un tel état. Il n'y a pas d'avantage d'absence d'activité de pensée ou alors au prix d'un effort tout aussi considérable que celui de la pensée elle-même comme le montrent les théoriciens du « démantèlement autistique », (cf. chap. 2, p. 76).

La pensée du quotidien se moule sur la succession des exigences à court terme venues de la réalité, l'attention requise est continue mais elle est limitée soit dans l'espace, lorsqu'elle est liée à une machine par exemple, soit dans le temps. Cela ne signifie pas qu'il n'y a pas là aussi un effort mais il peut bénéficier du relais de l'habitude et des divers automatismes acquis, précisément pour ne pas avoir à penser.

Je limiterai donc la notion d'effort de pensée à la spéculation intellectuelle dans son double lien au fantasme et à la théorie. Car il s'agit bien d'un « double-bind », d'une injonction contradictoire visant une même démarche mais ici, la contradiction est féconde dans la mesure où elle crée une alternance entre la diastole du fantasme et la systole de la théorie. Nous verrons plus loin comment l'autosurveillance du moi pensant est requise pour opérer la régulation de ce fonctionnement qui n'a rien de spontané. C'est d'ailleurs pourquoi on y voit de prime abord une contrainte qui s'opposerait à un plaisir où la pensée pourrait indéfiniment flotter et se détendre voire s'interdire toute représentation autre que celles qui accompagnent le mouvement de la vie dans l'instant.

Rendre compte du paradoxe tel que l'effort de pensée puisse générer du plaisir, qui ne soit pas limité à la satisfaction morale d'avoir accompli un devoir fastidieux, implique de s'interroger sur les modifications pulsionnelles qui ont permis un tel plaisir.

C'est la notion freudienne, difficile à théoriser mais néanmoins indispensable, de sublimation qui peut permettre une représentation de ce processus. Je l'envisagerai ici non pas dans le sens le plus courant où Freud en a fixé l'usage mais en fonction de l'hypothèse, qui n'intervient que dans *le Moi et le Ça*, d'une sublimation se produisant « *par l'intermédiaire du Moi* qui commence par transformer la libido d'objet sexuelle en libido narcissique pour lui assigner éventuellement ensuite un autre but » (1923 b, p. 242).

Par-là en effet il devient possible de comprendre comment la relation que le spéculatif entretient avec le spéculaire fonde un plaisir d'une nature spécifique. Même si Freud n'en vient à formuler cette hypothèse que fort tard dans son œuvre, on peut cependant en retrouver une sorte d'ébauche bien auparavant dans la relation entre ce qu'il appelait dans le premier dualisme pulsionnel les « pulsions égoïstes », correspondant à l'énergie de l'autoconservation, et le processus sublimatoire. Relation fort tortueuse et en aucun cas directe, ainsi que la lecture d'un passage d'un texte de 1912, « Sur le plus général des rabaissements de la vie amoureuse » (p. 65) peut nous en convaincre. Il y reprend des perspectives déjà développées à propos de la civilisation comme limitant les possibilités de réalisation des pulsions sexuelles et conclut en ces termes : « Ainsi semble-t-il que ce soit la différence irréductible entre les exigences des deux pulsions — pulsion sexuelle et pulsion égoïste — qui rend les hommes capables de réalisations toujours plus évoluées avec, il est vrai, un danger constant, auquel succombent actuellement les plus faibles sous la forme de la névrose. »

Les « pulsions égoïstes » qui appartiennent à la sphère de l'autoconservation concernent la sublimation mais elles ne sont pas elles-mêmes le lieu d'un processus sublimatoire car elles le provoquent directement. Le mécanisme pourrait s'analyser ainsi[11] : le désir de conserver la vie entraîne une limitation de l'agressivité et une « éducation » de la pulsion sexuelle qui apprend à tenir compte de l'existence et des désirs de l'autre, ce qui est nécessaire à tout sujet qui en exige autant pour lui-même. Ces limitations de la pulsion sexuelle entraînent une perte de plaisir en contrepartie du gain de sécurité. Elles laissent donc une part de libido vacante en même temps que s'impose le fantasme d'une satisfaction pulsionnelle complète. La sublimation s'insère précisément dans cet espace : « Cette même incapacité de la pulsion sexuelle à procurer la satisfaction complète dès qu'elle est soumise aux premières exigences de la civilisation, devient la source des œuvres culturelles les plus grandioses qui sont accomplies par une sublimation toujours plus poussée de ses composantes pulsionnelles. » La différence irréductible entre les pulsions sexuelles et les pulsions égoïstes va donc permettre la constitution d'un espace pour la sublimation. Les seules pulsions sublimables sont les pulsions sexuelles, mais cela n'aurait jamais eu lieu si les nécessités de l'autoconservation (pulsions égoïstes) n'étaient pas venues imposer les restrictions de la civilisation.

Il est intéressant de constater que le pressentiment de la voie ainsi offerte à la pulsion de mort, que Freud ne développera que plus tard, dans *Au-delà du principe de plaisir*, est déjà formulé dans ce passage : « Il faut peut-être se familiariser avec l'idée que concilier les revendications de la pulsion sexuelle avec les exigences de la civilisation est chose tout à fait impossible et que le renoncement, la souffrance ainsi

---

11. Freud ne donne pas cette analyse en 1912. C'est donc une interprétation fondée à partir d'autres textes de Freud et principalement d'*Au-delà du principe de plaisir* que nous proposons ici.

que, dans un avenir très lointain, *la menace de voir s'éteindre le genre humain* par suite du développement de la civilisation, ne peuvent être évités. » [Je souligne] (1912 d, p. 65)

Freud oppose ici les conséquences positives de l'action civilisatrice, en l'occurrence les sublimations, et ses suites négatives, l'extinction de l'humanité. Lorsqu'il reprendra, huit ans plus tard, ces réflexions, la sublimation n'aura plus la même place vis-à-vis de ce risque. Il apparaît en effet que le lien entre l'individu et la société n'est pas identique à celui qui l'unit à l'espèce humaine. Dans le premier cas une sublimation toujours plus poussée de la sexualité apparaît comme un gage de progrès, mais dans le second elle menacerait l'espérance de perpétuation de l'espèce humaine. Ces considérations dont l'aspect généralisant et prospectif laisse rêveur, pourraient en revanche être reprise à un niveau individuel dans l'analyse des investissements souvent contradictoires que la plupart des sujets doivent gérer entre la sexualité, la parentalité et les sublimations dans le cadre le plus courant, celui de la vie sociale et du travail.

En 1912, Freud est encore bien loin de l'hypothèse de la pulsion de mort, il est donc d'autant plus intéressant de le voir évoquer la mort absolue, celle de l'espèce humaine, dans la proximité de la sublimation.

Pendant tout un temps, c'est la définition d'un espace potentiel pour la sublimation qui se voit délimité. Ainsi, dans *Pulsions et destins des pulsions*, on a l'impression que Freud s'approche d'une sublimation « par l'intermédiaire du moi ».

« Une partie d'entre elles *[il s'agit des pulsions sexuelles qui commencent à découvrir l'objet]* restent associées aux pulsions du Moi tout au long de la vie et les dotent de composantes libidinales qui dans le fonctionnement normal échappent facilement au regard et ne sont dévoilées que par la maladie. Ce qui les distingue, c'est leur possibilité, dans une large mesure, de se remplacer l'une l'autre, de façon vicariante, et d'échanger facilement leurs objets. De ces dernières propriétés il résulte qu'elles sont capables de réalisations éloignées des actions imposées par les buts originaires *(Sublimation)* » (1915 c, p. 24).

De ces composantes libidinales venues s'adjoindre aux pulsions du Moi on peut tout attendre et elles ne se définissent finalement que par leur plasticité. Si elles restent proches des buts originaires sexuels, il est probable qu'elles se dévoileront tôt ou tard sous l'aspect d'une fixation narcissique pathogène, sauf si elles parviennent à élire pour objet non pas le Moi mais un substitut. Dans ce cas on se rapprocherait du cas de figure évoqué dans *Schreber* d'une alliance entre composantes sexuelles et pulsions du Moi. Mais ce sont ces mêmes pulsions qui, précisément parce qu'elles paraissent déliées de leurs attaches à un objet spécifique, peuvent aussi abandonner leur but originaire sexuel et donc se sublimer.

La vicariance des objets serait dès lors à entendre au sens d'une série indéfinie d'objets-substituts du Moi, restant dans sa dépendance au sens où ils n'auraient pour fonction que de permettre au Moi de mieux s'investir de cette part de libido soustraite à ses objets sexuels.

Un véritable remaniement de la théorie de la sublimation se situe lorsque, à l'affirmation de *Pour introduire le narcissisme* selon lequel « la sublimation est un processus qui concerne la libido d'objet et consiste en ce que la pulsion se dirige sur un autre but, éloigné de la satisfaction sexuelle vient succéder, dix ans plus tard, sous une forme pseudo-interrogative l'idée que la sublimation se produit « par l'intermédiaire du Moi qui commence par transformer la libido d'objet sexuel en libido narcissique pour lui assigner éventuellement ensuite un autre but ».

Freud présente cette hypothèse en lui donnant tout son poids puisqu'il propose d'y voir « la voie générale de toute sublimation ». Cette formulation fait suite à l'analyse de l'identification à l'objet perdu, comme manœuvre du Moi pour s'imposer à l'amour du Ça.

Toute l'argumentation repose en fait sur la contradiction entre l'impossibilité pour le Moi d'être investi par une libido sexuelle provenant du Ça et la nécessité de se proposer néanmoins comme objet substitut. On pourrait s'interroger sur les raisons justifiant ce travail compliqué qui porte aussi bien sur la libido que sur le Moi lui-même. N'aurait-il pas été plus « économique » que le Ça investisse un autre objet éventuellement ressemblant au précédent ? Mais peut-être que le Moi ne se propose pas ainsi à l'amour du Ça dans un but bien illusoire de maîtrise, mais parce qu'il n'a pas d'autre choix. L'objet perdu pour n'être pas remplaçable, sinon par ce processus complexe, doit avoir le caractère d'un objet unique, ce qui est propre au premier objet mythique, perdu mais jamais oublié. Si ce dernier soutient la série des objets-substituts, il peut aussi pour un temps s'incarner dans un objet privilégié dont la perte réactive alors ce qui avait été le mécanisme des premières identifications[12]. Reste alors au Moi à retrouver non pas l'objet mais la solution de remplacement primitivement inventée.

Cette solution n'est pas économique, nous verrons même qu'elle

---

12. Cf. ce qu'écrit Alain de Mijolla à propos des « identifications écrans » qui renvoient elles aussi aux premières identifications œdipiennes, *Les visiteurs du Moi*, 1981, p. 111.

est dangereuse, mais les modifications profondes qu'elle requiert ouvrent la voie vers ce qui serait sans cela resté en dehors des visées de la libido, c'est-à-dire les réalisations sublimées.

Le Moi ne peut attirer sur lui la libido du Ça qu'au prix de la double opération d'identification et de désexualisation. Vis-à-vis de cette dernière il procède comme quelqu'un qui voudrait transformer un courant alternatif en un courant continu de manière à pouvoir alimenter une machine, c'est-à-dire qu'il doit transformer la libido pour la rendre apte à être investie sur le Moi. A ce stade, il n'est pas encore question de sublimation à proprement parler mais seulement d'une « espèce de sublimation » (1923 b, p. 242), en fait d'une simple désexualisation. Celle-ci permet la constitution d'un stock énergétique, comme Freud l'écrit un peu plus loin : « Cette énergie déplaçable, indifférente, probablement en activité dans le Moi et dans le Ça, provient de la réserve de libido narcissique et est donc de l'Eros désexualisé » (*ibid.*, p. 258). Cette énergie n'est pas en elle-même sublimée[13] mais elle est susceptible d'alimenter une activité sublimée. La plasticité qui la caractérise lui permet en effet de ne pas être assujettie à un objet particulier tandis que l'activité sublimée en se donnant comme propriété du Moi lui-même renforce l'investissement de ce dernier et, éventuellement, le sentiment de sa valeur.

L'indice propre à cette énergie sublimée est sa capacité de déplacement et de dérivation, ce qui est compréhensible si on considère que l'objet est interchangeable puisqu'en fait il tient son sens d'être dans la dépendance du Moi. Mais cette plasticité est de plus une attestation de son appartenance à l'Eros désexualisé, tandis que les pulsions de destruction se marquent à l'inverse par leur fixité. Ces désignations ne recouvrent cependant qu'un aspect de la question car, outre le fait que Freud reviendra à la fin de sa vie précisément sur la question de la sublimation de l'agressivité, il est loin d'être net dans *Le Moi et le Ça* quant à l'appartenance de l'énergie sublimée à Eros ou à Thanatos. La transposition d'un choix d'objet érotique en une modification du Moi est, écrit-il « une voie par laquelle le Moi peut maîtriser le Ça et approfondir ses relations avec lui, à vrai dire au prix d'une grande docilité à l'égard de ce qui est vécu par le Ça » (1923 b, p. 258). En fait, le Moi bien plus qu'à un maître ressemble à « un valet obséquieux qui quémande l'amour de son maître » (*ibid.*, p. 272). Pourrait-il en effet imposer quoi que ce soit à un tel maître et en particulier

---

13. Ailleurs, Freud semble soutenir un point de vue différent en faisant de cette énergie désexualisée une énergie sublimée à cause de sa fonction unificatrice.

de changer d'objet ? Par le biais de l'identification il semble y parvenir mais, là encore, le Ça reste le plus fort. Les valeurs que le Moi investit comme ses buts sublimés les plus parfaits se ramènent aux choix originels œdipiens du Ça : « Ce qui a appartenu au plus profond de la vie psychique individuelle, la formation d'idéal en fait ce qu'il y a de plus élevé dans l'âme humaine au sens de notre échelle de valeurs » (1923 b, p. 249). Mais la modification radicale que le Moi fait subir à la libido du Ça, la désexualisation, ne va pas sans conséquences négatives. Le Moi ressemble à l'apprenti-sorcier qui, en manipulant les alambics aurait déchaîné des résultats inattendus et menaçants. La désunion des différentes pulsions fondues ensemble rend cette énergie libidinale désexualisée certes libre et mobile comme Eros mais elle laisse de côté ce qui allait avec elle, c'est-à-dire les composantes de la pulsion de mort, peu mobiles, qui subsistent sans être liées comme auparavant. Celles-ci font alors retour sur le Moi par le biais des exigences de l'idéal, d'autant plus dures et cruelles que le Moi a restreint son agressivité vers l'extérieur.

Si l'on poussait le raisonnement de Freud, on pourrait en arriver à penser, ce que la clinique confirmerait à bien des égards, que si l'activité sublimée ne s'accompagne pas d'une dose d'agressivité suffisante dirigée vers l'extérieur, le Moi se trouve gravement menacé par les composantes destructrices reprises par l'idéal du Moi. Nombre d'inhibitions intellectuelles procèdent de mécanismes de cet ordre qui, s'ils n'en viennent pas à maintenir le sujet dans « pure culture de la pulsion de mort » qui caractérise les états mélancoliques, lui imposent un enfermement dans une répétition stérile et morose.

On comprend mieux ce qui apparaît comme une contradiction dans le texte de Freud, c'est-à-dire qu'il puisse écrire successivement en parlant de la libido sublimée : « Elle s'en tiendrait encore et toujours à l'intention principale de l'Eros, unir et lier, en servant à instaurer cet ensemble unitaire — ou cette aspiration unitaire — qui caractérise le Moi » et quelques lignes plus loin « en désexualisant ou en sublimant la libido du Ça, le Moi travaille à l'encontre des desseins de l'Eros et se met au service des motions pulsionnelles adverses. » *En effet le but du Moi, dans la sublimation est conforme aux aspirations d'Eros, mais les conséquences imprévues et involontaires de son action en font aussi un travail au service de la pulsion de mort parce que, déliée, elle devient plus dangereuse.* On retrouve ici le fonctionnement « hégélien » de la pensée de Freud, tel que la sublimation constitue une « ruse de la civilisation », mais ici ce serait d'une « ruse de la pulsion de mort » qu'il faudrait parler. Une fois de plus les tentatives de maîtrise du Ça par le Moi sont déjouées et Freud de conclure : « Le

Moi facilite au Ça son travail de maîtrise en sublimant des parties de la libido pour lui-même et pour ses fins » (1923 b, p. 259 et 261).

On peut donc ainsi résumer les perspectives plutôt sombres ouvertes par le travail de sublimation dans la transformation de la libido objectale en libido narcissique : sans l'avoir voulu, le Moi par son action prête assistance aux pulsions de mort dans le Ça en provoquant une désunion pulsionnelle et une libération des pulsions d'agression. Il court le risque de devenir l'objet de ces pulsions de mort qui se réunissent dans le Surmoi. En travaillant contre la libido, c'est-à-dire en cherchant à la désexualiser et à la sublimer, le Moi s'expose ainsi à des dangers de sévices, sinon de mort. Aussi doit-il se prêter assistance à lui-même, c'est pourquoi il se remplit de libido et devient ainsi le représentant d'Eros. Dès lors il veut vivre et être aimé, termes qui sont pour lui synonymes. Il va demander cet amour au Surmoi, en l'occurrence représentant du Ça, car ce dernier n'a de moyen de témoigner au Moi ni amour ni haine, faute d'avoir constitué une volonté unitaire. Il est le champ de bataille où s'affrontent Eros et la pulsion de mort.

On retrouve dans le processus sublimatoire la même dialectique entre Eros et Thanatos que celle que l'on peut voir vis-à-vis des tendances sexuelles directes. La satisfaction de ces dernières comme l'accomplissement sublimatoire servent en fait les desseins du Ça de lutter contre la libido perturbatrice. Eros est mis hors jeu et la pulsion de mort a les mains libres pour tout ramener à la constance et au silence. Mais, de même que la satisfaction sexuelle n'éteint pas définitivement le désir, la sublimation, y compris dans le cas de la contemplation mystique, ne se confond pas avec l'arrêt et la stase libidinale.

On sait que le bruit de la vie provient d'Eros. En matière de sublimation c'est le désir du Moi d'être aimé du Surmoi qui va maintenir un tel bruit sous la forme de l'aspiration indéfinie au progrès. Cette tendance apparaît en effet comme la marque de l'appartenance érotique de la sublimation. Il s'agit là aussi à un niveau « désexualisé » d'une quête d'objets, qui auraient pour caractéristique de se situer dans la dépendance du Moi.

Freud évoque la notion de perfectionnement dans *Au-delà du principe de plaisir*, à partir d'une illusoire « pulsion de perfectionnement », bien éloignée de l'optimisme de Lou Andréas Salomé quant à l'avenir « prométhéique » de l'homme[14]. « Beaucoup d'entre nous,

---

14. « Ce qu'on appelle sublimation est par sa nature même en "réalisation" de nous-mêmes. (...) Seul l'homme qui a su s'élever "prométhéiquement" a créé encore une fois l'existence humaine comme une deuxième réalité, est aussi Narcisse complètement épanoui devant sa propre image » (Lou Andréas Salomé, *Journal, op. cit.*, p. 378, 11 mai 1913).

écrit-il, trouveront peut-être difficile de renoncer à la croyance qu'il y a dans l'homme lui-même, une pulsion de perfectionnement qui l'a amené aujourd'hui à ce haut niveau de réalisation intellectuelle et de sublimation éthique, pulsion dont on est en droit d'attendre qu'elle se charge de le faire devenir un surhomme » (1920 g, p. 87).

Bien qu'il ne soit ici question de la sublimation qu'en passant, ce passage, ainsi que ce qui le prolonge, constitue un apport tout à fait nouveau vis-à-vis de cette notion. Freud distingue entre la tendance au développement comme conséquence des forces extérieures qui poussent à l'adaptation et la « poussée inlassable à se perfectionner toujours plus » qui n'apparaît que chez une minorité. Cette distinction, sans qu'il la précise d'ailleurs, reprend celle qu'il a depuis longtemps établie entre les sujets qui subissent la sublimation par la voie de la civilisation et ceux qui, par leurs sublimations individuelles créent ou relancent la précédente.

Ces derniers présentent, de manière plus ou moins accentuée, une tendance à être incapables de se satisfaire d'une situation établie et à vouloir toujours aller de l'avant. Cette apparente « pulsion de perfectionnement » va être ramenée par Freud du spirituel à l'organique, car elle ne fait finalement que manifester à l'échelon individuel la particularité qui est celle des pulsions de vie en général, à savoir de compliquer le parcours qui va vers la mort. De la même manière que les cellules germinales répètent indéfiniment le jeu auquel elles doivent leur apparition, on peut penser que les sublimations poursuivent, à leur niveau, un effort semblable en liant, par exemple, les éléments de pensée entre eux et en faisant toujours surgir à nouveau des questions qui en relancent d'autres. La comparaison pourrait être poursuivie à partir de l'« immortalité » de la communauté scientifique opposée à la vie nécessairement éphémère de ses membres.

Le « progrès » prend ainsi un tout autre sens, ainsi que Freud le note dans un ajout de 1923[15]. Il ne s'agit pas de ce mouvement « qui se hâte vers l'avant afin d'atteindre le plus tôt possible le but final de la vie », car celui-ci poursuit une réalisation pulsionnelle immédiate contrairement au but visé par le perfectionnement. Paradoxalement le progrès serait lié au mouvement inverse qui « se hâte vers l'arrière pour recommencer ce même parcours en partant d'un certain point et en allonger ainsi la durée ». Ce qui sur le plan dynamique appa-

---

15. *Op. cit.*, note 5, p. 85 : « Pourtant c'est à elles seules (les pulsions conservatrices) que nous pourrions attribuer une tendance interne vers le progrès et un développement plus élevé ! »

raît comme une aberration, se conçoit en revanche d'après la suite du propos de Freud. En effet « la voie rétrograde qui conduit à la pleine satisfaction est, en règle générale », écrit-il, « barrée par les résistances qui maintiennent les refoulements de sorte qu'il ne reste plus d'autre solution que de progresser dans l'autre direction de développement qui est encore libre, sans l'espoir d'ailleurs de pouvoir achever le processus et d'atteindre le but » (p. 87).

On a dans ce passage une sorte de *représentation métapsychologique* du fonctionnement de la sublimation que l'on pourrait décrire comme un phénomène de reflux qui, trouvant la voie permettant d'aller vers arrière barrée, devrait rebondir en avant avec d'autant plus de vigueur que l'intensité du flux rétrograde était élevée. Là encore, la primauté de la dimension économique s'affirme déterminante car le schéma topique et dynamique est le même pour tous. Il s'agit toujours de la même tentative impossible pour réduire l'écart entre le plaisir exigé qui est en fait la satisfaction complète, et le plaisir obtenu, limité, car « toutes les formations substitutives et réactionnelles, toutes les sublimations ne suffisent pas à supprimer la tension pulsionnelle persistante ».

D'où vient que certains individus semblent habités par une soif de progrès et parviennent effectivement à des résultats dont ils font profiter une civilisation sans être eux-mêmes pour autant satisfaits ? A cette question dans laquelle se résume la notion de sublimation, Freud donne en 1920, sous une forme élargie et à partir d'un modèle de type « biologique », une réponse qui prolonge ses premières définitions de la capacité de sublimer : il s'agit de l'intensité de la pulsion car la prétendue « pulsion de perfectionnement » est loin d'être le lot de chacun. Les conditions dynamiques de son apparition, écrit-il, sont, il est vrai, tout à fait généralement présentes mais les conditions économiques ne semblent favoriser ce phénomène qu'en de rares cas. Le caractère éthéré et « sublimé » que connote le terme de sublimation apparaît décidément peu apte à rendre compte d'un processus qui ne doit son existence qu'à la violence pulsionnelle.

Toutefois, pour mieux préciser le schéma dynamique que nous évoquions plus haut, il faudrait pouvoir se figurer les voies par lesquelles le flux libidinal se précipite dans son mouvement de rebond. Peut-être est-il possible à ce niveau également d'imaginer un processus dynamique, tel qu'un appel (au sens où on parle d'un « appel d'air ») constitué par un vide ou un manque et à cet égard on peut former l'hypothèse que les instances idéales et le travail de deuil qui en sous-tend la formation par le biais des premières identifications constituent pour la libido un appel de ce type. En 1920, Freud insiste de manière plus générale sur cette sorte de fuite en avant que constitue tout mouvement de progrès. Il en vient même jusqu'à l'identifier au processus de formation d'une phobie : « les processus en jeu dans la formation d'une phobie névrotique, qui n'est pas autre chose qu'une tentative de fuite devant une satisfaction pulsionnelle, nous fournissent le modèle de la naissance de ce qui se présente comme « pulsion de perfectionnement » (1920 g, p. 88). Cette assimilation, quelque peu réductrice de la pulsion de perfectionnement à la phobie repose sur fait commun de l'inhibition, que Freud définira en 1926 (1926 d, p. 18) comme ce que le Moi s'impose pour éviter de se trouver envahi par l'angoisse née des revendications de la libido. La comparaison se limite en fait à décrire la genèse de la pulsion de perfectionnement et non son fonctionnement qui se différencie de la phobie par son aspect dynamique opposé au renfermement de cette dernière. Peut-être en revanche que tout progrès est en fait le résultat d'une fuite avant, bien loin d'être un mouvement naturel de progression.

L'AUTOPERCEPTION DE L'ACTE COGITATIF

Je l'envisagerai ici en partant du plan conscient et plus précisément de l'expérience du Cogito cartésien. Bien que cette approche implique aussi la dimension inconsciente qui sous-tend une telle expérience, il faut néanmoins souligner d'emblée le caractère nécessairement partiel de cette perspective sur la relation spéculaire qu'entretient le Je avec sa propre activité de pensée qu'il serait possible d'envisager de beaucoup d'autres points de vue. Parmi ceux-ci, le plus riche en prolongements me semble être la théorie de l'activité psychique proposée par Piera Aulagnier, telle qu'elle l'a définie dans *La violence de l'interprétation* et précisée dans la suite de son œuvre.

Pour elle, l'activité de représentation « métabolise », c'est-à-dire que, comme l'activité organique, elle rejette ou transforme les éléments extérieurs pour en faire des éléments homogènes avec sa propre structure. On a ainsi trois processus de métabolisation : l'originaire qui forme des pictogrammes, le primaire qui produit des fantasmes et le secondaire avec les idées et les mots qui les expriment. Les objets produits par l'originaire sont aussi hétérogènes au secondaire que le sont pour celui-là les objets du monde extérieur et les trois systèmes fonctionnent côte à côte. Le propre de l'originaire est le postulat de l'auto-engendrement c'est-à-dire l'ignorance de la dualité entre organe sensoriel et objet extérieur. De ce fait, l'agent représentant ne voit pas dans la représentation le résultat de la mise en contact de sa perception de l'objet avec celui-ci mais contemple, dans un processus de spécularisation, l'engendrement de sa propre image. La représentation pictographique se définit dès lors comme la « mise-en-présentation » de la psyché pour la psyché. De ce fait, toute activité de rejet de la part de celle-ci implique qu'elle s'automutile de ce qui dans sa propre autoreprésentation la met en scène. Le pictogramme n'a pas seulement en effet une fonction de représentation des objets mais aussi une fonction identifiante pour l'activité psychique : « Ce que l'activité psychique contemple et investit dans le pictogramme, c'est ce reflet d'elle-même qui l'assure qu'entre l'espace psychique et l'espace hors psyché, il existe une relation d'identité et de spécularisation » (*La violence de l'interprétation*, p. 59). L'écho lointain d'une telle coïncidence constitue précisément ce paradis perdu de l'évidence, toujours susceptible de se retourner à l'opposé, dans l'irreprésentable d'avoir à se mutiler de soi-même, qui fait le fond de la relation du Je à sa propre activité de pensée.

« Que faut-il que je sois, moi qui pense et qui suis ma pensée, pour que je sois ce que je ne pense pas, pour que ma pensée soit ce que je ne suis pas ? » (Michel Foucault, *Les mots et les choses*, p. 336.) Le plus étonnant de la formule cartésienne du Cogito tient à son inépuisable fécondité qui engendre non seulement les commentaires mais à l'infini la multiplicité des reformulations là même où on aurait pu croire à une irréductible opposition. La fascination qu'exerce la démonstration cartésienne de l'existence du Je serait à elle-seule preuve de l'impossibilité de dissocier l'intellect de l'affectif, l'esthétique du théorique. Sa beauté formelle tient à son pouvoir d'évocation romanesque d'autant plus percutant qu'il se résume en peu de mots et s'arrête à cette formule tant de fois citée, contestée, interprétée : « Cogito ergo sum. » Pour fonder métaphysiquement l'affirmation sur laquelle tout repose il faut à Descartes l'artifice persécutif du Malin Génie joint à l'autoperception de l'acte cogitatif : même si cette autoperception est une illusion en son contenu, l'acte lui-même ne peut être illusoire puisqu'il faut bien exister pour être trompé. Le seul existant irréductible face à la destruction universelle du doute méthodique c'est un Je qui pense puisqu'il peut croire qu'il pense.

Nombreuses ont été les modifications ou précisions ajoutées à la formule cartésienne pour contester l'essence du sujet ainsi défini puisqu'une chose qui pense ne saurait constituer qu'un objet de pensée, un « cogitatum ».

Du syllogisme proposé par Heiddeger (« Id quod cogitat est ; cogito ; ergo sum ») aux réflexions de Lacan sur la constitution du sujet dans « l'instance de la lettre dans l'inconscient », il devient difficile de se référer au *Cogito* comme à une évidence. La critique lacanienne est certes plus radicale puisqu'elle n'admet pas la liaison existentielle du sujet à son projet, la pensée, même sous la forme épurée d'un sujet transcendental. C'est au cœur même de l'évidence qu'elle porte, au nom de la révolution freudienne, le doute le plus radical puisque « Je pense où je ne suis pas, donc je suis où je ne pense pas », ce qui revient à dire que le pouvoir réflexif que l'on a de sa propre pensée n'est pas apte à nous définir comme sujets, car c'est l'inconscient qui constitue le sujet dans son être.

Je n'entrerai pas dans le débat historique qu'entreprirent J. Laplanche et S. Leclaire à ce sujet dans *L'inconscient, une étude psychanalytique*, au VIᵉ colloque de Bonneval en 1959, car mon propos n'est pas d'argumenter sur le bien-fondé de la formulation cartésienne ou sur ce que l'introduction de l'inconscient peut amener à en mettre en doute mais de considérer le *Cogito* dans ce qu'il traduit d'un *désir* de rencontrer une évidence irréfutable, celle de pouvoir se penser pensant.

Ce désir (et le plaisir lié à sa réalisation) ne me semble pas entamé par la prise en considération de la différence entre la place occupée par le sujet du signifiant et le sujet du signifié puisque, en tant que désir fonctionnant dans l'imaginaire, son propre est précisément d'ignorer une telle distinction ou de la fagociter comme un élément de connaissance supplémentaire dont le sujet conscient pourra se targuer.

Dans la Première Méditation, la fantasmatisation mélancolique de fin du monde comme le délire persécutif trouvent là un point d'arrêt, celui-là même que certains sujets qui ont pu survivre lors de situations extrêmes disent avoir été leur seul soutien, la certitude de l'impossibilité d'arracher à quelqu'un sa capacité de pensée quelles que soient les souffrances physiques et morales qu'on lui impose.

Ce point d'arrêt est d'autant plus solide qu'il peut être disjoint du monde des phénomènes accessibles par les sens et donc sujets à l'illusion. D'où le développement kantien consistant à différencier le Je pensant du Je qui a des pensées : « Dans la conscience que j'ai de moi-même *dans la simple pensée*, je suis l'être même mais de cet être rien ne m'est donné par là *pour la pensée* » (p. 304) (je souligne) ou encore, comme il le dit plus loin « rien de permanent en tant que je pense n'est donné dans l'intuition interne » (E. Kant, *Critique de la raison pure*, p. 321).

L'autoperception de la pensée est donc nécessairement limitée à l'instantanéité du retour sur soi de l'acte cogitatif. Kant, pour des raisons démonstratives, l'isole de son contenu représentatif et distingue une chose en soi pensante d'un Je qui des contenus de pensée. Hannah Arendt (*La vie de l'esprit*, p. 59), commentant ce passage rappelle la description de l'expérience du moi pensant telle que Kant la donne dans un texte de la période précritique : « ... ce que je pense comme esprit, je ne m'en souviens pas en tant qu'homme, comme inversement mon état d'homme n'intervient pas du tout dans la représentation que j'ai de moi-même comme esprit » (Traüme eines Geistersehers, erläutert durch Traüme der Metaphysik, I, p. 946-951, *cit.* H. Arendt, *op. cit.*, p. 60). Affirmation dont la pertinence métaphysique n'exclue pas un autre sens, celui d'un refus de laisser la pensée au sort commun des phénomènes et de lui assurer ainsi toute la puissance auquel le contact avec la résistance de ceux-ci lui a fait renoncer.

Aussi dans le Cogito, l'autoperception de l'acte cogitatif qui fonde la certitude d'exister est liée non pas au travail hypothético-déductif mais à son résultat et plus encore à la capacité de ce résultat de s'imposer comme une « idée subite involontaire », une *Einfall*, comme dit Freud. Nous verrons plus loin comment cette immédiateté est ce qui étaie le plus certainement le plaisir de pensée (cf. chap. VI-2) mais elle est aussi ce qui détermine l'illusion typiquement spiritualiste d'une pensée disjointe des phénomènes ou des sensations qu'elle perçoit.

On sait que Freud, malgré son hostilité alléguée à l'égard des philosophes ne les a jamais perdus de vue et en particulier Kant ; il écrit dans l'un de ses derniers fragments posthumes : « la psyché est étendue ; n'en sait rien ».

Il ne s'agit évidemment pas de considérations sur le lien entre le cerveau matériel et la pensée immatérielle quoique ce lien soit en lui-même sujet de réflexion pour qui voudrait accorder à celle-ci une capacité de se rendre indépendante voire immortelle. Le propos de Freud concerne ici la Topique et c'est en fait la spatialité des phénomènes eux-mêmes qu'il envisage comme conséquence de l'extension de l'appareil psychique. « Il se peut que la spatialité soit la projection de l'extension de l'appareil psychique. Vraisemblablement aucune autre dérivation. Au lieu des conditions *a priori* de l'appareil psychique selon Kant, « La psyché est étendue, n'en sait rien », [*Résultats, idées, problèmes*, II, p. 288].

Mais d'où vient que la psyché *ne sache rien* de sa spatialité et donc ne puisse ne rencontrer aucune autre limite que celles de l'objet auquel elle s'applique ?

Si l'on pouvait imaginer un acte de pensée sans contenu, il ignorerait tout du temps, puisqu'il est immédiat, et de l'espace. Immortel et immatériel, il serait donc de l'essence que les humains ont prêté à leurs dieux. L'autoperception de l'acte cogitatif deviendrait à ce titre, le seul domaine où, à l'état de veille, pourrait se perpétuer l'illusion de toute puissance. On sait que celle-ci est propre à l'essence même de la pensée conçue selon la terminologie kantienne comme *Vernunft* (raison) et non comme *Verstand* (intellect), c'est-à-dire à la pensée qui ne s'attache pas aux données perceptives pour connaître la réalité extérieure mais à celle qui n'a affaire qu'aux relations de ces idées entre elles et s'efforce de trouver ces critères de vérité aussi irréfutables que l'évidence des sens.

Un tel travail implique en effet *d'abord* de s'abstraire du monde et de vivre dans la solitude peuplée de ses idées comme le fantasmant réclame de même l'*épokè* de la réalité pour pouvoir réorganiser à sa guise les images de ses rêveries. La réalité réclame néanmoins ses droits au rêveur comme au philosophe et leur réputée « distraction » est de ce fait limitée dans le temps. Elle ne représente pas moins la possibilité de reconstituer, même partiellement et temporairement ces îlots de certitude fondés d'abord sur le rappel d'évidences passées.

A l'éprouvé de l'acte de pensée qui se réfléchit sur lui-même en un « je me pense pensant », nous relierons un autre type d'éprouvé : celui de la certitude issue de représentations qui semblent jaillies de la pensée elle-même et non de la réalité extérieure. La pensée se voit dès lors investie des qualités d'un organe sensoriel et accueille des connaissances que l'on pourrait décrire ainsi : elles ne s'acquièrent pas par une étude, on ne pourrait en dire le contenu, elles ne peuvent de ce fait se communiquer et c'est en lui-même que le sujet les découvre par le moyen de réminiscences qui s'imposent à lui d'abord et qu'ensuite il peut apprendre à reconnaître et dont il essaye éventuellement de provoquer l'émergence.

On retrouve là ce qui fait le fond de toutes les révélations, de nature religieuse ou non, données dans l'immédiateté, comme si le sujet venait tout à coup rejoindre un logos en lui depuis toujours.

Or ce « savoir » n'a peut-être d'autre contenu que le sentiment de certitude auquel il est lié. Non pas qu'il se présente nécessairement sous cette forme, mais parce que, de manière négative ou positive, c'est ce vécu particulier qu'il met en cause.

Dans *Un trouble de mémoire sur l'Acropole*, Freud souligne la symétrie de ces deux aspects : l'*Entfremdung* en effet, peut se manifester soit par le doute, portant sur une partie du moi ou sur la réalité, soit par une illusion de connaissance, celle du « déjà vu » ou du « déjà raconté ». Il est difficile d'admettre d'emblée qu'il s'agit là du même processus et pourtant l'expérience subjective apparaît bien semblable car dans les deux cas, doute et certitude se produisent dans le même contexte de dépersonnalisation. La réalité paraît « étrangère » mais le sujet ne lui conteste pas pour autant son statut et, quant à la connaissance liée à la « fausse reconnaissance », il ne s'en attribue la possession qu'en supposant que c'est un autre moi que le sien actuel qui l'a acquise au point d'y voir la preuve que ce dernier a eu une existence antérieure.

Pour Freud, la relation au passé est un élément fondamental pour comprendre aussi bien la fausse reconnaissance que le sentiment d'étrangeté. En un sens, la sensation d'irréalité qu'il avait ressentie sur l'Acropole était parfaitement justifiée dans la réalité si l'on considère que le vœu du collégien, lui-même écran à un désir plus ancien, était de se trouver transporté sur l'Acropole du temps de sa splendeur et non d'aller en visiter les vestiges. L'Acropole vide avait besoin pour revivre de l'imagination d'un érudit, sinon de la folie d'un Norbert Hanold en proie à des pseudo-hallucinations archéologiques. La comparaison établie sept ans plus tôt dans *Malaise dans la civilisation* entre la vision fantastique d'une Rome abritant dans un même lieu tous les monuments superbes qui y ont vécu et péri au cours des siècles, et la conservation des impressions psychiques, donne une idée de l'ambivalence de Freud vis-à-vis de ce que Romain Rolland défendait avec insistance à propos du « sentiment océanique » : il serait bien agréable d'y croire, mais ce serait tout aussi irréaliste que d'imaginer que les beautés du passé puissent nous être accessibles sans passer par le biais de constructions qui n'auront jamais la valeur de sensations.

En lui faisant « cadeau » d'un souvenir, datant de la période de son conflit et de la rupture de son amitié avec Fliess, Freud marque une fois de plus son éloignement volontaire et sa fascination pour ces « connaissances » en forme de sentiments (qu'il se refuse à considérer comme des sensations) dont son correspondant avait tenté de le convaincre. Sa réticence apparaît dans ses échanges avec R. Rolland de deux manières différentes selon qu'il se contente de contester que ces sentiments puissent démontrer le bien-fondé de la croyance religieuse ou selon qu'il aille jusqu'à affirmer qu'ils sont de toutes manières trop troubles pour que l'on puisse en dire quoique ce soit, ajoutant d'ailleurs que pour sa part il n'en a jamais ressenti de semblables. Tout ceci est implicite dans l'« interprétation » (partielle et déformée comme il le dit simultanément dans une lettre à A. Zweig) qu'il fait de son trouble de mémoire. On a beaucoup écrit sur ce qu'aurait pu en être les diverses interprétations : l'Acropole, comme représentation conflictuelle du sexe « déjà-vu » de la mère[16], l'identification à Romain Rolland[17], la lutte de Freud contre ses tendances homosexuelles passives, etc. Il me semble que, parmi ces multiples éléments, l'interprétation, donnée par Freud lui-même, de son désir de dépasser le père rejoint la question du sentiment océanique, implicite mais absente du contenu manifeste de la lettre. Derrière le désir de « dépasser le père », commerçant modeste ignorant tout de l'Acropole, se trouve celui de retrouver le père glorieux de l'enfance, qui avait perdu son auréole en même temps que son bonnet de fourrure en se faisant humilier parce qu'il était juif, identité que Freud revendique pour opposer son scepticisme aux envolées hindouïques de Romain Rolland sur l'« océanique ». On sait par *L'Interprétation des rêves* que Freud avait reconstruit cette image idéale dans ses identifications aux héros de la Grèce antique ; la représentation de l'Acropole acquiert dès lors la valeur d'un signifiant, lieu de condensation de scénarios fantasmatiques refoulés destinés, comme le roman familial, à restituer leur magnificence aux images idéales dans lesquelles l'enfant puise ses premières identifications. La préhistoire du complexe d'Œdipe, telle qu'on la trouve analysée dans le chapitre 7 de *Psychologie collective et analyse du Moi*, présente une autre manière, ultérieure et plus élaborée, de s'identifier avec un objet total qui ne laisse plus subsister l'espace d'un manque. Entre l'identification au sein et celle qui prend pour objet le père de la préhistoire personnelle il y a, bien sûr, l'immense différence de la possibilité de reconnaître un ailleurs du sein, mais l'une et l'autre, parce qu'elles sont antérieures aux premières expériences de désillusion et de rupture du sol des certitudes originaires, ont une fonction fondatrice vis-à-vis du sentiment de certitude[18].

---

16. Slochower, cité par D.J. Fischer, « Freud et Romain Rolland », in *Topique* n° 18, 1977. Cf. aussi à ce sujet ce qu'écrit Freud dans « L'inquiétante étrangeté » : « ... Quand le rêveur pense jusque dans le rêve à propos d'un lieu ou d'un paysage : "Cela m'est bien connu, j'y ai déjà été une fois", l'interprétation est autorisée à y substituer le sexe ou le sein de la mère », in *Essais de psychanalyse appliquée*, Gallimard, 1933, p. 252.

17. M. Kanzer, « Sigmund and Alexander Freud on the Acropolis », in *Amer Imago*, 1969, 26, 303-323.

18. Notons d'ailleurs que dans le chapitre 3 de « Le Moi et le Ça », il ajoutera la précision suivante à propos de l'origine de l'Idéal du Moi qui dissimule, écrit-il, « la

Après que les conflits de la période œdipienne soient venus recouvrir jusqu'au souvenir de cette époque primitive, le sentiment du Moi qui lui était lié demeure néanmoins présent de manière latente et peut faire retour lorsqu'il se trouve ranimé par une circonstance particulière de la vie du sujet. Comme pour tout contenu refoulé, cette réapparition s'effectue sous la forme caractéristique de parcelles isolées, hétérogènes, qui doivent subir un travail de travestissement pour parvenir à la conscience. Mais le sentiment primitif du Moi ne semble pas apte à de telles modifications et son réveil provoque de ce fait des effets de bouleversements dans le fonctionnement psychique qui sont analogues à ceux des phénomènes hallucinatoires. Ce sentiment a en commun avec ceux-ci le fait de parvenir à la conscience non pas en tant que contenu de pensée mais à la manière d'une sensation, ce qui confère aux bribes de certitude par lesquelles il réapparaît leur caractère indubitable et absurde à la fois.

Elles ne sont rattachées au contenu refoulé que par un lien associatif parfois lointain, comme c'était probablement le cas pour le morceau de toile verte qui obturait le carreau cassé du souvenir de Proust (cf. chap. 6). Lorsqu'elles émergent ainsi dans un travail préconscient, décrit dans son aspect phénoménal (p. 344), ou lorsqu'elles font, comme pour Freud, l'objet d'un travail analytique, c'est bien leur statut de sensation qui est apte à fonder le sentiment de certitude qui les accompagne, soit sous la forme directe de la « fausse reconnaissance », soit selon celle, inversée, du doute.

Cette caractéristique n'est pas à entendre comme la reviviscence d'authentiques sensations disparues dans les limbes et Freud, dans l'analyse de son trouble de mémoire, souligne au contraire que ces sentiments répondent à des « processus compliqués », mais cet emprunt à la forme sensorielle leur donne une valeur de fascination pour celui qui les vit avec tout le caractère d'« aliénation » que rend mal la traduction française de l'*Entfremdung*.

Suivant les moyens dont il dispose, le sujet pourra les considérer comme un risque authentique de folie ou en faire le point de départ d'une quête soutenue par la dérivation sublimatoire, susceptible de prendre pour objet les contenus les plus divers. Mais qu'il s'agisse d'art, de littérature, de mathématique ou de psychanalyse, ces recher-

première et la plus importante identification qui ait été effectuée par l'individu : celle avec le père de sa préhistoire personnelle ». Cette identification, comme il le dit en note, se fait « avec les parents », car l'enfant ne connaît pas encore la différence des sexes.

ches ont en commun l'attente de quelque chose qui s'apparente à une révélation aussi indiscutable que l'est une sensation à l'instant où elle est éprouvée. L'« attente d'être inondé », pour reprendre les termes de Musil, entraîne un travail destiné à traquer le souffle de l'inspiration à la mesure de cette attente même. Ce travail d'investigation ne peut exister que si le sujet parvient à y trouver un moyen de juguler l'angoisse liée à l'*Entfremdung*, et j'ai tenté de montrer comment, dans le cas de Sébastien (cf. chap. 1, p. 35) les expériences de dépersonnalisation étaient trop violentes et fréquentes pour laisser place à autre chose qu'à un travail purement défensif que ses difficultés identificatoires vouaient à l'impasse.

En revanche, l'analyse lui avait permis d'en faire pendant le temps de la séance quelque chose qu'il pouvait tenter de communiquer et donc d'investir, au moins momentanément. Cela n'allait pas de soi, ainsi qu'il me l'avait fort bien fait comprendre à propos de l'identité qu'il voyait entre l'évocation du souvenir des tortures et le fait de subir, dévoilant ainsi la possibilité pour une pensée de se transformer en une souffrance physique.

Le fait que ces « sensations » soient toujours marquées par l'angoisse de ressentir au plus profond de soi-même la présence de l'étranger, justifie de les lier par un hyperinvestissement dans l'espoir de les piéger dans des mots, voire dans des explications qui rendraient compte de leur nature, mais souvent, comme les vampires qui disparaissent avec la lumière, elles s'évanouissent dans l'insaisissable.

On trouve une perspective analogue dans la manière dont les patients décrits par Otto Isakower ou Bertram Lewin parviennent, au prix d'une intense auto-observation, à maîtriser leur expérience de vertige, d'apesanteur, d'altération des volumes, d'extension du moi dans l'espace, etc., vécues au moment de l'endormissement. Ces phénomènes, que les auteurs rapprochent de ceux de l'aura épileptique et des « fausses reconnaissances », ne sont pas « analysés » par eux d'une manière qui serait comparable à celle de Freud dans le *Trouble de mémoire*, mais ils font l'objet d'une description phénoménologique concrète qui va dans le sens de l'impression qu'ils seraient insaisissables sinon par ce qui peut en être communiqué par ceux qui en ont fait eux-mêmes l'expérience.

Partant du fait que l'endormissement s'accompagne d'un retrait de l'investissement du monde extérieur par le Moi, Isakower comme Lewin développent la manière dont les sensations hypnagogiques s'inscrivent dans une relation d'indifférenciation entre le Moi et le sein, entendant par là l'objet concret perçu par le nourrisson au cours de l'allaitement et non pas un prototype phylogénétique indépendant de l'expérience réelle (Psychopathologie de l'endormissement, in *N.R.P.*, 1972, 5).

Pour celui qui s'endort, les frontières corporelles sont abolies en même temps que la perception du monde dans une action orale où le Moi avale et se trouve avalé par le sein. Il n'y a dans cette relation indifférenciée aucune possibilité de distinguer des parties et moins encore de savoir laquelle contiendrait l'autre. Une constante semble ressortir de manière prégnante de ces descriptions, celle d'une altération des volumes où le sujet se sent réduit à la dimension d'un point ou flotter à l'état d'apesanteur dans quelque chose d'immensément grand. Ces sensations peuvent aussi bien apparaître, à l'inverse, comme le fait d'avoir soi-même enflé ou d'avoir acquis des dimensions gigantesques. Je ne rappellerai pas davantage ces représentations, bien connues, des états hypnagogiques pour ne retenir que l'attitude que les sujets disent adopter vis-à-vis d'elles. Il s'agit toujours d'un hyper-investissement proche d'une sorte de jeu masturbatoire secret ou du moins privé qui évoque la relation que les écrivains cités au début de ce texte disaient entretenir avec cette part inconnue d'eux-mêmes qu'ils s'efforçaient de faire revenir à la lumière.

Isakower rapporte que certains patients affirment avoir pu déclencher volontairement ou freiner ces représentations et ces sensations, dès le début, par simple curiosité, afin de les observer... « Cet état, ajoute-t-il, est très souvent revécu avec la plus grande intensité dès que la personne concernée commence à le décrire » (p. 199). Les phénomènes de l'aura épileptique ou les symptômes hystériques qui lui ressemblent sont à cet égard instructifs car le sujet semble dans certains cas être capable d'en prolonger ou d'en retenir volontairement les manifestations, de même qu'il peut faire avorter une crise imminente « en agissant volontairement sur le système moteur, neutralisant, comme l'écrit Isakower, les premières convulsions dès leur apparition par une innervation antagoniste » (p. 201).

Que recherchent ainsi ces sujets dont on imaginerait qu'ils auraient plutôt tendance à fuir ou effacer de leur souvenir ces expériences pénibles voire dangereuses ? Précisément la même chose que ce qui se retrouve dans les « fausses reconnaissances » : *la sensation de certitude d'avoir déjà vécu, déjà connu* ce qui tente de revenir dans ces crises. Cette gamme d'expériences qui comprend aussi bien le sentiment d'étrangeté *(Entfremdung)*, l'inquiétante étrangeté *(Unheimliche)*, le sentiment océanique que les divers états de transe spontanés ou provoqués, a la particularité d'être située à la lisière de l'angoisse et d'un sentiment de toute-puissance qui atteste son origine narcissique. Il s'établit d'ailleurs entre ces deux pôles un jeu subtil car il faut éprouver qu'on est pas tout à fait maître du processus pour pouvoir en jouir comme d'une réalité dangereuse. Comme le disait un patient évoquant ses souvenirs d'adolescence : « Je voyais ma main devenir petite comme un point et lorsque je sentais que je n'étais plus maître du jeu, je l'arrêtais en fermant les yeux. Mais cela ne marchait pas toujours et parfois, lorsque je les rouvrais, c'était encore pareil. »

L'expérience d'une indifférenciation entre l'interne et l'externe constitue la trame de toutes ces expériences comme si le Moi s'imposait à lui-même en se donnant l'apparence d'une réalité extérieure, phénomène qui n'est jamais plus évident que lorsqu'il se présente comme la rencontre de son double. Car le ressort de l'inquiétante étrangeté n'est pas le retour du refoulé, fait en lui-même trop général pour pouvoir expliquer la spécificité de ce sentiment, mais la « confirmation » par quelque chose venu de l'extérieur, de « convictions primitives dépassées ». On sait que ces convictions sont liées à l'indifférenciation primitive entre le Moi et le monde extérieur qui fonde la croyance en la toute-puissance des pensées à laquelle le sujet devra progressivement renoncer au fur et à mesure que la réalité lui opposera des démentis.

On peut supposer que le contenu refoulé qui fait ainsi retour est finalement toujours le même et se formule comme la possession d'une certitude absolue, elle-même rejeton du narcissisme illimité sur lequel, comme le rappelle Freud dans *Malaise dans la civilisation*, repose notre sentiment actuel du Moi[19]. La reviviscence de la croyance en la toute-puissance des pensées s'opère dans les états que j'ai précédemment évoqués à partir d'échanges complexes entre l'interne et l'externe. Il ne s'agit pas en effet de modes de pensée assimilables à l'animisme, dans lequel Freud voyait l'exemple par excellence de cette croyance, car l'opération magique dans ce cas ne concerne pas le monde extérieur mais la part obscure du Moi, supposée disparue. C'est avec celle-ci que le sujet en proie à ces états a l'impression de communiquer et c'est

---

19. « Je ne saurais trouver un autre besoin d'origine infantile aussi fort que celui de protection par le père. Cette considération suffit à retirer au sentiment océanique, qui tend en quelque sorte au rétablissement du narcissisme illimité, son rôle premier plan » (*Malaise dans la civilisation*, PUF, 1971, p. 16). Freud se trouve pris dans la nécessité de contester les théories de R. Rolland sur son propre terrain : le fondement indubitable du sentiment religieux. Ayant avancé une autre « explication » pour rendre compte de ce dernier, il conteste du même coup l'importance du « sentiment océanique », après l'avoir largement reconnu et explicité dans les pages précédentes dans la mesure où il l'envisageait en dehors de toute polémique sur la religion.

à elle qu'il s'abandonne, espérant par là l'inclure dans son pouvoir. La toute-puissance joue ici à un double niveau : posséder la clé de ce monde disparu, et jouir à nouveau de la connaissance supérieure qu'il est censé contenir. En outre, le caractère subit de ces états donne aux pensées qui lui sont liées un aspect de révélation qui contraste avec le lent cheminement des processus intellectuels quand ils ne doivent rien à l'illusion de toute-puissance.

Lorsque ces expériences sont évoquées c'est souvent en insistant sur le fait que la constatation qu'elles ne sont pas communes procure un plaisir particulier, le sentiment d'être exceptionnel. Parce qu'ils espèrent de l'analyse qu'elle leur permettra de les approfondir, les analysants en parlent alors qu'habituellement ils les gardent secrètes comme une sorte de pouvoir magique dont ils auraient été investis. Cette puissance, d'origine narcissique, ne se confond pas avec le désir de partager, par le biais de l'identification, une force qui appartiendrait à un autre. En ce sens, Freud, en contestant que le sentiment religieux tire son origine d'autre chose que du besoin de protection par le père, donne au « sentiment océanique » sa véritable dimension.

L'analyse qu'il fait de la « toute-puissance des pensées » se situe au niveau de la croyance que celles-ci peuvent avoir une influence directe et immédiate sur le monde extérieur. Les processus auxquels je me réfère sont à l'inverse strictement intra-psychiques mais ils me semblent néanmoins fonctionner à partir d'un emprunt sinon au monde extérieur du moins à la représentation que le sujet s'en donne. J'entends par là le fait que, dans les circonstances décrites précédemment, *le Moi s'autorévèle avec le même degré d'évidence que s'il s'agissait de la perception d'un objet de la réalité extérieure, ce qui lui permet de se ressentir à la fois familier et étranger.*

Tous ceux qui ont parlé de leur expérience de ces états ont toujours insisté sur leur nature de « sensation » et sur leur caractère indiscutable : « La sensation que j'éprouve, écrit Romain Rolland à Freud, est poussée vers moi comme un fait. » Freud voit bien que c'est sur ce point précis qu'il lui faut porter la contestation au nom de la prudence scientifique et il insiste sur le fait qu'il s'agit de « sentiments » *(ozeanische Gefühl, Ichgefühl)* jusqu'au moment où il conteste directement, en 1938, que « ces phénomènes bizarres et peu compris » puissent avoir le statut de sensations : « On les décrit comme des ''sensations'', mais ce sont apparemment des processus compliqués, liés à des contenus déterminés et à des décisions concernant ces contenus[20] ».

---

20. « A l'origine le Moi inclut tout, plus tard il exclut de lui le monde extérieur. Par conséquent notre sentiment actuel du Moi n'est rien de plus que le résidu pour ainsi

Le fait qu'ils apparaissent comme des sensations n'est pas commenté par Freud qui pourtant donne la clé pour le comprendre en les rattachant au stade originaire d'indifférenciation entre le Moi et le monde extérieur que le nourrisson considère, dit-il, « comme la source des multiples sensations affluant en lui » (1936 a, p. 226), formulation au demeurant surprenante si l'on considère que dans la mesure où le Moi inclut tout, c'est bien plutôt à lui-même qu'il devrait attribuer l'origine de ses sensations. Cette apparente contradiction souligne en revanche que le Moi à ce stade s'auto-perçoit probablement avec le même caractère d'extériorité qu'il conservera dans la suite pour sa perception du monde. A l'occasion de la rencontre avec un contenu refoulé, inélaborable comme une sorte de cauchemar vigile, le retour de cette capacité d'emprunter la forme d'une perception du monde extérieur pour s'auto-percevoir, donne aux états dont j'ai parlé leur caractère si particulier de « bribes de certitude ».

Ceux qui, comme les écrivains, s'y attachent particulièrement y voient la preuve d'un clivage du processus de connaissance en une base irréfutable autant que mystérieuse et une super-structure qui cherche après-coup à enchaîner dans des idées ces éclats de pensée.

Les mots se trouvent sommés d'en rendre quelque chose mais en même temps, tel Orphée, celui qui poursuit ces instants d'évidence sait qu'à trop les regarder il risque de les faire disparaître et n'aura plus entre les mains qu'une forme vide.

Les représentations de mort et de naissance sont particulièrement aptes à provoquer de telles résurgences car, ainsi que l'écrit Freud : « Il est peu de domaines où notre manière de penser et de sentir se soit si peu transformée depuis l'aube des temps, où l'ancien se soit si bien conservé sous une mince pellicule que celui de notre relation à la mort » (1919 h, p. 247). Comme pour l'Homme aux loups, c'est dans le déchirement de ce voile que se situe l'espoir de posséder une connaissance qui pourrait échapper au doute, ce qui se retrouve dans le fantasme d'un savoir qui se révélerait à l'instant de la mort, comme si à cet instant précis le Moi retrouvait son état océanique primitif.

Pour pouvoir jouer avec ces images, il faut probablement avoir acquis l'assurance qu'il ne s'agit que d'instants ponctuels d'où il est toujours possible de revenir. A cette condition, celui qui a depuis longtemps découvert, notamment avec la prise de conscience de sa

dire rétréci d'un sentiment d'une étendue bien plus vaste, si vaste qu'il embrassait tout, et qui correspondait à une union plus intime du Moi avec son milieu » (*op. cit.*, p. 10).

propre ambivalence, qu'il n'existe rien d'univoque ni d'assuré et qu'il est au mieux possible de construire des chaînes de raisons où chaque maillon patiemment sécrété ne tient à aucun point d'origine extérieur aux hypothèses adoptées au départ, trouve dans des expériences obscures le retour d'une illusion de certitude. Cette dernière peut, dans plus d'un cas, soutenir une élaboration dont il sait qu'elle ne parviendra jamais à la faire renaître, mais encore faut-il pour cela que ces brèves sensations, même s'il ne les reconnaît pas comme le retour d'une expérience primitive, lui donnent une permanente envie d'en rêver.

Mais l'autoperception de l'acte cogitatif ne saurait se limiter à ces éclats de pensée destinés comme tels à demeurer inélaborables et de ce fait devant être repris à l'intérieur d'une trame dont ils constituent les points de capiton. Car si le monde des fantasmes constitue un « parc de Yellowstone » vis-à-vis de l'effort d'adaptation à la réalité extérieure que constitue la vie quotidienne, celui de la pensée à l'inverse apparaît habité par des contraintes, voire des angoisses d'échec et, en tous les cas, sous une surveillance encore bien plus sévère lorsque la pensée se donne des objets abstraits que s'il s'agit d'appréhender le monde des phénomènes. Plus grand est en effet le risque de ne plus avoir que les mots pour objets, enveloppes vides déconnectées de leurs contenus, réunis par assonance comme dans les verbigérations des fous.

Avant de constituer une autosurveillance, la pensée rationnelle exerce sa juridiction sur les objets qui s'offrent à la perception.

Claude Lévi-Strauss dans *La pensée sauvage* a montré comment la science peut être parfaitement inefficace sur le plan pratique, ne reposer que sur des associations extérieures de type ressemblance ou contiguïté et néanmoins être utile en ce qu'elle introduit au début d'ordre dans le chaos du perçu. Cette science, écrit-il, « répond à des exigences intellectuelles, avant, ou au lieu, de satisfaire à des besoins » (*op. cit.*, p. 16).

On peut certes considérer que la magie répond à des besoins qui sont les mêmes que ceux auxquels répond la science et que la différence tient notamment au degré d'efficacité, lui-même résultat du renoncement à trouver un déterminisme global. De ce fait, l'exigence intellectuelle ne serait pas disjointe du besoin pratique car dès le moment où, pour satisfaire cette dernière, le sujet sort de la position de dépendance infantile et s'efforce de subvenir à ses propres besoins, il lui faut s'assurer une maîtrise sur ses objets par tous les moyens à sa disposition. Que le classement opéré par la pensée ne soit pas pertinent pour permettre une efficacité pratique n'est pas un échec et,

comme l'écrit plus loin Claude Lévi-Strauss « le classement, même
hétéroclite et arbitraire, sauvegarde la richesse et la diversité de l'inventaire ; en décidant qu'il faut tenir compte de tout, il facilite la constitution d'une mémoire » (p. 25). Le besoin est immédiat, singulier et
il disparaît après satisfaction même s'il est voué à renaître soit en se
répétant soit ailleurs et autrement. La taxinomie de la pensée concrète
est systématique, elle suit un ordre et une logique où l'affectif ou
l'esthétique peuvent avoir leur part mais se donne un objet qui ne vaut
que par sa généralité et se voit donc disjoint du besoin.

Son objet demeure cependant dans le domaine des choses tangibles et l'ordre est essentiellement descriptif. Toute autre est la situation de la pensée rationnelle qui traite des idées et de leurs relations
et exige pour cela une conversion des intérêts, un abandon des valeurs
premières c'est-à-dire de ce qui a été reconnu comme cause directe de
plaisir. Qu'il faille voir là un processus de sublimation n'éclaire guère
notre lanterne et la cause de l'abandon de la voie des satisfactions plus
directes et plus simples au profit des avantages qu'offre l'usage de la
raison n'en devient pas plus claire.

On peut faire l'hypothèse que l'un des bénéfices de cette opération consiste dans le glissement opéré par l'instance surmoïque d'une
*culpabilité morale* où le rapport à la *faute* est écrasant à une « *culpabilité intellectuelle* » où *l'erreur* est toujours rectifiable, voire heuristique.

Il y a de ce fait une épargne de culpabilité car on ne peut parler
en fait de « culpabilité intellectuelle » mais tout au plus d'insuffisance
à cet égard, et d'autre part la reconnaissance de l'erreur implique une
possibilité de perfectionnement qui à l'échelle humaine peut apparaître
infinie, ce qui n'est pas le cas du progrès moral lequel demeure toujours limité à l'échelle individuelle.

Cette épargne de culpabilité est ce qui donne à l'intelligence son
allure de perversion et permet les débordements de verve sadique d'un
Lautréamont chantant les vertus de la « mathématique cruelle » (cf.
à cet égard le chapitre 3 à propos du plaisir de la lutte discursive).

En fait, contrairement au pervers, l'homme de raison ne subver-
tit pas la loi mais la subordonne à une autre dont il se sent tenu de
suivre la juridiction, qui en est l'occurrence plus implacable que celle
de la morale.

L'exercice de la pensée rationnelle est en effet difficile d'accès et
doit se construire pas à pas contre une pensée a-scientifique « naturelle » dont Bachelard a montré les multiples facettes. C'est de plus
un acquis fragile toujours menacé de déviations vers les chemins plus
directs où la recherche de la vérité s'efface devant les séductions de

la croyance ou l'intimidation de la force, dont Alain Finkielkraut a magistralement montré les avatars actuels dans le prêt-à-porter culturel et le confusionisme des valeurs au nom d'une prétendue liberté[21] dont le mot d'ordre est la désintellectualisation.

Au moins pourrait-on penser que l'« intellectuel », installé dans son identité de penseur, serait mieux à l'abri de ces risques ou du moins qu'il ne les encourerait que de l'extérieur dès le moment où le pouvoir s'aviserait de le trouver gênant. En fait le bénéfice que l'intellectuel tire d'avoir converti une partie de ses exigences à l'égard de lui-même en termes de pensée et de considérer par exemple, comme Freud, que le grand élément éthique de la psychanalyse, c'est la vérité, n'est pas toujours suffisant pour le protéger des séductions de l'abandon de pensée. L'exercice de celle-ci sous contrôle d'un Surmoi intellectuel est difficile et souvent solitaire.

Se réfléchir en soi-même, implique nécessairement pour une durée plus ou moins longue de perdre le contact avec les autres et, ce qui peut paraître plus difficile encore, avec la vie c'est-à-dire avec son propre corps réduit à une main qui écrit, à des yeux qui lisent (cf. chap. 5, Le sexe et la pensée). Comme nous le verrons plus loin, il y a là un risque dépressif propre à l'intellectuel, qui se répercute dans ce que Musil a exprimé avec force comme le fait de « devenir le cimetière de ses pensées ».

De ce fait, la relation avec le Surmoi intellectuel apparaît primordiale en ce qu'elle permet d'éviter le risque majeur de dépression né de la comparaison avec un Idéal du Moi inaccessible, auteur de l'Œuvre. Le Surmoi, en revanche, peut continuer de remplir l'office d'un bon pédagogue maniant la félicitation et le blâme, la réassurance et le maintien d'une culpabilité potentielle, mais toujours en fonction d'*une* tâche précise, limitée, voire ponctuelle.

Il me faut maintenant m'expliquer sur ce terme « Surmoi intellectuel », formé à partir de ce que Freud écrit du rôle de la conscience morale dans le clivage du Moi.

---

21. A. Finkielkraut cite à cet égard ce bel exemple de la féroce ironie musilienne, extrait de *L'homme sans qualités*, I, p. 51 : « C'est lorsqu'il entendit parler pour la première fois d'un cheval de course *génial* qu'Ulrich, l'Homme sans qualités de Musil renonça définitivement à ses ambitions. Il était alors (1913) un scientifique prometteur, un jeune espoir de la république des esprits. Mais à quoi bon s'obstiner ? Dans sa jeunesse encasernée, Ulrich n'avait guère entendu parler que de femmes et de chevaux, il avait échappé à tout cela pour devenir un grand homme, et voilà qu'au moment même où, après des efforts divers, il eût pu se sentir proche du but de ses aspirations, le cheval qui l'y avait précédé, de là-bas le saluait... » (cité par A. Finkielkraut, in *La défaite de la pensée*, Gallimard, Folio, 1987, p. 158-159).

Le point de départ de sa démonstration est l'analyse de la plainte des malades atteints de délire de l'observation. Il note : « Cette observation ne se confond pas avec une persécution mais elle n'en est pas loin, elle suppose qu'on se méfie d'eux, qu'on se prépare à les surprendre dans des actions interdites, pour lesquelles ils doivent être punis. Qu'en serait-il si ces fous avaient raison, s'il existait chez nous tous, dans le Moi, une instance observatrice et menaçante de ce genre qui, chez eux, n'aurait fait que se séparer nettement du Moi et aurait été, par erreur, déplacée dans la réalité extérieure ? » (*op. cit.*, p. 83).

L'intérêt principal pour mon propos réside ici dans le fait que la fonction est ici purement d'observation et non de jugement, même si la norme est présente dans l'observation elle-même. On peut supposer que cette seule présence suffit à diriger le sujet en fonction de ce qu'il imagine du jugement qui pourrait s'ensuivre. Ce n'est pas ce qui se passe dans le délire d'observation où en général des commentaires, même sous-entendus, se mêlent d'emblée à l'observation. En revanche, transposée dans le domaine de la pensée nous avons là une description du système d'autorégulation de l'activité rationnelle et de cet aller-retour permanent dans un dialogue imaginaire avec le personnage intériorisé susceptible de critiquer, trouver la faille ou la faiblesse d'un raisonnement, détecter le faux-semblant et le verbiage du travail de pensée authentique. Il est d'ailleurs intéressant de voir que cette idée du clivage d'une instance observante, d'un « Surmoi rationnel », est, en un sens, presque énoncée par Freud toujours dans le contexte de la psychose, mais cette fois-ci différemment, puisque c'est la partie non folle de la psyché qui regarderait l'autre délirer : « ... les malades, une fois guéris, déclarent que dans un recoin de leur esprit, suivant leur expression, une personne normale s'était tenue cachée, laissant se dérouler devant elle, comme un observateur désintéressé, toute la fantasmagorie morbide » (1940 a (1938), p. 79).

On pourrait se demander en quoi l'observateur est « désintéressé » puisqu'il observe et on l'imagine au contraire prodigieusement attentif, jouissant silencieusement du spectacle. Telle n'est pas l'activité de contrôle du « Surmoi intellectuel » qui est au contraire perpétuellement sur la brèche, prêt à intervenir.

Gaston Bachelard en a donné une analyse suggestive à propos de ce qu'il appelle le corrationalisme : « Penser, c'est précisément placer l'objet de pensée devant ce *sujet divisé* dont nous venons d'indiquer la structure dialoguée... Alors le maître de la précision et l'élève qui s'efforce à la précision viennent dialoguer en nous... Même si elle s'acquiert dans la solitude d'un sujet (une pensée) porte la marque d'une émulation. Une pensée qui s'est surveillée pour acquérir une précision dans son application affronte la surveillance des autres. Et elle est pensée d'un *je* qui est prêt à rivaliser avec un *tu* » (*Le rationalisme appliqué*, p. 63).

Cette surveillance est nécessaire non seulement sur un plan pratique pour éviter l'erreur mais elle est nécessaire à l'équilibre psychique du chercheur en restituant un dialogue et un soutien de type parental. Comme l'écrit ailleurs Bachelard, « la grossièreté de l'irrationnel ne saurait obliger au désespoir un esprit qui travaille » (*ibid.*, p. 48), elle ne le peut en effet à cause de cette surveillance permanente qu'impose la méthode qui joue la fonction d'un accompagnement régulateur faute de quoi la pensée irait de l'allégresse maniaque de la découverte au désespoir de s'être avancée sans repère en terrain inconnu et pire encore, d'avoir cru qu'elle en était la maîtresse et non la prisonnière.

## LE JE[22], PREMIER OBJET THÉORIQUE

Comme il a été dit précédemment, le savoir sur la sexualité ne concerne l'enfant ni par suite d'un besoin systématique d'explorer le connaissable ni pour se prémunir contre le risque de devoir partager l'affection parentale avec les puînés mais parce que le Je a besoin de se représenter d'où il vient, dès le moment où se présente à lui l'idée qu'il cessera un jour d'être et donc qu'il n'a peut-être pas toujours été. Construire un savoir sur l'origine répond à la nécessité d'arracher le Je à la mort en faisant de son existence le résultat d'une causalité repérable. Il ne s'agit évidemment pas d'une causalité biologique et la réponse à la question : « comment naissent les enfants ? » est de ce fait toujours en porte-à-faux par rapport à l'attente qui ne saurait s'accommoder de s'identifier à l'inhumain cellulaire, mais de l'histoire qui a précédé le sujet et qu'il réinterprète en fonction du seul événement qui l'intéresse en l'occurrence.

Dans *L'homme Moïse et la religion monothéiste*, Freud écrit : « Le

---

22. Je prends cette notion dans la théorisation qu'en a faite Piera Aulagnier, c'est-à-dire non pas comme une instance topique, mais comme un savoir du Je sur lui-même, anticipé par le discours de la mère puis perpétuellement reconstruit par le Je dans un travail d'auto-historicisation destiné à rendre pensable et sensée la réalité avec laquelle il cohabite.

progrès de la vie de l'esprit consiste en ceci que l'on décide contre la perception sensorielle directe en faveur de ce qu'on nomme les processus intellectuels supérieurs, c'est-à-dire des souvenirs, des réflexions, des déductions : que l'on décide, par exemple, que la paternité est plus importante que la maternité bien qu'elle ne se laisse pas prouver, comme cette dernière, par le témoignage des sens. C'est pourquoi l'enfant devra porter le nom de son père et devenir son héritier » (p. 218). Mais pour que le patriarcat l'emporte sur le matriarcat, encore faut-il que la causalité paternelle dans la procréation soit reconnue. Or elle constitue le type même de l'irreprésenté parce que, si l'enfant peut avoir séparément une idée des rapports sexuels et de la grossesse, le lien entre l'un et l'autre est impossible à faire, sinon dans l'abstraction. Ultérieurement, quel que soit le degré des connaissances sur le phénomène biologique de la conception qu'un adulte acquiert, cette distance demeure. Plus généralement, on constate que l'expérience qu'un sujet a de son propre corps et les représentations fantasmatiques qu'il se fait de son fonctionnement n'ont en général pas grand-chose à voir avec le savoir scientifique qu'il possède à ce sujet, lorsque c'est le cas. Mais le lien entre l'acte sexuel et la naissance d'un nouvel être vivant réclame pour être constitué un saut dans l'abstraction qui n'a probablement pas d'équivalent dans d'autres domaines. Il y a là pour l'adulte quelque chose qui demeure aussi irreprésentable que la mort.

La question sur l'origine force donc l'enfant à opérer l'édification d'un questionnement *et* d'un « savoir théorique » qui constitue la base et peut-être la forme de toute sa relation ultérieure à ces deux domaines.

Je tenterai ici de montrer comment se co-édifient deux types de réponses et quelles relations elles entretiennent mutuellement : la réponse théorique et la réponse romanesque ou historique.

La distinction fondamentale entre les deux me semble tenir à la place qu'y occupent la temporalité et la relation au singulier. Il va de soi que l'une et l'autre de ces réponses sont également nécessaires mais la difficulté pour le sujet consiste à pouvoir les maintenir distinctes c'est-à-dire à ne substituer ni le roman à la théorie, faute de quoi celle-ci s'effondre, ni la théorie au roman, ce qui enlèverait à celui-ci toute valeur.

Or, comme nous allons le voir, les « théories sexuelles infantiles » sont en fait pénétrées par le roman de même le « roman familial » n'est en fait qu'un fantasme stéréotypé et répétitif qui, même s'il est susceptible de variables à l'infini, serait par sa pauvreté une piètre production littéraire. On trouve d'ailleurs un prolongement de ces limites dans un certain type très particulier d'écriture adolescente, généralement sous forme de journaux intimes, qui s'écrivent « en secret ».

A l'inverse, écrire un roman ou plus banalement être apte à jouir du romanesque ou de la narration en général implique de pouvoir suspendre la disposition théorisante de la pensée.

On objectera avec juste raison que la théorie sans fantasme est figée mais si le point de départ est commun, comme le mycelium d'où sont issues les pensées du rêve, l'arrivée est néanmoins nécessairement distincte, voire même opposée en ce que la théorie doit s'épurer du roman et le roman de la théorie pour parvenir à être.

Mon propos est donc ici de m'interroger sur les conditions de possibilité de ce mouvement de la pensée qui mène du Je, comme premier objet d'une théorie infiltrée de roman, à la capacité d'édifier une pensée théorique obéissant aux règles épistémologiques qui la constituent comme telle.

L'activité de représentation est présente dès les premières sensations et perceptions du bébé et les accompagne dans une sorte de commentaire silencieux bientôt relié à des phonèmes mémorisés puis reproduits. L'édification d'un savoir est en revanche plus tardive, notamment parce qu'elle implique pour la pensée de se rendre partiellement indépendante de ce que vit le corps. Car, même si l'activité intellectuelle est une « conduite de détour » impliquant une recherche éventuellement complexe, elle ne suppose pas nécessairement, comme c'est le cas pour l'investigation, la présence d'un objet caché, représentable au-delà de l'apparence. L'objet de la recherche et donc ultérieurement de la construction d'un savoir, peut non seulement être caché ou représentable au-delà de l'apparence mais *n'avoir jamais été représenté dans la psychè*. Je n'entends pas par là qu'il soit définitivement « irreprésentable », mais qu'il n'a pas pu être représenté parce que son existence serait entrée en contradiction avec l'ensemble des conceptions du sujet.

On peut dès lors se demander d'où vient qu'il soit possible de l'évoquer et pourquoi il peut poser problème. Nous avons là une seconde caractéristique de cet objet : il n'apparaît jamais qu'à l'état de manque et en l'occurrence de manque à savoir ou à comprendre. Cette situation n'est pas éloignée de celle que l'on rencontre fréquemment lorsqu'il s'agit d'analyser un rêve apparemment clair dont les éléments renvoient à des situations et des désirs déjà connus. La présence d'une image isolée précise, parfois très concrète, qui n'ajoute rien au sens général sauf une note discrète d'étonnement qui pourrait se traduire par la question « qu'est-ce que cela fait là ? » est précisément ce qui va rendre le rêve analysable. Cet élément, « déplacé » à tous les sens du terme, qui a échappé à l'élaboration secondaire, met en échec la compréhension immédiate aussi bien du rêveur que de l'analyste : il est représenté mais il n'a que la fonction d'un *indice* qui va introduire le soupçon que le rêve n'est peut-être pas si clair qu'il le paraît.

A l'origine de la construction du savoir sur la sexualité un processus analogue s'effectue. Un fait observé conduit l'enfant sur le chemin qui le mènera à entrevoir l'existence de quelque chose non seulement qu'il ignore mais dont il n'aurait pas imaginé la possibilité. A partir de là peuvent se formuler les questions, ce qui est déjà un embryon de réponse.

Le fait que le questionnement qui s'ouvre alors soit destiné à ne jamais se clore, comme le souligne Freud à plusieurs reprises, montre que cet irreprésenté a partie liée avec un reste, un résidu non résolu qui demeure et se déplace au fur et à mesure que l'investigateur avance dans la progression de ses acquisitions. Ce manque fondamental au cœur de tout désir, y compris de celui de savoir *(Wissbegierde)*, est ce qui relance la construction théorique à tous les niveaux et lui assure une efflorescence indéfinie.

Ce qui frappe le plus dans ces théories est l'ingéniosité avec laquelle l'enfant trouve dans sa propre expérience une foule de réponses, comme un bricoleur jamais en défaut qui ne serait toutefois pas satisfait du résultat de ses efforts. Les matériaux de fortune ainsi utilisés ne peuvent en effet, être tout à fait adéquats parce que l'enfant les trouve dans les sensations que lui livre un corps qui n'a pas encore acquis les possibilités sexuelles qui seront les siennes à l'âge adulte.

Trois sources concourent, à des degrés variés, à la formation de ces réponses que constituent aussi bien les théories sexuelles que le roman familial : d'une part les connaissances que l'enfant puise directement dans son propre vécu corporel, d'autre part les observations qu'il peut être amené à faire et enfin l'intuition préconsciente qui lui permet de deviner des sentiments que les parents cachent non seulement à lui mais le cas échéant aussi à eux-mêmes, et parfois même de reconstituer les bribes de secrets de famille soigneusement dissimulés.

L'authenticité et l'indépendance du travail de pensée de l'enfant sont liées au fait qu'il cherche en sa propre expérience voire en ses émois la solution aux questions qu'il soulève. On aurait tort cependant de voir là une disposition auto-analytique innée chez l'être humain car cette attitude tient à la nature même du travail de pensée. Dans les *Trois essais sur la théorie de la sexualité*, Freud expose l'hypothèse hardie des « voies d'influence réciproques » selon laquelle des « chemins qui mèneraient d'une fonction non sexuelle à une fonction sexuelle pourraient être parcourus dans les deux sens » (p. 105). De ce fait, tous les processus, y compris les processus affectifs et intellectuels, lorsqu'ils ont atteint un certain degré d'intensité retentissent sur la sexualité et produisent à eux seuls une excitation connexe. Jean Laplanche a montré que cette particularité permet de situer la sublimation, dans le cadre de sa définition de l'étayage, comme un « drainage à rebours de l'énergie sexuelle vers le non-sexuel » (*Problématiques III*, p. 71). Cette donnée constitutionnelle du fonctionnement de l'unité psyché-soma est aussi la base sur laquelle repose la capacité de l'enfant de répondre au questionnement sur l'origine à partir de ses propres sensations. Tout sentiment d'amour ou de haine intense, mais aussi tout le travail de pensée mis en œuvre lorsque l'enfant entreprend de penser à « ces choses-là », connaît un retentissement dans le corps : « L'irruption de ces états d'âme (il s'agit des sentiments amoureux positifs et négatifs que ressent l'enfant) accompagne aussi assez souvent les sensations somatiques de l'excitation sexuelle, si bien que l'enfant ne peut douter davantage de la connexion entre les deux » (1907 c, p. 9). Il n'y a pas de travail de pensée qui puisse se développer sans affects, même si ledit travail peut avoir pour fonction de les contre-investir. Ici, la possibilité de passer *par le biais de l'affect* de la sensation somatique d'excitation sexuelle au travail de pensée concernant la sexualité est capitale pour comprendre non seulement la possibilité que s'établisse une pensée investigatrice mais que celle-ci puisse apporter du plaisir et de la souffrance. La tendresse, le dévouement, la jalousie, états d'âme qui accompagnent les sensations sexuelles de l'enfant, sont susceptibles de se déplacer vers la pensée du sexuel et d'en faire un objet d'investissement privilégié (1905 d, p. 105). La sublimation s'en trouve du même coup définie non pas comme détachée du sexuel et des affects, mais comme ouverte dans une circulation réciproque, témoignant de l'unité psyché-soma. A l'inverse, l'inhibition de pensée est précisément ce qui gèle et immobilise cette possibilité d'échange et contraint aussi bien la pensée, les affects et les pulsions sexuelles à un fonctionnement autarcique pathogène et à coup sûr appauvrissant.

Freud analyse les théories sexuelles en fonction de l'état de la sexualité de l'enfant au moment où celui-ci les conçoit : « Ces fausses théories sexuelles que je vais maintenant examiner ont toutes une propriété très remarquable. Bien qu'elles se fourvoient de façon grotesque, chacune d'elles contient pourtant un *fragment de pure vérité* ; elles sont sous ce rapport analogues aux solutions qualifiées de "géniales" que tentent de donner les adultes aux problèmes que pose le monde et qui dépassent l'entendement humain. Ce qu'il y a entre elles de correct et de pertinent s'explique par le fait qu'elles trouvent leur origine dans les composantes de la pulsion sexuelle qui sont déjà à l'œuvre dans l'organisme de l'enfant ; ce n'est pas l'arbitraire d'une décision psychique ou le hasard des impressions qui ont fait naître de telles hypothèses, mais les nécessités de la constitution psycho-sexuelle, et c'est pourquoi nous pouvons parler de théories sexuelles infantiles typiques, c'est aussi pourquoi nous trouvons les mêmes conceptions erronées chez tous les enfants dont la vie sexuelle nous est accessible » (1908 c, p. 19).

Cette hypothèse est susceptible d'extensions considérables dans la psychanalyse de la culture, qu'il s'agisse des mythes ou du folklore et plus précisément des contes, car, s'il est possible de répertorier comme l'ont fait les structuralistes un ensemble de thèmes constants qui transcendent les variations d'une culture à une autre, c'est bien parce que là aussi ce n'est ni « l'arbitraire d'une décision psychique » ni le « hasard des impressions » qui les a fait naître mais le sol pulsionnel commun d'où ils sont issus. Le fait que Freud utilise le terme de « génial » pour qualifier ces solutions qui tentent de donner une réponse « aux problèmes que pose le monde et qui dépassent l'entendement humain » marque, ainsi que nous le disions précédemment, cette rencontre entre un questionnement métaphysique abstrait (l'origine de la vie) et les intuitions les plus indicibles parce que liées à un vécu pulsionnel. Là se trouve la base de tout travail de pensée abstrait dont le but secret est toujours de retrouver une certitude comparable à celle que procurent les sensations.

D'autre part, ce bref passage de Freud souligne sa position par rapport à la vérité qui, contrairement à ce que l'on entend souvent dire, est à l'opposé de celle d'un sceptique : la vérité existe, non pas comme construction globale qui pourrait clore le questionnement, mais comme un « noyau » qui peut se manifester à travers l'erreur, mais erreur et vérité n'en deviennent pas pour autant équivalentes. La fausseté des théories est d'ailleurs, comme nous l'avons vu à propos de Hans, d'une nature particulière et le « grotesque » qui les caractérise se marque, comme c'est le cas dans le style du même nom, par une accumulation d'éléments qui constituent autant de versions de la même idée. Cette prolifération que Freud attribue à l'imagination des enfants est aussi ce qui spécifie la nature et les limites de leur théorisation. Les explications qu'ils se donnent des mystères qu'ils cherchent ainsi à percer, bien qu'elles obéissent à des critiques internes qui prennent en compte, dans une certaine mesure, la vraisemblance des hypothèses, sont en fait aussi proches de fantasmes que de théories. Comme le dit Freud, il s'agit « d'opinions pour lesquelles ils éprouvent une préférence de nature pulsionnelle » (1908 c, p. 18) et c'est précisément cela qui va les faire douter de l'explication donnée par les parents et les conduire à des élaborations où vrai et faux se mêlent.

Toutefois cette préférence n'est pas toujours bonne conseillère. Dans ce que Freud décrit comme la première des théories sexuelles, il s'agit plutôt d'un conflit entre des préférences de ce type. Ainsi l'excitation du pénis qui accompagne le travail de pensée sur la manière dont l'enfant a pu parvenir à se loger dans le corps maternel, constitue un guide vers la solution de ce problème[23]. En revanche, l'importance que l'enfant attache au pénis est la raison pour laquelle, fille ou garçon, il ne peut imaginer que sa mère en soit dépourvue et bute donc sur l'incompréhension du processus.

La seconde théorie, dite cloacale[24], constitue une régression considérable par rapport à la précédente vis-à-vis du mystère de la procréation. Le rôle du père se voit ainsi effacé dans l'indistinction qui lui permet tout autant qu'à la mère d'accoucher par l'anus et la fonction du pénis semble oubliée puisque l'origine de l'enfant est liée à « quelque chose que l'on mange ».

La troisième théorie apparaît beaucoup plus vague que les deux précédentes puisqu'aucune précision anatomique ne distingue le rôle des sexes dans cet acte de violence que la partie forte ferait subir à la partie faible. En fait, cette théorie apparaît comme une redite de la première[25] mais s'y ajoutent des éléments issus de l'observation :

23. « Si l'enfant pouvait suivre ce qui lui indique l'excitation du pénis, il se rapprocherait un peu de la solution de son problème. Que l'enfant croisse dans le corps de la mère n'est manifestement pas une explication suffisante. Comment y entre-t-il ? Qu'est-ce qui déclenche son développement ? Que le père y soit pour quelque chose, c'est vraisemblable ; il dit bien que l'enfant est aussi son enfant. D'un autre côté, le pénis a aussi, sans aucun doute, sa part dans ces processus mystérieux, il en témoigne par son excitation qui accompagne tout ce travail de pensée. A cette excitation sont liées des impulsions que l'enfant ne sait pas interpréter, impulsions obscures à une action violente : pénétrer, casser, percer des trous partout » (1908 c, p. 21).
24. Ou sa variante, postérieure au refoulement de l'analité, qui postule que l'enfant naît par le nombril ou par césarienne, ainsi qu'il arrive au loup du petit Chaperon rouge.
25. « Cette conception sadique du coït donne elle-même, écrit Freud, l'impression d'un retour de l'obscure impulsion à exercer une activité qui, au moment de la première réflexion sur l'énigme de l'origine des enfants, se rattachait à l'excitation du pénis » (1908 c, p. 23).

disputes des parents, fragments de scène primitive (qui aurait peut-être été à l'origine de la première des théories sexuelles, dit Freud) ou taches diverses dans le lit.

Si on considère que la seconde des théories sexuelles annule l'idée d'un rapport sexuel et que la troisième est en fait une élaboration de la première, le seul fantasme véritablement actif dans la représentation de la procréation est celui de la pénétration par le pénis. La pulsion sadique qui sous-tend cette « intuition » se voit opposer son retournement sur le corps propre du théoricien sous la forme du fantasme de pénétration. Ce dernier se mue après coup en angoisse de castration lorsque l'enfant s'identifie à celui des deux parents qui est ainsi pénétré.

Il est intéressant de voir que c'est précisément parce que l'imagination de l'enfant se refuse à une telle représentation de la castration que son intellect en devient dès lors victime, puisque l'échec de cet effort de pensée va non seulement plonger cette première théorie dans l'oubli mais constituer une marque indélébile qui se manifeste ultérieurement dans l'impossibilité de clore toute espèce de questionnement.

Lorsque Freud écrit dans le *Léonard* que « de même que sa [de l'enfant] propre constitution sexuelle n'a pas encore acquis la puissance d'engendrer, de même sa recherche passionnée de l'origine de l'enfant doit se perdre dans le sable et, incomplète, être abandonnée », il confirme l'idée qu'en matière de recherche, la psyché ne peut devancer le niveau où se trouve le corps. Toutefois, s'il fallait attendre de pouvoir faire l'expérience du coït pour en avoir une idée, l'activité théorique et investigatrice n'aurait pas grand mérite. En fait, c'est bien plutôt l'excès d'excitation, et donc l'angoisse, que susciterait l'intuition théorique portée à son terme qui est la vraie raison de l'échec. L'enfant ne recule pas tant devant une ignorance que face à un savoir qu'il pressent mais qu'il n'a pas encore les moyens de maîtriser parce qu'il n'a pas de possibilité de décharger l'excitation sexuelle qu'elle lui occasionne[26]. Les théories sexuelles à cet égard apparaissent comme des formations de compromis entre le jeu contradictoire des pulsions entre elles et la pulsion de savoir n'est finalement rien d'autre que la scène où se livrent ces conflits.

L'échec de cette activité théorique est dissimulé derrière ce que Freud appelle la « période de latence ». On peut penser que plus

---

26. La masturbation infantile sans orgasme serait l'équivalent du questionnement indéfini et de la rumination théorique propres à cet âge.

que d'une mise en latence de la sexualité c'est à un investissement du savoir, tel qu'il est offert par l'apprentissage scolaire qu'on assiste. Ce dernier offre en effet des avantages considérables par rapport à l'activité théorisante sur le sexuel : il s'agit (ou devrait s'agir !) d'un savoir à la mesure de l'enfant, qui lui est présenté comme possibilité de valorisation narcissique, comme le point de départ d'un processus de connaissance illimité et qu'il ressent lui-même comme la revanche possible ou le partage avec « ceux qui savent parce qu'ils sont grands ».

Il faut ici évoquer quelques extraits du livre précédemment cité de Nathalie Sarraute qui illustrent particulièrement bien le *plaisir* qu'un enfant peut trouver dans sa vie scolaire, dimension souvent effacée derrière celle de la contrainte. L'auteur décrit une dictée à l'école primaire : « Il n'y a plus en moi rien d'autre que ce qui maintenant se tend, parcourt, hésite, revient, trouve, dégage, inspecte... oui, c'est lui, c'est bien lui le sujet, il est au pluriel (...). Mon contentement, mon apaisement sont vite suivis d'une nouvelle inquiétude, de nouveau toutes mes forces se tendent... quel jeu peut être plus excitant ? La maîtresse nous prend nos copies. Elle va les examiner, indiquer les fautes à l'encre rouge dans les marges, puis les compter et mettre une note. *Rien ne peut égaler la justesse de ce signe qu'elle va inscrire sous mon nom.* Il est la justice même, il est l'équité. Lui seul fait apparaître cette trace d'approbation sur le visage de la maîtresse quand elle me regarde. Je ne *suis rien d'autre que ce que j'ai écrit* » (*Enfance*, p. 157)[27].

Ce texte extrêmement dense par la variété et l'intensité des affects qu'il évoque souligne trois aspects que nous avons précédemment rencontrés dans nos réflexions sur la sublimation. Le premier concerne la capacité de la libido à se défléchir sur un objet intériorisé. L'effort pour trouver le piège grammatical de la dictée représente pour la petite fille la possibilité de combattre à armes égales avec la perfection qu'elle prête à l'image maternelle idéalisée. Elle va par ses propres forces s'en rendre maître, assurer son emprise sur elle et en jouir. Quel jeu pourrait être plus excitant dans la mesure où il n'excède pas les capacités intellectuelles qui sont les siennes ? Le second aspect concerne la relation libidinale sublimée que l'enfant entretient avec ce substitut maternel que représente la maîtresse. Nathalie Sarraute insiste sur la « sécurité » que lui donnait l'école face aux perturbations de sa vie affective entre une mère qui l'avait « laissé tomber » et une belle-mère

---

27. Conviction partagée par Jean-Paul Sartre et qu'il exprime approximativement dans les mêmes termes dans *Les mots*.

injuste, préoccupée uniquement de son propre enfant : « Ici je suis en sécurité. Des lois que tous doivent respecter me protègent. Tout ce qui m'arrive ici ne peut dépendre que de moi. C'est moi qui en suis responsable. Et cette sollicitude, ces soins dont je suis entourée n'ont pour but que de me permettre de posséder, d'accomplir ce que moi-même je désire, ce qui me fait, à moi d'abord, un tel plaisir » (p. 160).

Protection contre les autres mais aussi contre elle-même, contre l'angoisse née de la haine destructrice et de la trouble ambivalence. L'école *met en latence* les pulsions derrière les règles d'un jeu que dans ce cas l'enfant accepte parce qu'il lui permet de trouver la valorisation narcissique qui lui fait si souvent ailleurs défaut. S'agit-il pour autant d'un refoulement plus que d'une sublimation ? Ainsi que je l'ai dit précédemment, c'est la capacité de renouvellement identificatoire dans et par l'activité sublimée qui est ici déterminante et la formule : « Je ne suis rien d'autre que ce que j'ai écrit » correspond en tous points à la sublimation.

Le statut du « roman familial » diffère de celui des théories sexuelles infantiles par le fait qu'il n'effectue pas le passage de la question singulière concernant l'origine du Je à celle de la vie en général mais demeure à l'infini dans l'élaboration d'une narration qui clôt et prévient l'émergence de l'interrogation. De métaphysicien, l'enfant investigateur devient ici historien et, pour connaître sa propre histoire, c'est vers celle qui l'a précédée qu'il se tourne. On ne s'étonnera pas de ce fait que les matériaux utilisés pour trouver une réponse ne soient pas les mêmes que ceux que nous avons précédemment évoqués. Il n'est plus question ici d'une pensée qui se laisserait guider par l'expérience d'une excitation ressentie au niveau des organes sexuels, mais d'une analyse dont les parents sont l'objet principal et qui repose sur le savoir intuitif que l'enfant peut avoir de leurs sentiments, même lorsque ceux-ci croient le mieux les cacher.

Les pédo-psychiatres ont montré la sensibilité des bébés à des messages imperceptibles de nervosité ou de tension émis par la mère, alors que celle-ci s'efforce au contraire de refouler les sentiments ambivalents qu'elle peut ressentir. Pour comprendre ce phénomène facile à constater, il n'y a probablement pas lieu d'ailleurs de faire appel à quelque mystérieuse empathie et il suffit pour se convaincre que l'expression de nos sentiments cachés nous échappent, de penser avec quelle adresse, par exemple, un acte manqué vient rendre patent ce dont nous n'étions pas conscients.

Dans *Totem et tabou*, Freud souligne l'importance de la compréhension inconsciente de l'autre dans le processus culturel : « La psychanalyse, écrit-il, nous a montré notamment que l'homme possède dans son activité spirituelle inconsciente, un appareil qui lui permet d'interpréter les réactions d'autres hommes, c'est-à-dire de redresser, de corriger les déformations que ses semblables impriment à l'expression de leurs mouvements affectifs » (p. 369). De même, dix ans plus tard, il montre comment le paranoïaque ne fait finalement que porter une attention anormale au fait, en lui-même banal, de percevoir chez l'autre les manifestations de l'inconscient. Cette aptitude, qu'il distingue bien de la projection, se caractérise par les résultats exacts auxquels elle parvient : « Il montrait, écrit Freud à propos de son patient, pour toutes ces manifestations de l'inconscient de son épouse une attention extraordinaire et *s'entendait à les interpréter toujours correctement* [je souligne], de sorte qu'il avait à vrai dire toujours raison et pouvait encore invoquer l'analyse pour justifier sa jalousie. » Cet « appareil à connaître l'inconscient de l'autre » a ses limites, en particulier lorsqu'il s'agit pour l'enfant de percer les sentiments de ses parents. L'identification sur laquelle repose le processus de compréhension est en effet malaisée et la disproportion entre les parents et l'enfant est telle qu'on s'attendrait à ce qu'elle le rende impossible.

En fait, comme on le voit dans une opération arithmétique, ce processus n'est possible qu'à la condition que les éléments en présence aient été ramenés à une proportion qui les rende comparables. Freud insiste à propos du roman familial sur le fait que l'enfant « compare » ses parents à d'autres et donc que, n'étant plus pour lui uniques, ils deviennent substituables. On pourrait se demander si cette comparaison ne joue pas d'abord entre les parents et l'enfant lui-même. Ce dernier invente le roman pour plusieurs raisons dont la principale est la blessure narcissique qu'il reçoit lorsqu'il s'aperçoit qu'il n'est pas tout pour eux.

Le lien entre ces personnages idéalisés et l'enfant sûr de son narcissisme s'effondre et, pour échapper à la déréliction, déchu de la place qu'il croyait occuper, ce dernier peut se venger en rabaissant les parents au rang de géniteurs anonymes, parfois même en en faisant des ravisseurs d'enfants.

L'idéalisation reprend ses droits dans la construction du roman familial lui-même qui unit à nouveau les parents nobles inconnus et l'enfant supposé avoir été volé.

Comme le paranoïaque, l'enfant se trouve alors en situation de déplacer l'attention qu'il porte à son propre inconscient vers celui de ses parents. Il a toujours « une oreille qui traîne », recueille des bribes de discours auxquelles il attribue un sens, établit des rapprochements avec les remarques apparemment anodines de visiteurs, etc. Le thème volontiers ressassé des ressemblances familiales joue là un rôle tout à fait particulier. Un patient avait ainsi établi son roman familial qui persistait contre toute évidence à l'âge adulte sur le fait que sa mère avait coutume de lui dire, en le serrant dans ses bras « Comme tu lui ressembles ! », ce à quoi il opposait faiblement la ressemblance qu'il aurait souhaité avoir avec son père. Le fait qu'il ait pu s'agir d'un aïeul ne lui avait jamais traversé l'esprit et il avait bâti sur cette affirmation le roman de l'infidélité maternelle. De même l'attachement que la mère peut manifester soit à un autre homme que le père, habitué de la famille, soit même, de manière beaucoup plus vague, l'intérêt ou l'admiration qu'elle peut porter à tel ou tel, peut aider à la détermination du contenu du roman familial. La possibilité pour l'enfant de revendiquer un père choisi parmi les personnages célèbres ou en vogue n'est peut-être pas étrangère à la manière dont la mère elle-même idéalise ces personnages et y voit probablement, elle aussi, une réédition de son père idéalisé. Comme le rappelle très justement Alain de Mijolla, le roman familial rejoint l'inconscient des parents et le fait que pour le père il n'existe qu'un seul véritable père, le sien, celui de la « Horde originaire », tandis que la mère lie son enfant, et surtout son premier né, à ses identifications œdipiennes[28].

On pourrait ajouter que, si le désir du père a été de « rendre » un enfant à sa mère, son propre enfant appartient aussi à celle-ci. Maternité et paternité se construisent comme une réappropriation de ce que l'Œdipe avait autrefois donné aux parents, devenus grands-parents, et il est fréquent qu'il faille plus d'un enfant pour que ce processus puisse s'accomplir.

L'enfant n'est certes pas conscient de cette élaboration par laquelle doivent passer ses géniteurs, eux qu'il considère dans un premier temps comme « l'unique autorité et la source de toute croyance » (1909 c, p. 157). Peut-être en a-t-il pourtant le soupçon lorsqu'il les voit dans leurs relations avec leurs propres parents et l'idée même que ces personnes âgées puissent être appelées par ses parents du même nom qu'il utilise pour désigner ces derniers lui paraît souvent surprenante.

28. « Je suis l'enfant imaginaire du père de mon père et du père de ma mère, j'appartiens à ma grand-mère maternelle et ce sont mes parents qui par le double-sens de leurs attitudes et de leurs paroles me l'ont progressivement fait savoir » écrit Alain de Mijolla, in Pulsion d'investigation, fantasmes d'identification et roman familial, *Topique*, 34, *op. cit.*

L'origine de la possibilité de relativiser la toute puissance parentale, et donc de comparer, ne se trouve pas dans l'expérience que l'enfant ferait d'autres adultes ayant une autorité sur lui. Il répète avec ces derniers, et c'est en particulier le cas avec ses professeurs, la relation qu'il a avec ses parents dans ses aspects positifs et négatifs. En revanche, devoir constater que les parents reconnaissent un pouvoir qui leur est supérieur ne va pas de soi, ainsi que le montre par exemple le souvenir de la déception de Freud lorsque son père lui avait raconté lorsqu'il était petit l'épisode du passant qui, le stigmatisant comme juif, avait fait tomber son bonnet de fourrure en lui enjoignant de descendre du trottoir. On sait que Freud en avait conçu non pas une modification de son roman familial mais une identification fantasmatique à Hannibal, qui venge l'humiliation d'Hamilcar[29]. Ce récit, rapporté par Jacob à son fils pour lui rappeler son identité juive et donc l'inscrire dans une généalogie, est particulièrement riche d'enseignement puisqu'il montre comment l'enfant avait su y trouver ce qu'il désignera comme « l'effet le plus nécessaire mais aussi le plus douloureux du développement », c'est-à-dire le détachement de l'autorité des parents. L'attitude inverse de celle de Jacob Freud serait représentée par le père de Schreber et l'on sait quels effets pathogènes produit sur l'enfant l'obligation d'avoir à se représenter un père sans origine et tout puissant.

Le roman familial se présente donc comme l'un des résultats de l'acquisition fondamentale pour la psyché de l'enfant d'un *droit à douter* du caractère incomparable et unique de ses parents et donc de leur autorité et de leurs affirmations. Freud donne cette possibilité de relativer et de douter comme une conséquence du progrès intellectuel de l'enfant[30], et l'on pourrait même y voir la condition *sine qua non* d'un tel développement, ce que confirme la clinique des psychoses.

L'enfant va puiser dans cette relative indépendance les matériaux qui lui permettront d'opposer une réponse active à la souffrance de la perte d'amour fantasmée. Un double cheminement se dessine, d'une part dans la direction du roman familial dont le but est le rétablissement du *statu quo ante* et d'autre part dans celle des théories sexuelles infantiles qui représentent à cet égard une tentative plus féconde

29. Ce qui d'ailleurs constitue aussi une identification au père déchu étant donnée la défaite finale d'Hannibal. L'interdit porte sur le fait de « *out herod Herod* » se trouve ainsi respecté.

30. « Mais avec les progrès du développement intellectuel, il ne peut manquer de se produire que l'enfant apprenne peu à peu à connaître les catégories auxquelles appartiennent ses parents » Le roman familial des névrosés, *op. cit.*, p. 157).

sur le plan de la pensée discursive. On ne saurait douter cependant que le travail de pensée qui préside à la formation du roman familial n'ait un lien avec l'investigation et la théorisation sexuelles. Ainsi le second « stade » de ce roman qui succède à la découverte que « *pater semper incertus* est tandis que la mère est *certissima* », non seulement repose sur une réflexion qui distingue entre l'événement (grossesse de la mère) et la conjecture (procréation), mais constitue le fondement des prolongements théoriques que le sujet pourra en tirer. Le fantasme de certitude, qui ne quitte jamais le plus sceptique des chercheurs pourrait ainsi être rattaché à cette expérience d'assurance première et irremplaçable : celle d'être l'enfant de sa mère. On aurait, ainsi à côté du fait qu'une telle certitude constitue le motif de la surestimation de la femme aimée[31], un prolongement sublimé de cette même origine. *Ce qui est certain est irremplaçable.*

La place de la vérité se dessine dès lors dans toute son ambiguïté : elle est ce que le sujet va rechercher, voire demander lorsqu'il le peut, afin de se confirmer dans une évidence proche d'un délire.

La recherche apparaît en effet comme le seul moyen qui s'offre alors, non pas de reconstituer un état préexistant et perdu, mais de se rendre maître de la possibilité de fonder et stabiliser ce sentiment d'évidence. Les parents du fantasme ne viennent pas offrir à l'enfant l'amour parfait qu'il souhaiterait mais ils lui permettent de se donner une explication de son absence. Bien plus, cette explication est flatteuse puisque les « vrais » parents sont plus nobles que les précédents, procédé qui permet à l'enfant non seulement de se venger de ceux-ci mais de compenser la perte identificatoire qui résulte de leur rejet par une idéalisation qui sert également son propre narcissisme et peut lui permettre d'expliquer pourquoi les soi-disant parents ont souhaité s'approprier un enfant qui n'était pas le leur.

Le roman familial conserve ce statut bien à part, et si l'enfant peut investir de façon privilégiée d'autres adultes de son entourage réel et trouver en eux une sorte de contrepoids aux conflits qu'il connaît dans sa relation avec ses parents d'origine, il ne les identifie pas pour autant avec les personnages du roman familial qui conservent leur nature fantasmatique, mystérieuse et se révèlent introuvables ou en tous les cas hors d'atteinte dans la réalité.

---

31. « La surestimation qui fait que la femme aimée est l'unique, l'irremplaçable, s'intègre tout aussi naturellement au contexte de l'enfance, car on ne possède jamais qu'une seule mère et la relation à la mère a pour fondement un événement qui ne prête à aucun doute et qui ne saurait-être répété. » Freud, Contributions à la psychologie de la vie amoureuse, *op. cit.*, p. 51.

Le noyau de vérité existe comme pour le délire : ce sont les représentations clivées des « bons » parents inscrites avant que l'enfant n'ait pris conscience qu'ils demeurent les mêmes lorsqu'ils sont devenus mauvais et punisseurs. Mais la vérité telle que le sujet se la formule concernant ses origines s'organise autour de cette question qui demeure tacite : « Pourquoi ne m'aime-t-on pas ? » Le roman familial répond à sa manière à ce questionnement qui peut aussi être sans fin se bloquant sur lui-même ou se déplaçant en donnant ainsi à l'investigation une dimension détachée de ses origines et abstraite. Elle ne le sera jamais suffisamment néanmoins pour faire oublier d'où elle vient et l'attitude spontanée envers les découvertes qui bouleversent les idées reçues concernant l'identité non plus du sujet mais de l'être humain le montre.

Dans *Une difficulté de la psychanalyse*, Freud rappelle comment les découvertes de Copernic, de Darwin et finalement celles de la psychanalyse ont porté des coups blessants à l'amour de soi de la race humaine. Cet amour apparaît indissociable du sentiment d'identité et la blessure de l'existence de l'Inconscient est donc plus profondément perturbante encore qu'une dévalorisation narcissique. Le moi, écrit-il « touche aux limites de sa puissance en sa propre maison, l'esprit. Des pensées surgissent soudain dont on ne sait d'où elles émanent et qu'on ne peut non plus chasser ». Dans ce cas les critères de vérité et de fausseté ne sont plus des recours possibles puisque ces pensées parasites « restent insensibles à une réfutation logique et ne sont pas affectées par leur discordance avec la réalité » (*op. cit.*, p. 1287, trad. fr. in *Revue française de psychanalyse*, 6/1981).

Le sentiment d'identité se limite au Moi conscient et les rejetons de l'inconscient viennent dénoncer le caractère factice de cette cohérence. La trahison consiste en l'occurrence dans le dévoilement de la vie pulsionnelle que le Moi avait soigneusement tenté de refouler. Par ses lapsus et ses symptômes, le Moi « se trahit » c'est-à-dire qu'il montre ce qu'il avait voulu garder caché voir qu'il ignorait totalement. L'intérieur, la part inconsciente du Je lui est devenue étrangère et vient en intruse rompre la cohérence à laquelle il préférait croire.

Dans les rappels historiques auxquels se réfère Freud, le Moi est à chaque fois contraint de reconnaître publiquement une vérité sur ses origines soigneusement dissimulées afin de préserver une image idéale. L'essence du fantasme de trahison, qu'on le prenne à la voix active ou pronominale, consiste en effet en ce qu'une unité factice se clive, l'une des parties venant porter témoignage contre l'autre au sujet d'un fait demeuré secret. On ne peut ainsi être trahi que par soi-même, ceux de son clan ou de sa classe sociale, et lorsque la science, dont on attend un surcroît de connaissance et donc une élévation de l'estime de soi, abaisse au contraire les prétentions narcissiques de l'humanité, elle trahit l'espoir mis en elle et s'expose à être rejetée comme une contre-vérité, voire comme une affirmation non scientifique.

Qu'on prenne pour point de départ une vérité d'ordre scientifique, d'ordre généalogique ou affectif (puisqu'en fait la question revient pour l'enfant à se formuler comme une recherche de la cause expliquant pourquoi on ne l'aime pas) on se trouve toujours confronté à l'effondrement d'une évidence originelle d'où le sujet tire non seulement sa satisfaction narcissique mais aussi le sentiment de son identité.

La construction théorique ou fantasmatique, qui aura pour but de reconstituer un sol aussi stable que celui qui précédait le moment de la révélation traumatique sans pour autant la dénier, constitue son objet comme une « vérité ».

L'enfant ne se contente pas d'admettre qu'il est « vrai » que ses parents ne l'aiment pas autant qu'il le croyait. Les héritiers des Copernic et des Darwin ne se limitent pas à la constatation dépressive que la race humaine est décidément peu de chose. Dans ces deux cas on voit que la réponse à l'épreuve de réalité consiste à rechercher ailleurs les moyens de reconstituer le sentiment de sa toute-puissance ainsi mise en échec. En forgeant un roman familial, l'enfant ne s'assure pas uniquement une consolation ou une vengeance mais réalise une inscription dans une généalogie qui lui est nécessaire parce que la certitude sur sa propre existence et celle du monde, même si elle est objet d'évidence, ne suffit pas. Perception et autoperception doivent être garanties exactes par une reconnaissance venue de l'extérieur, que le sujet la demande à d'autres ou à ce reflet que son activité lui renvoie de sa propre identité.

Le roman familial dessine une possibilité d'issue, celle du fantasme, que certains élaboreront ultérieurement sous forme des créations de l'imaginaire dans les divers champs de l'expression artistique par exemple.

Car, s'il ne constitue pas une tentative de savoir au sens de la recherche des causes, il apporte à cette même blessure narcissique que constitue la rupture du sol de l'évidence une réponse apte à se prolonger dans l'écriture romanesque. Ecrire le roman de sa vie peut être une manière de prolonger le « roman familial » que l'on s'est construit. Ce projet, si commun à l'adolescence, se perd bien souvent par la suite et, comme les théories sexuelles infantiles, on l'oublie. Chez certains cependant, il devient le point d'origine d'une œuvre dans laquelle le travail sublimatoire établit l'alchimie qui permet à l'auteur de communiquer ses fantasmes et ainsi de permettre au lecteur de jouir des siens propres, « sans scrupule ni honte ».

## LE PIÈGE DE LA CLÔTURE

Contrairement à l'affirmation de Musil, ce destin ne guette pas tous ceux qui s'adonnent à l'exercice discursif, même passionnément. Mais la menace discrète de la retombée dépressive n'est pas totalement absente, quelle qu'en soit la forme. Nous l'envisagerons ici dans l'inhibition intellectuelle là où elle se donne le plus aisément à voir.

Kierkegaard, dans le texte précédemment cité, fait un saisissant portrait de la mélancolie de son père et note comment c'est précisément l'idéalisation de la pensée qui est à la base de cette retombée dépressive, contrecoup de la joie ludique agressive déployée par celui-ci dans l'exercice dialectique.

« L'idéalité dont il se nourrissait lui était si familière, tout se passait d'une façon si naturelle, qu'elle lui tenait lieu de réalité et il s'attendait à retrouver cette idéalité tout autour de lui, dans la réalité. La mélancolie de son père contribua à cet état de choses. C'était un homme extraordinaire, fait dont Johannes ne s'aperçut qu'en tout dernier lieu. Mais il savait que son père l'avait toujours étonné, que jamais personne ne l'avait surpris à ce point. Mais quelles comparaisons aurait-il pu faire ? Il connaissait si peu de gens. Pourtant Johannes n'apprit pas chez lui que son père sortait de l'ordinaire. Quand un ami de longue date venait en visite, il lui arrivait quelquefois d'engager une conversation plus familière avec le père ; alors Johannes entendait souvent ce dernier affirmer : « Je ne suis bon à rien, je ne sais rien faire, tout ce que je souhaite, c'est de trouver une place dans un établissement charitable. » Il ne s'agissait pas là d'une plaisanterie. Aucune ironie ne teintait ces paroles, assombries, au contraire, par un sérieux qui inquiétait Johannes. Ce n'étaient pas non plus propos en l'air, car leur auteur savait démontrer sur-le-champ qu'à côté de lui, le plus insignifiant des hommes était un génie. Rien ne servait de prouver le contraire, car son irrésistible dialectique faisait perdre de vue les arguments les plus simples et contraignait à fixer les considérations qu'il proposait comme s'il n'en existait pas d'autres. Johannes, dont toute la conception de la vie demeurait pour ainsi dire enfermée dans l'esprit de son père, son expérience propre étant très limitée, achoppait de ce fait à une contradiction : il mit en effet très longtemps à apercevoir comment, à défaut d'autre chose, cette virtuosité qui permettait de vaincre l'adversaire et de le réduire au silence réfutait les arguments mêmes de son père. A cette époque, sa confiance en la réalité n'était pas encore ébranlée ; il ne s'était pas imprégné d'une idéalité puisée dans des livres trop avisés pour laisser qui s'en inspire ignorer l'impossibilité de trouver dans le monde les merveilles qu'ils décrivent ; Johannes, en effet, n'avait pas été formé par un homme attentif à entourer de prestige son précieux savoir, mais capable, au contraire, d'en réduire infiniment la valeur et la signification (*op. cit.*, p. 323).

Cette description qui pourrait être illustrée par l'eau-forte bien connue de Dürer qui représente la Mélancolie nous donne une image extrême des enjeux libidinaux narcissiques qui risquent de se trouver ainsi bloqués dans le Moi lorsque celui-ci a investi l'exercice de sa pensée au point d'en faire l'unique support de son image identificatoire, ce qui est le cas des sujets que l'on désigne comme des « intellectuels ».

A vouloir faire de l'inhibition de pensée une catégorie à part, on risque d'oublier qu'il s'agit d'un symptôme relativement banal pouvant affecter à un moment donné des sujets qui ne correspondent en rien à la description des « loyaux sujets » dont parle Freud, mais qui, au contraire, attachent un grand prix à leur créativité. Disons-le même : ce sont ces derniers et non les autres qui se plaignent d'être inhibés, car ni les esprits superficiels ni les dogmatiques ne se reconnaissent en général victimes d'aucun trouble de cet ordre. Bien au contraire, ils auraient plutôt tendance à ériger leurs limites en vertus et à manifester quelque mépris à l'égard de ceux qui s'encombrent de préoccupations inutiles.

Si l'on tente de regrouper les traits caractéristiques du comportement de l'inhibé devant un travail à faire auquel il attache quelque importance, il semble que la question du temps vienne au premier plan et puisse servir d'organisateur au processus dans lequel le sujet s'enferme lui-même. La dimension temporelle nous renvoie directement à ce qui soutient la toute puissance et l'idéalisation, c'est-à-dire au fonctionnement du principe de plaisir qui ignore le détour et l'élaboration.

Il n'est pas rare que l'inhibition vienne à se manifester lorsque le sujet se trouve dans la situation d'avoir accepté un travail qu'on lui a commandé, la relation à l'autre venant ainsi occulter celle qui lie l'auteur à son œuvre. Toutefois, cette commande d'un travail vient elle-même sur le fond d'une inhibition qui la précède et le sujet se félicite souvent de devoir, grâce à un autre, se « forcer à travailler », c'est-à-dire de ne pas avoir à assumer le désir qu'aurait représenté le projet s'il n'était venu que de lui. Le fantasme sous-jacent de toute puissance trouve alors à s'alimenter dans la représentation de ce que l'autre, celui qui a passé commande, attend du travail en question. En étant ainsi « reconnu », le sujet se trouve néanmoins mis dans une position impossible car dans son fantasme, cette reconnaissance ne concerne pas ce qu'il est effectivement mais l'image idéale de ce qu'il souhaiterait être.

La « reconnaissance » devient alors un cadeau empoisonné puisqu'elle lui apparaît comme le résultat d'une tromperie dont il serait coupable et dont la découverte de son peu de valeur réelle lui vaudrait une honte à la mesure de la déception qu'il aurait ainsi provoquée. La lutte qu'il entretient avec l'objet de sa recherche se déplace à ce moment-là dans une lutte avec lui-même, parce qu'il doit « faire ses preuves », et avec l'autre, parce qu'il lui a demandé de les faire. Sa pensée, de même, ne lui apparaît plus dans sa valeur instrumentale mais essentiellement comme un moyen identificatoire grâce auquel il pourrait réaliser un vœu infantile de toute puissance. Dans ce cas, qu'il parvienne ou non à réaliser le travail qui est dû, qu'il l'achève ou non, le sujet se laisse de toute manière bloquer dans une situation où chaque réalisation ne lui apparaît pas comme le prolongement d'un désir qui lui serait propre mais comme la réponse à un examen grâce auquel il pourrait enfin faire éclater sa valeur. Rien d'étonnant dans ces consitions que tout se joue dans l'immédiateté, car cette demande ne souffre ni délai ni approximation. Elle est massive et de ce fait seulement réalisable dans le fantasme, la durée étant en elle-même vécue comme une attente et un échec.

Après avoir joué de ses fantasmes de triomphe l'inhibé manipule le temps, c'est-à-dire qu'il s'arrange pour le limiter à une dimension restreinte qui l'amène juste avant l'échéance d'un « trop tard ». Cette situation lui sauve dans une certaine mesure la mise car il peut toujours mettre les insuffisances qu'il se reproche au compte de son imprévoyance ou des contraintes de la réalité, mais surtout il y a dans ce dispositif savamment agencé essentiellement la possibilité de restituer la dimension de l'immédiateté. Tout doit jaillir dans l'instant et dans une tonalité d'exaltation où le sujet rejoint passagèrement l'image idéale qu'il poursuit pour retomber peu après dans cette sorte de mélancolie, souvent décrite, que laissent après les avoir énoncées les pensées « refroidies ».

Si le temps de l'élaboration se trouve réduit à un point et s'accompagne de souffrance lorsqu'il faut l'étendre, ne serait-ce que pour la nécessité d'une relecture, en revanche le futur se donne comme une ouverture où tout serait possible, car le véritable travail est toujours à venir, sans possibilité de capitaliser celui qui a été effectivement produit. Le sujet semble à cet égard mener une politique de « terre brûlée » où, s'il ne détruit pas effectivement ses travaux antérieurs, il les désinvestit et les oublie, au point souvent de ne plus pouvoir se reconnaître s'il lui arrive de se relire.

Ce que le cas particulier d'un travail commandé par un autre fait ressortir a une portée plus générale, car l'inhibé recrée une situation d'exigence et d'attente semblable vis-à-vis de son instance surmoïque toutes les fois qu'il en a l'occasion. Le tour persécutif que prend parfois la relation avec l'autre, celui qui a proposé le travail, est tout autant présent dans le dialogue que le sujet entretient avec lui-même, se reprochant de s'être une fois de plus placé dans une situation impossible, alors que rien ne l'exigeait. Derrière cette plainte, il faut entendre celle qu'il adresse à ses images idéales et leurs représentants, coupables de ne lui avoir pas donné les moyens de l'omnipotence qu'il désire et qu'il demeure, paradoxalement, inconsciemment certain de posséder.

L'idéalisation se marque en outre dans la permanente comparaison que le sujet est amené à faire avec une feinte modestie avec tous ceux qui seraient bien mieux que lui parvenu au résultat qu'il convoite. Mais l'admiration sincère fait rarement partie des sentiments de l'inhibé, qui ne reconnaît pas aux autres plus de valeur qu'il ne s'en accorde à lui-même dans ce qu'il répète dans les leitmotives qui peuvent parfois atteindre le degré d'une plainte mélancolique.

Lorsque Freud parle de l'inhibition de Léonard de Vinci à l'égard de ses réalisations picturales, ce n'est pas seulement l'évitement des sujets sexuels qu'il met en cause mais l'inhibition au sens d'un blocage dans la procrastination. Ce qu'il en dit vient considérablement modifier la perspective de l'inhibition névrotique conçue comme une débilité globale et peut s'expliquer en fonction d'un lien avec l'idéalisation. Pour Léonard, l'idéalisation de sa propre création telle qu'il l'aurait souhaitée conforme à un modèle dont l'origine ne lui était pas consciemment connue, constituait le principal motif de l'émergence de symptômes d'inhibition lorsqu'il se mettait à peindre. Freud souligne le lien entre celle-ci et la relation au temps, ainsi que nous l'avons évoquée plus haut : sous le double aspect complémentaire de la hâte et de la perte du temps. Léonard escaladait les échafaudages de la Cène dès l'aurore et se précipitait depuis la cour du château de Milan, où il travaillait à la statue équestre de François Sforza, pour donner quelques coups de pinceau sur la fresque abandonnée depuis plusieurs jours, précipitation qui alternait avec des périodes d'inaction et de pro-crastination. Mais pour Freud, en 1907, la notion d'idéalisation n'étant pas encore dégagée, l'explication de ces comportements se fait en termes purement économiques, selon lesquels l'investigateur, en Léonard, n'aurait jamais laissé la carrière tout à fait libre à l'artiste.

Lorsque Freud évoque la question de l'idéal, c'est dans un sens tout à fait général et pour souligner que « la nécessaire carence de l'artiste au regard d'un idéal qui toujours le dépasse » ne saurait expliquer les raisons des entraves à l'exécution dont souffrait le peintre. Il note peu avant que, selon le récit du moine Bandelli, Léonard « s'attardait parfois des heures devant son œuvre et se contentait de l'examiner au plus profond de lui-même », description qui évoque l'anticipation fantasmatique d'un triomphe qui rendrait l'œuvre conforme aux exigences de l'Idéal du Moi.

Comment peut-on relire ce passage du Léonard à la lumière des écrits ultérieurs de Freud sur l'idéalisation et que nous apporte-t-il concernant la question de l'inhibition dans la création ?

L'inhibition procède en général du sentiment de la démesure de l'acte à réaliser vis-à-vis des possibilités du sujet. On peut se demander si elle n'est pas à son tour issue du retournement de la petitesse de l'acte (telle tâche précise à effectuer) par rapport à la grandeur de ce dont le sujet se voudrait porteur : l'Œuvre dans son caractère absolu et définitif. Lorsque Descartes conseille pour méthode de « diviser les difficultés en autant de parcelles qu'il se peut et qu'il sera requis pour les mieux résoudre », il exprime ce que le discours de l'inhibé reflète sous une forme négative lorsqu'il se plaint d'être écrasé par les dimensions de l'acte à entreprendre comme une masse compacte et énorme qu'on ne saurait par quel bout attraper. Le fantasme d'une scène primitive où le sujet enrage de ne pouvoir séparer cette complétude close qui l'exclut, se retrouve dans l'immobilisation fascinée de celui qui contemple la perfection hors d'atteinte d'un projet ressenti comme irréalisable, projet qui, au demeurant, peut être de nature apparemment fort modeste. Freud définira plus tard l'inhibition comme l'expression d'une limitation fonctionnelle du Moi pour ne pas entrer en conflit avec le Surmoi, ce qu'on pourrait entendre ici comme une limitation pour ne pas subir la blessure narcissique d'une comparaison avec les buts idéaux auxquels le sujet se sent contraint de répondre, faute de quoi il risque une dévalorisation massive.

Dans le cas de Léonard ou chez d'autres qui, pour être bien en deçà de la perfection, agissent néanmoins de même face à leurs propres exigences, ce qui semble davantage en cause que l'interdit ou le menaçant, est l'inaccessible qui est ressenti par le sujet comme de l'impossible, ce qu'il n'est pas en fait, car l'impossible a toujours affaire aux lois naturelles par opposition à l'interdit dont la définition même implique qu'il s'exerce sur du possible. L'inhibition procède ici à un déplacement de la catégorie de l'interdit sur celle de l'impossible, permettant à la première de rester masquée. Alors que la possibilité de fuite ou d'esquive s'offre au sujet devant l'objet interdit ou menaçant, l'inaccessible pose au contraire l'objet de la quête dans un lieu de fascination où la tension ne peut ni se résoudre ni trouver de solution dans le refoulement ou la réalisation pulsionnelle.

Bien que le projet apparaisse irréalisable, la partie n'est pas terminée pour autant car le sujet ne renonce pas à répéter les occasions de se confronter douloureusement avec son impuissance, qu'elle soit sexuelle, intellectuelle ou du domaine de la praxis la plus quotidienne. Reconnaissons-le : si l'inhibition n'était le résultat que d'un interdit surmoïque visant la signification pulsionnelle de l'acte, cette compulsion à la réitération ne s'expliquerait pas et Sisyphe irait pousser son rocher sur des collines plus accueillantes.

En ce qui concerne Léonard, on peut se demander si le conflit décrit par Freud entre la première sublimation, la passion pour l'expérimentation, et la seconde, la sublimation artistique, ne recouvre pas une situation très particulière de l'idéal, susceptible d'être incitateur au début mais qui, lorsque le créateur est parvenu à un certain degré, le bloque, l'obligeant à se répéter sous une autre forme afin de ne jamais parvenir à la résolution imaginée comme définitive : « Essayait-il, écrit Freud, de revenir de l'investigation à l'exercice de son art, là d'où il était parti, alors il se ressentait du trouble apporté par la nouvelle orientation de ses intérêts et la modification de son travail psychique. Le tableau lui apparaissait surtout comme un problème à résoudre, et, derrière ce problème, d'autres problèmes innombrables surgissaient, ainsi qu'il advient dans l'investigation sans fin ni conclusion de la Nature. »

Comme l'Homme aux rats, dont Freud écrit qu'il « met à profit l'incertitude de la raison », c'est-à-dire qu'il utilise pour le bénéfice de son symptôme le fait que la raison puisse se trouver dans un questionnement perpétuel à l'égard de ses résultats, Léonard met au profit du symptôme la nature illimitée de la recherche théorique.

Mais ce n'est pas seulement une inextinguible soif d'investigation qui rend compte de l'inachèvement de ses œuvres et le poids de l'idéal contraint l'artiste à se doubler de l'investigateur afin de demeurer dans cette relation de distance inaccessible que risquerait de rompre la résolution finale de l'œuvre.

Le caractère indéfini de la recherche théorique ne peut non plus se confondre avec la rumination obsessionnelle qui, ainsi que le montre le cas de l'Homme aux loups, se limite à une réitération stérile de la même question sous des formes différentes sans qu'aucune réponse, même partielle, ne puisse être apportée. L'investigation théorique offrait à Léonard une occasion de détour qui lui permettait, selon Freud, de répéter à l'égard de ses œuvres l'attitude du père capable d'engendrer un enfant mais non de l'élever. Ce dernier aspect toutefois plutôt qu'à l'achèvement semble renvoyer à l'abandon. Ce serait donc en termes d'anti-identification, c'est-à-dire d'une identification qui prend le contre-pied de son modèle, qu'il faudrait comprendre l'attitude de Léonard incapable d'achever, c'est-à-dire de se séparer d'une œuvre conservée dans une sorte de gestation permanente[32]. Son identification à la magnificence et à l'insouciance de son père se manifestait peut-être plus directement dans l'attitude du Léonard investigateur et technicien d'une multitude de projets.

Le rapport de Léonard avec ses tableaux témoignerait de la fonction à la fois incitatrice et inhibitrice de l'idéal. L'idéalisation y apparaît comme la retombée paralysante de l'idéal qui prend la forme de l'œuvre parfaite, objet d'une visée d'une durée indéfinie, et incite aux détours qui permettent, sous le prétexte de faire mieux, de ne jamais l'achever. La nostalgie du sourire de Catarina illustre cette présence de l'idéal inconscient, lieu d'une confrontation impossible.

L'idéalisation sous la forme de la fascination inhibitrice atteste son lien avec les images du passé infantile, mais la critique des idéaux telle qu'elle s'exerce dans l'activité discursive n'a pas toujours pour autant rompu ce lien. Dans *L'homme sans qualités*, Musil note avec justesse combien cette critique peut s'apparenter à un goût de la désillusion, à cette rage de tout abaisser qui ressemble « à un désir passionné de se démentir » (tome I, p. 366). Car le sérieux qu'on se plaît à reconnaître à l'esprit critique ne vient que secondairement masquer un processus beaucoup plus primitif, et le goût équivoque de l'homme pour la vérité ne va pas sans quelque misanthropie et satanisme. La critique des idéaux apparaît doublement bénéfique au sujet qui peut y exercer sa destructivité à l'égard de l'objet et s'assurer en retour de sa

---

32. L'œuvre picturale a la particularité d'être unique et non reproductible. Son achèvement et la remise à celui qui l'a commandée ou qui l'achète, contraint l'auteur à s'en séparer définitivement, ce qui n'est pas le cas pour l'œuvre littéraire ou musicale, par exemple.

258     *Le plaisir de pensée*

propre puissance et de sa capacité à se garantir contre des emporte-
ments enthousiastes.

Qu'une telle opération s'accompagne aussi de quelque masochisme, dans la mesure où la destruction de l'idéal implique celle des
repères identificatoires qu'il a pu offrir au sujet, est aussi probable.
Même si la position critique peut faire croire à une élévation particulière par rapport aux illusions idéalistes, elle n'est pas en tous les cas
assimilable à un dépassement des conflits, qui, s'il était possible, équi-
vaudrait peut-être à une sorte de mort de l'activité discursive. L'inhibition, dans son lien avec l'idéalisation, correspondrait à la
représentation d'un narcissisme mégalomaniaque parvenu à son but,
et la raison pour laquelle elle s'apparente souvent à l'incapacité d'achever trouverait là son origine. Elle ne s'y limite pas cependant et, suivant que la réalisation anxiogène est évitée, accomplie partiellement
ou totalement mais annulée après coup, on aura tous les tableaux possibles de l'inhibition, allant de celle qui paralyse l'écrivain devant la
page blanche à celle qui l'empêche de reconnaître l'œuvre écrite et
publiée comme lui appartenant véritablement.

Toutes ces entraves à l'accomplissement d'un travail qui pourrait
apporter au Moi une partie de l'estime qu'il a perdu avec le narcissisme de son enfance ne s'opposent pas au mécanisme sublimatoire.
Même si elles témoignent d'un échec partiel à cet égard, elles l'accompagnent et occupent à ses côtés une part plus ou moins importante,
mais jamais absente.

La curiosité sexuelle de l'enfant aboutit si l'on en croit Freud, à
un échec et se perd cependant que, telle une source enfouie, elle peut
réapparaître sous la forme de la sublimation présente dans la passion
d'investigation de l'adulte. Pour des raisons analogues qui tiennent
essentiellement à l'immaturité physiologique, la masturbation infantile connaît un destin analogue car elle n'aboutit pas davantage à
l'orgasme que la curiosité ne trouve une théorie qui paraisse satisfaisante à l'enfant.

Revenant, dans ses notes de 1938, sur cette question, Freud forme
alors une hypothèse qui me paraît corroborer l'intrication entre l'inhibition comme symptôme de l'idéalisation et la sublimation : « l'ultime
fondement de toutes les inhibitions intellectuelles et des inhibitions
au travail semble être l'inhibition de l'onanisme infantile. Mais peut-
être cela va-t-il plus loin : non pas son inhibition par des influences
extérieures, mais sa nature insatisfaisante en soi. Il manque toujours
quelque chose pour que la décharge et la satisfaction soient complètes — « en attendant toujours quelque chose qui ne venait point » et

cette part manquante, la réaction de l'orgasme, se manifeste en équivalents dans d'autres domaines : absences, accès de rire, de pleurs (Xy) et peut-être autre chose. La sexualité infantile a encore une fois ici fixé un prototype » (*op. cit.*, p. 288).

L'inhibition apparaît ici, dans une vision quasi métaphysique, comme l'insatisfaction existentielle inscrite dans la psyché, cicatrice de la déception infantile. Déception, car l'orgasme inaccessible par la masturbation a été, sous une autre forme, éprouvé par le nourrisson dans la relation d'allaitement et l'enfant éprouve son impuissance à recréer à un niveau génital ce dont il a eu une expérience primitive, incapacité qui devient la matrice de ses échecs ultérieurs.

L'inhibition qui paralyse le rêveur en le clouant sur place, celle qui pétrifie l'impuissant ou la frigide comme celle qui annihile le mouvement d'une œuvre dans une lenteur d'exécution que rien ne justifie, conjugueraient chacune dans leur registre cet échec originel. Il est d'ailleurs intéressant de constater que bien souvent l'idée vient subitement, le mot d'esprit se trouve dans ce même état d'« *absence* » qui s'offre ici comme substitut de l'orgasme manquant et signe la plus radicale des inhibitions, celle où le sujet s'évanouit pour faire disparaître la difficulté.

La certitude, le paradis perdu de l'évidence atteste là aussi son essence d'être, dans le domaine de la pensée, un équivalent de l'élation du narcissisme primaire. L'ambition synthétique propre à l'intellect risque de voir sa visée mégalomane s'éteindre du fait même de sa démesure.

Je ferai à nouveau appel à Musil pour l'illustrer. Tenter de maîtriser le savoir par un processus de capitalisation, c'est se condamner à plus ou moins brève échéance à une mort intellectuelle par étouffement.

Nulle mieux qu'une bibliothèque n'est propre à symboliser l'avidité intellectuelle et ses désillusions, et Musil, comme Borges, dépeint cette expérience de la frustration de celui qui voit comme dans un mirage s'offrir à lui la totalité réunie du Savoir. Le général Stumm von Bordwehr, décidé à appliquer ses qualités de stratège à l'acquisition d'un savoir universel, pénètre fasciné dans la bibliothèque générale et s'enquiert auprès du bibliothécaire de l'existence d'une sorte d'indicateur de chemin de fer qui permettrait d'établir entre les pensées toutes les communications et toutes les correspondances désirées. Conduit à la salle des catalogues, il s'extasie : « Ainsi je me trouvais réellement dans le Saint des Saints de la bibliothèque. J'avais l'impression, je t'assure, d'être entré à l'intérieur d'un crâne. Il n'y avait rien autour de moi que des rayons avec leurs cellules de livres, partout des échelles pour monter et sur les tables et les pupitres rien que des catalogues et des bibliographies, toute la quintessence du savoir, nulle part un livre sensé, lisible, rien que des livres : cela sentait diablement la matière grise et je me flattais en disant que j'avais l'impression d'être arrivé à quelque chose ! » (*L'homme sans qualités*, I, p. 552.)

La déception de Stumm lorsque le bibliothécaire lui révèle que le secret du bon bibliothécaire est de ne jamais lire de la littérature qui lui est confiée que les titres et la table des matières faute de quoi il ne pourrait avoir une vue d'ensemble, devient le symbole de l'échec de toute ambition systématique. La synthèse demeure interdite et l'esprit possède soit un contenu et une vérité partiels, soit une structure d'ensemble stérile. La découverte du général Stumm c'est que cet ordre total se transforme en « besoin de mort ».

Si l'ambition synthétique n'étreint finalement que du vide, réciproquement la possession de vérités partielles risque d'aliéner le chercheur dans la multiplication des détails qui lui font perdre le but et la vue d'ensemble. Ainsi Ulrich interrompt un grand travail aux perspectives considérables parce qu'il finit par se sentir comme un homme qui franchirait une chaîne de montagne après l'autre sans jamais apercevoir le but : « Il possédait des fragments d'une nouvelle manière de penser et de sentir, mais le spectacle d'abord si intense de la nouveauté s'était dissous dans la multiplication des détails et si Ulrich avait cru boire à la source de la vie, son attente était désormais tarie [...]. Ses collègues lui apparaissaient comme des procureurs implacables et maniaques, des policiers de la logique, et tout ensemble comme des opiomanes dévots d'une drogue étrangement blafarde qui les aidait à peupler le monde de chiffres et de rapports abstraits. » (*ibid.*, p. 54.)

Il ne semble pas que l'activité discursive puisse aisément renoncer à l'ambition systématique. La manière la plus courante de la revendiquer consiste pour le chercheur à fantasmer sa propre activité comme partie d'un tout, qu'il prolonge et par lequel il sera à son tour prolongé. L'ambition totalisatrice se situe alors à la dimension d'une équipe de travail, voire d'une communauté scientifique virtuelle. Un tel élargissement des bornes naturelles du narcissisme ne se fait pas sans difficultés, et il n'est que d'évoquer les tensions dans la « horde sauvage » des psychanalystes et les conflits au sujet de l'antériorité dans leurs « découvertes » pour s'en convaincre. Aussi le chercheur a-t-il recours simultanément à un stratagème qui lui permet de conserver l'ampleur de l'ambition initiale alors même qu'il la sait vaine. C'est dans le surinvestissement du détail d'une recherche et dans sa capacité de métonymie de l'ensemble de l'édifice du Savoir qu'il peut se cacher à lui-même ce qu'Ulrich ressent douloureusement comme inachèvement essentiel. Le policier de la logique traque l'erreur dans une zone à sa mesure mais dont il affirme qu'elle constitue un véritable microcosme, dût-il pour cela ignorer tout le reste. Tel autre travail dont l'objectif concerné est différent du sien apparaît à peu près aussi dépourvu de sens que peuvent l'être les passions d'une partie de football pour celui qui en ignore les règles. On dirait que l'équilibre interne du chercheur exige qu'il se limite à sa spécialité et adopte pour le reste de sa vie la conviction que si les choses peuvent évidemment être différentes, il n'est néanmoins pas utile d'y penser trop. Parce que le progrès de la pensée naît ainsi d'une juxtaposition de gains de détail, Ulrich prédit au corps de faits et de découvertes qu'il nomme l'Esprit le destin du dynosaure qui grossit en s'éloignant de son être intérieur et pour lequel tout accroissement de puissance ne peut déboucher que dans un progressif accroissement d'impuissance.

Mais ce recentrement sur le détail ne constitue pas un mouvement naturel chez l'homme de pensée, il est conquis sur l'ambition systématique et l'appétit de totalité. De même c'est parce qu'il sait qu'un objet saisi dans son ensemble en perd d'un coup son étendue et se change en concept, que l'essayiste s'exerce à considérer les nombreuses facettes d'un objet sans prétendre le saisir dans son ensemble. Il faut être sensible ici au fantasme que la saisie de l'objet constituerait sa destruction. Tel Orphée, l'homme de pensée est condamné à ne jamais étreindre du regard l'objet du désir sous peine de le voir disparaître. La valeur agressive d'un tel fantasme n'est pas douteuse et lorsque Ulrich parle des « vieux vices des chasseurs, soldats et marchands transposés dans le domaine intellectuel et métamorphosés en vertus » (*L'homme sans qualités*, p. 362), il ne croit pas que l'élément de ce mal originel puisse pour autant être effacé des motivations de la quête discursive.

Perdu dans les détails ou étouffé par une totalité vide, celui qui investit passionnément l'activité discursive peut aussi connaître ces moments d'inhibition, ce sentiment d'être malgré une intense production d'esprit incapable de rien faire de bien. Les notes du *Journal* de Musil, en particulier vers les années 1930, donnent une description cruelle et précise de la souffrance de l'inhibition intellectuelle. La mise au net des manuscrits et en particulier la recherche des transitions mais aussi tout le travail du style le mettent au bord du découragement. Insatisfait, il biffe, rature puis, accroché par des détails, il perd la ligne générale, et se bloque. « Pas exactement une souffrance, écrit-il, bien que ce soit une sensation physique dans la tête. La meilleure formule serait me semble-t-il "désespoir intellectuel". Impuissance, mêlée à une terrible répugnance (comme on en éprouve au bord de l'épuisement) à devoir se remettre à la tâche » (*Journal*, II, p. 184).

Et ce n'est pas la production des pensées qui déclenche cette inhibition mais leur mise en ordre, tout ce qui concerne le tri et la maîtrise dans la cohésion. Situation que Musil rapproche de celle qu'il a pu ressentir au moment de faire des bagages : les bras qui se baissent, l'impression de ne pas pouvoir décider par où commencer. Michel Neyraut montre de même comment l'inhibition intellectuelle proprement dite concerne le pouvoir de synthèse qui « empoigne les bribes éparses d'une intuition pour les colliger en un faisceau [...]. Cette saisie qui est un empoignement, une emprise, n'est pas sans évoquer, tant est grande la culpabilité et la déception qui s'y rattachent, le procès masturbatoire[33] ».

La plainte de ne pouvoir conserver ses idées, plainte typique de l'inhibition intellectuelle, apparaît chez Musil à un double niveau. Tout d'abord dans le sentiment que son appareil intellectuel est incapable de retenir la richesse du vécu, ce qui se redouble, dans l'inhibition à l'écriture, c'est-à-dire dans l'impossibilité de restituer quelque chose de cette richesse.

« Je *vis* terriblement peu de choses, écrit-il, c'est-à-dire qu'il ne m'en reste bientôt qu'un choix tout à fait abstrait, moins caractérisé d'ailleurs par le manque de détails sensibles que par la réduction de la part intellectuelle. Bien des choses dans lesquelles j'avais vu sur l'instant un beau problème, je suis incapable intellectuellement de les conserver ; les dimensions du raisonnement se réduisent aussitôt pour s'adapter à ma personnalité, la zone de combustion chez moi est très étroite » (*Journal*, I, p. 291). Limites d'une maîtrise anale ou déception du processus masturbatoire, l'explication psychanalytique n'est-elle pas à son tour trop circonstanciée pour rendre la sensation que décrit ici l'auteur ?

Face à une sorte de fantasme océanique de ce qu'il appelle « la vie », l'effort discursif ne peut apparaître que réducteur et la vivacité du souvenir s'effacer dans le squelette logique de l'idée. Peut-être faut-il en voir la cause dans cette forme particulière à laquelle Musil se déclare soumis : « Je retiens rarement des détails, seulement le sens, l'un des sens de la chose. C'est à partir d'une synthèse objective, tout

33. Michel Neyraut, Conférence du 21 janvier 1967 : « A propos de l'inhibition intellectuelle », *Revue française de psychanalyse*, 1968, t. 32, n° 4, p. 779.

à fait abstraite, presque absente que se forment mes énoncés... » (*Journal*, I, p. 389.)

Bien que cette confidence étonne de la part d'un auteur si habile à saisir la luxuriance d'un détail, elle permet néanmoins un éclairage plus précis du mécanisme de l'inhibition où le sujet ne se donne le droit de fonctionner qu'à partir d'un concept de la chose. Cette exigence nécessaire au philosophe, transposée dans l'écriture romanesque, constitue un risque d'appauvrissement. Mais la contrepartie est peut-être précisément la possibilité de contrer l'excès, de ne pas être noyé par le flux de l'observé en interposant du discursif comme un filtre entre ce qui est ressenti et ce qui va être écrit. Lorsque Musil affirme que c'est avec son entendement qu'il faut écrire (*ibid.*, p. 290), un tel projet, bien loin d'une pauvreté ou d'une insensibilité, atteste au contraire l'extrême violence des affects et le vertige qui le prend lorsqu'il cherche à les maîtriser sous une forme qui les rende pensables et communicables.

L'inhibition intellectuelle se manifeste comme le blocage devant la multiplicité et le danger qu'elle représente pour l'intégrité du Moi. L'angoisse qui est alors mobilisée évoque pour Musil le vertige en montagne et l'idée paralysante qui s'impose alors que jamais il ne sera possible de franchir ce passage.

L'inhibition est corrélative des dimensions écrasantes de l'objet désiré, et se retrouve sous une forme inversée dans le fantasme d'être dilaté à la mesure de l'omnipotence infantile lorsque le Je se laisse traverser par le flux fantasmatique. Comme le note Musil : « J'ai l'impression d'avoir dans la tête un essaim, une nuée de possibilités et me fais l'effet de quelqu'un qui cherche à ficeler un ballot plus gros que lui » (*Journal*, II, p. 222). Sensation mêlée de plénitude et d'impuissance qui se rapprocherait peut-être de ces sensations archaïques que Lewin décrit dans la zone orale comme liées à l'endormissement. Car l'avidité orale avec son implication destructive est bien la pulsion concernée en l'occurrence. « Je veux trop à la fois ! C'est le grand défaut de mon style », se plaint-il ailleurs (*ibid.*, p. 443). L'ampleur du projet est ce qui donne à l'opération, fort modeste dans la réalité, sa dimension angoissante, d'où la vertu calmante de tout ce qui peut instaurer une division, voire une diversion. Ainsi l'interruption par l'obligation d'effectuer une tâche quotidienne simple ramène le projet intellectuel à des dimensions abordables. « Sans doute, écrit Musil, s'agit-il de prendre des dispositions quant à ma personne ! Diviser la tâche en tâches partielles [...] chaque chose en son temps [...] ne poussez pas... » Mais le tri des idées ne se fait pas facilement parce qu'il exige du sujet qu'il introduise une disruption dans la belle totalité fantasmée du cours de ses pensées. Entre la masse qui étouffe et la destruction de l'harmonie par le tri des idées, peut-être aussi, bien que Musil n'en parle pas, avec l'accusation d'être « diverti » et donc gêné par les tâches quotidiennes, l'inhibition s'installe. Comment un tel vertige n'aurait-il pas saisi celui qui à la fin de sa vie et dans les années de guerre 1940 pouvait écrire : « Je n'en reste pas moins naïvement convaincu que l'écrivain est la tâche même de l'humanité ; de surcroît je voudrais en être un grand. Quel amour-propre bien caché, même à mes propres yeux » (*ibid.*, II, p. 452) ?

Face à l'inhibition de pensée, le sujet dispose d'un stratagème consistant à prétendre que la pensée qui se forme en lui se produit d'elle-même et qu'il n'en est ni auteur ni donc responsable. De même que le vécu ne pourrait s'exprimer directement sans passer par la médiation de la synthèse rationnelle à partir de laquelle l'auteur le reconstruit, de même l'opération de pensée lorsqu'elle n'est pas cette lutte souffrante contre l'inhibition devrait être déclarée comme n'appartenant pas directement au Je mais se faisant en lui et en quelque sorte sans lui. Aussi est-il selon Musil impossible de décrire un homme qui pense parce que aucune description ne saurait rendre sans être ennuyeuse cette disposition permanente à attendre l'inattendu qui caractérise celui qui a des idées neuves. L'acte de penser lui-même est invisible et seul est perceptible l'effort qui signe l'inhibition. En revanche celui à qui vient une idée neuve « peut d'un seul coup percevoir très distinctement en soi une légère stupeur en constatant que les pensées loin d'attendre leur auteur se sont bel et bien faites toutes seules. Ce sentiment de stupeur légère, beaucoup de gens de nos jours l'ont baptisé « intuition » après l'avoir appelé « inspiration » et croient y voir quelque chose de supra-personnel alors que c'est tout simplement quelque chose d'impersonnel, à savoir l'affinité et l'homogénéité des choses mêmes qui se rencontrent dans un cerveau » (*L'homme sans qualités*, p. 132).

Freud aussi évoque non sans étonnement le fait que la pensée puisse effectuer un travail rationnel et rigoureux de manière préconsciente, de telle sorte qu'un problème insoluble la veille puisse trouver sa solution sous une forme figurative à l'état onirique ainsi que le montre le rêve de Kékulé.

Ce qui, du point de vue de l'analyste, apparaît étranger au travail de pensée conscient, parce qu'il naît d'une brusque aperception synthétique d'éléments préconscients, est donné chez Musil comme le travail des pensées elles-mêmes dans le Je, réduit à n'être que le lieu de leur rencontre. Le travail intérieur des pensées préconscientes devient alors travail impersonnel de la chose pensée. Que la défense contre l'élément pulsionnel en cause soit l'inhibition de la maîtrise anale est clairement exprimé par Musil lui-même : « C'est pourquoi l'acte de penser tant qu'il se prolonge est un état proprement lamentable, une sorte de colique de toutes les circonvolutions du cerveau ; mais lorsqu'il est achevé, il a déjà perdu la forme du penser, sous laquelle il est vécu, pour prendre celle de la chose pensée ; et cette forme est hélas impersonnelle car la pensée est alors tournée vers l'extérieur et destinée à la communication. » *(Ibid.)*

Ce qui se détache ainsi jusqu'à perdre le souvenir de sa forme c'est une partie du Je lui-même, d'où la difficulté de se reconnaître après coup dans ses propres idées fussent-elles celles qui l'avaient le plus ravi autrefois.

« Tout homme, écrit-il, est un cimetière de ses pensées. Pour nous le plus beau moment est celui de leur naissance ; ensuite il nous arrive souvent d'éprouver tout au fond de nous-mêmes une vive souffrance à constater qu'après nous avoir ravis, elles nous laissent indifférents. » *(Journal,* I, p. 81.) La mélancolie ici naît de ce que chaque pensée est un morceau perdu du Je, incapable d'y faire retour c'est-à-dire incapable d'être à nouveau le support d'un investissement narcissique.

Il est possible que cette mélancolie, si différente en apparence de l'autosatisfaction naïve de l'auteur qui contemple dans sa bibliothèque la rangée des livres qui portent son nom, ne puisse exister que chez celui pour qui l'exigence de « vérité » passe avant la satisfaction narcissique ou plus exactement la conditionne. Car une telle exigence est nécessairement prospective et elle contraint le Je à porter sur ses certitudes passées un regard critique, qui rend vaine toute tentative de capitalisation intellectuelle. Et en ce sens la jouissance intellectuelle perpétue cette caractéristique de la jouissance de ne pouvoir exister que dans l'instant, réitérable et pourtant imprévisible, moment de fulgurance à chaque fois singulier et dont rien ou peu de chose se conserve.

Paradoxalement, alors que ces moments constituent pour le sujet l'occasion d'une rencontre privilégiée avec ce qu'il peut ressentir comme le plus authentique en lui-même, le Je y apparaît alors insaisissable. C'est bien ce que Musil exprime à propos de la ferveur de penser et du renversement de « l'être soi » : « Quoi que tu entreprennes tu restes hors de toi, excepté précisément dans les rares instants où on affirmerait à ton propos que tu es *hors de toi* [...]. Tout ce que tu touches dès que tu as réussi à être une "personnalité" se fige dans le plus intime de toi. Il ne reste plus qu'un mince fil de conscience de soi et de trouble amour-propre qu'enveloppe une vie tout à fait extérieure. » (*L'Homme sans idées*, II, p. 268.)

La jouissance identificatoire est au plus haut point présente dans la ferveur de l'activité discursive, mais le narcissisme y est élargi à une dimension qui ne peut se réaliser que dans des instants ponctuels où le Je devient inassignable, fantasmé comme une pensée fulgurante qui s'autocrée elle-même. D'où la retombée dépressive, l'impossibilité de se reconnaître dans ce qui a été pensé ou écrit par lui-même et l'inhibition qui le saisit lorsqu'il ressent l'objet de son investissement comme une totalité close qu'il ne pourrait que détruire s'il cherchait à l'étreindre, inhibition qui apparaît comme le contrecoup inévitable de cette érotisation de l'acte de penser.

Car l'élaboration discursive chez Musil reste toujours tributaire d'un état d'affect intense et s'il reconnaît avoir plutôt fait l'expérience de la souffrance dans son activité de pensée et d'écriture ce n'est pas la pensée qu'il en rend responsable mais son trop peu d'amour pour la vie : « Je ne sais pourquoi l'on vit pourrais-je dire. Ce qui séduit ne me séduit pas. Dès l'enfance. A de rares exceptions près. C'est l'homme sans joie, "sans appétit". Selon la psychologie régnante, ne devrait-on pas s'attendre à ce que je m'assure mes jouissances dans l'écriture ? Mais je n'écris pas volontiers non plus, quoique passionnément. Il faut probablement aimer la vie pour écrire facilement. » (*Journal*, II, p. 476.)

Besoin de cohésion du Je qui se projette sur la conquête systématique d'un champ du savoir, il semble que la principale préoccupation de Musil se ramène en définitive à la tentative pour s'expliquer à lui-même ce qui apparaît comme une sorte d'addiction à la recherche de la certitude lorsque le sujet, renonçant à la trouver dans un dogme idéalisé, entreprend de ne compter que sur l'exercice critique de sa propre pensée.

# 5

# Le sexe et la pensée

Des menaces de perdre la mémoire pour les masturbateurs au risque de perdre l'esprit dans la démence syphilitique pour punition des abus sexuels, c'est la pensée qui est visée. Plus banalement l'idée que la passion sexuelle dérangerait le calme nécessaire à la vie intellectuelle rejoint ce que Freud exprimait en ces termes : « Comme l'être humain ne dispose pas d'une quantité illimitée d'énergie psychique, il ne peut accomplir ses tâches qu'au moyen d'une répartition opportune de sa libido. La part qu'il en destine à des objectifs culturels c'est surtout aux femmes et à sa vie sexuelle qu'il la soustrait ; le contact constant avec d'autres hommes, la dépendance où le tiennent les rapports avec eux, le dérobent à ses devoirs d'époux et de père. La femme se voyant ainsi reléguée au second plan par les exigences de la civilisation, adopte envers elle une attitude hostile. » (1930 a, p. 55)

On pourrait se contenter de voir dans ces propos l'expression de la constatation des limites auxquelles tout sujet se trouve confronté dans ses investissements, ce qu'il formule le plus souvent en termes de « temps disponible ». Ramenée au niveau du microcosme familial, cette situation prend l'allure d'un choix entre les investissements conjugaux et familiaux et ceux qui se portent à l'extérieur, dans le travail, la vie sociale qui est liée, etc. L'activité sublimée devient objet de conflit comme s'il s'agissait d'une infidélité conjugale car, si elle se partage, c'est d'ordinaire avec d'autres que le conjoint qui peut légitimement s'en sentir exclu.

A ce détail près qu'elles concernent de nos jours les femmes comme les hommes (ce qui reporte le problème sur la relation aux enfants), ces remarques de Freud ne semblent pas contestables. Toutefois, en les limitant à une perspective aussi strictement phénoméniste, on laisse échapper le fantasme qui les sous-tend, fantasme qui est l'un de ceux qui s'attachent le plus intimement à la notion de travail intellectuel et de sublimation en général. Il se formule en termes d'une sublimation « aux dépens » de la vie sexuelle.

On en aurait un exemple dans ce passage d'un roman d'Alberto Moravia : « J'hésitai un instant et puis : Nous nous aimons tous les soirs, n'est-ce pas ? Eh bien, je sens que toute la force qu'il me faudrait pour écrire je la dépense pour toi. Si cela continue ainsi, je ne pourrai jamais venir à bout de ce travail » (*L'amour conjugal*. p. 41). Les préoccupations du héros pourraient être schématisées dans la figure des vases communiquants où ce qui est donné à l'un est retiré à l'autre, qu'il s'agisse d'ailleurs d'une menace d'appauvrissement énergétique, parce que l'homme s'épuiserait au bénéfice de la femme, ou d'une variation du niveau de l'énergie sublimée baissant ou montant en fonction de la satisfaction sexuelle ou de sa rétention. On voit ici s'exprimer la fantasmatisation propre à l'angoisse devant la femme vampire, castratrice et la résurgence d'une problématique prégénitale anale (l'angoisse d'appauvrissement) voire orale (angoisse d'avoir détruit le sein, intériorisation de l'objet vide et mutilé, etc.)[1].

La justification métapsychologique de ce fantasme en termes d'économie pulsionnelle repose sur la nécessité pour la psyché de disposer d'une réserve libidinale. Celle-ci doit avoir une quantité optimum c'est-à-dire pas trop ce qui créerait un état de tension pénible et se déchargerait dans les symptômes, ni trop peu. Il s'agit d'un rapport entre « le quantum actif de libido et cette quantité de libido que le Moi individuel peut maîtriser c'est-à-dire maintenir sous tension, sublimer, ou utiliser directement ».

Cette idée d'une utilisation possible de la libido est ici capitale, faute de quoi celle-ci demeurerait stasée, inapte à quoi que ce soit sinon à la répétition stérile.

Ainsi, l'analyse de certaines inhibitions intellectuelles doit tenir

---

1. Cf. E. Jones, in *Théorie et pratique de la psychanalyse*, « Le développement précoce de la sexualité féminine », p. 401. « En d'autres termes, la prédominance des peurs de la castration chez les hommes nous fait quelquefois oublier que chez les deux sexes la menace de castration, aussi importante soit-elle, n'est qu'une menace *partielle* contre la capacité et le plaisir sexuel considérés comme un tout. Pour l'atteinte principale que représenterait une abolition totale, nous ferions mieux d'utiliser un autre terme comme le mot grec "aphanisis". »

compte de cette distinction, car la viscosité transposée dans le domaine de la pensée ne crée pas de lien avec les objets, favorisant plutôt un état de fascination stérile qu'un véritable investissement.

Si on suppose donc une libido libre dans sa fluidité mais néanmoins stasée, l'image du barrage s'impose car il faut bien que quelque chose la retienne loin de son mouvement naturel. D'où le lien que Freud établit entre l'abstinence sexuelle et la capacité de consacrer l'énergie libidinale à des investissements sublimés. Mais là encore, le point de vue économique ne peut s'envisager isolément des autres aspects et l'abstinence sexuelle, même si elle crée un surplus libidinal, ne rend pas pour autant apte à utiliser la libido à d'autres fins. Dès 1908, Freud relève la coïncidence entre la disposition qui anime et caractérise la vie sexuelle d'un sujet et ses capacités dans les autres domaines : « Un homme qui conquiert énergiquement son objet sexuel manifestera, nous en sommes convaincus, la même énergie inébranlable dans la poursuite d'autres buts ; celui qui par contre, renonce pour toutes sortes de raisons, à satisfaire ses fortes pulsions sexuelles aura, dans les autres sphères de sa vie, un comportement conciliant et résigné plutôt qu'énergique » (1908 d, p. 42).

Il reprendra cette idée dans le *Léonard* : « La vie sexuelle réelle se manifeste une fois de plus comme le modèle de toutes les autres fonctions » (p. 144) puis dans l'*Introduction à la psychanalyse* : « la restriction sexuelle est le fait de personnes ayant un caractère indécis, enclines au doute et à l'angoisse, alors que le caractère intrépide, courageux est le plus souvent incompatible avec la restriction sexuelle. Quelles que soient les modifications et les complications que les nombreuses influences de la vie civilisée puissent imprimer à ces rapports entre le caractère et la vie sexuelle, il existe entre l'un et l'autre une relation des plus étroites » (p. 379).

Toutefois, même si on peut relever des positions différentes voire contradictoires de Freud à l'égard de cette question[2], il est clair pour

2. Quant à la question d'une hypothétique abstinence sexuelle de Freud lui-même n'ayant pour ma part rien à dire, je renvoie aux abondantes controverses notamment à partir des commentaires qui ont été faits de la lettre de Freud à Fliess du 31 octobre 1897 (*S.E.*, I, p. 227, tr. fce, p. 201 et *G.W.*, p. 242) où il écrit que désormais l'excitation sexuelle ne lui est plus « utile » et à l'interprétation du Rêve de la « Monographie botanique » dans le commentaire qu'en fait D. Anzieu [*L'auto-analyse de Freud, op. cit.*, I. p. 374] critiquant ce qu'en dit Vandendriessche qui voit dans le rêve de la Monographie botanique « les éléments auto-analytiques de Freud concernant la sublimation » (in *R.F.P.*, 1972, n. 36, 5, 6, p. 995). Voir aussi l'opinion de Roazen qui fait état d'un aveu de renoncement définitif de Freud à toute activité sexuelle à cette époque, tout en évoquant par ailleurs une liaison qu'il aurait eue avec Minna.

lui que l'intellectuel, et lui le premier, échappe à ces considérations. Lui peut accumuler de la libido sans craindre de la voir se transformer en angoisse parce qu'il dispose avec la pensée d'un moyen de la dépenser par petites quantités et surtout parce qu'il a trouvé la voie de la dérivation libidinale sublimatoire.

L'abstinence sexuelle devient dans ces conditions souhaitable, ce qu'il exprime ici sous forme inversée : « L'abstinence sexuelle, si chaudement préconisée de nos jours par des médecins, ne favorise naturellement la production d'états d'angoisse que dans les cas où la libido, qui ne trouve pas de dérivation satisfaisante, présente un degré certain d'intensité et n'a pas été pour la plus grande partie supprimée par la sublimation » (1916-1917, p. 379).

Ce qui serait vrai de l'intellectuel ne le serait pas en revanche, selon Freud, de l'artiste. Il note à propos de Léonard de Vinci les effets négatifs de l'abstinence sexuelle sur la capacité créatrice : « Mais bientôt se vérifie en lui le fait d'expérience qu'une répression presque totale de la vie sexuelle réelle ne crée pas les conditions les plus favorables à l'exercice des tendances sexuelles sublimées » (1910 c, p. 144). Ce « fait d'expérience » est-il toujours constaté ? Ce n'est pas l'opinion par exemple de Kurt Eissler (p. 79) qui fait état, concernant certains artistes (du moins dans le discours manifeste des propos qu'il rapporte), d'une sorte de mise en condition pour la création qui s'appuierait notamment sur l'abstinence sexuelle. Il cite cette lettre de Van Gogh à son ami Emile Bernard qui rejoint tout à fait, et avec bien plus de violence le thème développé par Moravia : « Personnellement je sens que l'abstinence est bonne pour moi, que c'est assez pour nos faibles et impressionnables cerveaux d'artistes que de donner leur substance à la création de nos tableaux. Car lorsque nous réfléchissons, calculons lorsque nous nous épuisons, nous dépensons notre énergie cérébrale. Pourquoi nous fatiguer à verser toute notre sève créatrice alors que les entremetteurs professionnels bien nourris et les idiots ordinaires font mieux pour satisfaire les organes génitaux de la prostituée qui dans ce cas est moins exigeante que nous-mêmes. » (V. Van Gogh, *Correspondance*, vol. III, p. 509 cité K. Eissler.)

L'analyse psychobiographique de Van Gogh ou d'autres artistes livrerait certainement des indications intéressantes, comme il apparaît dans cette lettre où le fantasme d'une équivalence entre l'énergie cérébrale et le liquide séminal renvoie à un symptôme qu'on peut trouver dans la clinique sous forme par exemple de sensations ressenties exclusivement dans la tête lors du coït et sous la forme douloureuse d'un éclatement. Outre ces aspects pathologiques il y a là un passage qui reste non élucidé entre un vécu corporel, qu'il soit de plaisir ou de douleur, et une activité de pensée. Daniel Lagache dans une perspective analogue écrit : « La sublimation en acte ne saurait se passer du corps... Il y a plus qu'une comparaison, il y a une vérité dans ces beaux vers de Charles Baudelaire : "Comme un hardi nageur qui se pâme dans l'onde/ Mon esprit, tu te meus avec agilité." » *(La sublimation et les valeurs)*. Lagache compare à ce propos le sentiment d'« anesthésie douloureuse » du névrosé obsessionnel avec la sublimation véritable qui se manifeste au contraire comme une satisfaction globale.

Ferenczi, dans un petit article intitulé « Pensée et innervation musculaire » *(Psychanalyse* II, p. 319 sq.) rapproche les attitudes motrices des personnes qui se livrent à un effort intellectuel approfondi, en le situant en deux groupes : celles qui se figent dans l'immobilité et celles qui au contraire développent une activité musculaire intense. Si on considère que l'on peut prolonger cette idée en prenant en compte non seulement ces mouvements d'allée et venue dont il parle mais aussi des gestes plus discrets des pieds, des mains ou bien le fait de fumer et de mâchonner par exemple, on a un tableau plus large de ce type de décharge motrice accompagnant l'activité de pensée.

Mais l'intérêt principal du texte de Ferenczi repose sur le parallélisme qu'il établit entre l'inhibition intellectuelle qui entraîne une inhibition motrice de manière à permettre au sujet de disposer de toute son énergie pour l'effort de pensée et à l'inverse le débordement par l'excès de pensée qui nécessite de dépenser au fur et à mesure par la motricité une partie de cette énergie[3].

Démontrer la possibilité de transformation de l'énergie musculaire en énergie psychique n'est pas l'objectif de Ferenczi, mais l'utilisation de l'énergie que va faire la pensée l'intéresse. Cette dernière se débarrasse de son surplus ou au contraire barre toute possibilité d'écoulement sur le plan moteur afin d'établir une régulation. Il rappelle à titre d'exemple l'explication que donne Freud à propos du rire comme décharge motrice d'une tension psychique devenue superflue. L'analyse de Ferenczi porte, comme l'annonce son titre *(Pensée et inner-*

---

3. « Ce serait un argument en faveur d'une relation intime entre la pensée et la mobilité s'il s'avérait exact que le sujet inhibé utilise l'énergie économisée par l'arrêt des innervations musculaires pour surmonter les résistances au cours de l'activité intellectuelle, tandis que le type moteur doit gaspiller de l'énergie musculaire pour modérer le « débordement généralement trop facile des intensités » dans le processus intellectuel (Freud), c'est-à-dire pour introduire la réflexion logique à la place de l'imagination », *op. cit.*, p. 319.

*vation musculaire)* sur la participation du tonus et de la décharge musculaire à l'activité de pensée, mais son point de vue reste phénoméniste et opératoire en ce qu'il ne prend pas en compte des sensations de plaisir ou de déplaisir accompagnant dans le corps la démarche intellectuelle.

La perspective de Lagache évoquée plus haut semble aller dans le sens d'une participation positive du corps à l'acte de pensée mais le corps est davantage présent comme la référence qui soutient la métaphore d'un plaisir de pensée.

Il va jusqu'à parler d'un véritable orgasme de pensée à propos de la sublimation : « La jouissance de la sublimation est une jouissance d'intérêt, de fonctionnement, d'accomplissement, une captation par l'objet dans laquelle le sujet s'oublie ; elle peut aller très loin en intensité et en durée, atteindre une plénitude telle qu'une fois encore il nous semble douteux qu'elle puisse être assimilée au plaisir préliminaire. »

Nous verrons ultérieurement comment au-delà de l'effort de pensée peut se comprendre le plaisir spécifique qui l'accompagne, plaisir qu'il serait abusif d'assimiler à une jouissance sexuelle. Reste que le fait même que ces domaines soient vécus le plus souvent comme antagonistes montre que le plaisir de pensée n'est pas si limité puisqu'il peut apparaître nécessaire de le payer du plaisir obtenu ailleurs et autrement.

Freud ici non seulement n'innove pas mais reprend en l'argumentant sur le plan métapsychologique un fantasme banal de risque de pénurie et d'affaiblissement libidinal. Cette perspective cependant se trouve en opposition avec l'une de ses hypothèses les plus fécondes concernant la relation entre le sexuel et le non sexuel et l'idée que l'abstinence sexuelle serait obligatoire pour pouvoir sublimer conduit à poser en termes d'identité et non d'étayage les rapports entre le sexuel et la sublimation.

L'existence de « voies d'influence réciproque » selon lesquelles le passage d'une fonction non sexuelle à une fonction sexuelle peut s'effectuer dans les deux sens permet de représenter aussi bien la symptomatologie des névroses (influence du trouble sexuel sur un comportement ou une fonction, comme dans l'anorexie ou l'inhibition intellectuelle) que la sublimation de la sexualité définie comme « attraction des pulsions sexuelles vers des buts non sexuels ». Cette comparaison entre la sublimation et la genèse du trouble névrotique à partir du plan de la sexualité est précieuse car si le trouble névrotique reflète un conflit dans la sphère sexuelle, de même la sublimation devrait manifester un certain état de l'activité sexuelle. Or l'étayage du plaisir de téter sur la fonction de nutrition n'a jamais impliqué, au contraire, qu'il faille moins se nourrir pour mieux ressentir le plaisir oral et on ne verrait pas pourquoi la sublimation devrait exiger une diminution, voire une disparition de l'activité sexuelle pour mieux s'exercer.

Le modèle de la sublimation n'est, en effet, pas mécaniquement superposable à celui de l'étayage, et on peut se demander si l'idée d'une nécessité de l'abstinence sexuelle pour mieux sublimer ne repose pas en revanche sur une assimilation largement aussi mécanique de l'énergie sexuelle et de l'énergie cérébrale.

Si le passage de l'énergie sexuelle à la sublimation peut se concevoir sur le modèle d'une circulation à double sens sans déperdition énergétique, il apparaît en revanche décrit sur un modèle entropique de dégradation irréversible dans des textes comme *Un souvenir d'enfance de Léonard de Vinci* ou *Malaise dans la civilisation*.

Freud donne Léonard de Vinci comme prototype de l'impossibilité de reconvertir la curiosité intellectuelle en joie de vivre, ce qui est, écrit-il, la base même du drame de Faust (p. 27). La signification du savoir de Faust dans son économie pulsionnelle[4] a fait l'objet de diverses et intéressantes approches mais c'est vers un autre aspect de ce passage que nous nous tournerons : la référence faite par Freud à Spinoza lorsqu'il cite cette phrase de Léonard : « *Nessuna cosa si puo amare ne odiare se prima non si fa cognition di quella* » (p. 24). Affirmation que l'on peut opposer à ce qu'écrit Spinoza : « La connaissance vraie du bon et du mauvais ne peut en tant que vraie contrarier aucun sentiment ; elle ne le peut qu'en tant qu'elle est considérée comme un sentiment. » [*Ethique* IV, 14]

Freud ne cite pas Spinoza mais commente le passage de Léonard en comparant celui-ci à un Faust italien en raison de la joie et de l'exaltation de la connaissance. Il ajoute : « On peut prétendre que le développement spirituel de Léonard s'est effectué plutôt selon le mode de la pensée spinozienne » (p. 27).

Qu'est-ce qui chez Léonard a pu évoquer à Freud Spinoza, auteur

---

4. Cf. l'étude de K. Eissler sur Goethe *(op. cit.)* et cette remarque de Michel Neyraut qui situe le savoir de Faust du côté de la rationalisation obsessionnelle et non de la sublimation : « Mephisto est doué d'un savoir bien supérieur à celui de Faust et ce savoir, qui est un savoir sur le désir, lui fait attribuer à juste titre le nom de Malin ; c'est le malin qui sait que le savoir de Faust n'est qu'un écran qui lui masque la réalité de son désir ; il se fait alors le complice du Ça dont il devient l'agent provocateur (...) connaissance du mal, c'est-à-dire connaissance du Ça » (« A propos de l'inhibition intellectuelle », p. 28).

274 Le plaisir de pensée

philosophique qu'il ne cite jamais au contraire de Platon, Kant, Nietzsche ou Schopenhauer, et à propos duquel il eut l'occasion de s'exprimer directement en réponse à une question de Juliette Favez Boutonnier : « Les problèmes philosophiques et leurs formulations me sont si étrangers que je ne sais qu'en dire ainsi que de la philosophie de Spinoza. » [Cf. traduction et fac-similé de cette lettre dans *Métapsychologie et philosophie, op. cit.*, p. 184.]

On sait que Freud avait eu à répondre à Lou Andréas Salomé à propos de Spinoza. Deux thèmes semblent avoir ici justifié cette référence inhabituelle chez lui : d'une part le rapport établi par Spinoza entre la connaissance et les passions et plus précisément l'amour et la haine, et d'autre part la Joie et l'exaltation de la Connaissance dont l'*Ethique* nous montre tant l'origine que la place dans l'économie psychique d'un sujet. On sait que ces deux éléments peuvent d'ailleurs se réduire à un, qui serait le mouvement même par lequel on passe du premier genre de connaissance (Amour et Haine) au second (connaissance rationnelle) puis au troisième (Joie, Béatitude, Amour intellectuel de Dieu).

Or Freud déforme le propos de Spinoza lorsqu'il le rapproche de cette opinion de Léonard sur la nécessité de passer d'abord par la connaissance tandis que la joie spinozienne pourrait effectivement être donnée comme illustration de la sublimation. A l'inverse, lorsqu'il fait intervenir Spinoza c'est pour contester qu'une telle joie de vivre puisse être donnée dans la réalité par la connaissance. Il commente la citation en italien de Léonard à propos de l'amour et de la haine en disant qu'un tel point de vue, notoirement faux sur le plan de la réalité psychologique en général, constitue néanmoins un idéal selon Léonard : « on devrait aimer autrement, tenir en bride le sentiment, le soumettre au travail de la réflexion et ne lui donner le champ libre qu'après l'épreuve de la pensée » (p. 25, *ibid.*) et une réalité pour Léonard lui-même : « Il semble bien que lui-même fut tel. Ses émotions étaient domptées, soumises à l'instinct d'investigation ; il n'aimait ni ne haïssait mais se demandait d'où venait ce qu'il devait aimer ou haïr. »

A cette vision un peu idéaliste de Léonard, dont on peut d'ailleurs, compte tenu des anecdotes que l'on connaît sur sa vie et du contenu fortement sadique des *Prophéties*, se demander, s'il traduisait tant que cela sa propre manière d'être, il faudrait au contraire opposer l'analyse rigoureuse des sentiments dans l'*Ethique* et notamment dans le passage cité plus haut où la connaissance apparaît inutile à l'exercice des passions, et totalement incapable de s'y opposer. La joie et l'amour peuvent être victorieux de la tristesse et de la haine parce qu'ils procurent plus de plaisir à l'individu, mais toute perspective qui viserait à opposer la connaissance comme force autonome face aux passions est absente de la pensée de Spinoza. Les doctrines stoïciennes en revanche offriraient probablement davantage de similitudes avec le propos de Léonard cité par Freud[5].

Qu'est-ce que Freud tire de cette double référence à Léonard et à Spinoza ? L'amour et la haine se métamorphosent en intérêt intellectuel, ce qui suppose non seulement une conservation de l'énergie mais un prolongement de l'affect. La pulsion correspondante a changé de but et d'objet mais elle ne se transforme pas, l'amour et la haine étant devenus soif de savoir, on retrouve dans l'activité théorique les traits qui les caractérisent tels la ténacité, la continuité et la pénétration dont Freud nous dit qu'ils « n'appartiennent qu'à la passion ». On a une transposition de l'affect sans transformation de celui-ci, seul l'objet de la pulsion a changé. Il ne semble pas non plus qu'il y ait une déperdition de l'énergie contrairement à ce que Freud évoque plus loin.

La description de l'activité intellectuelle sublimée se fait en termes d'un accomplissement orgastique : « Au comble de l'activité spirituelle », écrit Freud à propos de Léonard, « la conquête de la connaissance déjà achevée, il laisse éclater l'émoi longtemps contenu » (p. 26). La contention de l'émoi est liée à la recherche qui se maintient en deçà de la décharge pulsionnelle. Mais, contrairement à ce qu'il décrira comme une obsessionnalisation de la recherche pour qui le but n'est jamais atteint et voit précisément toujours reculer l'achèvement et la conquête, Freud à propos de cette acmè du processus de connaissance montre qu'elle peut conduire à une décharge pulsionnelle et donne, sans la nommer, une image de la sublimation comme dérivation : « tel le bras d'eau dérivé d'un fleuve se précipite après avoir accompli son travail » (*ibid.*).

Cette absence « d'assujettissement aux complexes primitifs de l'investigation sexuelle infantile » permet à l'activité théorique de ne pas rester sans conclusion. L'activité de recherche est métaphorisée comme le travail du bras d'eau dérivé du fleuve mais, pour Léonard, cette dérivation n'est qu'un temps de l'activité sublimatoire que l'on pourrait comparer à la recherche du plaisir préliminaire dans l'activité sexuelle. L'achèvement se métamorphose au contraire ici dans la

---

5. Ou encore cf. le long et très intéressant rapprochement que fait K. Eissler entre Léonard et Nicolas de Cues. (Cf. *op. cit., Léonard de Vinci*).

« précipitation » du bras d'eau, dans « l'éclat de l'émoi », dans « l'exaltation », le « frisson pathétique », que l'on pourrait rapprocher de l'expression de l'affect de Joie dans le Troisième genre de Connaissance chez Spinoza.

Si l'esprit d'investigation de Léonard est inlassable et insatiable à l'instar de celui de Faust, ce n'est pas à la manière de l'obsessionnel pour qui « la sensation intellectuelle de la résolution qu'on recherche s'éloigne à mesure qu'on s'en approche », mais parce que le désir est perpétuellement relancé dans sa quête par *l'obtention même* de ce qu'il désire.

Or cette description enthousiaste du plaisir de comprendre s'achève pour Freud sur une interrogation : peut-on reconvertir la curiosité intellectuelle en joie de vivre, est-ce possible « dans la réalité » ? Le terme de réalité nous semble ici central : il s'oppose en premier lieu à la fiction romanesque goethéenne (peut-on passer du thème littéraire à la vie ?) et d'autre part, ainsi que le montre la suite du texte, il concerne chez le créateur la capacité d'établir les relations objectales et essentiellement des relations amoureuses.

Dans la dérivation qui précède l'acmè sublimatoire, de l'énergie se perd : « les conversions de la force instinctive psychique en diverses formes d'activité ne sont peut-être pas plus réalisables sans perte que celles des forces physiques » (p. 27). Le choix semble irréversible : « Parvenu à la connaissance on ne peut plus ni bien haïr ni bien aimer ; on demeure par delà la haine et l'amour. » Ce point de vue de Freud qui s'oppose à l'opinion exprimée par Léonard sur la nécessité de passer par la connaissance pour aimer ou haïr, rejoint pleinement en revanche la description spinoziste du dépassement des passions par la connaissance, du moins en ce qui concerne la haine. Freud ajoute un peu plus loin : « la recherche devient ici « *ersatz* » de l'activité sexuelle » (p. 36) ce qui était déjà évoqué auparavant dans le texte : « On attend pour aimer de connaître : mais alors se produit un ersatz » (p. 27).

Pour Spinoza, il ne s'agit pas d'échanger la connaissance contre les passions ou du spirituel contre du temporel, parce que leur relation est inséparable. Il n'y a pas de renoncement abstrait aux passions ainsi que le montre par exemple ce passage de l'*Ethique* : « Et ce n'est certes qu'une sauvage et triste superstition qui interdit de prendre du plaisir. Au contraire plus nous sommes affectés d'une plus grande joie, plus nous passons à une perfection plus grande, c'est-à-dire qu'il est d'autant plus nécessaire que nous participions à la nature divine. C'est pourquoi user des choses et y prendre plaisir autant qu'il se peut (non certes jusqu'au dégoût car ce n'est plus y prendre plaisir) est d'un homme sage (...). Le corps humain, en effet, est composé d'un très grand nombre de parties de nature différentes, qui ont continuellement besoin d'une alimentation nouvelle et variée afin que le corps dans sa totalité soit également apte à tout ce qui peut suivre de sa nature *et par conséquent que l'esprit soit aussi également apte à comprendre plusieurs choses à la fois.* » [*Ethique* IV, 45, scolie]

Dans la perspective spinoziste, un retour au pulsionnel ou à son équivalent, les passions, ne se pose pas dans la mesure où la connaissance est elle-même une joie et ne se fonde pas sur une répression mais la rend inutile parce que l'investissement libidinal a changé de nature. Le cinquième livre de l'*Ethique* l'exprime ainsi : « La Béatitude n'est pas la récompense de la vertu elle-même et nous n'en éprouvons pas de la joie (gaudemus) parce que nous réprimons nos penchants ; au contraire c'est parce que nous en éprouvons de la joie que nous pouvons réprimer nos penchants » [*Ethique* V, 32].

Il n'est pas dans notre propos de prétendre voir dans la philosophie spinoziste une préfiguration des théories psychanalytiques même sur le thème de la sublimation, mais la connaissance du troisième genre ne pouvait manquer de retenir l'attention de Freud, malgré ses réticences. Le rapprochement qu'il évoque avec l'attitude de Léonard vis-à-vis de la connaissance semble néanmoins laisser échapper ce qui chez Spinoza constitue une dimension originale et propre à illustrer le processus sublimatoire. Dans la perspective spinoziste, la dérivation vers le troisième genre de connaissance s'opère à partir de l'énergie des passions, il n'y a pas de reconversion au pulsionnel parce que ce stade ultime constitue une réalisation sous une autre forme de cette même énergie. Mais sur le plan économique on reste dans l'hypothèse d'une quantité définie qu'il s'agit seulement de gérer différemment. Or, comme le souligne Jean Laplanche, qui n'a cessé d'attirer l'attention sur ce point capital de la pensée freudienne, il ne faut pas oublier que lorsque Freud envisage les sources pulsionnelles, il inclut à côté des zones érogènes l'existence de « sources indirectes » et cette fois « c'est n'importe quel processus somatique, voire n'importe quelle modification diffuse, n'importe quelle action, fût-elle "psychique", qui en un second temps peut devenir "source de la pulsion sexuelle" » (*Problématiques III*, p. 26). Cet aspect de l'économie pulsionnelle redistribue les données du problème d'une manière radicale car, si une action psychique peut être créatrice d'énergie pulsionnelle, la sublimation ne dépend pas de la présence d'une quantité limitée issue de l'activité des zones érogènes, et le fantasme d'un risque d'extinction du désir par épuisement n'est plus justifiable sur le plan métapsychologique.

Parmi ces sources indirectes dont il est question dans les *Trois essais sur la théorie de la sexualité* le travail intellectuel figure à côté des excitations mécaniques et des processus affectifs susceptibles de générer l'excitation sexuelle. Cela donne à penser que l'exercice de la pensée, loin d'épuiser la source libidinale où il puise l'énergie sublimée, l'entretient au fur et à mesure assurant une sorte de néogenèse de l'énergie. Image idéale dont la réalité montre le caractère théorique car la coexcitation sexuelle vient aussi entraver le travail intellectuel. Toutefois les états de concentration passionnée et durable que suscite chez certains l'investigation théorique trouvent peut-être là leur origine.

## LE CORPS, ÉCUEIL DE LA TOUTE-PUISSANCE DE PENSÉE

> Nul ne sait ce que peut un corps.
>
> Spinoza, *Ethique* III, 2, scolie 1.

Parmi les objets de la réalité susceptibles d'opposer leur résistance d'existants indépendants de l'idée qu'on en forme, le corps est celui qui renvoie à la toute puissance de pensée le plus cuisant démenti.

C'est par lui que l'indifférence du destin se manifeste d'abord, car il constitue à la fois un donné initial n'offrant aucune liberté de choix, une menace permanente parce qu'il peut être source de souffrance au point d'empêcher même le fonctionnement de la pensée, et il est finalement ce qui condamne à mort la psyché laquelle, n'était-ce son lien au corps, pourrait se croire immortelle.

L'expérience de la jouissance à l'inverse a le pouvoir de donner à la psyché le sentiment d'un retour de certitudes oubliées et absolues, comme si l'essentiel du savoir se trouvait enfoui dans le corps, origine de toutes les illuminations.

Entre ces deux extrêmes, le sujet s'accommode tant bien que mal de l'incapacité d'échapper au pouvoir de son corps, qu'il le fasse souffrir, jouir, vivre ou mourir, et, suivant les situations ou les périodes de sa vie il le mettra au premier plan de l'investissement narcissique ou tentera de le reléguer.

J'examinerai ici comme un cas particulier, non pas de la relation psyché-corps mais celle entre le corps et la toute-puissance de la pensée, l'exemple de l'élaboration fantasmatico-théorique produite par Sade.

Les corps chez Sade sont libertins ou victimes, mais tous deux bien que promis à des aventures et à des destins différents voire opposés semblent néanmoins réunis dans une même haine du corps faisant de l'un la machine qui détruit l'autre. Du corps mécanique ou acrobate réduit à des organes, voire aux chiffres qui en mesurent les dimensions, au corps marqué, écartelé, ouvert de la victime un même acharnement à maîtriser, nier ou détruire se retrouve. Le corps se rencontrerait-il là comme un écueil face à la toute-puissance qui ne saurait être que de pensée ?

La place de la douleur chez Sade est finalement ambiguë dans la mesure où deux expériences différentes se trouvent confondues : la première qui est aussi la plus simple est celle de la douleur subie et souhaitée par le libertin dont il jouit de manière masochiste afin d'ajouter du piquant à des sensations dont il serait blasé. C'est le sens de la démonstration de Noirceuil à Saint Fond[6] qui repose sur une explication mécaniste de la commotion sur le fluide nerveux qu'on pourrait à la limite rapprocher de ce que Freud écrira dans les *Trois Essais* à propos de l'excitation sexuelle qui se produit en tant qu'effet surajouté dès que l'intensité des processus internes a dépassé un certain seuil quantitatif. Noirceuil présente cette théorie comme devant expliquer la position sadique par où le libertin « imagine d'émouvoir l'objet qui sert à sa jouissance par les moyens dont il est lui-même affecté » *(ibid.)* et on a le sentiment qu'il exprime là directement ce qui avait pu être l'expérience libertine de Sade lui-même, fidèle au scénario masochiste habituel selon lequel aucun dommage irréparable ne doit advenir à l'objet.

Tout autre en revanche serait la situation où l'objet n'est plus seulement tourmenté plus ou moins durement mais véritablement mutilé ou détruit. Or dans une telle perspective le schéma freudien de l'identification masochiste avec l'objet souffrant ne semble plus si clair. Ce qui a souvent frappé les commentateurs de Sade c'est la relative absence de la victime dans les scènes de supplice vrai, Sade décrit la marque du fouet sur la chair mais ne fait pas de description réaliste, au sens où il les ferait voir, des supplices horribles qu'il évoque. La victime est muette ou crie mais de toutes manières rien ne se communique de cette appréhension psychique tout à fait nouvelle qu'implique l'expérience de la douleur, telle que, comme l'écrit Freud, « des

---

6. « Noirceuil, dit Saint Fond... explique-nous je t'en conjure comment il est possible d'arriver au plaisir soit en voyant souffrir les autres soit en souffrant soi-même. » *(O.C.,* VIII, p. 255.)

parties du corps qui d'habitude ne sont absolument pas représentées dans la représentation consciente font l'objet de représentations spatiales et autres » (1926 d, p. 101). Cette douleur-là qui n'est pas érotisable comme l'autre et dont Sade ne parle pas est pourtant toujours présente ou virtuelle. Peut-être est-ce l'une des raisons pour lesquelles le film de Pasolini, *Salo*, qui, mis à part l'arrière-fond théorico-politique, ne fait après tout qu'illustrer les *120 Journées* et n'ajoute rien au texte sadien du moins en fait d'horreur, est très difficilement soutenable tandis que le texte sadien peut lasser mais reste lisible.

La position de Sade apparaît située du côté de cette sorte d'agressivité première, dont parle Freud, qui jouit de détruire sans souci des effets : les corps n'ont pas beaucoup plus de réalité que des mannequins parfaitement imités dont on observerait les modifications d'aspect au cours d'un processus de destruction. Cette importance de la forme se retrouve aussi dans le rôle de la beauté des victimes, qui pour être décrite de manière assez peu caractérisée et finalement très théorique, n'en est pas moins toujours évoquée comme un élément capital, parce qu'elle introduit une distance ou un *espace* que le processus de destruction va pouvoir parcourir. Tout est dit dans cette remarque : « J'aime à dessécher la plante quand elle est arrivée à sa plus grande perfection de fraîcheur et de beauté... » (*O.C.*, IX, p. 349) Mais le corps de la victime n'a pas plus de valeur que celui de la plante que le promeneur fauche au passage avec sa canne, comme si l'acte destructeur à peine conçu avait déjà produit son effet.

La fonction de la laideur ne serait pas différente quoique d'un autre point de vue. On sait que Sade théorise volontiers sur l'attrait de la laideur qui serait la « chose extraordinaire » alors que la beauté n'est que la « chose simple », et provoquerait une commotion plus vive sur la masse des nerfs, mais si l'on voit l'usage qui est fait de l'objet laid, par exemple dans les *120 Journées* on constate qu'il ne s'agit pas de le flétrir ou de le détruire, ce qui ne ferait que suivre un processus déjà existant, mais de surmonter le dégoût qu'il pourrait provoquer. (Cf. Sade, IX, p. 441, « Les plus grands plaisirs naissent des répugnances vaincues ».) L'usage libertin de l'objet laid est masochiste, il ne donne un plaisir supérieur qu'en raison là encore de la *distance* qu'inspire naturellement la répulsion à l'égard du flétri, du puant, en un mot du déchet. Mais il est aussi affirmation toute puissante, à l'égard de celui qui céderait à la répulsion, que le déchet loin de dégoûter le libertin, lui procure un plaisir non seulement supérieur mais surtout un plaisir qui *rend supérieur*. L'anal est la marque d'une puissance absolue et pléthorique et l'argument bien connu de la supériorité des

« Mains sales » sur les mains blanches de celui qui est resté prisonnier de ses préjugés, trouve ici dans les scènes de défi coprophagique
des *120 Journées* son prolongement ultime et radical.

Mais le libertin n'est pas seulement coprophage. il peut lui-même
par son corps être devenu un déchet. Il tient alors sa valeur de ce que
les marques de sa flétrissure témoignent de son expérience libertine[7].
Le corps est tatoué de traces (cf. dans l'*Histoire d'O* une problématique analogue) il est la mémoire visible des habitudes libidineuses du
libertin qui semble alors porter son corps comme un ancien combat-
tant ses décorations, s'en définissant, se réduisant à ces marques glo-
rieuses.

Bourbier ou brasier, mémoire vivante et visible du libertinage, le
corps est aussi l'image de l'âme libertine, il témoigne non seulement
de ses passions mais de leurs particularités. Parce que tout doit se montrer et se démontrer, il n'y a jamais d'opposition entre les goûts et
l'apparence du personnage : la beauté fade des victimes est à l'image
de leur innocence ; celle de Juliette est d'une autre sorte, reflet d'une
luxure active et calculée et si un des libertins est doté d'un pénis
minuscule, cet inconvénient n'en est pas un compte tenu de ses goûts
pour la sodomie passive. Tout se passe non pas comme si le libertin
adaptait ses goûts à ses possibilités mais comme si une sorte d'harmonie préétablie avait présidé à la distribution des corps en fonction de
la disposition des esprits à telle forme de libertinage. L'idée que le
corps puisse être cette donnée irréductible que le sujet doit accepter
dans ses particularités ou ses imperfections est ici contre-investie dans
l'image d'un corps purement fonctionnel et totalement adapté au libertinage qui est d'abord une disposition de l'esprit.

L'esprit ouvre la voie aux voluptés du corps, il brise les freins du
préjugé et grâce à l'opération apathique donne au libertinage une
extension illimitée. Loin du proverbe qui réserverait aux seuls imbé-
ciles l'aptitude à bien faire l'amour, pour Sade les gens d'esprit seront
toujours plus propres que les autres aux plaisirs du libertinage.

Le rôle du corps dans l'affaire se limite à sa capacité réfléchissante :
« Je crois, dit Juliette à la Delbène, que l'extrême finesse des organes
y contribue beaucoup aussi » (au plaisir). « Cela n'est pas douteux, dit

7. Cf. les descriptions des libertins et des historiennes au début des *120 Journées*.
Madame Champville : « Son cul était flasque et très usé, entièrement mou et flétri et
tellement endurci par les habitudes libidineuses que son histoire nous expliquera qu'on
pouvait y faire tout ce qu'on voulait sans qu'elle le sentit. » La Degranges : ... « Cette
généreuse athlète de Cythère, blessée dans plusieurs combats, avait un téton de moins
et trois doigts coupés ; elle boitait et il lui manquait six dents et un œil. »

Madame Delbène, plus la glace est polie, mieux elle reçoit et mieux elle réfléchit les objets qui lui sont présentés » (Juliette, *O.C.*, VII, p. 62). Le corps neutralisé dans l'opération apathique n'a de savoir que celui de la tête qu'il réfléchit comme un miroir docile et bien agencé.

Corps-miroir et mémoire, on peut toutefois se demander si Sade reconnaît au corps individuel une existence en tant que tel, ou s'il n'est pas nécessairement, et parce qu'il doit être conforme à une pensée toute puissante, une partie d'un corps-ensemble, seul réellement existant et congruent avec l'identité libertine. Les traces seraient alors analogues aux cicatrices qui marquent le corps de l'androgyne primitif dans le mythe du Banquet, témoignage d'un corps dissocié de son unité primitive.

La véritable représentation du corps libertin conforme à sa position identificatoire toute puissante ne semble pouvoir être que ce corps illimité qui dans l'expérience libertine toujours inférieure à son vœu se présente sous la forme du groupe[8]. D'où l'émerveillement de Juliette nouvellement admise dans la Société des Amis du Crime : « Je vis un instant où tous les membres de la Société ne formaient plus qu'un seul et unique groupe, il n'y en avait pas un qui ne fut agent ou patient et l'on n'entendait plus que des soupirs et des cris de décharge » (Juliette, *O.C.*, VIII, p. 425).

Chaque corps individuel se définit par le nombre de ses zones érogènes susceptibles de permettre l'accrochage d'un nombre maximum d'autres corps, qui eux-mêmes, etc., et ces corps multiconnectés ne conservent d'autre individualité que celle de la jouissance. « Il ne faut s'occuper absolument que de soi quand on bande » dit Noirceuil, les jouissances sont coordonnées mais non partagées. Tout se passe comme si le corps devait passer par sa totale désappropriation pour retrouver dans la jouissance le rattachement au Je du libertin qui peut d'ailleurs trouver à ce moment-là une connivence dans la simultanéité de la décharge. Tant qu'on n'entre pas dans la visée de pure destruction, le corps de la victime ne semble pas différemment situé que celui

---

8. Position opposée et symétrique de celle que définissent Michel de M'uzan et Joyce Mac Dougall chez le masochiste. Voir à ce propos les articles de ces auteurs dans le recueil *La sexualité perverse* (Payot, 1972), et en particulier l'analyse de Michel de M'uzan d'un cas de masochisme pervers à propos duquel il écrit : « Les nouvelles frontières du Moi se trouvent consolidées au cours d'un processus qu'on ne peut guère évoquer que par une métaphore : c'est que les bords de la *coupure* pratiquée dans cette entité où le sujet et le monde étaient d'abord confondus, deviennent l'objet d'un investissement libidinal proprement dit » (*op. cit.*, p. 44-45). Cf. aussi Joyce Mac Dougall, *Scène primitive et scénario pervers* (*op. cit.*, p. 55).

du libertin. Tous les corps victimes ou libertins ne fonctionnent que comme parties d'un système dont le centre de volonté est extérieur, la différence importante toutefois c'est que le libertin trouve dans cette dépossession une extension qui peut lui apparaître illimitée de son propre corps et récupère dans la jouissance d'un corps démultiplié une image conforme à la toute puissance de sa pensée[9].

Parce qu'il n'existe que comme partie du groupe le corps libertin est aussi un corps-acrobate. Barthes (*op. cit.*, p. 140) a souligné à juste titre l'irréalité des scènes érotiques chez Sade et fait l'hypothèse que l'explication en serait le tout pouvoir du discours, le langage ayant la faculté à la fois d'évoquer et de dénier le réel, de l'oublier et de le dissocier. Les gravures érotiques qui illustrent les romans de Sade donnent la mesure de l'invraisemblance de l'agencement de ces grappes humaines et du véritable défi qu'elles constituent sinon à des normes esthético-morales du moins et d'abord aux lois de l'équilibre. De telles pièces montées requérant une coordination motrice si parfaite exigeraient au niveau de l'attention et de l'effort conscient une telle dépense d'énergie qu'on imagine mal comment elles pourraient être condition de l'abandon de la jouissance, même si celle-là constitue le moment où « la posture se défait ». Aussi est-ce là encore d'une autre jouissance qu'il s'agit, celle de la pensée toute puissante et capable de concevoir et de se rattacher à ces ensembles illimités.

Partie d'un groupe, le corps va s'en trouver défini non pas par un signe qui l'individualiserait mais en fonction des zones de rattachement possible d'un corps à un autre, c'est-à-dire d'une manière essentiellement fonctionnelle. On sait combien Sade peut être plat lorsqu'il prétend nous présenter ses personnages dans leur ensemble, ne trouvant alors que des métaphores mythologiques (« la taille de Minerve ou la fraîcheur de Flore ») totalement abstraites. En revanche les « morceaux de corps » trouvent, comme le fait encore remarquer Barthes (*op. cit.*, p. 131), une individualité, qu'il attribue au caractère analytique du langage, à vocation nécessairement fétichiste puisqu'il n'aurait de prise sur le corps qu'en le morcelant. Mais le point de vue de Barthes ici s'appliquerait à toute description qu'il s'agisse du genou de la Vinca du *Blé en herbe* ou de la démarche de *Gradiva*, tandis que chez Sade

---

9. C'est pourquoi la perspective d'Hénaff opposant au corps libertin oisif le corps victimal « annexe passive... branché sur le corps libertin... se voyant imparti toutes les fonctions serviles permettant au corps libertin la pure jouissance sans travail semble donner un caractère excessivement technicisé à ce qu'il appelle « l'usinage de la jouissance ». Le corps libertin n'existe lui aussi que pris et réduit dans une telle machine, il n'est pas en cela opposable ni à celui de la victime ni à celui des « fouteurs ».

la description, à l'exception peut-être des marques que le libertinage a laissé sur le corps, reste toujours abstraite, alors même qu'elle est précise. Car bien plus que de décrire il s'agit pour Sade de *mesurer* et si les personnages sont hâtivement présentés en revanche il répète inlassablement des mensurations extrêmement détaillées de la longueur, circonférence des pénis dans leurs divers états, leur axe d'inclinaison, le caractère plus ou moins étroit de l'anus ou du vagin, etc. Car Sade, ainsi qu'il l'écrit à sa femme en guise d'invite érotique, « mesure d'abord » : « J'ai en honneur une grande hâte de te voir. Comment allons-nous nous considérer tous deux, nous *toiser* après une aussi longue absence. Mais le diable, c'est que nous ne pouvons pas encore nous mesurer... (Le bailli) tiendra la chandelle... moi je mesure d'abord, je t'en avertis... Sais-tu que cela fait devenir luron comme le diable d'être si longtemps sans *mesurer*... » (Lettre de mai 1779 à Vincennes, adressée à Madame de Sade, cit. Lély II [p. 146-147].)

Que signifie cet étrange déplacement de l'acte érotique sur la mensuration des organes concernés ? Bien que l'intention ironique et agressive à l'égard de la sentimentale marquise ne fasse pas de doute, on peut supposer qu'il y a aussi autre chose surtout si l'on tient compte de l'importance extrême pour Sade de tout ce qui a trait aux chiffres et la place que ceux-ci occupèrent dans ce qui semble avoir été un épisode délirant à Vincennes au cours de sa détention. Le chiffre comme mensuration du corps, ou plutôt des organes génitaux, joue un rôle spécifique chez Sade car les mesures sont là pour souligner non pas un accord ou une convenance mais toujours une *démesure*, toute pénétration étant décrite soit comme l'effraction violente, déchirante dans le corps de la victime pénétrée (généralement un enfant) soit comme la jouissance du libertin, là encore mesurée avec le plus grand soin, émerveillé par sa toute puissance qui prend alors la forme passive d'une capacité de contenir les organes les plus monstrueux et les assauts les plus violents. Mesure du convexe ou du concave peu importe, le chiffre est ce qui vient signer et objectiver la toute puissance libertine. Le chiffre apparaît comme la chose même parce que ce qui est en jeu est un *rapport de forces*, affrontement et rapport sexuel qui vont valoir l'un pour l'autre, et ce rapport seul est concret.

On trouverait dans le Catalogue du Don Juan du livret de Da Ponte une perspective d'abstraction comparable (là, seule est concrète la « classe » des femmes justifiant donc une approche numérique même si elle est guidée au départ par « l'odore di femmina ») et peut-être plus encore dans la célèbre réplique du Don Juan de Molière, sommé de dire en quoi il croit : « Je crois que deux et deux sont quatre, Sganarelle, et que quatre et quatre sont huit. »

Ce qui est présent chez Don Juan et apparaît avec beaucoup plus de violence chez Sade, c'est une subversion de la réalité opérée par une rivalité indépassable parce qu'elle est non seulement érotisée mais apparaît comme l'unique mode d'expression possible de l'érotisme. Seul le chiffre peut mesurer le plus et le moins, donc le chiffre peut seul donner la réalité de la chose c'est-à-dire celle du conflit avec l'autre, sous une forme directement sexuelle et hostile.

Par un étrange renversement, alors que le corps semble omniprésent et quasi obsédant dans le texte sadien, il n'a jamais été en même temps si lié et maîtrisé dans l'abstraction de la mesure et du chiffre.

La vérité des corps chez Sade semble se résoudre dans les chiffres qui en mesurent la grandeur et la puissance sexuelle, ces mêmes chiffres qu'il imaginait sortir en déluge du corps éventré de la Présidente de Montreuil supposée détenir, avec le secret de la durée de sa détention, le pouvoir absolu en une véritable « indigestion de chiffres ».

Parce que le corps réel ne peut être que cet objet insignifiant et dévalorisé la tête va prêter son concours pour former un corps plus conforme à la toute puissance libertine : *un corps savant* dont la jouissance est le résultat et la preuve de la maîtrise perverse de la pensée.

L'opération apathique en éliminant ce qui est de l'ordre du sentiment ne laisse plus en présence que le corps et la tête se prêtant mutuellement appui dans un jeu de reconversion de l'énergie qui passe de l'érotisme de tête au corps savant et vice versa.

Le texte le plus éclairant à cet égard est certainement cette fameuse « méthode » que Juliette confie à Madame de Donis et que l'on a comparée aux exercices spirituels d'Ignace de Loyola, voire à la situation analytique[10]. Cette concentration sur l'écoute de soi-même, le pouvoir de repousser les images étrangères qui pourraient venir troubler la méditation, bref l'activité mentale ainsi décrite se rapprocherait aussi des exercices prescrits au peintre par Léonard (cf. la vigilance compulsive consistant à ramener à des formes nettes ce qui se présente sous un aspect vague, par exemple un mur maculé de taches, etc.) ou du « scanning inconscient », travail de la perception indifférenciée « capable de saisir en un seul acte indivis de compréhension des données qui seraient incompatibles pour la perception consciente » (Ehrenzweig, 1967, p. 66). Ce n'est donc pas l'aspect intellectuel de la méthode que nous essaierons d'analyser ici mais la manière dont le corps érogène y est impliqué à des niveaux divers qui peuvent même

10. Cf. Roland Barthes et M. Hénaff *(op. cit.).*

sembler contradictoires. Le corps érogène est en un premier temps banni (cf. la période préalable d'abstinence de quinze jours recommandée par Juliette) mais en fait cette inhibition a pour fonction de créer une accumulation énergétique. Plutôt qu'un bannissement il s'agit d'un refoulement temporaire et de l'établissement d'un quantum de libido stasée, selon le fantasme que la réitération de l'acte amoureux en émousserait l'intensité, propos que l'on retrouve chez Freud (cf. *Morale civilisée*). Mais ce n'est pas seulement d'abstinence qu'il s'agit, et Juliette conseille une véritable déprivation sensorielle (« couchez-vous dans le calme, dans le silence et dans l'obscurité la plus profonde ») qui n'est pas sans rappeler le rôle joué par la suppression des informations sensorielles dans la focalisation de l'activité érotique comme par exemple l'interdit du regard, joint à l'obligation de tout montrer qui permet à l'exhibitioniste de voir avec les yeux de l'autre.

Ayant ainsi assuré une maîtrise totale du corps, la tête va pouvoir s'en assurer l'alliance : Juliette conseille à Madame de Donis une masturbation nonchalante telle que « la main soit aux ordres de la tête et non du tempérament ». La question est ici de préséance, c'est la tête, l'activité fantasmatique qui dirige avec la toute puissance qui la caractérise (« persuadez-vous bien que toute la terre est à vous ») et c'est elle qui va décider quel est le scénario le plus apte à provoquer la jouissance. La scène érotique hallucinée (« le délire s'emparera de vos sens et vous croyant déjà à l'œuvre, etc. ») va provoquer l'explosion orgastique où le corps érogène brusquement libéré vient à la fois donner une réalité et achever le processus, du moins dans sa première phase. L'orgasme est ici réalisation, objectivation sous la forme matérielle du flux séminal ou vaginal de la vérité du scénario et au-delà de lui de la théorie qui le sous-tend. Si le corps est ainsi contenu, maîtrisé, etc., c'est parce qu'il a *seul* la valeur inestimable de pouvoir être preuve objective et donc d'assurer rétrospectivement à l'ensemble scénario + théorie une valeur de certitude.

Apparaît ici dans sa dimension centrale, l'importance de la position identificatoire pour le pervers et bien plus qu'à jouir c'est à assurer cette position que tendent tous les efforts du libertin. Nous rencontrons là un exemple particulièrement net de ce que Piera Aulagnier notait à propos du pervers : la théorie sur la cause de la jouissance et le scénario qui lui est lié constituent une position identificatoire renvoyant à la libido narcissique, inséparable de la libido sexuelle proprement dite, la satisfaction de la pulsion partielle étant toujours supportée par une position identificatoire (scénario pervers) qui est une condition essentielle pour que le corps atteigne à son plaisir.

Mais si le corps a ce pouvoir d'apporter une confirmation de la position identificatoire et une preuve de la « vérité » de la théorie, et on voit dans la *Philosophie dans le boudoir* comment ces différents moments alternent[11], il est aussi limite et échec possible du scénario pervers, car « une idée qui a déjà coûté du foutre » est affaiblie quant à sa puissance suggestive pour le corps. Le corps fonctionne vis-à-vis de la tête à la fois comme garant et comme consommateur exigeant. D'où la nécessité d'un travail constant de la pensée : il faut noter les fantasmes, laisser reposer une nuit, relire, ajouter des détails, etc. Travail de pensée donc, mais surtout travail d'écriture, création d'une fiction et là le rapport tête/corps se déplace, car le corps qu'il s'agit de faire jouir c'est celui du lecteur et Juliette bien plus qu'une recette personnelle transmet ici la manière dont Sade lui-même écrit et souhaite être lu.

Celui qui risque de faire échec à la position identificatoire toute puissante du libertin et qui peut refuser comme nul et non avenu l'ensemble théorico-fantasmatique c'est le lecteur qui n'y retrouverait pas de quoi jouir. D'où la nécessité de la pléthore que nous avons précédemment évoquée, mais aussi celle de rendre la description la plus suggestive possible : « Formez maintenant un corps de cette idée » dit Juliette et ce corps n'est pas seulement un ensemble, un corpus (au sens où l'on parle d'un corpus théorique) mais un véritable corps halluciné, fait non pas de chair et d'os mais d'idées qui sont celles de Sade par où il entend assurer son emprise sur le désir du lecteur. Les corps que Sade nous montre sont des *corps savants* c'est-à-dire des leurres, véritables animaux de cirque vidés de toute spontanéité et qui ont été bourrés comme on « naturalise » un animal mort avec les idées résultant d'une minutieuse élaboration de pensée. Il faut « vivifier les chimères » pour leur donner une existence et comment les vivifier entre les murs d'une prison sinon en leur donnant le pouvoir de prendre corps et emprise dans le désir de l'autre (*Juliette*, VIII, p. 396).

L'idée va « faire corps » au sens où l'on dit d'un ciment qu'il « fait prise », il ne s'agit pas en effet de convaincre un esprit par d'ingénieux raisonnements, ceux-là existent mais ne constituent que la superstructure ou le miel du processus qui se passe à un niveau plus profond, où s'établit, dans l'immédiateté d'une certitude absolue, cette sorte de révélation par où le désir va se reconnaître dans la voie privilégiée,

---

11. La théorie qui en fait se résume dans l'énoncé « mon désir a seul force de loi », se présentant sous forme de dissertations philosophico-anthropologiques visant à donner une universalité au scénario proprement dit qu'il soit incestueux, sodomite, etc.

qui peut aussi être une voie obligée, de tel ou tel scénario partiel. On retrouve dans la manière dont se dévoile petit à petit un savoir libertin qui était là depuis toujours chez ces élèves bien douées comme Eugénie ou Juliette, la réplique de ce discours fréquemment tenu par les pervers d'avoir eu à un moment parfois tardif de leur vie dont l'apparente banalité ne laissait rien présager de tel, une sorte de révélation éblouissante et quasi mystique de la prédestination de leur désir à s'attacher à tel ou tel scénario pour parvenir à la jouissance. La certitude perverse semble toujours tributaire de l'évidence et de l'instantanéité, elle est marquée par l'éclair d'une révélation visuelle qui ne peut ni se contester ni s'élaborer. Toutefois le pervers va retourner la situation et faire de cet instant de révélation le pivot d'une théorie et d'un scénario dont il s'est rendu maître et qu'il va chercher à faire partager et à imposer aux autres. Tout le savoir du libertin se résume en compréhension dans cette évidence dont il ne constituera que le déploiement.

Le plaisir de penser tel qu'il s'exerce habituellement dans le fantasme érotique se trouve ici curieusement inversé. Si l'on considère que la fantasmatisation érotique est la marque « in vivo » de l'ancrage corporel de l'activité de penser[12] au sens où l'on pourrait retracer une séquence allant du plaisir érogène inscrit dans le corps au plaisir de penser et de remémorer ce corps et ses expériences, puis à un plaisir de penser qui serait indépendant du corps, on peut se demander si l'on ne trouve pas cette séquence sous une forme inversée chez Sade. Le fait originaire serait ici la nécessité de conforter le désaveu pervers par l'affirmation d'un savoir sur la causalité de la jouissance qui fait l'économie de la castration. La fantasmatisation érotique dans son aspect kaléidoscopique serait l'illustration de ce savoir et, en devenant plaisir de penser le corps dans tel ou tel scénario, provoquerait le plaisir érogène. Ces deux séquences n'en forment en fait qu'une parcourue dans des sens opposés, mais la différence majeure est ici qu'un élément est venu fixer le plaisir érogène à la nécessité de désavouer la réalité d'une perception et donne de ce fait à l'activité érotique un caractère forcé voire artificiel (ce côté sophistique dont Sade s'accuse lui-même) que l'on va retrouver non seulement du fait des multiples interventions et discours théoriques, mais à l'intérieur du récit dans la représentation du corps elle-même.

---

12. Cf. l'article de Piera Aulagnier, Le droit au secret : condition pour pouvoir penser, in *N.R.P.*, n° 14, automne 1976, p. 142, note 1.

ÉROTISME DE TÊTE ET SEXUALISATION DE LA PENSÉE

Sade va tenir à travers ses héros, hommes ou femmes, le discours du savoir sur les principes et sur les causes du désir et de la jouissance, étayer ses écarts sur des raisonnements et une victoire sur les préjugés susceptibles de gêner les plaisirs. Discours typiquement pervers s'il en est qui se situe dans une perspective que nous aurons à analyser vis-à-vis du désir de l'autre, en l'occurrence du lecteur, de nous-mêmes, discours qui répète toujours le même leitmotiv : nos plaisirs ne doivent pas prendre source dans une sensibilité sur laquelle nous n'avons nulle maîtrise, il faut soumettre nos passions à des systèmes qui permettent de les identifier en nous-mêmes, se faire des principes de ses erreurs, en bref parvenir à cette perfection que les Stoïciens nomment apathie. On peut à juste titre se demander s'il n'y a pas quelque ironie de la part de Sade de se réclamer de la maîtrise pulsionnelle de l'ascétisme stoïcien pour étayer et justifier les écarts les plus outrés. Mais la résignation stoïque n'était-ce pas ce qui était exigé de « Monsieur le 6 » qu'il aurait bien mieux valu, selon ses termes, « enfermer avec des filles jusqu'à ce que l'huile de lampe soit consumée que de faire périr à petit feu ».

Dans la vie de Sade comme dans celle de l'esclave stoïcien, il est bien question de la même chose à savoir d'une souffrance insupportable, d'un abus de pouvoir injustifiable et de devoir continuer à vivre malgré cela. Que Sade opère une subversion de la philosophie stoïcienne, dont il était bien forcé de vivre le principe « Sustine et abstine », au profit d'un discours sur la jouissance n'est pas pour nous surprendre, mais on aurait tort de ne voir là qu'un mésusage consciemment ironique, car l'apathie sous sa forme sadienne constitue bien le « système » par où Sade va piéger la jouissance et sinon croire lui-même, du moins tenter de faire croire qu'il a trouvé le moyen de s'en assurer une maîtrise définitive. Mais quels que soient les rapprochements que l'on puisse faire entre l'apathie stoïcienne et l'apathie sadienne, plus nombreux d'ailleurs qu'on ne pourrait penser de prime abord, on peut être frappé par les similitudes que cette notion d'apathie entretient chez Sade avec les mécanismes que Freud nous désigne comme étant ceux du processus sublimatoire et en particulier avec la question de la sublimation comme désexualisation.

On sait que pour Freud la sublimation implique que l'énergie pulsionnelle puisse non seulement se séparer de sa source et de ses premiers objets, ce qui est le mouvement de l'étayage originel, mais aussi se proposer un but qui soit non sexuel.

Rien de tel en apparence chez Sade puisque le but n'est jamais que sexuel, cependant ce qui caractérise l'érotisme libertin est précisément que ce but ne doive être atteint qu'après une désexualisation préalable de l'énergie libidinale dans l'opération apathique. Clairwil l'explique « Par le moyen que j'indique ce sera dans le crime qu'elle *retrouvera* le feu des passions. Elle n'aura plus besoin de se branler pour commettre un crime mais en commettant ce crime, elle désirera se branler » (Juliette, *O.C.*, VIII, p. 456). On pourrait certes objecter que le crime et la haine qui l'anime sont eux-mêmes du sexuel sous une autre forme, mais le crime libertin est d'une nature particulière qui nécessite d'en avoir éliminé toute espèce de détermination sensible. « On ne doit jamais, poursuit Clairwil, se livrer au crime que de sang-froid. C'est au flambeau du crime qu'il faut allumer celui des passions » (*ibid.*, p. 431). L'apathie sadienne semble constituer un véritable drainage de l'énergie sexuelle vers le non sexuel et de la libido d'objet sur la libido du moi. Il ne s'agit pas en effet d'influence réciproque au sens où Freud pensait que, contrairement au savant, l'artiste pouvait fortement stimuler son efficience créatrice par son expérience sexuelle, mais d'une métamorphose libidinale susceptible ensuite de faire retour dans la sphère sexuelle. Le but libertin n'est sexuel que parce qu'il est resexualisé après passage par une désexualisation et ce mouvement n'est pas celui de la régression ou du retour au point de départ, tel que l'évoque Freud à propos de la resexualisation des objets socialement investis dans la paranoïa chez Schreber, mais celui de la spirale tel que le retour se situe à un niveau différent et plus élevé que le point de départ.

Or, si le but resexualisé n'est plus ici que l'occasion d'un plaisir de nature essentiellement narcissique, ce en quoi il rejoint, du point de vue économique du moins, le plaisir sublimatoire, sur quoi s'exerce l'apathie sadienne ?

Les deux cibles visées par l'opération apathique sont ce que Sade appelle le « sentiment » et le « tempérament » mais à travers celles-là, c'est le sujet lui-même qui est visé dans un processus qui, s'il était réalisé, mènerait à une *désidentification* au profit, on le verra, d'une *réidentification* sur un autre mode.

Il y a dans l'apathie sadienne une illusion fondamentale qui est celle de l'acte gratuit. Juliette expose ainsi à Olympe que « les crimes les plus délicieux à commettre sont ceux qui n'ont aucun motif: il faut que la victime soit parfaitement innocente, ses fautes en légitimant ce que nous faisons ne laissent plus à notre iniquité le délicieux plaisir de s'exercer gratuitement » (Juliette, IX, p. 108). Pas plus que le crime ne saurait être commis en application d'une loi décrétée par un autre que le libertin, il ne pourrait s'avouer comme le résultat d'une vengeance personnelle, double raison pour laquelle comme nous l'avons dit plus haut, Sade ne pouvait, en libertin fidèle à ses principes, voter la condamnation à mort de la Présidente de Montreuil.

L'opération apathique s'exerce donc d'abord sur le sentiment, c'est-à-dire en termes psychanalytiques sur l'affect tel que le sujet en est conscient et peut le nommer, qu'il va falloir neutraliser en « sang-froid ». Le crime commis dans l'ivresse de la vengeance, le vol exercé par cupidité sur les richesses de l'autre et même l'acte sexuel entraîné par l'émotion suscitée par la vue d'un beau corps ne sont pas du bon libertinage et le vrai libertin tue sans motif, vole les pauvres de préférence et quoique la beauté joue un rôle non négligeable pour Sade, il affirme volontiers que la laideur est encore bien plus excitante.

La hantise du libertin est de céder à la pitié, tous les discours tenus aux victimes, qu'il s'agisse de Justine ou des pensionnaires du château de Silling, visent à leur répéter que loin de compter sur une quelconque commisération le spectacle de leurs charmes ou de leurs pleurs ne sera qu'un excitant supplémentaire à la cruauté[13]. En ce sens d'ailleurs l'apathie sadienne n'est pas éloignée, dans ses conséquences du moins, du rigorisme d'un Zénon de Cittium proclamant que le sage qui n'a aucune passion ne connaît ni la miséricorde, ni le pardon. Dans les deux cas il s'agit de se déclarer inhumain au sens de la cruauté parce que au-dessus de l'humain.

Mais ce n'est pas seulement parce que la pitié ou le remords pourraient détourner du libertinage qu'il faut les supprimer, c'est toute espèce de sentiment, y compris ceux qui mènent au libertinage qu'il s'agit d'annihiler. Le libertin mène une lutte véritablement stoïcienne contre ses passions qui agissent en lui sans lui et l'énergie libidinale même si elle mène au crime libertin, est suspecte parce que l'enthousiasme et l'ivresse des passions nous rendent dépendants non seulement des objets qui les suscitent mais tout autant de cette partie inconsciente de nous-mêmes qui peut tout aussi bien se métamorphoser en angoisse et en remords si l'on n'y a pas pris garde.

13. Ce qui montre bien d'ailleurs s'il en était besoin que la position de l'acte gratuit ici comme ailleurs est impossible, et le fait que l'innocence de la victime excite la colère et la cruauté dénonce chez le libertin l'absence du sang-froid qu'il prétend conserver.

Il y a comme l'a fait remarquer Klossowski (*Le philosophe scélérat*, p. 39) une lutte contre l'instance sur-moïque qui passe par la détermination apathique de l'acte, mais le motif de l'apathie sadienne va, selon nous, bien au-delà du désir de prévenir le retour de la conscience morale que Klossowski souligne.

Cette rupture avec la détermination sensible des actes, qu'elle vise le « sentiment », c'est-à-dire une détermination dont l'origine serait reliée aux qualités de l'objet, ou le « tempérament » c'est-à-dire le mouvement spontané qui porte à la jouissance (les libertins sont, on le sait, toujours soucieux de fixer, d'arrêter, de retarder le plus possible le moment de l'orgasme) opère pour le sujet une désidentification d'avec toute la sphère de ses affects que ceux-ci le portent ou non au libertinage.

Cette désidentification passe par un processus de désignification des objets du désir, ce processus qui est en jeu également dans l'apathie stoïcienne, mais curieusement on va voir qu'ils procèdent de manière inverse.

La méthode stoïcienne consiste à faire la critique des représentations en séparant à chaque fois le noyau du représenté de l'illusion amplifiante qui s'y rapporte, il y a une « réduction aux actes » vidés de leur sens qui est aussi une réduction à l'instant présent. Or la méthode sadienne tout en fonctionnant de manière inverse s'appuie sur le même procédé de découpage : le plaisir localisé à une zone érogène ou à un couple de participants va être inhibé dans son développement possible pour ne plus figurer que comme une unité parmi d'autres dans un ensemble recomposé. En tant que parcelle isolée il perd son sens et ne peut plus le retrouver que dans l'ensemble que le libertin aura imaginé et reconstitué. Chez Sade la désignification apathique nécessite comme nous le verrons plus loin la pléthore qui assure qu'aucun objet particulier n'a de valeur puisqu'il se réduit à être l'unité participant d'un ensemble, processus qui est le même en sens inverse que celui du stoïcien qui rétablit une pléthore à l'intérieur de l'objet en le faisant littéralement exploser en une multitude d'éléments dénués de la signification qu'ils avaient lorsqu'ils étaient réunis. Dans les deux cas il s'agit de « fixer son plaisir » c'est-à-dire de l'inhiber et le fait que chez Sade le but soit celui d'une plus grande jouissance, alors que chez Marc-Aurèle il s'agit avant tout d'éviter la souffrance (que comporte tout attachement, dans la mesure où l'objet peut en être perdu) ne modifie pas le processus utilisé.

La désignification apathique opère sur les objets du désir un processus de destruction qui va bien au-delà du désir de prévenir le retour

du remords. Si l'on considère en les termes de la philosophie classique qui étaient ceux de Sade les trois ordres de la pensée, du sentiment, et du corps, on peut dire que l'apathie en détruisant le second
(ce qui est le sens même du terme d'a-pathie, comme suppression du
pathos) et plus précisément la détermination affective de la pensée et
l'interaction entre l'affect et la jouissance laisse subsister les deux
autres éléments : la pensée et le corps (celui-ci préalablement vidé de
sa représentation spontanée dans la psyché) qu'il ne va plus s'agir que
de rejoindre.

Cette désignification implique pour le sujet une désidentification,
puisqu'il ne va plus pouvoir se reconnaître dans le registre de ses
affects, devenu une véritable « tabula rasa » à partir de laquelle peut
se construire l'identité libertine. Dans cette opération cathartique la
pulsion de destruction est retournée sur le Moi lui-même, qui doit être
détruit en tant que sujet des passions par où la Nature mauvaise assure
son emprise sur le sujet. Ce processus rencontre d'ailleurs le fantasme
sous-jacent à toute espèce de formation selon laquelle on ne connaît
que contre une connaissance antérieure et en détruisant ce qui fait obstacle à la connaissance supposée vraie, ou sous une forme autre et plus
radicale la conviction psychotique que pour vivre il faut commencer
par mourir. Le négatif est ici comme ailleurs processus actif, mais
peut-on dire pour autant comme l'écrit Deleuze (*Présentation de Sacher
Masoch*, p. 29) que « le héros sadique apparaît ici comme celui qui se
donne pour tâche de penser l'instinct de mort (négation pure) » ? Une
telle opération si elle était possible et même à titre de visée irréalisable ne se concevrait que comme un néant de pensée analogue peut-
être à ce que certains schizophrènes disent chercher dans le Zen tandis que la pensée chez Sade se donne toujours sous la forme intriquée
de la haine, ce qui, comme nous essaierons de le montrer constitue
d'ailleurs l'échec de l'opération apathique.

Le libertinage sous sa forme achevée apparaît donc bien différent
de la seule jouissance sensuelle et il faudrait d'ailleurs parmi les héros
sadiens distinguer ces rhéteurs de la libido qui constituent pour les
autres des exemples qu'ils vont s'efforcer d'égaler voire de surpasser.
L'acte sexuel, quelles que soient les variations que l'imagination érotique peut lui apporter, ne constitue pas pour le libertin un but en
tant que tel car si c'était le cas, point ne serait besoin de tant théoriser et l'émulation en la matière ressemblerait un peu à ces performances gymnastiques auxquelles un Fellini a voulu réduire Casanova.

A nouveau la philosophie stoïcienne avec la différence du σχόπος
et du τέλος peut convenir à caractériser l'ambition libertine. Pour le

libertin l'acte sexuel constitue le σχόπος (et en cela le but demeure bien sexuel ce qui l'éloigne de toute perspective sublimatoire) mais le τέλος qui va devoir être atteint à l'occasion de tout σχόπος qui se présente est autre. Il s'agit d'une jouissance essentiellement narcissique et on pourrait faire l'hypothèse que l'orgasme vient ici pour le libertin confirmer le fantasme mégalomaniaque d'un accès à l'Absolu sous forme destructive, confirmation sur le mode d'une *certitude vécue comme une réalité* et non plus comme une production de la psyché. Comme tout orgasme celui du libertin comporte une jouissance identificatoire mais la sienne s'effectue sur le mode délirant d'un Je mégalomane qui comme le Soleil brûlerait de ses passions l'objet qui ne pourrait en être dès lors que la victime. (Cf. la recommandation de Noirceuil à Juliette qui lui suggère de faire venir d'autres personnes pour fractionner et donc rendre moins dangereux les effets de sa luxure[14].)

Si l'on entend donc le sexuel au sens restreint de l'activité sexuelle génitale ou prégénitale on peut dire que tel n'est pas le but du libertin et qu'au contraire ce sexuel-là est ce sur quoi s'exerce l'opération apathique du libertinage[15]. L'apathie sadienne constitue un processus d'introversion de la libido dirigée sur les fantasmes et sur le Moi du libertin. On sait que pour Freud (cf. *Pour introduire le narcissisme*, p. 98) si l'idéalisation contrairement à la sublimation est un processus qui concerne l'*objet* (tandis que cette dernière concerne la pulsion elle-même) néanmoins l'idéalisation est possible aussi bien dans le domaine de la libido du moi que dans celui de la libido d'objet.

L'apathie sadienne serait un processus d'idéalisation du propre moi du libertin, fondé sur un retrait aussi bien de la relation à l'autre que de la relation au corps, afin que toute la libido du sujet soit placée sous la juridiction unique du « sang froid » et de l'exercice de la pensée. Nous avons affaire à une libido introvertie non seulement sur

---

14. « Nous ne sommes pas assez, dit Noirceuil qui goûtait peu de plaisirs solitaires. Non, laisse-moi ; il t'en cuirait peut-être si tu prétendais à l'honneur de me faire décharger toute seule ; mes passions concentrées sur un point unique ressemblent aux rayons de l'astre réunis par le verre ardent : elles brûlent aussitôt l'objet qui se trouve sous le foyer. » (*O.C.*, VIII, p. 181)

15. Ce que Maurice Blanchot (*La raison de Sade*, p. 45, éd. Minuit, 1963) fait remarquer : « Tous ces grands libertins qui ne vivent que pour le plaisir ne sont grands que parce qu'ils ont annihilé en eux toute capacité de plaisir. » Ce paradoxe semble partiellement éclairé si l'on considère que le plaisir n'est pas ici de même nature et que le but du libertin est bien le plaisir, mais de nature exclusivement narcissique. Nous verrons toutefois que la particularité de Sade est aussi la possibilité d'un retour aux zones érogènes.

le Moi mais sur l'activité intellectuelle du Moi (même si, quelque chose fait retour au corps). L'activité intellectuelle est en général rangée sous le chef de la sublimation, mais on peut toutefois y distinguer une activité de pensée relative à un besoin de connaître qui serait alors dépendante de la sphère de l'autoconservation et des activités adaptatives qui lui sont liées et une activité de pensée sublimée s'apparentant à un désir-plaisir de connaître. Le cas de Sade permettrait de distinguer un troisième mode de l'activité intellectuelle, non adaptative et non sublimée, à situer du côté de l'Idéalisation (que Freud a toujours soigneusement distingué de la sublimation).

On sait que les objets de la libido sublimée sont modelés selon un schéma originel qui est celui du Moi, et à partir de 1923 (in *Le Moi et le Ça*) Freud a en effet redéfini la sublimation à partir de cette libido désexualisée qui fait retour sur le Moi, « transformant la libido sexuelle dirigée vers l'objet en une libido narcissique et posant à celle-ci des buts différents » (p. 199). Or ce que Freud décrit là conviendrait en un sens également à l'opération apathique sadienne. Là aussi on repère une première phase où la pulsion de mort va être utilisée contre la libido[16] qui va se trouver retirée des objets et désexualisée. Cette phase est celle de la neutralisation où le stock énergétique se constitue.

Puis (mais en fait cette succession n'existe pas) dans une seconde phase l'énergie neutralisée vient se rattacher au Moi et renforce l'auto-conservation, le Moi se charge ainsi de libido il est devenu à son tour le représentant d'Eros, il veut vivre et être aimé, comme le dit Freud. Or si l'on s'en tient à ces données topiques très générales où l'énergie sublimée se définit comme un stock d'énergie ayant pour objet le Moi ou des objets qui s'y rattachent ou en dérivent (les activités du Moi), on est sans moyen pour refuser à l'idéal narcissique de toute-puissance tel qu'il repose sur une identification primaire avec la mère prégénitale les caractéristiques de la sublimation. Faut-il considérer, comme semble le faire Freud, que la différence fondamentale résiderait dans la perpétuation du conflit qui faisait rage dans les couches profondes et qui se poursuit désormais « comme la bataille contre les Huns dans le tableau de Kaulbach » dans une région supérieure ? (cf. *Le Moi et le Ça*, p. 209). Prendre ce parti impliquerait alors que soit décrit plus précisément quel rapport le processus sublimatoire instaure entre la pulsion et son objet et la nécessité de le fonder sur le deuil du Moi idéal. Une telle analyse permettrait en revanche de ne plus

---

16. ... en désexualisant ou en sublimant la libido du Ça, le Moi travaille à l'encontre des intentions d'Eros et se met au service des tendances opposées » (p. 218).

parler de processus sublimatoire en présence de n'importe quelle
espèce d'activités, soit intellectuelles, soit sociales[17] parmi lesquelles
il serait aisé de voir que le plaisir que certaines procurent se rapproche beaucoup plus d'une jouissance de l'emprise, impliquant un fantasme de toute-puissance, que d'une sublimation au sens de Freud qui
entend fermement la dissocier de l'idéalisation.

Qu'en est-il alors de l'apathie sadienne si l'on ne peut la considérer comme une sublimation ? Nous avons vu qu'elle s'oppose au sexuel
comme jouissance spontanée dépendant des sens et de l'objet et donc
peut en ce sens passer pour une désexualisation, mais elle constitue
en fait un déplacement sur la pensée elle-même. Comme l'écrit Freud
dans *L'homme aux rats* (p. 258) « le processus garde toutes ses particularités, il est transféré sur un autre terrain à l'instar des Américains
qui déplacent en bloc (move) une maison ». L'érotisme de tête implique une régression de l'acte à la pensée et dans le cas de Sade lui-même
à l'écriture avec cette différence toutefois, pour ses héros du moins,
que le retour au corps et aux actes reste possible.

Cette régression de l'acte à la pensée, précisément parce qu'elle
n'en reste pas à la pure pensée mais s'incarne dans l'*acte d'écriture*, est
ce qui a vraisemblablement permis à Sade d'échapper à l'issue psychotique que l'on voit à travers la correspondance se dessiner dans les
phrases délirantes paranoïaques. La toute-puissance de la pensée a pu
s'exercer autrement que sous une forme délirante parce qu'elle avait
une réalité dans l'influence exercée par la pensée de Sade sur ses lecteurs, réalité que d'ailleurs les censeurs ont brillamment contribué à
confirmer par la persécution bien réelle qu'ils ont exercée sur son activité d'écriture.

Cette régression se marque par l'immédiateté de la réalisation de
désir lorsqu'elle demeure dans le fantasme : « En vérité Juliette, dit
Belmor, je ne sais si la réalité vaut les chimères et si les jouissances
de ce qu'on n'a point ne valent pas cent fois celles qu'on possède...
ce que vous m'offrez n'est que beau, ce que j'invente est sublime. »
(*O.C.*, VIII, p. 500-501) Jamais la réalité n'atteindra le fantasme, et ce
que Sade par la voix de ses libertins dénie ici c'est l'en-plus de plaisir qu'apporte la réalisation dans l'acte. Certes les libertins agissent
dans la réalité et y produisent les ravages que l'on sait, la fin inache-

17. Tentation fréquente et souvent inspirée par le désir de faire de la sublimation
une notion largement utilisable pour toute espèce d'activité non sexuelle, toute restriction de la sublimation à un processus spécifique paraissant peu utilisable voire
« sublime ».

vée des *120 Journées* est d'ailleurs à cet égard édifiante, nous montrant en raccourci, à une allure vertigineuse la série des actes qui soustendent les descriptions réduits à leur plus simple expression. Mais ces actes comme le proclament les libertins ne sont jamais que l'image de ce qu'ils voudraient faire, réalisation imparfaite et limitée de s'incarner dans une réalité fût-elle d'écriture. Aussi peu réalistes que soient les scènes d'orgie de Sade malgré leur souci du détail parce que concrètement impraticables, elles impliquent néanmoins qu'une certaine réalité soit prise en compte pour pouvoir décrire. La débauche réalisée et vécue par les personnages de Sade non seulement n'épuise pas la puissance du fantasme de l'auteur, mais les personnages euxmêmes y sont représentés souffrant de ce décalage entre leur désir et sa réalisation[18]. Le véritable plaisir est ailleurs et celui de l'acte n'en est qu'un rejeton, il est dans la représentation fantasmée et donc illimitée des actes, mais ici l'avant-goût du plaisir des sens est un authentique plaisir de penser, celui qui apparaît toujours chez Sade comme le centre et le tuteur de toute espèce de plaisir. L'acte n'y est pas attendu comme l'issue désirée du processus, ce qui rétablirait la dynamique de l'attente, il n'en est que le prolongement toujours nécessairement imparfait.

Pour Sade prisonnier, la substitution de la pensée à l'action était une nécessité imposée par la réalité, mais les personnages créés par sa pensée vont opérer un retournement de la situation : ils agissent, ils ne font même que cela, mais ils proclament bien haut la moindre valeur des actes au regard de la toute-puissance de la pensée lorsqu'elle se laisser aller à imaginer : « Toute la terre est à nous dans ces instants délicieux, dit Belmor, pas une créature ne nous résiste, tout présente à nos sens émus la sorte de plaisir dont notre bouillante imagination la croit susceptible : on dévaste le monde... on le peuple d'objets nouveaux, que l'on immole encore, le moyen de tous les crimes est à nous, nous usons de tous, nous centuplons l'horreur et les épisodes de tous les esprits les plus infernaux et les plus malins n'atteindraient pas dans leurs plus malfaisants effets où nous osons porter nos désirs. » (*op. cit.*, t. VIII, p. 500.)

18. C'est pourquoi la remarque de Blanchot (*Lautréamont et Sade*, p. 35) selon laquelle Sade : « ... parce que son propre rêve érotique consiste à projeter sur des personnages qui ne rêvent pas, mais qui agissent réellement, le mouvement irréel de ses jouissances... plus cet érotisme est rêvé, plus il exige une fiction d'où le rêve soit banni, où la débauche soit réalisée et vécue » devrait être tempérée par le fait que les personnages sadiens eux-mêmes n'agissent qu'une très petite partie de ce qu'ils disent rêver, même si leur rêve en tant que tel ne fait pas partie du récit.

Freud dans une jolie métaphore compare le rapport existant entre la pensée et l'acte à un général qui ferait évoluer des soldats de plomb sur une carte avant la bataille (1933 a, p. 119), et constate que la différence réside dans les quantités d'énergie utilisées dans l'un et l'autre cas : le fantasme pour Belmor n'est pas une « méthode d'essai » ou une préparation à l'acte car aucun acte ne rejoindra jamais le fantasme, mais celui-ci, usant précisément de quantités limitées d'énergie psychique, voit de ce fait son extension étendue à l'infini, perspective qui, comme nous le verrons plus loin, inspire la réitération des actes dans l'ambition pléthorique qui débouche toujours sur un échec. Si le libertin jouit d'être en deçà de l'acte ce n'est pas pour une quelconque délectation morose au sens où l'entend Klossowski[19] c'est parce que la pensée est devenue substitut de l'acte.

Ce n'est pas seulement le contenu de la pensée qui suscite le plaisir sexuel, ce qui est le fonctionnement de toute espèce d'activité fantasmatique, mais le *processus même de la pensée* qui est sexualisé, le plaisir sexuel se rapportant à l'acte même de penser et « la satisfaction éprouvée en atteignant à un résultat cogitatif (étant) perçue comme une satisfaction sexuelle », comme l'écrit Freud à propos de *L'homme aux rats* (*Cinq psychanalyses*, p. 258).

Il faut distinguer chez Sade cette séquence qui unit le plaisir d'ouïr le récit des actes érotiques (cf. les *120 Journées* où les libertins sont à l'égard de l'historienne du jour dans la situation de l'enfant à qui on raconte une histoire) au plaisir de disserter sur l'acte en nommant les zones érogènes (cf. l'alternance dans la *Philosophie dans le boudoir* du discours et des actes), cette sorte particulière de plaisir qui est celui de la démonstration théorique.

La pensée dans son aspect systématique et formel est séduisante, Amélie dira à Borchamps : « J'aime ta tête à la folie et je crois que nous ferons des choses bien fortes ensemble. » « Elle est, répond-il pourrie et putréfiée, j'en conviens. » Ce qui séduit ici ce n'est pas tel contenu érotique comme dans le récit des historiennes, c'est le processus de pensée lui-même en tant qu'il est apte à fournir la preuve de la maîtrise apathique. Ainsi parmi les exigences de Juliette à l'égard du Pape figureront l'exposé de sa philosophie, dont elle attend un plaisir

19. Cf. l'analyse de Klossowski (*Sade mon prochain*, p. 161 sq.) sur la morosité au sens étymologique de la jouissance du retard, c'est-à-dire d'un temps en deçà de l'acte, qui semble beaucoup plus appropriée à la création littéraire de Proust par exemple qu'à celle de Sade, car la pensée ne jouit pas chez lui de contempler l'acte prohibé, mais de s'y substituer.

d'autant plus vif qu'il témoignera d'écart vis-à-vis de ce que sa fonction suggère. Ce sont les raisonnements qui font bander les systèmes qui échauffent l'imagination et les maximes qui la portent à l'incandescence. Non seulement comme le dit Barthes (*op. cit.*, p. 150) l'énergie érotique « s'organise » dans la dissertation théorique mais elle peut même s'y dépenser (« Quoi ! dit Nicette, tu ne veux pas que je perde mon foutre quand mon père raisonne si bien ? » cit. Barthes, *ibid.*).

Il y a là une situation extrême où l'activité intellectuelle non seulement est source d'une excitation sexuelle mais comporte en soi une satisfaction sexuelle, point de vue que Freud évoque également dans le cas de l'enfant concentré sur un devoir difficile. (Cf. *Trois essais*, p. 103.) Cette jouissance de la démonstration qui ne serait pas une simple excitation et une dépense de faible quantité d'énergie mais comporterait une sorte d'équivalent orgastique, voire serait accompagné comme le dit Freud, de manifestations physiologiques, ne semble pas séparable de la situation fantasmée que masque et réalise à la fois l'activité intellectuelle.

Cette jouissance, dans le cas de Sade du moins, c'est celle typiquement perverse d'une maîtrise du désir de l'autre, et la démonstration théorique n'est jouissive que sous-tendue par une logique qui est celle de l'exhibition par où un plaisir est imposé à l'autre sans qu'il l'ait voulu. Le processus affectif[20] en cause dans l'activité intellectuelle apparaît ici seul responsable d'une jouissance dont le motif est masqué par l'apparente abstraction du discours. Il semble toutefois qu'indépendamment du plaisir pris à la démonstration imposée à l'autre, il y a chez Sade une jouissance du processus de pensée sous une autre forme qui est celle de la combinatoire.

Barthes pour montrer que chez Sade le crime n'est dû qu'au langage donne l'exemple d'un des personnages copulant avec une femme « a tergo » en mêlant à son action un peu de pâte à blé, acte qui comme tout acte sexuel réduit aux gestes et à la mise en contact de zones érogènes apparaît, dans son insignifiance, propre à recevoir le maximum de signification, en l'occurrence celle de l'inceste (l'homme est le père de la femme) de l'adultère (la fille-femme est mariée par ailleurs) de la sodomie (le coït a tergo) et du sacrilège (la pâte à blé étant une hostie).

---

20. De même que dans l'exemple donné par Freud, ce n'est certes pas l'intérêt théorique que l'écolier prend à son devoir qui est cause de ces manifestations sexuelles, mais la situation d'angoisse qu'elle induit. Il est vrai que la notion d'intérêt théorique ne saurait être dissociée de l'ensemble fantasmatico-affectif dans lequel elle s'insère.

La jouissance n'est cependant pas ici que de transgression, elle est aussi et surtout dans la combinatoire par où dans l'acte apparemment le plus réduit vont se réunir et s'organiser le maximum de transgressions possibles. La jouissance ici s'apparente à celle de l'épargne que l'on trouve dans le mot d'esprit ou dans la solution « élégante » au sens mathématique du terme où la beauté est faite ici de concision reposant sur l'astuce qui fait servir un seul terme pour plusieurs fonctions, voire même dans le mot d'esprit pour plusieurs « logiques ». Jouissance d'épargne mais aussi de contraste et de surprise entre la multifonctionnalité d'un objet qui le rend anonyme, déchu de son identité, « bon à tout faire » et la précision et l'exactitude de chacune des fonctions qu'il subsume. Cette jouissance-là est directement entée sur le fantasme d'une pensée toute-puissante, maniant à son gré le lubrique et l'hostile.

L'activité scientifique, si l'on en croit Freud, serait ce qui demande le plus grand renoncement possible au principe de plaisir, tandis que l'Art en revanche aurait le privilège de permettre à la toute-puissance des idées de continuer à s'exercer. « Dans l'Art seulement, écrit-il (1912-1913, p. 106), il arrive encore qu'un homme tourmenté par ses désirs fasse quelque chose qui ressemble à une satisfaction ; et grâce à l'illusion artistique, ce jeu produit les mêmes effets affectifs que s'il s'agissait de quelque chose de réel. » Que l'Art ait pu être au début au service de tendances magiques impliquerait donc dans la logique du texte de Freud que sa visée demeure non seulement la projection du désir propre de l'artiste qui trouverait à s'incarner dans la réalité — illusion de l'œuvre mais aussi un désir de modifier la réalité par le biais de l'œuvre. Or, de quelle réalité peut-il s'agir sinon de cet autre, auditeur, lecteur ou spectateur à qui l'œuvre s'adresse ? C'est à se rendre maître de son désir, du nôtre en l'occurrence, que Sade s'applique par son œuvre, et à l'intérieur d'elle le libertin à l'égard des autres, futurs prosélytes ou victimes.

Tout d'abord ce rôle est dévolu au récit de la scène érotique : Sade va le multiplier à l'infini, chacun différent de l'autre par un détail que la conteuse se verra, dans les *120 Journées*, reprocher de n'avoir pas suffisamment souligné[21]. Le but de l'opération est d'ailleurs claire-

---

21. « Duclos, interrompit ici le président : "Ne vous a-t-on pas prévenue qu'il faut à vos récits les détails les plus grands et les plus étendus ? Que nous ne pouvons juger ce que la passion que vous contez a de relative aux mœurs et au caractère de l'homme, qu'autant que vous ne déguisez aucune circonstance ? Que les moindres circonstances servent d'ailleurs infiniment à ce que nous attendons de vos récits pour l'irritation de nos sens ?" » (p. 79).

Quelques précisions données par la Duclos sur les dimensions du pénis de son liber-

ment annoncé au lecteur : il s'agit de traquer son désir en quelque
point qu'il se trouve et si les récits sont multiples, c'est parce que Sade
imagine bien qu'aucun fantasme n'est strictement superposable à un
autre : « Sans doute, lui dit-il, beaucoup de tous les écarts que tu vas
voir peints te déplairont (le lecteur est supposé moins compréhensif
que Sade lui-même pour qui lesdits écarts procèdent tous d'un "principe de délicatesse"), on le sait, mais il s'en trouvera quelques-uns qui
t'échaufferont au point de te coûter du foutre et voilà tout ce qu'il nous
faut. » (*Les 120 Journées*, OC, XIII, p. 61.)

Car, ajoute Sade, il fallait être exhaustif (« tout dire », « tout analyser ») pour deviner ce qui convient à chacun. *Les 120 Journées* sont
une monumentale combinatoire (600 passions distinguées avec soin par
un trait en marge, au-dessus duquel est le nom qu'on peut lui donner) déguisée, pour ne pas lasser le lecteur, sous une apparence de
récit, gigantesque buffet où chacun trouvera le plat qui le délecte (il
n'est pas obligé de goûter aux autres) jusqu'à ce que petit à petit chacun ayant trouvé ce qui lui convient, « *tout aura trouvé sa place* ».
L'ambition mégalomaniaque qui anime toute espèce de système, quelle
que soit sa nature, n'avait jamais été si clairement exprimée, Sade
n'écrit pas pour les « happy few » ou pour une quelconque communauté de libertins ayant en commun une passion préférée, son seul
interlocuteur ne peut être qu'à la mesure de sa propre toute-puissance :
la totalité virtuelle des lecteurs qui auront nécessairement à se reconnaître dans l'une des 600 passions répertoriées. Le récit est conçu « en
abyme » car à l'intérieur de la scène qui se joue entre les historiennes et les libertins, se situe la relation entre Sade et nous-mêmes, ses
lecteurs.

Cette combinatoire ressemble bien à ce gigantesque filet que la
Nature a tendu sur Sade lui-même : à la voie obligée de son désir va
répondre ici l'ambition d'enserrer toute espèce de désir par une description exhaustive.

Une exception toutefois serait faite dans cette description où tout

---

tin, ses manipulations, le temps de sa décharge et les propos qu'il tint alors, satisfont
pleinement les auditeurs : « C'est cela, Duclos, dit Durcet, le président avait raison ; je
ne pouvais rien me figurer au premier récit et je conçois votre homme à présent. » (*Ibid.*,
p. 79).

L'opération de compréhension ne relève pas ici d'autre chose que de la vision en
gros plan. Voir c'est comprendre et il faut pour cela porter attention au détail jusqu'à
ce que la scène décrite en mots devienne image de chose. Perspective que l'on pourrait, au demeurant, prendre en considération dans l'écriture, toujours délicate, des « cas
cliniques » ou récits de cure.

doit être donné à voir, c'est le moment où le libertin emmène certaines de ses victimes loin de tout regard et revient parmi les autres sans dire un mot sur ce qui s'est passé entre lui et sa victime. Secret de Polichinelle certes, car on n'imagine pas qu'il puisse s'y passer autre chose que ce qui est ailleurs fort explicitement décrit, mais tout se passe comme s'il fallait dans ce spectacle qui ne laisse rien dans l'ombre, ménager un espace secret.

N'y aurait-il pas là l'ultime identification à l'énigme de la Nature-mère haineuse dont le libertin ignorera toujours le motif?

Le secret du libertin reproduirait, de manière certes dérisoire, le fait qu'au-delà du mal visible, il doit exister quelque chose de bien pire encore, mais que l'on ne connaîtra jamais et conserve donc le caractère inquiétant que la répétition de l'exhibition lui aurait fait perdre.

Or il semble que la démonstration théorique ou le système, en opérant d'une autre manière, poursuit un but analogue. La démonstration a chez Sade au moins deux fonctions suivant qu'elle s'adresse à la victime, ou à un futur prosélyte. Il suffit par exemple de lire les longs propos théoriques qui sont tenus à Justine pour comprendre que le libertin cherche bien autre chose que de la convaincre, ce qui serait d'ailleurs en pure perte. La démonstration libertine, comme le fait très justement remarquer Deleuze (*op. cit.*, p. 17), n'a pas d'intention pédagogique et l'intention de convaincre n'est qu'apparente : « Il s'agit de montrer que le raisonnement est lui-même une violence, qu'il est du côté des violents avec toute sa rigueur, toute sa sérénité, tout son calme. » Il ne s'agit plus de chercher à piéger le désir de l'autre, mais de lui imposer une violence qui se confond avec la démonstration elle-même. Plaisir qui n'est même pas celui de la joute verbale car la victime en a rarement autant à opposer, mais celui de la pure destruction sous une accumulation d'arguments (fondés principalement sur la relativité de la loi et des coutumes eu égard au climat) maniés avec une logique implacable. Ce n'est plus la maîtrise du désir de l'autre qui est en cause mais un premier meurtre, moral celui-là, s'exerçant sur les repères identificatoires de la victime afin de les réduire à néant et de lui montrer l'inutilité de la vertu, qui l'a de plus conduite à la place où le libertin s'apprête à l'immoler.

Toutefois la jouissance du raisonnement chez Sade ne se limite pas là, et sa fonction est autre lorsqu'il s'agit de former des prosélytes. Il ne s'agit pas davantage de les convaincre, car le libertin même débutant est toujours convaincu d'avance, il s'agit bien plus d'exposer, voire d'exhiber et d'ailleurs de comparer avec d'autres libertins une théorie sur la vérité de la jouissance. Le libertin vient ici illustrer ce que Piera Aulagnier désigne comme la position la plus « pure » du sujet pervers, c'est-à-dire d'une part qu'il impose une verbalisation de son fantasme de désir, et d'autre part qu'il le propose comme un discours de Savoir et de vérité, le « plus-de-plaisir » que lui procure sa perversion étant authentifié par un « plus-de-savoir sur la vérité de la jouissance » (in « La perversion comme structure », *L'Inconscient*, n° 2, p. 14 et p. 32).

Si le libertin disserte et théorise pour affirmer que son agir est entièrement le résultat d'un choix dicté par un savoir et non la voie obligée de son désir, Sade lui-même va plus loin puisqu'il écrit et publie. Comme le crime réel est toujours insatisfaisant et n'est jamais que l'image de ce que le libertin voudrait pouvoir faire, Juliette propose à Clairwil qui voudrait trouver un crime dont l'effet perpétuel agisse, même lorsqu'elle-même n'agirait plus, d'essayer le « crime moral auquel on parvient par écrit ».

L'écriture va constituer pour Sade sinon une sublimation du moins un exutoire qui lui permettra d'échapper à une issue plus pathologique. Dans une lettre de mai 1782 Sade déjà emprisonné à Vincennes depuis plusieurs années raconte comment il avait halluciné à partir du tintement du carillon de la prison une sorte de comptine lugubre qui lui annonçait le terme de sa captivité au prix toutefois de sa mort[22]. Pris d'une intense colère, le prisonnier se serait précipité pour assommer le carillonneur mais se heurtant à une porte fermée, il prend alors la plume pour écrire quelques couplets invitant le dit carillonneur à se faire sodomiser. Philippe Roger relève de même quelques passages des lettres de Sade où l'acte d'écrire semble bien avoir été ressenti par Sade comme une véritable vengeance (cf. *La philosophie dans le pressoir*, p. 17) : « Encore de l'ennui, ma chère Amie, encore une persécution, encore un manuscrit » (26 mars 1785) et encore : « On vous ôtera vos promenades : eh bien ! je ferai des vers » (*O.C.*, XII, p. 361).

En fait assez rapidement ce ne sont pas seulement les promenades qui sont supprimées mais également par un raffinement de persécution, la lecture et l'écriture sous prétexte qu'ils lui « échauffent la tête ». Sa femme quant à elle lui écrira pour le supplier de « retenir ses écritures qui lui font un tort infini ». Pour « s'étourdir sur sa situation » Sade utilise ses souvenirs, ce sont eux qui vont servir de

---

22. « Je te plains, je te plains.
     Il n'est plus pour toi de fins
     Qu'en poudre, qu'en poudre. »
Cf. Lély, *Vie du Marquis de Sade*, tome II, p. 211.

ferment à son travail d'écriture, la scène fantasmée et remémorée va être réélaborée et fixée sur le papier. On sait l'importance du voyeurisme tant dans les scènes libertines qu'il décrit que dans ce que les rapports des tribunaux nous ont fait connaître de ses propres activités érotiques. L'épisode somatique de la maladie oculaire de Sade enfermé à Vincennes n'est peut-être pas sans rapport avec l'importance pour lui de cette zone érogène, de même bien sûr qu'avec le symbolisme génital qu'elle implique. Enfermé Sade est en danger de perdre la vue, son œil brûle et dessèche. L'intervention du médecin sera ainsi commentée par lui : « Les oculistes ont envoyé une poudre perlimpinpin qui va faire des effets miraculeux. Il faut se souffler ça dans l'œil moyennant quoi cela fait de la poudre aux yeux » (cf. P. Roger, p. 16). Propos ironique qui n'est pas sans ressemblance avec la conviction hypocondriaque selon laquelle de toutes manières aucun remède ne saurait être efficace. Mais la « poudre aux yeux » évoque aussi ce reproche que le père de Sade lui aurait fait de n'agir en libertin que « par air ». Le libertinage était apparemment déjà pour le jeune homme, alors âgé de 19 ans, avant tout quelque chose qui se donne à voir et ce n'est pas sans une certaine complaisance que le jeune Sade annonce à son oncle Abbé qu'il va faire une « confession générale », premier exemplaire, s'il l'a jamais écrite, du récit érotique qui ira se répétant et se multipliant jusqu'à la fin. La fiction littéraire sera cette poudre jetée aux yeux de l'autre à qui sera confiée la tâche de confirmer l'auteur dans son illusion méphistophélique d'un crime d'écriture. Le fantasme sort de l'enfermement des souvenirs de Sade, il va pouvoir être donné à voir et se répandre à l'extérieur même si l'auteur, lui, reste enfermé.

On s'est parfois étonné au nom du peu de sentiment que Sade portait à l'humanité qu'il ait pu se désoler de ne pas pouvoir lui transmettre le texte des *120 Journées* perdu dans la libération de la Bastille. C'est peut-être cela qui nous permet le mieux de mesurer ce que Sade avait investi dans l'écriture devenue le fond même de son être. L'acte libertin pour lequel on l'a enfermé est devenu acte d'écriture et ses fantasmes pourtant solidement chevillés, il pourra craindre de ne pas les retrouver[23] parce qu'ils sont devenus inséparables de l'élaboration créatrice qui les a fixés sur le papier.

Les contemporains de Sade ont d'ailleurs bien pris au sérieux ce

---

23. Perte irréparable, écrit-il à Gaufridy, son homme d'affaires, car « on retrouve des lits, des tables, des commodes, mais on ne retrouve pas des idées... ». Lettre de mai 1790, Lely, *op. cit.*, II, p. 359.

« crime d'écriture » et l'histoire de son emprisonnement semble divisée en deux phases, la seconde reprenant sous le chef du libertinage de tête et d'écriture ce que la première avait condamné des actes. Sade aura d'ailleurs dans les deux cas exactement la même attitude, désavouant à grands cris « l'infâme Justine » de même qu'il protestait auparavant n'avoir jamais en fait de crime qu'étrillé quelques catins consentantes.

Perquisitions et saisies vont se multiplier chez l'éditeur de Sade qui sera même incarcéré quelque temps. Transféré à Charenton, le médecin chef Royer Collard n'aura de cesse, malgré l'âge et la maladie de Sade, de s'en débarrasser au plus vite afin d'éviter les risques de contagion que sa « hideuse passion » pourraient faire courir aux aliénés, compromettant ainsi la « partie morale du traitement ». Risques qui d'ailleurs prennent chez le médecin-chef une dimension fantasmatique qui n'aurait pas dû déplaire à Sade puisque non seulement les malades qui s'entretiennent avec lui mais même ceux qui ne le connaissent pas seraient menacés par « *la seule idée de sa présence dans la maison* » (cf. Lély, *op. cit.*, II, p. 596).

La toute puissance de la pensée ainsi reflétée par une crainte et une persécution si tenace de la part des contemporains n'avait décidément pas besoin d'un délire pour s'exercer, et la maîtrise du désir de l'autre pouvait sembler définitivement assurée par des écrits dont chacun semblait convaincu qu'ils devaient automatiquement pervertir celui qui les lirait.

UN « CERVEAU FÉMININ » ?

Les meilleurs penseurs ont leurs limites et il n'est guère d'entreprise plus corrosive pour ronger la figure idéale des grands hommes que de recueillir les propos, conservés le plus souvent dans des correspondances, où ils s'expriment à la fois librement et doctement sur des sujets quotidiens. Retrouver dans l'œuvre théorique, enserrée dans les mailles de la stratégie démonstrative, la trace de ces préférences transformées en résultats déductifs et de là, interroger le bien-fondé du reste est un exercice intellectuel souvent salutaire mais cependant peu constructif si on s'en tient là.

Il est certain que la lecture des textes de Freud qui ont trait aux femmes est passablement accablante, même si on s'entoure de la compréhension historique qui fait de tout génie le fils de son temps.

On serait donc tentés de laisser dans un pieux oubli plus d'une affir-mation où Freud ne dépasse guère le niveau de la misogynie primaire si ces textes n'avaient un intérêt symptomatique. Non pas pour se livrer une fois de plus à une reconstitution psychologique avec les don-nées lacunaires d'une biographie soigneusement épurée et tenue secrète jusqu'aux calendes, mais à titre d'exemple d'une tentative pour asseoir sur des bases théoriques l'affirmation sur laquelle repose notamment notre civilisation, de l'essence masculine d'une Raison, de ce fait pré-férentiellement exercée par des hommes.

Critiquant la formule bien connue selon laquelle les hommes invertis définissent leur nature pour justifier l'origine de leurs pen-chants, « un cerveau de femme dans un corps d'homme », Freud s'écrie : « Nous ne savons pas ce que c'est qu'un cerveau de femme » (1905 d, p. 28). Attribuer un sexe au cerveau, ou du moins lui recon-naître une appartenance sexuée, peut sembler en effet difficilement démontrable, mais là n'est pas la question pour lui. C'est le fait qu'un cerveau puisse fonctionner autrement que sur un mode masculin d'activité et d'emprise qu'il conteste. Ainsi peut-il écrire en 1920 à pro-pos de la jeune homosexuelle qu'il traite tout en ajoutant, il est vrai, que ces distinctions sont plus conventionnelles que scientifiquement justifiées : « On pouvait aussi rapporter à la nature masculine quelques-unes de ses qualités intellectuelles ainsi que l'acuité de son intelligence et la froide clarté de sa pensée. » (1920 a, p. 257 note 3)

On trouve chez un contemporain de Freud, Otto Weininger, une analyse aussi contestable qu'approfondie de la nature du « cerveau féminin ». Il rappelle notamment que le fait d'en désigner l'essence masculine était courant à la Renaissance : « Le plus grand éloge qu'on ait pensé faire à cette époque des grandes dames italiennes était de dire de celles-ci qu'elles avaient un esprit et une âme masculins. Il n'est que de songer à la contenance on ne peut plus masculine de la plu-part des femmes dans les poèmes épiques, en particulier chez Bioardo et L'Arioste pour comprendre qu'il s'agissait là précisément, d'un idéal. Dire à une femme qu'elle est une « virago », qui serait aujourd'hui lui faire un compliment du goût le plus douteux, était alors tout à sa gloire. » (1903, p. 73) Weininger écrit plus loin : « L'homme a les mêmes contenus psychiques que la femme en forme articulée ; là où elle pense plus ou moins en "hénotismes", il pense, lui, immédiatement en représentations claires et distinctes, auxquel-les se rattachent des sentiments exprimés et permettant toujours l'abs-traction par rapport aux choses. Chez F, le "penser" et le "sentir" sont un, non-séparés, tandis qu'ils sont distincts chez H. Ainsi F. vit un grand nombre d'événements psychiques sous une forme "hénoti-que" qui chez H. ont passé par un processus de clarification. C'est pourquoi la femme est sentimentale et ne saurait qu'être émue, non bouleversée. » [(1903, p. 97) — (L'auteur désigne par « hénotisme » une forme d'intuition indifférenciée)]

Selon Weininger la femme ne poursuit pas son idée, elle ne la médite pas. « Elle est, écrit-il, tout particulièrement incapable de phi-losopher : il lui manque la persévérance, la tenacité, l'opiniâtreté de la pensée, ainsi que les motifs en général qui pourraient y pousser, les problèmes intellectuels ne la faisant pas souffrir. Le problème pour la femme n'est pas de connaître mais d'être connue. » (p. 165)

Mais la question du « cerveau féminin » doit s'envisager chez Freud à partir d'une question plus vaste, celle-ci étant d'ailleurs des-tinée à fonder celle-là : l'incapacité des femmes pour la sublimation des pulsions.

Bien avant l'hypothèse du passage de la libido par le narcissisme comme « voie générale » de la sublimation, Freud avait souligné la pos-sibilité pour le choix d'objet narcissique chez l'homosexuel de se subli-mer en « lien social ». Ce destin ne semble pas offert aux changements de but et d'objet qui accompagnent la même évolution d'un tel choix chez les femmes.

La féminité n'est pas un destin biologique mais l'issue possible d'un développement souvent ardu. Freud, dans le *Léonard*, donnait la sublimation comme le troisième destin de la curiosité intellectuelle, celui qui échappait aussi bien à l'inhibition qu'à l'obsessionalisation. La féminité lui apparaît de même comme la troisième des directions possibles du développement de la petite fille après la découverte de la castration[24]. Dans les deux cas, cette troisième figure s'oppose aussi bien à l'inhibition pure et simple qu'au renversement dans le contraire, manifesté par le complexe de masculinité. La féminité serait-elle un équivalent de la sublimation ? Certainement pas, car Freud voit en elle un accomplissement « normal » et non le type de développement « le plus rare et le plus achevé » que représente pour lui la sublimation. Toutefois le fait qu'elle occupe une place en quelque sorte symétri-que et surtout qu'elle soit le résultat d'un long processus de matura-tion — dont il dira à plusieurs reprises qu'il semble épuiser les

---

24. « Trois directions de développement en procédant, l'une mène à l'inhibition sexuelle ou à la névrose, la seconde à la modification du caractère dans le sens d'un complexe de masculinité, la dernière enfin à la féminité normale. » La féminité, *Nou-velles conférences, op. cit.*, p. 169.

possibilités de changement de la psyché —, permet de mieux comprendre pourquoi féminité et sublimation peuvent être exclusives l'une de l'autre.

Freud ne s'étant jamais attardé explicitement sur les raisons qui le menaient à dénier aux femmes en général l'aptitude à la sublimation, il faut reconstituer ses raisons à travers les textes et à partir de notations parfois incidentes. Trois arguments principaux se dégagent. Le premier et le plus ancien fait une part importante aux circonstances extérieures de l'éducation et se résume dans la « peur de penser » qui est imposée à la petite fille par une éducation visant à réprimer sa sexualité menacée qu'elle accepte par crainte de perdre sa féminité. La voie principale de la sublimation, celle de l'investigation, lui est dès lors inaccessible. Le second est en fait une conséquence directe de l'essence de la féminité : l'hostilité à l'égard des liens sociaux, lieu privilégié de la sublimation homosexuelle masculine. Il y a une sorte de philosophie biologique de Freud à cet égard, dans la mesure où c'est la fonction de la féminité dans la transmission de la vie qui se trouve directement mise en cause.

Le troisième argument est de nature structurale et concerne la constitution du Surmoi chez les femmes. Il pose la question du lien entre la sublimation et les instances idéales. Ces trois arguments gravitent autour d'un référent commun : les conséquences psychiques du manque de pénis chez la petite fille. Il faut toutefois ne pas perdre de vue que c'est le devenir de la féminité chez l'enfant du sexe féminin qui est en cause et les réflexions à cet égard ont une toute autre portée si on ne les prend pas pour des jugements concernant les femmes en général. Car, si Freud oppose féminité et capacité sublimatoire, il reconnaît aux femmes, ou du moins à certaines, une possibilité de sublimer issue de leur nature bisexuelle, parallèlement aux destins pulsionnels spécifiquement féminins.

Cet éloignement de la féminité vis-à-vis de la sublimation est loin d'être aisé à expliquer sur le plan métapsychologique. Le clivage fondamental entre les hommes et les femmes repose sur le complexe de castration. Vécu comme une menace pour les premiers, il serait constaté comme un fait par les secondes. D'où vient que le désir de posséder, à son tour, un pénis ne puisse pour la petite fille faire l'objet d'une dérivation sublimatoire lors de ce constat ? La réponse pourrait être résumée en ces termes : le développement psycho-sexuel des êtres de sexe féminin suit deux voies différentes et peut-être, opposées. La première continue son chemin sur le pôle masculin, c'est-à-dire ici phallique de la bisexualité et peut inclure de la sublimation. La seconde invente un mode tout autre de fonctionnement qui est la féminité. Or la féminité ne semble pas sublimable pour Freud, ni chez les hommes qu'elle conduit vers une position de soumission masochiste, ni chez les femmes qu'elle enferme dans la quête d'un lien d'amour et de protection.

Les conclusions que l'on peut en tirer en ce qui concerne l'essence de la sublimation nous ramènent à une donnée fondamentale : toute dérivation sublimatoire implique le passage par un auto-investissement solitaire du Moi qui puise son énergie dans l'identification aux instances idéales. La féminité, telle que la conçoit Freud à l'inverse, repose sur l'identification à l'objet du désir du père. Quant au narcissisme féminin, son destin semble inséparable de l'accession à la maternité qui ne constitue pas une forme de sublimation mais la perpétuation de l'investissement narcissique par le truchement d'un autre objet. On peut toutefois se demander si l'investissement de l'enfant « aux dépens » du narcissisme maternel ne constitue pas une forme de sublimation, lorsque la mère peut reconnaître dans l'enfant autre chose qu'une réédition d'elle-même.

Mais surtout la forme la plus accomplie de la sublimation pulsionnelle, c'est-à-dire l'investissement de l'activité rationnelle, serait hors d'atteinte pour les femmes, sur qui pèse un interdit de pensée spécifique.

La sublimation ne se confond pas avec la connaissance mais cette dernière en constitue néanmoins un domaine privilégié dont les femmes seraient, selon Freud, d'emblée exclues par leur éducation[25]. Près d'un siècle s'est écoulé depuis ces considérations qui peuvent sembler désuètes, même si elles continuent d'être justifiées dans certaines civilisations traditionnelles ou peu avancées. A quel désir renvoie cet interdit ? Il est formulé au nom d'un désir de féminité, comme si l'accès

---

25. « L'éducation interdit aux femmes de s'occuper intellectuellement des problèmes sexuels pour lesquels elles ont pourtant la plus vive curiosité *(Wissbegierde)* ; elle les effraye en leur enseignant que cette curiosité est antiféminine et le signe d'une disposition au péché ». La morale sexuelle « civilisée », *op. cit.*, p. 42. Vingt ans plus tard l'opinion de Freud n'a pas changé. Opposé à la thèse d'une origine physiologique du défaut d'intelligence chez les femmes, il y voit un effet de l'interdit de pensée : « Vous savez qu'on le répète volontiers : les femmes en général auraient une faiblesse d'esprit d'ordre "physiologique", c'est-à-dire une intelligence moindre que celle de l'homme. Le fait en lui-même est discutable, son interprétation douteuse ; cependant on pourrait dire, en faveur de la nature secondaire de cet étiolement intellectuel, que les femmes continuent à souffrir de l'interdiction rude et précoce de porter leur esprit sur les problèmes qui les auraient le plus intéressées : ceux de la vie sexuelle » in *L'avenir d'une illusion, op. cit.*, p. 68.

à la connaissance devait se payer en retour par la perte de ce qui est supposé rendre la femme séduisante et donc aimée. La femme qui subit l'interdit, même si elle tente de le dénier ou de s'y opposer, partage le fantasme au nom duquel il est imposé. Il ne paraît pas exagéré de dire que ce conflit entre sublimation et féminité est rarement absent chez la plupart des femmes sous couvert d'autre chose et qu'il est particulièrement apparent chez les « intellectuelles », partagées entre leurs investissements professionnels, amoureux, maternels, etc., qui vivent le plus souvent ces divers domaines non seulement comme séparés mais incompatibles, et les contraignant à des choix souvent ressentis comme impossibles. L'interdiction semble alors avoir été bravée mais non pour autant dépassée. Réciproquement, là où l'obéissance l'a emporté, le sentiment du manque s'impose plus directement et c'est à l'homme aimé ou aux enfants qu'incombe pour mission de le combler par leurs propres réalisations.

L'interdit de pensée ne semble donc pas devoir être relégué aux oubliettes d'un temps révolu, et l'éducation sur laquelle Freud fait retomber la responsabilité du processus peut être différente, voire opposée, sans que la question du conflit entre la sublimation intellectuelle et la féminité s'efface pour autant.

L'interdit de pensée fait aux jeunes filles ne se justifie nullement par une préférence qui serait donnée à la vie sexuelle qui subit au contraire les mêmes limitations. Les deux interdits vont de pair, confirmant la fonction protypique du comportement sexuel vis-à-vis de la manière d'être dans d'autres domaines. A la frigidité sexuelle née de la répression par la morale « civilisée » vient répondre symétriquement l'inhibition de pensée[26]. Ni l'une ni l'autre ne constituent un avantage pour la collectivité ou la civilisation car elles renforcent les potentialités névrotiques. Toutefois Freud ne voit pas, dans l'infériorité intellectuelle des femmes, uniquement un résultat de la civilisation. Deux types de facteurs concourent simultanément, comme nous l'avons vu précédemment : les éléments constitutionnels et ce que l'on pourrait appeler la formation par les dispositions acquises. La constitution des femmes qui se caractérise par une force pulsionnelle moindre les prédispose à la névrose, tandis que les hommes, à cause de la plus grande intensité de leurs pulsions, trouveront dans la perversion

---

26. Freud s'oppose en cela à l'idée d'une incompatibilité entre des fonctions, telle que l'exprime Moebius en mettant la « débilité mentale physiologique de la femme » sur le compte de l'opposition entre travail intellectuel et activité sexuelle. Cf. La morale sexuelle « civilisée », *op. cit.*, p. 42.

ou l'immoralité une issue aux limites imposées par la répression sexuelle. Or cette dernière voie apparaît à Freud plus propice aux développements sublimatoires en raison de la complexité de la pulsion sexuelle qui peut, au moins partiellement, se trouver ainsi dérivée. Tandis que la névrose occupe toutes les forces de l'individu dans un travail de refoulement incessant, la perversion et surtout, comme on l'a vu, l'homosexualité permettent une mobilité plus grande des investissements. La fixation perverse semble donc produire des efflorescences tandis que le refoulement névrotique enferme progressivement toute la vie psychique du sujet.

Le second type de facteur, celui de la formation par des dispositions acquises, apparaît dépendant du précédent, du moins d'après la théorisation de Freud en 1908. L'« influence intellectuelle » se trouve, chez les femmes, considérablement réduite dans la mesure où l'éducation a eu sur elle une action inhibitrice efficace, ce qui n'aurait pas été possible si elles avaient été dès le départ pourvues d'une pulsion sexuelle intense. Ce n'est pas la débilité mentale physiologique de la femme qui la fait inapte à la sublimation, mais sa relative débilité pulsionnelle la rend accessible à une éducation répressive qui interdit non seulement l'exercice de la sexualité mais la pensée qui s'y rapporte et, partant, la pensée en général.

La désignation de la curiosité sexuelle comme « anti-féminine » (1908 d, p. 42) demande quelques explications.

Comme tout interdit, celui qui concerne la pensée n'a d'efficacité que dans la mesure où le sujet l'intériorise sous la forme d'une angoisse. Par quelles voies l'acte de pensée peut-il devenir l'objet d'une menace de castration puisqu'il s'agit d'un risque de perdre la féminité ? Il semble justifié de faire l'hypothèse que lorsque la petite fille renonce à sa curiosité sexuelle et à son pouvoir de pensée en général, elle le fait dans le contexte d'un ensemble plus vaste qui se caractérise comme une *allégation d'incapacité*. L'inhibition de pensée, ici comme ailleurs, traduit dans les termes qui lui sont propres une impuissance qui est d'abord d'origine sexuelle. Mais la féminité semble aller de pair avec l'affirmation de cette impuissance qui, du même coup, la transforme en instrument privilégié. Freud, en distinguant le complexe de castration chez la fille et le garçon, note en 1923 (1924 d, p. 122) que le renoncement au pénis, c'est-à-dire la reconnaissance du fait de ne pas le posséder, ne va jamais chez la fille sans tentative de compensation. Là où le garçon transforme en identification *et donc sublime*[27] les

27. Freud dans ce texte indique en passant combien identification et sublimation sont liées : « Les tendances libidinales appartenant au complexe d'Œdipe sont en

tendances libidinales appartenant au complexe d'Œdipe, la fille renverse le but (attendre d'un autre au lieu de posséder) ou glisse d'un objet à un autre, équivalent dans l'inconscient.

La signification du renoncement au pouvoir de pensée prend une autre profondeur si on la relie aux avatars du complexe de castration. La position féminine qui implique d'attendre d'un autre ce qu'on n'a pas est parfaitement cohérente avec la peur de penser, exercice, qui est, comme le rappelle Freud, toujours solitaire. Dans « La morale sexuelle civilisée », Freud rapprochait l'interdit de pensée fait aux petites filles de celui « d'origine religieuse fait à l'homme, la loyauté aveugle des braves sujets » (p. 42). Qu'il s'agisse de plaire au père, à Dieu ou au Prince, l'inhibition de pensée poursuit le même but, celui de la *préservation d'un lien de protection*[28]. Freud présente en général la masculinité sous le signe de la conquête et la féminité sous celui de l'échange, du don réciproque. En poursuivant cette vue, le sacrifice de la capacité d'exercer sa pensée sans tenir compte de limitations extérieures a pour but d'obtenir en retour la jouissance d'un pouvoir plus élevé, grâce à la protection qu'offre le père moyennant l'établissement d'un lien de soumission.

En cela, la féminité apparaît d'autant plus nettement comme le résultat d'un choix, au sens particulier où l'on peut parler d'un « choix de la névrose ». Freud reviendra sur ce point à plusieurs reprises, mais c'est en 1932 qu'il soulignera le plus nettement ce caractère acquis de la féminité et l'énigme qu'elle pose aux hommes : « l'épanouissement de la féminité reste exposé à la perturbation résultant des séquelles de la période masculine antérieure. Des régressions aux fixations de ces phases préœdipiennes ont lieu très fréquemment ; (...) Une part de ce que nous, hommes, appelons « l'énigme de la femme » dérive peut-être de cette expression de la bisexualité dans la vie féminine» (1933 a, p. 175). L'énigme serait l'expression du mixte et donc de l'imprévisible, mais si les hommes butent sur la question de « ce que veulent les femmes », il n'est pas davantage possible à ces dernières d'y répondre. Elles *sont* l'énigme, c'est-à-dire qu'elles ne la posent pas au nom

partie désexualisées et sublimées, *ce qui vraisemblablement arrive lors de toute transformation en identification* (nous soulignons), et en parties inhibées quant au but et changées en motions de tendresse. » *Ibid.*, p. 120.

28. Freud, à vingt-neuf ans il est vrai, faisait sienne cette idée lorsqu'il écrivait en 1885 à Martha : « Il est possible qu'une éducation nouvelle arrive à étouffer toutes les qualités délicates de la femme, *son besoin de protection* [nous soulignons] qui n'empêche nullement ses victoires, de manière qu'elle puisse, comme les hommes gagner sa vie », le 15 novembre 1883, in *Correspondance, 1873-1939, op. cit.*

d'un savoir dont elles seraient détentrices et surtout qu'elles ne se la posent pas à elles-mêmes.

En ce sens, l'inhibition de pensée accroîtrait le caractère énigmatique de la femme puisque n'étant pas animée par la curiosité et le manque à connaître, elle pourrait sembler indifférente et autosuffisante. La question « que veut la femme ? », dont Freud écrivait à Marie Bonaparte qu'après trente années d'étude de l'âme féminine elle demeurait pour lui sans réponse, est une interrogation d'homme et plus encore, d'enfant confronté à l'impossibilité de continuer à se croire seul objet du désir de sa mère. Plutôt que de reconnaître que ce désir peut s'adresser à un autre, la solution consiste à penser qu'il ne vise aucun objet extérieur. La nature énigmatique que l'homme prête à la femme apparaît à Freud dans « Pour introduire le Narcissisme » comme une conséquence de son charme narcissique. Elle est énigmatique parce qu'inaccessible en raison de son apparente autosuffisance. L'énigme se confond ici avec l'insaisissable, l'immaîtrisable tandis qu'en la faisant dériver d'une expression de la bisexualité dans la vie féminine, c'est son imprévisibilité qui est alors soulignée.

Dans les deux cas, quelque chose d'inélaborable s'impose dans la mesure où aucune ouverture, aucune possibilité de partage ne s'offrent.

Les exemples que choisit Freud pour les comparer à la femme narcissique sont bien connus, mais on peut se demander si l'indifférence à la vie et aux autres que manifestent certains créateurs passionnés par la relation unique qu'ils entretiennent avec leur œuvre ne pourrait pas s'en rapprocher. Quant à l'humoriste, le travail de sublimation qu'il effectue sur ses pulsions agressives n'est pas douteux.

Le narcissisme féminin, à l'inverse, n'est conçu par Freud ni comme une conséquence ni comme une promesse d'élaboration sublimatoire. Son destin semble se limiter au désir d'être aimé ou se prolonger dans l'amour pour l'enfant. En rattachant ses remarques à la féminité et non aux femmes dans leur constitution bisexuelle, Freud court-circuite les objections possibles. La question se résume alors ainsi : par quels aménagements pulsionnels un être de sexe biologique féminin en vient-il à privilégier en lui un fonctionnement de type féminin ? La sublimation est concernée dans cette évolution car elle se présente à chaque fois comme l'autre choix possible. L'intellectualité implique que la fille ait préféré s'opposer en rivale aux idéaux paternels plutôt que de s'y soumettre, ce qui peut être la manière la plus sûre de les épouser, mais la sublimation apparaît comme une voie indirecte de satisfaction et donc moins aisée. Cela était d'autant plus vrai à l'époque de Freud que l'atteinte de réalisations sociales et professionnelles n'entrait pas dans les projets que les parents pouvaient former pour leurs filles. Freud fait écho à un tel point de vue lorsqu'il écrit à Martha en 1883 : « Je crois que toutes les réformes législatives et éducatives échoueront par la suite du fait que, bien avant l'âge auquel un homme peut s'assurer une situation dans notre société, la nature décide de la destinée d'une femme en lui donnant la beauté, le charme et la bonté » *(op. cit.).*

Le fait que le désir de pénis de la femme puisse s'échanger contre un substitut non sublimé constitue pour elle un détournement vis-à-vis de la sublimation bien plus efficace que toute espèce d'interdit. Cet échange repose sur l'équivalence inconsciente entre pénis et enfant, mais cela ne signifie pas pour autant que l'évolution vers la féminité qui conduit au désir de l'homme et au désir d'enfant soit aisée, bien au contraire. La difficile accession à la féminité semble, selon Freud, susceptible d'épuiser les possibilités de la femme qui trouve ainsi son destin psychosexuel fixé bien avant celui de l'homme : « Alors que la femme prend longtemps pour arriver à la féminité et doit parfois attendre pour cela la maternité qui lui permet de retrouver l'identification préœdipienne à la mère, l'homme n'a pas à effectuer autant de modifications, retournement, etc., de son attitude sexuelle mais passe du choix d'objet œdipien au choix d'objet sexuel génital adulte ». Cette différence est si grande que Freud parle d'une « différence de phase physiologique » et ce destin libidinal si vite acquis pour l'homme est en même temps moins fixe et donc plus susceptible d'évolution (1933 a, p. 179).

Cette lente maturation ne semble pas traversée par la possibilité d'accéder à des buts sublimés, elle oscille entre la réalisation libidinale et l'échec névrotique, manifestation de résurgences d'anciennes positions libidinales.

Le détournement sublimatoire impliquerait en revanche que ces buts et leur transposition dans des équivalents inconscients n'aient pas pu se limiter à des désirs sexuels ou maternels. La possibilité pour la sublimation de se développer serait à nouveau tributaire de l'existence d'un barrage assurant au flux libidinal une force suffisante pour effectuer le trajet indirect menant à la satisfaction pulsionnelle par des buts non sexuels. Mais cette possibilité devrait s'être présentée de manière suffisamment précoce, car la déception que peut rencontrer un sujet, homme ou femme, dans la réalisation de ses désirs ne suffit pas pour l'inciter à sublimer. Lorsque Freud écrit que « les femmes qui peuvent sans doute se satisfaire d'un nourrisson comme objet sexuel, ne peuvent se satisfaire d'un enfant qui grandit et (...) déçues par le mariage, tombent dans de sévères névroses qui assombrissent toute leur vie » (1908 d, p. 39) il n'envisage pas d'issue autre que celle de la névrose. Il faudrait à l'inverse que le désir de posséder un pénis ait pu au moins partiellement se transposer « dès l'origine » en identification à celui qui en était le porteur, pour que ce désir puisse à son tour se sublimer en quelque activité réputée masculine. Freud n'en exclut pas la possibilité lorsqu'il écrit : « Le désir d'obtenir quand même enfin le pénis appelé de ses vœux peut encore apporter sa contribution aux motifs qui poussent la femme mûre à l'analyse et ce qu'elle est raisonnablement en mesure d'attendre de l'analyse, par exemple la capacité d'exercer une profession intellectuelle, peut souvent être reconnu comme un avatar sublimé de ce désir refoulé » (1933 a, p. 168). L'identification à l'analyste, en prenant le pas sur le désir transférentiel dans sa forme directement sexuelle, offrirait à la femme adulte une possibilité d'accès à ce type de professions, y compris celle d'analyste. Dans le même texte, Freud souligne que le fonctionnement bisexuel chez la femme lui permet de sublimer mais on aurait tort toutefois, comme il semble y inviter par sa formulation[29] de concevoir une sorte de clivage entre le masculin sublimable de la femme et son féminin toujours lié à des satisfactions directes. En fait l'analyse montre fréquemment que l'un des pôles doit fonctionner pour permettre à l'autre d'exister et de se soustraire à l'inhibition névrotique. L'« énigme » de la féminité, si elle existe, reposerait sur ce double fonctionnement souvent contradictoire de la bisexualité chez la femme.

Ceci nous permet de préciser la notion d'interdit de pensée opposé à la fille et ses relations à la féminité. Seule une vue naïvement mécaniste assimilerait la castration à la privation du pénis et l'identité phallique au fait d'être assuré du bon fonctionnement de celui-ci. Féminité et virilité sont deux figures du phallus par le fait que l'une et l'autre se définissent comme objet du désir de l'autre et susceptibles d'échapper à celle ou celui qui peut simultanément s'en prévaloir et craindre d'en être dépossédé.

La crainte de perdre sa féminité est dans une étonnante relation en miroir avec la crainte de perdre la virilité chez les petits enfants

<hr/>

29. Rappellant ses controverses avec les psychanalystes femmes à propos de la féminité et les accusations qui lui étaient adressées concernant sa partialité phallique, Freud écrit : « En revanche, sur le terrain de la bisexualité, il nous était facile d'éviter toute impolitesse. Nous n'avions qu'à dire : cela ne vaut pas pour vous. Vous êtes une exception, vous êtes plus masculine que féminine sur ce point » (*Nouvelles conférences, op. cit.,* p. 156).

au point que, à l'âge de l'Œdipe culminant, on voit les regroupements, que la mixité des écoles croyait avoir permis de dépasser, se reconstituer. Le fantasme commun à cet égard pourrait s'exprimer ainsi : si on va avec ceux du sexe opposé on est (devient) comme eux. Les découvertes en matière de sexualité, loin d'assurer les enfants de l'inéluctabilité de leur destin biologique et précisément parce que leur désir serait de la transgresser, éveillent simultanément la crainte de perdre leur identité sexuelle. Celle-ci se trouve en revanche confortée dans le groupe homosexuel qui partage les mêmes jeux, répète les mêmes stéréotypes et échange volontiers les menus objets signifiants d'une telle identité.

Il faut avoir parcouru ce processus pour que le « aller avec »[30], le coïre du coït puisse ne pas se transformer en un mélange absolu, menaçant, où le vœu bisexuel refoulé trouverait à se réaliser.

Face à ce monde de passions, la connaissance offre un domaine, au moins au niveau scolaire, plus rassurant et aseptisé, où l'enfant peut momentanément oublier, dans la compétition phallique pour être le meilleur, le sexe de son rival immédiat. Plus d'une inhibition scolaire s'expliquerait d'ailleurs par le retour en force des préoccupations sexuelles qui s'avèrent là impossibles à conserver en latence.

La crainte de l'échec scolaire, ou sa valorisation donnée pour signe de la capacité de se définir par d'autres moyens comme la violence, le goût du risque, mais aussi la peur en réussissant, de devoir abandonner une relation tendre et de ne plus être perçu que comme le rival à abattre (situation plus spécifiquement féminine au sens de la « position féminine », qu'elle soit adoptée par des filles ou des garçons) montrent la présence de ces enjeux phalliques.

Il est impossible que la relation à la connaissance échappe à ces composantes même si, en apparence, l'investissement hors de la norme moyenne qu'un enfant et surtout un adolescent peut faire de la chose intellectuelle le place en situation d'échapper à la sexuation, ce qui est différent de renoncer à la sexualité.

Ce n'est que secondairement que viendra la désignation identifiante portée par ceux qui ont fait le « choix » de rester dans le jeu du désir non sublimé.

L'homme et la femme intellectuels seront de ce fait soupçonnés de manquer respectivement l'un de virilité, l'autre de féminité selon l'imagerie traditionnelle.

30. Ou le « sortir avec » des adolescents, formule qui retrouve sans le savoir son origine étymologique.

De même, parce que le narcissisme féminin passe par un investissement du corps tout entier comme objet de désir et ne se limite pas au signifiant sexe, la coexistence de la féminité et de l'investissement intellectuel prend des allures de transgression.

L'investissement intellectuel avec sa dimension agonistique jamais absente, différent de l'intelligence qui peut adopter bien d'autres formes (celle que l'on reconnaît le plus volontiers aux femmes étant l'intuition) trouble. S'en tenir à la notion de bisexualité ainsi que Freud avait coutume de le faire pour répondre aux objections que ne manquaient pas de lui adresser ses collègues femmes, assuré, comme nous l'avons vu, de ne manquer ainsi ni à la galanterie ni à l'esprit collégial, ouvre de multiples questions et la moindre n'est certainement pas celle de la bisexualité dans sa relation avec la pensée. Nous l'envisagerons au travers des figures de la mythologie grecque et plus spécifiquement celle d'Athéna.

## LA MIGRAINE DE ZEUS

On ne s'étonnera pas que Zeus ait souffert les douleurs de l'accouchement par ce mal spécifiquement féminin, dit-on. Plus étrange en revanche peut paraître le fait que l'enfant expulsé par les soins vigoureux de la hache d'Héphaïstos ait été la déesse de la Raison, comme s'il avait fallu que le maître des dieux se débarrasse de sa pensée et que celle-ci soit une femme et plus précisément une vierge guerrière. La puissance se voit ainsi séparée de ce qui en fait l'efficace, c'est-à-dire la Raison armée.

Le fait est surprenant et son origine est tortueuse. Une menace en est le point de départ, celle qui se transmet d'Ouranos à Cronos puis finalement à Zeus : devenir père d'un fils qui lui arrachera sa puissance virile et prendra sa place. Pour cela Cronos et Zeus adoptent la « solution » qui est celle des théories sexuelles infantiles, avaler l'enfant et réaliser d'un seul coup à la fois le désir de grossesse et la mise à l'écart de la menace de castration. C'est-à-dire devenir mère tout en restant un père incontesté.

Le cas de Zeus est légèrement différent car, eu lieu d'avaler l'enfant déjà né, c'est la mère enceinte qu'il fait ainsi disparaître, Métis, qui aurait été en plus son initiatrice aux plaisirs de l'amour et celle qui l'avait aidé à délivrer du ventre de Cronos ses frères et sœurs.

Parallèlement à l'avalement des enfants par les pères, se transmet de mère en fille le savoir sur l'avenir. Gaia, la terre, mère de Métis, est celle qui avertit Cronos du danger. Comme Métis, puis comme Athéna, elle est la dépositaire de la sagesse.

Mais à cette seconde génération d'Olympiens la situation se précise : Si Cronos était menacé par la naissance de tous ses enfants, filles ou garçons, Zeus ne craint pas la naissance de la fille qu'il aura de Métis mais du fils qui s'ensuivra. Aussi est-ce la mère et non la fille qu'il conserve en lui puisque s'il accouche d'Athéna, rien n'est dit du destin de Métis dont on peut supposer qu'elle demeure à l'intérieur du roi des Dieux, neutralisant ainsi toute maternité puisque Athéna est vierge et, à peu de chose près, le demeurera.

Une nouvelle espèce de femme est ainsi née, bien ambiguë si on considère que les mythes lui donnent l'arme absolue qui la rend inapprochable et repousse toute concupiscence sexuelle, la tête de Méduse ornant son bouclier et lui reconnaissant en même temps le désir de séduire puisqu'elle prétend obtenir du berger Pâris la pomme qui la distinguera comme la plus belle, supérieure à l'épouse de son père, Héra, et à Aphrodite, déesse de la beauté et de l'amour. On sait le dépit qu'elle eût de n'avoir pas été choisie mais il faut bien constater que cette vierge guerrière déesse de la Raison n'avait pas renoncé pour autant à plaire aux bergers, même si l'enjeu était tout autant dans la rivalité homosexuelle avec ses concurrentes.

De la complexité du mythe nous retiendrons l'élément le plus prégnant, c'est-à-dire que la Raison est femme lorsque l'homme est mère, mais que l'homme ne peut jouir d'une grossesse indéfiniment prolongée tandis que la femme doit renoncer à jouir de sa féminité pour rester à la hauteur de sa destinée.

Tous les éléments de la relation entre la bisexualité et la pensée et plus généralement la sublimation se trouvent ainsi condensés dans le mythe de la naissance d'Athéna.

L'hypothèse que l'énergie libidinale qui soutient la sublimation pulsionnelle et alimente l'investissement intellectuel provient de la constitution bisexuelle, prolonge l'enseignement du mythe. Je l'envisagerai à partir de l'analyse que Freud en donne.

Sur le plan dynamique, une telle hypothèse s'inscrit dans le jeu entre sublimation et refoulement, tel qu'il le décrit dans *Un souvenir d'enfance de Léonard de Vinci* : « Le refoulement sexuel a bien aussi lieu, mais il ne réussit pas à entraîner dans l'inconscient une pulsion partielle du désir sexuel. Au contraire, la libido se soustrait au refoulement, elle se sublime dès l'origine en désir de savoir » (*op. cit.*, p. 35).

Le refoulement concernant l'objet a donc ici la particularité de ne pas conduire au choix d'un substitut, mais de modifier profondément le type d'objet. Le but pulsionnel demeure identique (l'investigation, qui est d'ailleurs déjà une sublimation partielle du moins en ce qui concerne l'une de ses deux composantes, l'emprise) mais l'objet dérive.

Lorsque l'un des deux pôles de la bisexualité subit un refoulement qui mène le sujet à assumer une identité sexuelle unique, manifestée d'abord dans la position sexuelle (c'est-à-dire les caractères sexuels psychiques) et secondairement dans le mode du choix d'objet, se pose la question du destin de la part bisexuelle refoulée.

On peut considérer que le quantum de libido qui lui correspond puisse donner lieu soit à un *Ersatz* sous forme de symptôme, soit à une dérivation sublimatoire qui conserve la marque de son origine. Le plus souvent bien entendu, c'est une solution mixte à la fois symptomatique et sublimatoire qui se dessine.

La bisexualité apparaît comme une donnée constitutive de la psyché (et du soma), mais une donnée dont le destin est de s'effacer derrière la limite qu'impose l'assomption d'une identité sexuée. Si l'on met de côté la possibilité pour elle de s'exprimer dans le symptôme et qu'on envisage ses développements plus directs, il semble qu'elle se sépare en deux pôles, chacun étant susceptible de destins différents, par exemple d'être réalisé dans un choix d'objet ou d'être sublimé. La complexité du jeu des identifications et les significations multiples de choix d'objet qui peuvent n'être qu'apparemment conformes à un choix homo ou hétérosexuel, rendent presque impossible d'appréhender synthétiquement une représentation de ces diverses issues.

Néanmoins, une distinction s'impose qui est importante, tant pour sortir de l'alternative entre vie sexuelle et sublimation que pour aborder la question de la sublimation de l'homosexualité. Si l'on part de l'hypothèse d'une libido bisexuelle, les issues sublimatoires apparaissent compatibles avec la vie sexuelle dans la mesure où elles empruntent leur énergie libidinale à la voie « abandonnée » lors du choix de la position sexuelle. En revanche, la sublimation *peut en un second temps* gagner davantage de terrain, absorber la libido venue des deux pôles de la bisexualité, et se faire à ce moment-là aux dépens de la vie sexuelle elle-même. Dans cette perspective, la part de libido consacrée aux activités sublimées s'avère non seulement variable d'un individu à l'autre mais modifiable en fonction des aléas que traverse chaque sujet dans sa vie sexuelle, sentimentale ou professionnelle. La sublimation s'offre alors, non pas comme un mécanisme de défense mais comme une soupape pour une libido excédentaire. De même les sublimations peuvent se défaire et renvoyer le sujet à l'obligation de disposer autrement du stock d'une libido bisexuelle gérée au moyen d'identifications et de courants libidinaux opposés. Cette conception du destin de la bisexualité s'accorde avec ce que Freud pose dans « Le Moi et le Ça » (p. 203), concernant l'existence de quatre courants libidinaux composés à partir d'un courant négatif et d'un autre positif, chacun visant séparément le père et la mère. Lors de la destruction du complexe d'Œdipe, ces courants, comme on le sait, s'associent pour former d'une part une identification avec le père prenant le relais tant du penchant libidinal vers la mère que de l'hostilité envers le père et d'autre part une identification avec la mère venant à la place du penchant hostile à son égard et de l'attachement envers le père. Jeu complexe en effet, car il ne répond pas du tout à l'attente qui serait que le Moi absorbe l'objet aimé auquel il a renoncé, mais qui donne une idée de la possibilité de faire coexister des destins de pulsions contradictoires. De la même manière, la sublimation s'établit dans une situation non d'exclusion mais de coexistence avec les autres issues possibles.

Il est d'usage courant d'exprimer la création en termes de maternité fantasmatique et peu d'auteurs, hommes ou femmes, échappent aux métaphores de grossesse, d'accouchement ou de couvade lorsqu'ils se réfèrent à la production de leurs œuvres. Il est plus rare qu'ils en parlent en termes d'acte sexuel, comme si la maternité constituait en elle-même une sorte de sublimation de la sexualité qui la rendait apte à figurer d'autres sublimations plus abstraites.

La plupart des psychanalystes ou des auteurs se réclamant de la psychanalyse n'ont pas manqué de souligner le lien entre le pôle de la bisexualité opposé au sexe anatomiquement défini et la création. Il est d'ailleurs intéressant de constater que c'est là aussi la relation entre la « passivité » féminine et l'intuition de l'artiste ou la représentation de l'œuvre comme un enfant de l'esprit qu'ils ont surtout retenue.

On trouve dans le rapport sur la « Bisexualité psychique », fait par Christian David pour le XXXVe Congrès des psychanalystes de Langues romanes, un rappel des principaux auteurs qui se sont exprimés sur ce thème, notamment Stoller à propos de la corrélation entre « l'extrême féminité » et le talent artistique, Meltzer qui souligne l'usage du terme « *brain child* » à propos de la créativité, Winnicott à propos des origines de la créativité et Ehrenzweig qui donne l'indifférenciation sexuelle structurale comme catalyseur de la création. La position de Winnicott qui fait de la bisexualité une position du soi a été souvent reprise et citée. Pour lui « l'élément masculin fait *(does)* alors que l'élément féminin (chez les hommes comme chez les femmes) est *(is)* » *(Jeu et réalité*, p. 113). Ce qui signifie que l'élément féminin dans les deux sexes correspond à l'identification primaire du bébé au sein, identification qu'il a par ailleurs décrite et qui inaugure non seulement toutes les expériences d'identification qui vont suivre mais aussi constitue la base de la découverte du soi et du sentiment d'exister. L'opposition entre l'élément féminin et l'élément masculin repose donc sur la différence présente entre le sentiment de soi tel qu'il s'élabore dans cette relation primaire à la mère d'une part, [que Freud décrivait dans la phase hallucinatoire de satisfaction du désir, et dans laquelle la mère ou le sein ne constituent pas un objet puisque l'objet *est* le sujet] et d'autre part la motion pulsionnelle qui fait suite à l'établissement de ce sentiment, tel qu'à partir de lui l'enfant puisse reconnaître et viser un objet. (Cf. Winnicott : « *After being-doing and being done to. But first, being.* ») On conçoit que dans ces conditions la totalité de la bisexualité soit nécessaire à la création. On retrouve là une position analogue à celle défendue par Freud dans les tous premiers textes sur la bisexualité où, indépendamment du sexe anatomique de l'individu, les deux pôles de la bisexualité sont affectés d'un même destin. Pour les deux sexes, les deux éléments de la bisexualité sont également nécessaires, mais la répression socio-éducative ne frappera pas les mêmes éléments chez l'homme et chez la femme.

La capacité de sublimer, et ici de créer, reposerait donc sur l'intégration de ces deux éléments tandis que leur clivage, quel que soit le sexe envisagé, serait un facteur d'inhibition.

Il faut bien voir que l'*intégration* dans cette perspective ne signifie pas l'établissement d'une sexualité à la fois homo et hétérosexuelle. Bien au contraire, l'homosexualité effective, qu'elle soit d'ailleurs inhibée dans sa réalisation ou pratiquée, correspondrait plutôt à une carence de cette intégration de la bisexualité impliquant que le sujet devrait se compléter lui-même aux dépens de son partenaire. Tel est par exemple le point de vue de Joyce Mc Dougall pour qui la femme homosexuelle est celle qui « rencontrant des obstacles à une évolution harmonieuse n'a pas pu réaliser l'intégration de son homosexualité. A cette lacune correspond la faille dans le sentiment d'identité, les angoisses de la relation avec autrui et les graves inhibitions dans l'activité sublimatoire » [*Relations d'objet dans l'homosexualité féminine*, p. 268]. C'est donc de l'élément bisexuel non clivé mais intégré qu'il peut y avoir sublimation.

Le lien entre sublimation et bisexualité est formulé, chez les auteurs précédemment cités, essentiellement à partir de remarques concernant le rôle de la féminité dans la création chez l'homme. L'intérêt de Freud se porte apparemment davantage sur celui qu'il repère chez la femme entre masculinité et intellectualité. Dès 1896, à propos d'une comparaison sur le rôle de la bisexualité dans les deux sexes, il note que chez un sujet « purement viril » la sexualité produit plaisir et perversion, alors que chez un sujet purement féminin elle engendre déplaisir et défense névrotique. La conclusion qu'il tire de cette idée sans la développer est intéressante : « C'est de cette manière que se confirmerait d'après ta [il s'adresse à Fliess] théorie la nature intellectuelle des hommes » [in *La naissance de la psychanalyse*, p. 158, Lettre, 52).

L'investissement sublimatoire de l'activité de penser que Freud ne désigne pas ainsi dans ce texte, forme la « nature intellectuelle », il est lié au pôle masculin, opposé au refoulement (féminin selon Freud à cette époque) et, par voie de conséquence, rattaché à l'autre issue, celle de la perversion. Dans ce contexte il ne s'agit pas bien sûr de structure perverse telle qu'elle sera définie ultérieurement mais plutôt d'un prolongement du polymorphisme sexuel infantile non entravé par le refoulement.

Le lien entre perversion et sublimation réapparaîtra dans la suite sous la forme de cette aptitude particulière à sublimer que Freud reconnaît aux homosexuels. On ne le retrouve pas dans l'image du savant abstinent, tempérée par celle de l'artiste à qui une vie sexuelle serait reconnue nécessaire, toutes considérations qui reposent sur l'idée, issue du sens commun plus que de la psychanalyse, selon laquelle l'intelligence aurait toujours partie liée avec la transgression. Que cette dernière concerne l'identité sexuelle n'est pas surprenant.

En ce qui concerne Freud, il ne semble pas avoir pris en compte (autrement que dans le cas de la sublimation de l'homosexualité, différente, comme nous l'avons dit de la sublimation du féminin chez l'homme ou du masculin chez la femme) le fait que la féminité de l'homme puisse donner lieu à un développement sublimatoire, comme si la féminité chez un sujet masculin ne pouvait que se développer vers une issue perverse ou para-perverse (homosexualité) ou être sinon refoulée.

Dans le même texte où il évoque l'analyse de la jeune fille homosexuelle aux qualités intellectuelles si développées, il fait part du cas d'un jeune homme « artiste », aux dispositions incontestablement bisexuelles, chez qui l'homosexualité avait fait son apparition en même temps qu'un trouble de travail » (1920 a, p. 257, note 3). Comme pour la jeune homosexuelle, la position dite inversée de l'Œdipe occupe le devant de la scène, le sujet s'identifiant au parent de sexe opposé et se « désistant » de son identité sexuelle pour plaire au parent de même sexe. Pour le jeune artiste, la réalisation de cette inversion dans l'homosexualité effective marque la fin de la sublimation. On peut donc en déduire que la sublimation s'appuyait antérieurement sur le *même* élément que celui qui se trouve réalisé dans l'homosexualité effective : l'élément féminin opposé au sexe anatomiquement défini. On voit dans cet exemple que la sublimation est mise en échec, non pas en raison d'une concurrence liée à la réalisation sublimatoire elle-même, mais parce que l'élément féminin de la bisexualité du jeune homme se trouve utilisé pour la satisfaction sexuelle directe (puisque le renoncement aux femmes est suivi d'une position homosexuelle) et donc retiré de la voie sublimatoire où il s'était précisément engagé. Dans un autre cas[31] rapporté dans la même note, sous un aspect un peu différent c'est en fait le même processus de rabattement de la libido vers l'élément bisexuel féminin qui devient origine de la position libidinale non sublimée et cause de la désublimation. L'inhibition pour la musique dont souffre ce jeune homme vient de ce que son frère aîné, bien que moins doué, partage la même activité. La musique comme phallus imaginaire devient du même coup inaccessible et c'est de l'autre (dans une position féminine) que le sujet l'attend. L'identification œdipienne inversée invisible sous la forme de la sublimation du pôle féminin de la bisexualité devient inutilisable pour la sublimation à partir du moment où elle s'actualise dans l'attitude libidinale du sujet.

Parmi les disciples de Freud qui se sont penchés sur cette question du lien entre bisexualité et capacité créatrice, on peut rappeler l'analyse de Federn, notamment dans sa réponse à la conférence de Freud sur Léonard de Vinci (1er décembre 1909) : « L'*Anlage* bisexuelle du génie a souvent été soulignée : le grand artiste doit être non seulement le père (masculin, celui qui engendre les idées), mais aussi la mère qui porte jusqu'à terme ce qui a été conçu et le met au monde. Ainsi, pour créer jusqu'au bout *(Ausschaffen)*, une certaine part de sexualité féminine doit être artistiquement sublimée. Léonard n'a pas réussi cette sublimation des qualités maternelles qui sont restées dans le domaine de la sexualité, et c'est pourquoi l'élément masculin a pu engendrer en lui plus que ce que l'élément féminin n'a pu mener à terme » (*Minutes* II, p. 345).

---

31. « Le frère aîné cultive par exemple la musique et s'y distingue : le plus jeune, beaucoup plus doué pour la musique, interrompt bientôt ses études musicales malgré son envie de les poursuivre et on ne peut plus lui faire toucher un instrument. C'est là un exemple isolé d'un phénomène très fréquent et la recherche des motifs qui conduisent au désistement plutôt qu'à l'acceptation de la concurrence découvre des conditions psychiques très compliquées. » (*Ibid.*, p. 257, 258)

Le féminin est ici confondu avec le maternel et l'hypothèse de Federn suppose que les deux pôles de la bisexualité doivent être sublimés pour que l'œuvre, qui a besoin d'un père et d'une mère, puisse être créée. Notre point de vue qui s'appuie sur un point de vue plus économique que structural mettrait davantage l'accent sur le fait que l'un des pôles est sublimé tandis que l'autre continue de fonctionner dans la vie sexuelle. La conclusion de Freud selon laquelle des éléments psychiques masculins et féminins issus de motions pulsionnelles appartenant à l'un et l'autre sexe existent, selon des compositions variables chez tous les individus est la seule qui soit compatible avec ce que nous apprennent tant la théorie que la clinique psychanalytique.

C'est donc à partir, non de l'un des pôles de la bisexualité de manière exclusive, mais du polymorphisme bisexuel de la pulsion que la dérivation sublimatoire doit être selon nous abordée. Cette caractéristique, comme nous l'avons vu à propos de l'érotisme prégénital, est susceptible de créer un reste inintégrable dans la vie sexuelle du sujet que celui-ci pourra, suivant ses capacités, utiliser d'une manière ou d'une autre, la sublimation constituant alors l'un des destins possibles.

Sans que la sublimation soit explicitement évoquée on retrouve l'expression de ce point de vue dans divers textes de Freud y compris ceux de la fin de sa vie. Il écrit en 1929 dans *Malaise dans la civilisation* : « Voici quelques remarques à l'appui de cette hypothèse [Il s'agit de l'incapacité de la fonction sexuelle à accorder une pleine satisfaction]. L'homme est lui aussi un animal doué d'une disposition non équivoque à la bisexualité (...). Nous avons coutume de dire : tout être humain présente des pulsions instinctives, besoins ou propriétés autant masculines que féminines ; mais l'anatomie seule, et non pas la psychologie, est vraiment capable de nous révéler le caractère propre du "masculin" ou du "féminin". Pour cette dernière l'opposition des sexes s'estompe en cette autre opposition : activité-passivité. Ici c'est alors trop à la légère que nous faisons correspondre l'activité avec la masculinité, la passivité avec la féminité. Car cette correspondance n'est pas sans souffrir d'exceptions dans la série animale » (1930 a, p. 58, note 1).

Freud note donc le caractère insatisfaisant de l'assimilation qu'on lui a souvent reprochée du féminin au passif et du masculin à l'actif. L'idée que des objets et des voies différentes doivent être donnés aux désirs masculins et aux désirs féminins chez un même individu s'accorde avec l'hypothèse d'un destin sublimatoire privilégié pour l'élément féminin chez l'homme et le masculin chez la femme. Cette bisexualité serait aussi analysable à partir de la dynamique œdipienne elle-même, comme le double de l'autre sexe qui existe dans le désir parental, quel que soit le sexe réel de l'enfant, et vis-à-vis duquel celui-ci doit prendre position, quitte même à devoir parfois s'y identifier afin de s'accorder au désir des parents, ou à celui qu'il leur prête.

Plus fondamentalement toutefois, on peut considérer que le fantasme d'un Moi bisexuel, paradis perdu du temps où le Moi croyait être tout, constitue un point d'attraction privilégié pour les motions pulsionnelles. Renoncer à être homme *et* femme s'obtient au prix d'un travail de deuil auquel la sublimation prête un appui précieux.

# 6

# Travail et fulgurances de pensée

COMME DES NAVETTES QUI VONT ET VIENNENT...

> « *On se trouve au milieu d'une fabrique de pensées, où,*
> *comme pour le chef-d'œuvre du tisserand,*
> *A chaque poussée du pied on neut les fils par milliers,*
> *Les navettes vont et viennent,*
> *Les fils glissent invisibles,*
> *Chaque coup les lie par milliers.* »
>
> Goethe, *Faust*, I, cité par Freud,
> *L'interprétation des Rêves*, p. 246.

La pensée, à l'inverse du processus primaire qui vise par hallucination une identité de perception, cherche par le processus secondaire à atteindre une identité d'une autre espèce : l'identité de pensée (Freud, 1900 a, p. 512). On retrouve là l'opposition princeps qui parcourt la théorie mais aussi la méthode et le processus de la cure psychanalytique : le mouvement direct, immédiat vers la reproduction du Même et finalement, comme le montrera Freud, la pulsion de mort et le mouvement indirect, celui du détour, de l'invention du nouveau et de la rencontre de l'Autre et donc celui de l'Eros, avec son activité de liaison et le bruit qui l'entoure.

Si le « travail de pensée » apparaît comme évident, le « plaisir de pensée » ne l'est pas puisque le plaisir accompagne le mouvement immédiat, aux antipodes de la pensée. J'ai tenté précédemment de montrer comme l'activité de pensée sous sa forme discursive était liée au fantasme d'un paradis perdu où le résulat de pensée aurait été objet d'une perception immédiate dans la certitude absolue de l'évidence.

Le plaisir de pensée, lié au refus de renoncer à ce fantasme et à la confiance dans la possibilité de la psyché de l'atteindre par d'autres voies, est aussi ce que rencontre le sujet au fur et à mesure de son travail comme ces points de certitude qui peuvent avoir la fulgurance de l'évidence même s'ils ne sont acquis qu'au bout d'un long chemin. Ils constituent des paliers sur lesquels le penseur s'appuie en même temps qu'il sait aussi qu'ils seront un jour dépassés par lui-même ou par d'autres.

Le plaisir de pensée n'est pas un pur plaisir de fonctionnement ou plutôt celui-ci est lié au fantasme d'un accès à la certitude qui en conditionne l'exercice et le relance périodiquement. De ce fait, la comparaison avec le travail du tisserand doit s'entendre non seulement comme la fascination par l'inexorabilité d'un mouvement qui semble réglé une fois pour toutes mais aussi comme l'ampleur mégalomane d'une vie qui s'anime par tous les côtés à la fois, à l'apex d'un crescendo musical.

On a en effet dans cette « fabrique de pensées » trois éléments :

— une machine, c'est l'appareil psychique tel que Freud le décrit dans l'*Esquisse* et dans *L'interprétation des rêves*.

— un procédé technique : La liaison (Bindung) qui va permettre que l'énergie indifférenciée ne s'écoule pas de manière mécanique mais soit liée à certains contenus et notamment aux signes linguistiques ;

— un matériau à traiter, la quantité d'excitation qui constitue l'énergie indifférenciée.

Le processus cogitatif est la manière spécifique dont le matériau va être traité selon le processus de liaison grâce à l'appareil psychique.

Cette description peut sembler pesante et mécaniste mais il reste que c'est à partir d'elle seulement que Freud a évoqué, sans y revenir ailleurs ultérieurement, le plaisir et le déplaisir de pensée en tentant de les fixer dans ce qu'il appelle des lois biologiques (cf. *Esquisse*).

Freud a toujours été soucieux de se garder du nominalisme qui lui aurait fait parler d'un besoin inné de causalité ou d'une nécessité psychique de produire des pensées. Bien au contraire c'est à partir de la négation de telles facilités qu'il part pour enserrer besoin de causalité et de pensée dans un ensemble plus général.

C'est ici l'instauration d'un « état d'identité », ou en d'autres termes la retrouvaille de l'objet perdu qui constitue l'élément explicatif. Car, si la production de pensées ne constitue pas une fin en soi, « le but et la fin de tous les processus cogitatifs est l'instauration d'un état d'identité » (*Esquisse*, p. 349). La dissemblance entre l'investissement du souvenir empreint de désir et un investissement perceptuel qui lui ressemble est ce qui provoque le jugement et déclenche le processus cogitatif. Le but est donc pratique, il s'agit de passer d'une situation à une autre, conforme au désir.

La généralité même de cette perspective la rend difficilement contestable ce qui n'est pas le cas lorsque Freud donne un *contenu* à l'intérêt pratique en question à propos de la curiosité sexuelle des enfants, car on peut à cet égard, contester que soit seul en cause le désir de rester unique[1].

De plus, Freud prend soin de souligner que si c'est un but pratique qui déclenche le processus, celui-ci ne vise aucun contenu pratique qui en serait la fin explicite et directe. Distinction nécessaire pour poser le fait que l'activité cogitative, contrairement au fantasme, ne vise pas la simple répétition d'une expérience de plaisir passée mais s'attache au contraire à investir des éléments perceptifs ou mnésiques dissemblables.

D'où vient l'énergie nécessaire à cet investissement ? Du Moi, nous dit Freud, et c'est ainsi que se voit soutenue l'activité du jugement qui associe des éléments venus de l'intérieur (corps). Ce point est important car il constitue le point de départ d'un développement que Freud ne fait ni ne fera, c'est-à-dire le lien entre libido du Moi et activité de pensée, tel que j'ai tenté de l'évoquer précédemment[2].

Aller chercher une énergie dans le Moi est rendu nécessaire par le fait que les objets de la pensée n'étant pas de la réalité matérielle (Freud à l'époque de l'*Esquisse*, ne dispose pas encore de la notion de la réalité psychique) ne bénéficient pas de ce fait d'investissements libidinaux importants. De plus, les circuits que doivent suivre les processus de pensée impliquent de frayer des passages à travers les résistances pour passer d'un neurone à l'autre, frayages qui conviendraient à de grandes quantités d'énergie mais deviennent difficilement praticables pour les faibles quantités que déploient ces processus. Il faut donc un renfort, un « investissement latéral » venu du Moi et même ainsi les processus de pensée demeurent trop faibles pour déterminer de nouveaux frayages et ne peuvent que suivre ceux qui ont été précédemment établis par les processus primaires.

Ce qui caractérise donc la pensée, à ce stade de la réflexion de Freud, c'est sa faiblesse énergétique. Cette hypothèse est nécessaire car il faut qu'elle soit incapable d'effectuer de nouveaux frayages sinon il deviendrait impossible de distinguer les traces mnésiques des

1. Cf. chap. 4, « Le Je, premier objet théorique », p. 235.
2. Cf. chap. 4, Par « l'intermédiaire du Moi », p. 208.

perceptions de la réalité. Toutefois cette perspective, même en ce qui concerne la pensée pratique, ne débouche sur une aucune conclusion permettant de décrire les processus en cause. Aussi Freud en vient-il à concéder que, bien que déplaçant de faibles quantités d'énergie, les processus cogitatifs laissent néanmoins derrière eux des traces permanentes, une « mémoire cognitive », et la preuve en est qu'une seconde réflexion coûte moins d'effort que la première.

L'opposition entre « trace de réalité » et « trace de pensée » se voit donc dépassée par l'intervention des associations verbales. D'autre part, plus que de faiblesse énergétique des processus de pensée, il faudrait parler de dépenses minimales occasionnées par ceux-ci. La pensée fonctionne sur le modèle de la crampe musculaire, l'énergie y est bloquée et il ne s'en échappe que de petites quantités. Le déblocage intervient dès que la réalité apparaît ce qui rend possible « l'action spécifique », grande dépensière d'énergie.

La notion de réalité psychique se trouve préfigurée dans la fonction que tient le langage : « Les indices de décharge par la voie du langage... portent les processus cogitatifs sur le plan même des processus perceptifs en leur conférant une réalité et en rendant possible leur souvenir » (*Esquisse*, p. 377). Les mots du langage deviennent donc indices de décharge de la pensée et c'est à l'annonce de ceux-ci que s'attache l'attention de la pensée cogitative. Nulle confusion n'est possible entre cette « réalité de pensée » liée au langage et la « réalité extérieure ». Celle-ci a d'ailleurs un avantage majeur sur celle-là : elle n'est pas menaçante, elle ne risque pas d'être cause de frustration et de déplaisir ou du moins pas de la même manière. Le réalisme freudien se montre là encore en ces termes : « Le déplaisir que peut provoquer un défaut de cognition n'est pas aussi intense que celui qui découle d'une ignorance du monde extérieur, bien que les deux cas soient au fond semblables. » (*Esquisse*, p. 383)

En fait, cette affirmation tient aussi au fait que s'y confondent pensée pratique, fantasmatisation et pensée discursive. En revanche, plus loin une distinction se précise entre le processus de pensée où le Moi suit automatiquement le courant de ses associations, [dont il est dit que « ce genre de processus, nullement anormal, est de loin le plus fréquent et constitue notre mode de pensée habituel, inconscient » (p. 383, *ibid.*, nous dirions plutôt « préconscient »)] et la pensée proprement cognitive dont le fonctionnement, à l'inverse, n'avait rien de naturel ni de spontané. On comprend dès lors pourquoi : « c'est pour le Moi une tâche ardue, en effet, que de se maintenir entièrement dans la « recherche pure » *(ibid.).*

Seule cette forme de pensée peut connaître l'erreur et donc le risque de déplaisir, car la connaissance des perceptions est faussée par les investissements et les buts qui animent le Moi. Cela n'aurait pas d'importance si la cognition ne visait à travers la vérité un équivalent de réalité. De ce fait, explique Freud, le processus de la pensée cogitative va devoir se préserver de l'erreur et donc du risque de déplaisir en transposant dans le domaine de la pensée des mécanismes applicables à la perception du monde extérieur. La pensée va donc investir les indications verbales comme une réalité dont il faut tenir compte. « La pensée comportant un investissement d'indications de la réalité cogitative ou d'indications verbales est la forme la plus haute et la plus sûre du processus mental de cognition » *(ibid.)*. Toutefois une différence considérable subsiste car ces indications de la pensée, contrairement à celles de la réalité n'apparaissent pas spontanément, il faut donc qu'elles soient investies d'attention.

Retenons ici que la pensée se voit définie comme « capable d'aboutir à un déplaisir ou à une contradiction » *(Esquisse*, p. 389). Le « traitement » de ce déplaisir n'est cependant accessible qu'à une seule forme de pensée, la pensée cognitive. Toutes les autres formes de pensées ou bien ignorent l'erreur (pensée associative préconsciente et pensée pratique dont le but est l'identité et dont le résultat cherché se résume au fait de mettre fin à la nécessité de penser) ou bien la subissent, comme le fait la pensée reproductive lorsqu'un souvenir engendre du déplaisir parce qu'il est lié à une perception pénible. Seule la pensée cognitive sera capable de maîtriser le souvenir douloureux en établissant un « frayage cogitatif » assez puissant pour avoir un effet permanent et agir comme une inhibition lors de toute réapparition du souvenir.

La pensée cognitive se voit ici confier la tâche, sinon de produire du plaisir du moins de maîtriser le déplaisir, ce dont la pensée reproductrice aurait été incapable puisque le temps n'aurait rien amélioré, le souvenir se conservant et même renforçant son intensité.

Alors que la pensée « pratique », en fait la fantasmatisation, considère la production de déplaisir comme un « avertissement, un signal d'avoir à abandonner une certaine voie » (p. 391, *ibid.*), en revanche la pensée théorique doit pouvoir suivre toutes les voies, y compris celles où du déplaisir peut être rencontré. Freud est même encore plus radical puisqu'il écrit : « ... dans la pensée théorique, le déplaisir ne joue aucun rôle... » (p. 394, *ibid.*), ce qui signifie qu'il n'entre pas en ligne de compte dans le choix des directions de cette pensée.

Toutefois le passage de l'*Esquisse* le plus intéressant pour la question du plaisir de pensée concerne encore un autre type de pensée : la pensée critique ou contrôlante[3]. Elle entre en jeu, écrit Freud, « lorsque, malgré une stricte obéissance aux règles, l'état d'expectation suivi de l'action spécifique aboutit non à quelque satisfaction mais au déplaisir » *(ibid.*, p. 394). Mais le plus intéressant, c'est que la pensée critique va investir le déplaisir comme s'il s'agissait d'un plaisir afin de découvrir où gît l'erreur : « La pensée critique, sans tendre vers un but pratique, *en procédant comme par plaisir* (je souligne), cherche, en faisant appel à tous les indices de qualité, à renouveler tout le passage de la quantité afin de déceler quelque erreur intellectuelle ou quelque défaut psychologique » *(ibid.).*

Le sens du terme « défaut psychologique » demande qu'on sy arrête un instant, car il est en quelque sorte à la jonction du biologique et du logique.

Se demandant ce qu'on entend par erreur de logique, c'est-à-dire non pas une négligence ou une impossibilité relative à la perception, Freud en vient à parler de « lois biologiques qui commandent les séries de pensées » (p. 395).

Les lois biologiques auraient pour fonction de faire connaître sur quoi doit se porter l'attention et à quel moment il convient que le processus cogitatif s'arrête. C'est l'expérience qui les a fait naître et elles sont guidées par le sentiment de déplaisir qui surgit lorsqu'on s'y soustrait. En fait ces lois biologiques ne sont autres que les lois logiques elles-mêmes, sinon on ne s'expliquerait pas pourquoi elles peuvent, comme l'écrit Freud (p. 395), « se muer directement en lois logiques ».

Le *déplaisir intellectuel* fait ici fonction de *garde-fou* ou *signal d'erreur*, il fait stopper la pensée contrôlante parce que celle-ci s'arrête devant le déplaisir dû à la contradiction. L'ensemble de la démonstration n'est pas très éloigné d'une pétition de principes puisque Freud conclut en disant que « l'existence de ces lois biologiques se démontre en fait par le sentiment de déplaisir que suscitent les erreurs logiques » (p. 395).

En conclusion, le déplaisir est absent de la pensée associative et de la pensée pratique : la première l'ignore et la deuxième l'évite. En revanche, il est ce sur quoi s'exerce la pensée critique qui va investir comme par plaisir les chaînes associatives afin d'y déceler l'erreur. Le plaisir est ici justifié par le but qui est de réduire la contradiction logique. La question de savoir pourquoi il y a affrontement plutôt qu'évitement et pourquoi un tel affrontement (à quel prix ?) peut être

3. Cf. chap. 4, « L'autoperception de l'acte cogitatif », p. 218.

générateur de plaisir n'est pas abordée dans l'*Esquisse* où la perspective est toujours tributaire d'une vision biologisante fonctionnant dans une généralité systématique.

## INTUITION ET ILLUMINATION

> « *Par intuition j'entends non pas le témoignage changeant des sens ou le jugement trompeur d'une imagination qui compose mal son objet mais la conception ferme d'un esprit pur et attentif qui naît de la seule lumière de la raison.* »
>
> *Descartes*, Règle III pour la Direction de l'Esprit.

Voir le contenu des énigmes avec les yeux de l'esprit dans la fulgurance éblouie d'une révélation, tel est le but vers lequel tend toute pensée. Au lieu de cela il lui faut laborieusement remettre sur le métier un ouvrage destiné à demeurer partiel. Seule l'intuition semble transcender ce destin modeste et rendre à la pensée l'immédiateté et l'absence de détour propres au principe de plaisir.

Or, si le mythe fait d'une déesse la figure emblématique de la Raison, il est d'usage également de dire l'intuition féminine. Pallas Athéna devrait-elle déposer alors son casque et s'abandonner telle une Pythie aux obscurs messages qui la traversent ?

Car l'opposition masculin et féminin est ici irréductible, l'intuition naissant du sacrifice ou de l'absence de la raison discursive qu'elle rend d'ailleurs bien inutile. Toute une mythologie de la créativité fonctionne sur ce modèle qui recoupe aussi la pseudo opposition entre une clinique qui prétendrait se passer de la théorie et une théorie renvoyée à un squelette universitaire. Plus généralement encore, se dressent, en éternels chiens de faïence, l'esprit de finesse et l'esprit de géométrie. Ce dernier, assuré de ses positions mais limité, envie à l'autre sa capacité d'aller, comme un somnambule, droit à son objet, mais émet aussi quelques doutes à l'endroit d'un processus aussi indéfinissable que le charme, et qui menace de s'évanouir lorsqu'on doit en rendre compte.

Capricieuse, insaisissable, mystérieuse même pour elle-même, efficace mais à court terme, l'intuition ne pouvait être que féminine c'est-à-dire *conforme à l'image refoulée du féminin de l'homme telle que la féminité des femmes sait s'en prévaloir et en jouer.* Image dont on peut aussi constater qu'elle va à l'inverse du féminin biologique lié à la durée par la succession des cycles et l'attente du terme de la grossesse.

On serait tenté de voir le modèle matriciel du féminin de l'intuition dans sa forme matérielle telle qu'elle s'exerce à l'égard de l'infans. Toutefois en rester là ne nous apprendrait pas grand-chose et contribuerait à renforcer l'opacité du phénomène intuitif tel que tout un chacun peut en faire l'expérience. Car, même si plus qu'ailleurs l'intuition peut sembler requise dans la relation mère-infans, on aurait tort d'y voir une grâce d'état. Je propose d'envisager l'hypothèse que *la capacité de deviner sans la médiation apparente de chaînes hypothético-déductives n'est rien d'autre qu'un précipité de raisonnement à la fois au sens chimique du résultat obtenu à l'aide du mélange de divers éléments et au sens temporel de l'instantanéité, c'est-à-dire d'une séquence temporelle dont on n'aperçoit que l'issue.*

C'est au niveau de l'activité de pensée préconsciente que doit être analysée l'intuition, faute de quoi elle risque de devenir le lieu mythique d'une émergence ineffable du Réel dont le sujet, prophète ou pythie, serait la proie passive avant d'être l'émetteur sacré.

Lorsque Freud souligne l'importance de l'inspiration chez les créateurs, c'est à l'illusion de la croire exclusivement régie par la conscience qu'il s'attaque. Ce faisant, la distinction inconscient/préconscient n'est pas mentionnée, alors qu'il montre ailleurs comment le rêve n'est pas producteur d'activité intellectuelle mais reprend à titre de matériel des éléments de pensée de la veille : « Le travail intellectuel lui-même est l'œuvre des forces psychiques qui en accomplissent un semblable pendant le jour. Même dans les créations intellectuelles et artistiques, il semble que nous soyons portés à trop surestimer le caractère conscient. Les renseignements que nous ont laissés sur ce point des hommes d'une aussi grande fécondité intellectuelle que Goethe et Helmholtz montrent bien plutôt que ce qu'il y eut d'essentiel et de nouveau dans leur œuvre leur vint par une sorte d'inspiration subite, et presque complètement achevée. Il n'est pas étonnant que dans d'autres cas, alors que toutes les forces intellectuelles sont nécessaires pour résoudre une question, l'activité consciente collabore. Mais elle abuse beaucoup de son privilège en dissimulant toute autre activité partout où elle-même entre en jeu. » (*L'interprétation des rêves*, p. 520-521)

Il n'y a en effet probablement pas de raisonnement qui ne soit ponctué et relancé par des éclairs d'intuition et tous les grands découvreurs ont répété à leur manière l'« Eureka » d'Archimède, dont on peut supposer qu'avant d'émerger de son bain il avait dû longuement se dessécher à la lumière de la logique. Car c'est précisément cette impossibilité apparente de déduire une solution qui mène à trouver l'intuition en un éclair longuement préparé. Cette durée peut cependant se réduire dans le cas où il y a une urgence vitale, une nécessité de comprendre. Le heurt entre cette obligation du nécessaire à connaître et de l'impossible à comprendre génère l'intuition, parce que le plaisir de penser qui est d'abord dans le vagabondage de la recherche se trouve ici rendu impossible.

Force est alors à la pensée de le court-circuiter et de sauter d'emblée au résultat, quitte à revenir en arrière dans l'après-coup pour en justifier le bien-fondé et retrouver le chemin du raisonnement.

Car le plaisir de trouver, comparable en cela à l'orgasme, est aussi ce qui met fin, momentanément, au plaisir de chercher qu'il anime et soutient.

Même si le théoricien sait qu'il ne manquera jamais d'objet pour sa recherche il n'est peut-être jamais à l'abri d'une crainte d'aphanisis à cet égard, sans compter les obstacles névrotiques qui se dressent entre lui et son résultat.

On peut supposer que bien souvent l'issue déductive est connue de manière préconsciente bien avant son terme officiel et que l'illumination de la « découverte » est en fait la levée d'une mise en latence.

Cette possibilité de jouer et donc de jouir de la pensée dans la préfiguration du moment qui précède le temps de conclure n'est donnée que si une liberté suffisante est assurée. J'envisagerai à la lumière de cette hypothèse diverses formes d'intuition qui ne relèvent pas toutes d'ailleurs de cette catégorie, mais que l'on a coutume de caractériser comme telles, notamment l'intuition maternelle, celle de l'enfant, celle du poète et celle de l'amoureux, avant d'en arriver à cette figure suprême du plaisir de pensée que constitue l'intuition visionnaire dont ont témoigné un Léonard de Vinci ou un Spinoza.

L'intuition maternelle, si elle existe, est particulièrement apte à constituer le modèle de toute intuition à cause du fantasme de fusion primitive entre la mère et l'infans où se prolongerait l'état intra-utérin. Freud, pour sa part, n'a jamais envisagé une telle possibilité, même si pour lui la compréhension de l'autre se rattache bien à la situation d'impuissance originelle de l'être humain qui ne peut se trouver soulagé que lorsqu'une « personne bien au courant » porte son attention sur l'état de l'enfant qui l'a alerté par des cris. Ceux-ci ne sont pas intentionnellement dirigés comme un appel au secours, il s'agit d'une « décharge se produisant sur la voie des changements internes », mais la mère en y répondant va transformer, humaniser ce processus physiologique. « La voie de décharge acquiert ainsi une fonction secondaire d'une extrême importance : celle de la compréhension [et non de la "compréhension mutuelle" comme le dit la traduction]. L'impuissance originelle de l'être humain devient ainsi la source originaire de tous les motifs moraux. » (*Esquisse*, p. 336)

Ce passage est souvent cité comme exemple de communication infra verbale mais on ne donne pas toujours tout son poids au fait que la mère ici ne fait pas nécessairement preuve d'intuition au sens où elle déchiffrerait, devinerait le sens que l'infans est bien incapable de communiquer puisqu'il l'ignore lui-même, comme il ignore qu'il communique. La mère ici *interprète* c'est-à-dire qu'elle reçoit les cris comme lui étant intentionnellement adressés (contrairement à l'interprétation hygiéniste qui verrait là une nécessité pour le développement des poumons par exemple) et elle y répond avec ses propres affects et tout d'abord avec son fantasme d'avoir, en mettant l'enfant au monde, rendu définitivement inaccessible un paradis intra-utérin sans manque d'aucune sorte. Ce « motif moral » demeure inconscient mais anime le désir de former des constructions interprétatives et des objets correspondants (bercement, nourriture, jeux etc.) pour faire cesser le déplaisir ainsi manifesté. Secondairement, la certitude de pouvoir trouver de quoi apaiser l'enfant ajoute à cette sollicitude le désir de donner du plaisir et l'interprétation réussie peut se targuer d'être une compréhension intuitive. L'infans pourra à son tour apprendre à reconnaître et à appeler, de la part de celle-ci, ce dont il a expérimenté l'offre.

Toutefois, si on entend l'intuition comme la saisie immédiate du sens, voire de la vérité, sans le secours du raisonnement, il est bien risqué d'en voir le modèle dans le fonctionnement de la pensée maternelle. Ce serait alors admettre que l'intuition n'est rien d'autre que l'anticipation et la création du sens par la médiation d'une interprétation qui renvoie d'abord aux fantasmes de l'interprète.

Piera Aulagnier a montré la place de cette situation d'anticipation dont elle fait un *fatum* pour l'être humain qui est "confronté" à une expérience, un discours, une réalité qui anticipent le plus souvent sur ses possibilités de réponse. » (*La violence de l'interprétation*, p. 36) La mère, de ce fait devient le « porte-parole » d'un infans dont l'être demeure à jamais forclos de sa connaissance. Il y a là une violence nécessaire qui répond à la prématuration initiale de l'être humain, mais une violence néanmoins dans la mesure où il y a non pas transmission mais interprétation, traduction et donc création de sens.

Dans la théorie de Bion, on trouverait aussi cette conception du rôle prothétique de la psyché maternelle, bien loin de la divination d'un contenu qui existerait dans celle de l'infans : Les pensées sont d'abord des préconceptions issues de l'expérience sensorielle et c'est l'union de ces formes vides (attente) et de l'absence de l'objet qui crée la pensée. On a donc ce paradoxe de pensées-objets qui existent avant la pensée comme activité et qui vont en revanche en précipiter la formation. « L'activité de pensée est un développement imposé à la psyché sous la pression des pensées et non le contraire » (*Réflexion faite*, p. 126).

Toutefois cette issue n'est pas automatique et il faut, selon les termes de Bion, une capacité suffisante pour tolérer la frustration et faire du « non sein » au-dedans une pensée et un appareil pour le penser. A l'inverse, si cette capacité n'est pas suffisante, le produit de la juxtaposition entre une préconception et une réalisation négative devient un mauvais objet, un « impensable », ce que Bion appelle d'un terme emprunté à Kant mais sans son contenu conceptuel, une « chose en soi ». On retrouve ici la notion kleinienne de mauvais objet à évacuer et c'est là qu'intervient le rôle de la psyché maternelle, et plus précisément de ce que Bion appelle sa « capacité de rêverie ».

Elle reçoit ces choses en soi que le nourrisson projette en elle et les « traite » de manière que le nourrisson puisse les réintrojecter sous une forme modifiée qui les rend désormais tolérables. Ils sont devenus dans la terminologie bionienne des éléments α résultant de la conversion d'une expérience émotionnelle en quelque chose qui va former des pensées inconscientes. Faute de quoi les choses en soi subsistent à l'état d'éléments dits β ni pensables, ni mémorisables, ni refoulés mais néanmoins présents dans la psyché et interviennent négativement vis-à-vis d'elle. La psyché maternelle dans son contact émotionnel avec le nourrisson est le prototype de l'activité intuitive de la pensée (« to intuit » dit Bion). Elle réunit par une intuition-éclair une série de phénomènes incohérents et leur donne un sens. Il ne s'agit ni de perception sensorielle ni de compréhension rationnelle mais d'une capacité d'identification émotionnelle. L'intuition se voit donc requise toutes les fois que l'objet apparaît à la fois impossible et nécessaire à connaître. L'intuition maternelle a ici valeur de modèle en fonction des besoins de l'infans d'être interprété sinon deviné mais aussi en référence à un fantasme de fusion océanique qui rendrait possible une telle performance. Et pourtant l'expérience montre que si la mère ignore qu'elle interprète et pense qu'elle devine, elle ne se croit pas pour autant infaillible sauf si elle est paranoïaque. Elle essaie des interprétations proposées comme des réponses et elle est prête à en changer si elles s'avèrent inefficaces voire le cas échéant à demander à sa propre mère une surinterprétation, car l'intuition maternelle occupe pour elle aussi la place mythique à laquelle elle craint de ne pouvoir accéder. La place du savoir, celle du pédiatre, du manuel ou de l'éducatrice de la crèche, va jouer le plus souvent un rôle d'apaisement dans l'angoisse de la nouvelle mère de voir confirmer ses craintes d'être incapable... d'intuition maternelle.

Je prendrai appui sur ce sentiment d'incapacité à déchiffrer les messages supposés adressés par un être en état de déréliction et de manque pour préciser ce que je disais précédemment à propos de la nécessité de deviner au lieu de comprendre.

L'une des raisons de cette nécessité peut tenir au contenu qui doit être transmis. Ainsi en est-il du sentiment amoureux car il est par excellence l'exemple de l'incapacité des mots à nommer des affects. Dans l'état amoureux, les mots d'amour apparaissent le plus souvent pauvres et inadéquats, dangereux même car, en laissant l'espace de la secondarisation, ils désidéalisent, ouvrant la voie au soupçon sur l'authenticité, découvrent la possibilité d'une ambivalence. Il faut donc aux amoureux inventer un langage de signes et de silence qui s'offre comme moyen de communication mais aussi comme mise à l'épreuve. Aimer, c'est pouvoir deviner l'autre. L'amoureux se voit donc provoqué à régresser en-deçà de ses frontières narcissiques, quitte à courir le risque de se retrouver étranger à lui-même dans les limites du tracé d'un Moi devenu incertain. En revanche, faute de se reconnaître, peut-il espérer faire foi en la capacité intuitive de l'autre qui va interpréter, reconstruire, lui dire enfin qui il est, c'est-à-dire, par définition, un être aimable par tous ses traits et surtout par les plus insignifiants ou les plus secrets.

Nous savons, avec Winnicott, que le partage d'une expérience illusoire n'est pas le contraire de la réalité mais un intermédiaire entre le refus d'accepter la réalité et la capacité de l'accepter et que cet intermédiaire est la base de la constitution du groupe ou du couple.

L'intuition est nécessaire à la communication dans un tel partage, elle se fonde, sur un réaménagement des frontières narcissiques par le biais d'une identification temporaire à l'autre. Les mots du langage courant sont inaptes à dire l'amour qui dès lors se trouve contraint à la poésie ou aux silences d'une communication infra verbale. C'est en cela qu'il génère de l'intuition et se voit reconnu par l'entourage comme cette « aire neutre d'expérience qui ne sera pas contestée ». Quant au fait que l'intuition ne délivre aucun brevet de vérité et ne garantit aucune certitude, les yeux bandés de Cupidon l'attestent mieux que les mots.

Cependant il est un cas où l'amour peut conduire non pas à l'aveuglement mais à une intuition cruellement exacte, même si le sujet n'en fait rien, c'est celui de l'intuition paranoïaque. Freud souligne que l'interprétation délirante loin d'être fausse est au contraire juste, mais que cette capacité d'interpréter est elle-même pathologique : « A proprement parler, son anormalité se réduisait à ceci qu'il observait l'inconscient de sa femme et lui accordait une importance beaucoup plus grande qu'il ne serait venu à l'idée de tout autre » (1922 b, p. 274).

En fait, comme Freud le dit plus loin, « le sens du délire de relation [des paranoïaques] est précisément qu'ils attendent des étrangers quelque chose comme de l'amour » *(ibid.)* et l'interprétation de l'indifférence de l'étranger en terme d'hostilité les protège contre leur propre amour. L'intuition paranoïaque, point de départ de la construction délirante est exacte à cause de l'amour, parce que celui-ci ouvre le préconscient à une perception particulièrement aiguisée de signes imperceptibles aux autres du fait de leur indifférence. Là encore, l'objet à connaître est à la fois nécessaire et rendu hors d'atteinte parce que le paranoïaque n'adresse pas de demande d'amour sauf sous la forme inversée de la persécution, mais ne peut néanmoins renoncer à cette quête impossible.

Cette particularité de l'intuition d'être un précipité de connaissance issu du court-circuit de l'élaboration de pensée que produit à la fois l'absence et la nécessité de l'objet se retrouve dans le cas de l'intuition enfantine à l'égard des parents. D'où vient en effet cet capacité hyper-développée dont font preuve soit certains enfants, soit tous les enfants dans certaines circonstances à l'égard des pensées, émotions voire des secrets de leur parents ? Ferenczi, dans *La confusion des langues entre l'adulte et l'enfant* fait l'hypothèse que, devant l'autorité écrasante et la disproportion de la puissance entre l'adulte et l'enfant, ce dernier, par peur, se soumet automatiquement à la volonté de l'agresseur et *devine le moindre de ses désirs (op. cit.,* p. 130). L'identification a ici valeur de protection mais elle détourne l'enfant de ses intérêts narcissiques naturels.

On objectera volontiers que la relation entre les parents et les enfants ne revêt heureusement pas toujours ce caractère terrifiant et qu'on a là un cas d'espèce. En fait, si on considère que les théories sexuelles infantiles ont vocation à répondre à l'énigme à la fois nécessaire et insoluble que pose à l'enfant la représentation de la scène primitive, on est tenté d'élargir la perspective et de considérer dans cette étrange disposition une explication possible pour ce que Freud reconnaît de « génialité » à ces théories, c'est-à-dire précisément de capacité de saisie intuitive de leur objet.

Le fragment de « pure vérité » qui les fait désigner par Freud du qualificatif de « génial », terme qui correspond précisément pour lui à un trait inaccessible à l'étude psychanalytique dans la mesure où il recèlerait ce quelque chose d'inanalysable par où l'esprit humain peut s'avérer capable de brûler des étapes ou de franchir des abîmes devant lesquels la simple raison humaine se serait trouvée impuissante. Si l'on veut donner au terme de « génial » toute sa portée pour Freud, la « vérité » de la théorie sexuelle infantile s'en trouve définie dans son pouvoir d'appréhender une solution qui dépasse ses moyens c'est-à-dire d'arriver au but sans passer par les étapes de la résolution. Ce n'est pas de raisonnement qu'il s'agit en effet dans les « théories » sexuelles mais bien d'une vision au sens étymologique de θεορειν renvoyant l'enfant à une scène primitive qui, réellement observée ou fantasmée, conserve de toutes manières une qualité d'extériorité par rapport au pouvoir de représentation de l'enfant dans la mesure où, faite de fragments, elle demeure énigmatique.

Il est d'ailleurs notable que dans les trois théories qu'il envisage Freud ne fasse intervenir que dans la troisième (théorie du coït sadique) puis, et comme rétrospectivement dans la première (effraction par le pénis dans le corps de la mère) la référence à la scène primitive. Aussi peut-on se demander ce que signifie cette succession de trois théories, toutes trois unies dans la même nécessité de contourner la castration et la différence des sexes.

Or le fait que la seconde théorie dite cloacale, mais qui met en jeu au moins autant d'oralité, ne soit pas rattachée à la scène primitive est probablement à rapprocher du fait qu'il y soit davantage question de grossesse et d'accouchement que du coït proprement dit. A la limite cette seconde théorie ne concerne pas tant l'origine de l'enfant au sens où celle-ci se rapporterait au moment où il n'existe pas encore, que la préhistoire de l'enfant où il se représenterait comme quelque chose qui est mangé puis expulsé ou extrait du ventre maternel.

Cette théorie, qui exclut non seulement la différence des sexes mais l'idée même d'une mise en rapport des deux corps adultes (puisque le père aussi bien que la mère peut ingérer et expulser l'enfant) en faisant l'économie de la scène primitive, est aussi la seule théorie qui apporte véritablement une réponse ou une solution à la question de l'origine de l'enfant. Elle l'apporte en la niant car si l'enfant est ce quelque chose qu'avale son géniteur c'est qu'il n'a pas d'origine, en tant que substance il est déjà là depuis toujours où il suffit d'aller le chercher[4]. C'est donc non seulement la différence des sexes, mais la castration au sens du devoir se représenter un moment où le monde existe sans le sujet, qui sont épargnés à l'enfant par cette théorie apte à lui préserver la toute puissance narcissique[5].

Où donc situer le caractère « génial » de ces « solutions » incomplètes, insuffisantes et qui finalement laissent subsister l'énigme ? Précisément dans le fait que tout ce qui permet à l'enfant d'être sur la voie de la découverte, qu'il s'agisse du pictogramme « prendre en soi-rejeter » ou de cette intuition qui repose sur un vécu psychosexuel d'exitation génitale accompagné d'une pulsion sadique d'effraction ne constituent pas des étapes d'un raisonnement, mais ont une valeur d'évidence, c'est-à-dire qu'elles ne peuvent ni être rejetées ni être justifiées !

Cette évidence est la conclusion d'un processus[6] qui s'est passé ailleurs, dans le registre du primaire. Le fragment de pure vérité tient donc, non pas à une vérité relative à la constitution psychosexuelle de l'enfant qui conférerait plutôt l'aspect grotesque c'est-à-dire d'une vérité partielle et de ce fait dénaturée comme peut l'être une caricature, mais à cette part de génitalité présente dans la sexualité infantile qui lui assure une intuition sur la sexualité génitale adulte. Ce ne serait donc pas seulement une vérité relative à un stade psychosexuel donné que Freud qualifie de géniale, mais un fragment de vérité relatif à une génitalité adulte qui s'impose par son caractère d'évidence au point de maintenir l'enfant dans la douloureuse situation d'une quête sans réponse qui la clôturerait, véritable prototype de la curiosité intellectuelle. Ni la scène primitive ni la théorie sexuelle infantile ne constituent à proprement parler des solutions et leur capacité de représenter l'énigme est précisément ce qui assure l'existence du Wisstrieb, chaque approximation de réponse renvoyant à un non su ou à un incompréhensible qui préserve le désir de savoir.

Toute la manière dont la « divination » remplace le raisonnement est la marque que la psyché ne se trouve jamais en défaut lorsqu'il faut

4. Ce qui d'ailleurs est très proche de la théorie parentale qu'il s'agisse d'enfants pêchés par la cigogne dans le lac ou du stock infini des bébés en attente dans quelque Paradis.

5. Le rapprochement que fait Freud avec le retour de cette théorie dans la manie délirante, in *Les théories sexuelles infantiles*, p. 22.

6. Cf. M. Neyraut, *Les logiques de l'inconscient*, p. 147. « Si l'évidence prend la forme de l'effarement ou de la fascination, l'événement logique dont ils sont l'aboutissement n'apparaîtra qu'en sa conclusion manifeste alors que son procès se déploie dans un espace latent. »

constituer un sens car contrairement au corps, elle ne connaît pas la prématurité.

J'envisagerai maintenant la manière dont l'adulte peut mêler au raisonnement et au plaisir du cheminement hypothético-déductif les éclairs de l'intuition qui loin de s'y opposer le relancent et l'animent.

C'est ainsi par exemple que procèdent les aphorismes qui font rêver car l'esprit s'y attarde, restituant à ces éclats de pensée quelque chose du lent travail de maturation qu'ils ont fait oublier et s'étonne de s'être laissé prendre par surprise, séduit par la beauté formelle d'une phrase qui se donne l'élégance d'une formule mathématique. Lorsqu'ils ne sont pas d'emblée rejetés comme un trait d'esprit raté, ils ont le pouvoir d'introduire dans la pensée rationnelle la certitude immédiate propre à la sensation.

J'entends par là, non pas un sentiment obtenu à l'issue d'une déduction rigoureusement conduite, mais un état d'âme auquel toutes les vérifications possibles ne sauraient rien changer. Ainsi que l'écrit Wittgenstein : « La certitude est *comme* un ton de voix selon lequel on constate un état de faits mais on ne conclut pas de ce ton de voix que cet état est fondé. » [*De la certitude*, p. 37]

Que cette certitude soit le produit d'une interprétation inconsciente nécessairement subjective est bien loin d'apparaître à celui qui la vit. On sait que l'enfant donne un sens au discours en fonction des intonations qu'il perçoit bien avant de pouvoir en maîtriser les signifiants ; cette appréhension immédiate, intuitive, demeure vivace chez l'adulte et ce n'est que très secondairement que celui-ci apprend à y reconnaître également le jeu de ses propres projections.

Dans le courant d'une cure psychanalytique, le sentiment de certitude s'attache de préférence à des formules brèves incomplètes que le sujet rencontre, un peu de la même manière que s'imposent à lui des fragments d'images ou de phrases dans un rêve ou dans la séquence de ses associations[7]. Simultanément subjectifs et irréfutables, ils émergent, en apparence isolés de tout contexte, et leur trouvaille procure un plaisir intense, analogue à celui du chercheur qui atteint subitement la solution du problème sur lequel il avait longuement buté. Le temps de l'analyse proprement dite ne vient qu'après, dévoilant ce que masquent et signalent à la fois les éléments ainsi morcelés : comme les souvenirs-écrans auxquels ils s'apparentent, ils constituent autant de jalons dans le désordre de la mémoire et permettent

---

7. Bien souvent, l'analyste utilise cette forme incomplète ou lapidaire pour interpréter, afin de provoquer ce même effet.

que se conserve à un niveau préconscient un ensemble d'associations flottantes, regroupées autour de points d'ancrage. Ces bribes signifiantes ont un rôle capital car aucune construction ne saurait prendre vie dans la psyché d'un patient sans s'étayer sur de tels instants d'illumination qui jalonnent et tracent le lent cheminement d'une analyse.

Est-ce en raison de leur brièveté et du fait qu'elles apparaissent comme d'ultimes messages que les quelques notes rédigées par Freud en 1938 ont le pouvoir aphoristique évoqué plus haut ? L'une d'elles me semble résumer le fondement du sentiment de certitude : « Le sein est un morceau de moi, je suis le sein » (in *Résultats, idées, problèmes*, II, p. 287).

Cette formule, en court-circuitant par un énoncé identificatoire les incertitudes et les restrictions que l'ambivalence imprime sur toute relation d'objet, impose une affirmation totalisante et donc apparemment indiscutable. Elle se donne comme une sorte de révélation ontologique qui défie toute capacité de représentation pour ne faire appel qu'au seul pouvoir de l'intuition. Mais elle n'est pourtant pas jaillie ex nihilo, car si de telles images peuvent se formuler et trouver un écho chez tout sujet, aussi attaché soit-il aux exigences de la pensée rationnelle, c'est grâce à leur lien avec les traces mnésiques ineffaçables de contenus psychiques depuis longtemps chassés de la conscience.

Dans ses échanges avec Romain Rolland, Freud souligne qu'une telle sauvegarde du passé offre un accès à des motions et à des « attitudes primitives proches de la pulsion, très précieuses pour une embryologie de l'âme »[8], mais l'ensemble de ces éléments juxtaposés dans la psyché forme une architecture tout aussi inconcevable que le serait celle de Rome si la totalité des monuments édifiés là au cours des siècles avait été conservée. Rien d'étonnant dans ces conditions que l'effort pour retrouver les traces enfouies dans une mémoire qui n'oublie jamais confronte au vertige. La certitude ne peut en jaillir qu'isolée, violente et absurde.

Les poètes ont souvent décrit comme origine de leur inspiration des expériences d'illumination, fixant et élaborant dans l'écrit les images issues des limbes dont ils disent avoir été brusquement assaillis. Certains d'ailleurs les attendent comme le retour d'un rêve familier ou les recherchent passionnément, à l'affût de leurs sensations les plus minimes dans l'espoir qu'elles leur livreront l'accès à cette partie d'eux-

8. Freud S., Lettre n° 248, à R. Rolland, 19 janvier 1930, in *Correspondance*, Gallimard, 1966, p. 429.

mêmes disparue, provoquant même leur survenue par une mise en condition particulière voire par l'absorption de toxiques.

Marcel Proust, mieux que tout autre, a analysé ce type de chasse qu'il justifie par le fantasme que chaque instant de notre passé s'incarne et se cache dans un objet matériel et se livre à nous si le hasard nous conduit à le rencontrer. La sensation devient alors le moyen d'une résurrection, miracle qui échappe à l'intelligence car celle-ci ne saisira jamais que des cadavres.

Ces retours du passé ne sont cependant pas donnés tels quels. Il faut y être attentif et, c'est en vain, parfois, qu'on cherche à les saisir, ainsi qu'il le montre dans ces quelques lignes :

« En traversant l'autre jour une office, un morceau de toile verte bouchant une partie du vitrage qui était cassée me fit arrêter net, écouter en moi-même. Un rayonnement d'été m'arrivait. Pourquoi ? J'essayai de me souvenir. Je voyais des guêpes dans un rayon de soleil, une odeur de cerises sur la table et je ne pus pas me souvenir. Pendant un instant, je fus comme ces dormeurs qui en s'éveillant dans la nuit ne savent pas où ils sont, essayant d'orienter leur corps pour prendre conscience du lieu où ils se trouvent, ne sachant dans quel lit, dans quelle maison, dans quel lieu de la terre, dans quelle année de leur vie ils se trouvent. J'hésitai ainsi un instant, cherchant autour du carré de toile verte les lieux, le temps où mon souvenir qui s'éveillant à peine devait se situer. J'hésitais à la fois entre toutes les impressions confuses, connues ou oubliées de ma vie cela ne dura qu'un instant, bientôt je ne vis plus rien, mon souvenir s'était à jamais rendormi[9]. »

La conviction d'avoir possédé autrefois les clefs de ce monde inconnu que suggèrent les sensations retrouvées devient chez plus d'un romancier le moteur d'une quête ininterrompue dans laquelle le sujet se fascine. Que toute connaissance procède d'une réminiscence n'est certainement pas une idée originale. Fondement de la philosophie platonicienne, on la retrouve dans la plupart des religions, et en particulier dans ce qui a été décrit comme le « sentiment océanique », expression du narcissisme primaire sous sa forme la plus indifférenciée. Aussi n'est-ce pas cette croyance en tant que telle qui m'intéresse ici mais le travail de pensée auquel le sujet s'acharne en vue de retrouver ce qu'il affirme être un savoir perdu et le sentiment de certitude qui sourd de ces expériences confuses.

Un tel travail suppose de pouvoir soumettre à l'épreuve d'une

9. M. Proust, *Contre Sainte-Beuve*, Gallimard, Pléiade, 1971, p. 214.

élaboration ce sentiment qui ne se donne jamais que dans l'indicible et l'instantanéité. On retrouve un cheminement de ce type chez Robert Musil, dont toute l'œuvre semble tournoyer autour de la conviction d'avoir possédé dans l'enfance une certitude désormais inaccessible. La dérivation sublimatoire de la pensée et de l'écriture lui offrent une issue dont l'absence peut se solder par une oscillation indéfinie entre un doute obsédant et l'obligation pour en sortir, d'obéir à des injonctions ressenties comme inacceptables (cf. chap. 1, p. 35, le cas de Sébastien).

A plusieurs reprises, Musil rapporte un souvenir auquel il donne lui-même une valeur particulière : à l'âge où il portait encore, dit-il, des petites robes, il avait si vivement ressenti la sensation d'être une fille qu'il jugeait impossible que ce ne fut pas vrai.

Le refus de la castration qu'implique en un premier temps la découverte de la différence des sexes ne se fonde ici ni sur un déni, à la manière du pervers, ni sur une conviction délirante, mais sur l'allégation d'un vécu particulier de nature sensorielle. La certitude passée est dénuée de valeur quant à son contenu puisque ni Musil ni ses personnages ne croient pouvoir transgresser les données du destin anatomique, mais elle occupe en revanche une place capitale en ce qu'elle fonde la quête d'un savoir d'une nature singulière.

Le fait que cette certitude se donne comme une sensation la situe d'emblée hors d'atteinte de la critique car, s'il est toujours possible de mettre en doute une croyance ou d'argumenter un raisonnement, face à l'affirmation d'une sensation on ne voit pas à partir de quoi il serait possible et légitime d'en nier l'existence. Cette condition détermine à la fois la nature du savoir en question et la manière de l'atteindre. Il ne s'agit pas, en effet de construire un édifice hypothético-déductif mais d'installer des pièges, de tendre les filets qui permettront d'emprisonner l'insaisissable. Le travail de l'écrivain, qui s'attache à transposer en mots des expériences évanescentes, peut convenir à une tentative de ce type que l'analyse en revanche, détruit nécessairement, car elle leur enlève l'essentiel c'est-à-dire l'évidence liée à l'immédiateté.

Ce n'est pas la sensation d'avoir été une fille que Musil cherche à retrouver mais la présence active en son espace psychique d'expériences contraire à la logique commune comme au témoignage des sens et cependant indiscutables. Le but pulsionnel qui sous-tend cette certitude se sublime en se donnant pour objet la compréhension de tels paradoxes et la communication par l'écrit des bouleversements qu'ils introduisent dans le travail de pensée. Ainsi, l'illusion n'est pas rejetée, elle dérive, s'assurant ainsi une survie illimitée sans que le sujet bouge d'un pouce sa position narcissique et sa stratégie pour la défendre et elle se voit en outre renforcée par la modification et l'élargissement de son contenu qui prend pour ce passionné de la raison la dimension d'une défense de l'irrationnel. Comme Rimbaud et d'autres, c'est une capacité de voyance qu'il revendique : « De clairvoyant vous êtes devenu voyant (...). En toutes choses vous voyez plus loin que la forme dont elles paraissent revêtues, et détectez les mystérieuses opérations d'une arrière-existence. » (*Journaux*, I, p. 32)

On sait combien la possession de ce don particulier est fréquemment revendiquée par les sujets qui s'adonnent à l'usage de la drogue. Ils opposent volontiers à l'ignorance des « autres » et plus encore à ce qu'ils imaginent comme un tout-pouvoir de l'analyste, ce savoir supérieur acquis dans la souffrance et au prix d'un risque de mort consciemment manipulé. Ce danger, ou du moins son allégation, se retrouve lorsque l'aventure est vécue dans les limites de l'exercice de la pensée, comme ce fut le cas, semble-t-il, pour Musil. Il prend alors la forme de la démence, comme si l'abandon volontaire de la démarche rationnelle était une faute que la folie devait payer. Le but n'est pas en soi de délirer mais d'arriver à une certitude que la raison avec ses faibles moyens ne saurait atteindre seule et, pour cela, Musil se propose selon ses termes d'unir le « ratioïde » et le « non-ratioïde », c'est-à-dire de faire du premier une province du second, de l'inclure dans sa dynamique au lieu de lui faire jouer un rôle de limite. « Nous ne pensons pas au sujet de quelque chose, écrit-il, quelque chose se pense en nous... C'est seulement lorsque la pensée est le membre terminal d'un développement intérieur qu'elle suscite le sentiment de l'accomplissement et de la certitude. » (p. 158)

Cette scansion de l'illumination qui vient couronner le cheminement discursif et en préparer la suite ne représente pas une opposition entre deux pensées de nature différente mais le rythme naturel de toute pensée, lorsqu'elle n'est pas strictement pratique et opératoire, l'alternance entre le temps de la recherche et l'instant de la découverte.

Vouloir isoler l'illumination en un mode particulier du penser qui serait d'ordre intuitif revient à dénier que l'instant soit enserré entre le temps qui le précède et celui qui le suit et à chercher à l'hypostasier en le vidant de la mémoire et de la prévision. L'instant devient alors une figure mythique, voire l'objet d'un culte qui prône la nécessité de l'oubli, la « *damnatio memoriae* », pour permettre à la vie d'émerger. Nul mieux que Nietzsche n'a su évoquer cette quête éperdue de l'instant qui fait de la mémoire et de l'Histoire l'ennemi numéro un. « L'homme s'étonne lui-même de ne pouvoir apprendre à oublier et de rester toujours accroché au passé. Si loin qu'il aille, si vite qu'il court, sa chaîne le suit partout » (2ᵉ *Considération intempestive* : De l'utilité et des inconvénients de l'Histoire pour la vie).

On retrouve là à nouveau la nostalgie du paradis perdu de l'évidence, tel que l'animal aurait le privilège d'avoir pu s'y conserver : « L'homme... envie l'animal qui oublie aussitôt qu'il voit vraiment mourir l'instant dès qu'il retombe dans la brume et la nuit et s'éteint à jamais. L'animal vit d'une vie non historique, car il s'absorbe entièrement dans le moment présent, tel un nombre premier qui ne laisse pas derrière lui ce singulier résidu » (*ibid.*, p. 203).

L'intant, *l'Augenblick* c'est ce qui se saisit d'un seul coup d'œil, d'une vision intuitive, prodige, éclair de pensée que la préoccupation du passé risque d'enterrer car « tout acte exige l'oubli » et le « goût maniaque des vieilles choses environne l'homme d'une odeur de moisi » (*ibid.*, p. 245).

Une conception mortifère et déformée de l'histoire devenue pure culture bibliophilique pousse à la divinisation opposée d'une pensée vierge, instantanée et immédiate. En fait, toute espèce de recherche de sens se bâtit sur la diastole de l'ouverture à l'intuition et la systole du raisonnement.

Freud a souligné à cet égard la fonction des « *Einfälle* », les idées subites involontaires. « La plus simple observation de soi-même apprend que des idées peuvent soudainement venir qui n'ont pu se former sans préparation. Mais de ces étapes préliminaires de votre pensée, qui pourtant elles aussi ont été vraiment nécessairement de nature psychique, vous ignorez tout ; il ne parvient à votre conscience que le résultat final » (1926 e, p. 49). Il avait déjà dans *L'interprétation des rêves* cité les conseils de Schiller à un correspondant, qui se plaignait de sa faible fécondité littéraire, en ces termes : « Dans un cerveau créateur tout se passe comme si l'intelligence avait retiré la garde qui veille aux portes : les idées se précipitent pêle-mêle, elle ne les passe en revue que quand elles sont une masse compacte. Vous autres critiques, ou quel que soit le nom qu'on vous donne, vous avez honte ou peur des moments de vertige que connaissent tous les vrais créateurs et dont la durée, plus ou moins longue, seule distingue l'artiste du rêveur. Vous avez renoncé trop tôt et jugé trop sévèrement, de la votre stérilité » (1900 a, p. 96).

Les idées subites involontaires, les *Einfälle*, apparaissent à la limite des images et des mots. Elles viennent à l'esprit apparemment sans relation avec ce qui précède, elles sont verbalisables mais non compréhensibles pour qui voudrait y voir une suite logique. Dans *L'interprétation des rêves*, Freud les désigne comme une « succession de pensées arbitraires et sans but » (*op. cit.*, p. 448). Leur lien avec les images tient au fait qu'elles s'imposent comme des tableaux composés lorsque le sujet se laisse aller à l'association libre et que, comme les images, elles perdent cette force insistante lorsqu'elles sont ramenées au contenu refoulé qui en est l'origine. Le travail de l'analyse sera précisément de les reconduire dans l'interprétable et de leur enlever le caractère « subit » et « involontaire » qu'elles doivent au refoulement. Cependant ces caractères mêmes sont un instrument heuristique précieux pour mettre sur la voie de la découverte des contenus refoulés.

L'intuition « rationnelle » dont nous sommes partis, telle que la définit Descartes, n'est en fait pas opposée à la conception freudienne de l'intuition si on considère que pour l'un et l'autre il ne s'agit pas d'un bond mystérieux entre la question et la réponse, mais de la suite d'une chaîne de pensées, et que cet exercice requiert un esprit « ferme et attentif » ou disposé, dans un état très particulier et loin d'être spontané, dans l'attention « flottante » ou « également répartie ». Tout repose en fait sur l'idée d'une pensée inconsciente, ou plutôt, dirions-nous, d'un fonctionnement préconscient de la pensée.

Descartes, dans la *Règle III pour la direction de l'esprit*, n'est pas si loin de Freud. Pour le premier : « ... Nous savons que le dernier anneau d'une longue chaîne est relié au premier, même si nous n'embrassons pas d'un seul et même coup d'œil tous les intermédiaires dont dépend ce lien, pourvu que nous ayons parcouru ceux-ci successivement et que nous nous souvenions que, du premier au dernier, chacun tient à ceux qui lui sont proches » (*op. cit.*, p. 43). Quant à Freud, il note dans *Dora* : « Je suppose qu'il s'agit ici de pensées inconscientes tendues sur des rapports organiques préfigurés, comparables à des guirlandes de fleurs tendues sur un fil de fer, de sorte qu'on peut trouver, dans un autre cas d'autres pensées entre les mêmes points de départ et d'arrivée » (*op. cit.*, p. 62). La métaphore est certes plus fleurie chez Freud mais l'idée de la séquence des pensées qui existe bien qu'elle ne soit pas présente à la conscience est la même.

Bachelard, dans *La formation de l'esprit scientifique* a montré comment l'intuition et les effets de certitude qu'elle entraîne en substituant l'évidence sensible à la chaîne déductive, reposent en fait sur une adhésion spontanée au pittoresque de l'image et détournent de la connaissance objective. Mais, quelle que soit la méfiance qu'on puisse avoir à son égard, l'intuition par la relation qu'elle poursuit avec l'évidence visuelle nous ramène au paradis perdu de l'activité de pensée.

Si l'image et finalement la scène primitive, point de départ de toute représentation fantasmatique, est à l'origine du désir de savoir, comment l'acte de connaissance lui-même ne conserverait-il pas dans son processus une présence et un rôle de l'image et du voir ? Question qui rejoint celle de savoir si le fait que l'énergie du *Wisstrieb* soit celle-là même du désir de voir doive être compris en un sens purement métaphorique, un peu comme on parle des « yeux de l'esprit », ou s'il y a dans l'abstraction la plus poussée une présence figurative qui assurerait au désir de voir un rôle non métaphorique. Ce n'est pas la notion d'image mentale et la formation des pensées qui est ici en cause mais le degré de plaisir qui, dans la pensée la plus théorique, reste attaché au visible par exemple dans le schéma ou la métaphore. Nous partirons de deux exemples apparemment opposés : la science visuelle chez Léonard et l'exposé « *more geometrico* » chez Spinoza.

On sait que Léonard s'était vigoureusement opposé à la théorie répandue à son époque de l'air comme cause de l'érection du pénis ; la chauve-souris non pas gonflée mais environnée d'air, s'élevait comme il l'aurait souhaité pour l'organe génital c'est-à-dire en accord avec sa volonté et même dans les conditions les plus difficiles. Le désir de s'assurer une érection volontaire et infaillible, désir exprimé dans certaines notes où il déplore l'absence de relation entre la volonté et l'érection, parcourt donc à la fois l'étude anatomique de l'oiseau, la construction mécanique des machines volantes, grues, etc.

Or ce qui est ici particulier chez Léonard est le rôle qu'il fait jouer à l'observation et à la transposition de l'observation dans un domaine autre. Observation visuelle elle-même reversée au bénéfice de la vue puisque le mot n'a d'utilité que si l'on s'adresse à un aveugle. Le dessin a alors la fonction non seulement de reproduire ce qui dans le cas de l'observataion anatomique demandait de transgresser les interdits liés à la dissection, mais de le résumer dans un acte global d'appréhension. Il écrit : « Et toi qui prétends qu'il vaut mieux assister à une démonstration d'anatomie que de regarder ces dessins, tu aurais raison s'il était possible d'observer tous les détails que ces dessins présentent en une seule figure, là où avec tout son talent tu ne verras et ne connaîtras davantage que quelques veines... »[10]. En ce sens la science visuelle n'est pas une simple observation empirique mais la reconstitution d'un spectacle tel qu'un œil omnivoyant pourrait le percevoir. La « *visio intellectualis* » telle que la définit Nicolas de Cues qui participe de la nature de Dieu mais qui est aussi déformée par la

---

10. Léonard Mac Curdy, p. 166, Q, I, 13 v, *in* Eissler, p. 228.

subjectivité de l'observateur se trouve alors dépassée, sans qu'il y ait pour autant rupture avec l'observation. L'objet théorique n'est pas alors au-delà de l'image mais c'est l'image elle-même qui par sa perfection s'élève au niveau d'un objet théorique par sa capacité d'inclure dans un même champ une multiplicité de points de vue.

On trouve aussi chez Spinoza une présence de la vision dans l'acte d'intellection. La connaissance du troisième genre ne constitue pas une vision au sens d'une révélation, elle est, comme son nom l'indique, troisième, c'est-à-dire qu'elle repose sur l'acquis du deuxième genre dont elle est le résultat. Le rapport qui les unit ne se limite pas à la médiation mais à la capacité du troisième genre de connaissance de prendre pour objet le deuxième genre. Spinoza écrit : « ... En effet les yeux de l'esprit par lesquels il voit et observe les choses sont les démonstrations elles-mêmes » (*Ethique* V, 23, Scolie). Il y a donc là une capacité de synthétiser dans un acte global d'aperception un certain nombre d'éléments qui appartiennent à un autre mode de connaissance et fonctionnent selon une logique différente. Cette approche de l'intuition n'est pas sans rappeler celle que l'on trouve chez Freud d'un fonctionnement de l'inconscient qui peut à certains moments être perçu par le moi dans une appréhension globale, et donner, par exemple en rêve, la solution d'une équation sous la forme d'une vision comme celle de Kékulé. Dans la mesure où la connaissance du troisième genre se produit, selon la formule de Guéroult, par un « engendrement interne d'idées adéquates les unes par les autres »[11] c'est-à-dire qu'il y est rendu raison de l'idée à partir de l'idée elle-même et non à partir d'une autre, il y a, à la base de cette faculté de retournement de la pensée sur elle-même, l'idée d'un regard porté vers l'intérieur.

Or c'est à ce regard que nous convie la lecture de l'Ethique présentée « *more geometrico* » car, parce que la méthode géométrique assure une connaissance génétique en construisant une figure et en en déduisant tout ce qui en résulte nécessairement, elle constitue pour la philosophie la seule manière possible de s'exposer et de se démontrer. Le « *mos geometricus* » appartient donc à l'essence même de la philosophie en ce qu'elle abstrait le cours des pensées des accidents et du hasard et s'efforce de montrer la cause totale et l'essence des idées, permettant de là la déduction des propriétés.

Ce qui est frappant dans la méthode spinoziste c'est cette rencontre du plus concret : ce qui peut être appréhendé d'un seul coup d'œil

---

11. M. Guéroult, *Spinoza*, II, p. 471.

avec la perfection close sur elle-même de chaque définition contenant ce qui permet de rendre compte de la totalité de sa cause. Méthode qui se présente non comme un artifice d'exposition mais comme le mouvement de la pensée parvenu à un degré où la réflexion dépasse le labeur déductif pour devenir « visionnaire » et qui implique comme le fait remarquer Spinoza à un correspondant que la pensée devienne la vie même[12]. Toute la pensée et la vie même se fascinent dans le regard porté sur une même scène et l'intuition de cette totalité rend possible celle des parties dans le tout et du tout dans chaque partie. « La seule règle à observer, c'est qu'il faut chercher une définition d'où on puisse tout déduire[13]. »

L'intuition visionnaire renverrait donc au voir dans son sens le moins métaphorique, ce qui se présente comme l'extrême degré du savoir et sa visée serait inséparable de l'emprise supposée totale sur la scène qu'embrasse un regard omnivoyant. En ce sens elle est très différente de ce qui s'appréhende dans la métaphore ou la comparaison qui réinsère du vécu sensoriel dans l'abstrait, pour pouvoir l'appréhender différemment et qui, davantage qu'une synthèse évoque plutôt l'image d'un carrefour. Dans l'intuition visionnaire la pensée n'emprunte pas des images pour se faire saisir sous une forme sensible à l'imagination, mais elle se fait elle-même image ou schéma où viennent fusionner la forme des processus primaires et secondaires. Ce statut paradoxal lui ouvrirait aussi une autre dimension, celle-là même que le sens commun reconnaît au visionnaire : la possibilité de transcender son époque. Cette transcendance ne constitue en rien une fuite vis-à-vis des liens qui retiennent le philosophe ou l'artiste au monde extérieur et c'est au contraire de l'observation la plus minutieuse ou du raisonnement le plus rigoureux que sont issus ces moments visionnaires qui peuvent prendre l'apparence d'une révélation. Dans ces cas-là la forme peut apparaître comme une sujétion tyrannique et féconde qu'il s'agisse de l'enchaînement rigoureux des pensées de *l'Ethique* ou des limites du trait ou du volume.

Marguerite Yourcenar écrit à propos de Piranèse : « Il semble en particulier que la passion de bâtir refoulée chez cet homme borné toute sa vie aux deux dimensions d'une plaque de cuivre, l'ait rendu

---

12. « Il reste toutefois à vous prévenir que pour toute entreprise de ce genre, une méditation soutenue et un dessein tenace et bien arrêté sont indispensables ; et pour satisfaire à ces conditions il est nécessaire d'instituer une certaine règle de vie et de se prescrire un but bien déterminé. »
Lettre n° 37 au très savant et très compétent Jean Bouwmeester. B.d.S.
13. Cité par M. Guéroult, *ibid.*, p. 486. Cf. *Spinoza*, Lettre LX à Tschirnhaus.

spécialement apte à retrouver dans le monument en ruine l'élan qui souleva jadis le monument en chantier[14]. »

Le fait créateur se situe ici dans une opposition violente entre l'aspiration maximale de l'ambition et la limite du pouvoir effectif de réalisation qui, dans le cas de la gravure, est particulièrement frappante. Ce que Marguerite Yourcenar appelle « refoulement d'une passion » correspondrait davantage à la canalisation ou à cette dérivation forcée que constitue la capacité sublimatoire, dans la mesure où cette passion n'est en rien étouffée mais, contrainte de faire le deuil des réalisations illimitées qu'elle ambitionnait, peut au contraire trouver une extension autre, celle-là même du pouvoir visionnaire qui permet à Piranèse de retrouver l'élan constructeur dans la ruine, l'hallucination la plus vertigineuse dans la construction précise et minutieuse des perspectives des « Carceri d'invenzione ».

De même la conviction de Léonard que la peinture contient en soi toutes les formes existant dans la nature et même celles qui n'existent pas[15] et la quête passionnée pour représenter la forme de toutes les formes impliquerait un dépassement de la représentation qui passe pour la compréhension totale de chaque forme. Les études, esquisses et dessins que Léonard exécutait avec une virtuosité et une aisance opposés à l'angoisse, la procrastination et parfois l'inhibition dont il faisait preuve lorsqu'il s'agissait de peindre constituaient les éléments parfaitement étudiés de formes observables devant entrer dans la composition d'une œuvre d'une autre nature et dont l'ambition était précisément le dépassement et la synthèse de ces formes[16].

Si la réalité apparaît ici marginale, ce n'est pas parce qu'elle serait secondaire ou accessoire mais parce que le tableau s'offre au désir de voir comme un écran au-delà de quoi il y a à voir. Le tableau, comme l'écrit Lacan, « ne rivalise pas avec l'apparence, il rivalise avec ce que Platon nous désigne au-delà de l'apparence comme étant l'Idée. C'est parce que le tableau est cette apparence qui dit qu'elle est ce qui donne l'apparence que Platon s'insurge contre la peinture comme contre une activité rivale de la sienne[17]. Ainsi Léonard peut-il dans les onze

14. Marguerite Yourcenar, « Le cerveau noir de Piranèse », in *Sous bénéfice d'inventaire*, p. 136, Gallimard, 1978.
15. ... « La pittura è contenitrice di tutte le forme che sono, et dit quelle que non sono in natura »... (Ludwig, vol. I, p. 62, 64), cit. Eissler, *ibid.*, p. 277.
16. Pour l'étude de cette peinture du transcendant à travers l'immanent, cf. Eissler, *ibid.*, ch. 15.
17. Cf. Lacan, *Le Séminaire*, Livre XI, p. 103.
Selon Lacan l'effet apollinien de la peinture serait rattachable au fait que le regard

dessins du *Déluge* donner une image de l'irreprésentable par excellence c'est-à-dire la mort. Avec les tourbillons destructeurs du Déluge il représente l'anéantissement cosmique dans la réduction de toute forme au pur mouvement. Dans cette série de dessins on assiste à une progressive désintégration de toute forme connue (ustensiles, maisons, hommes, tout d'abord disloqués puis absents) pour atteindre la pure représentation du mouvement tourbillonnaire. Œuvre visionnaire s'il en est et qui implique, ainsi que le remarque Eissler[18], une projection dans le cosmos d'un processus de destruction interne reconnu, accepté et donné à voir. En ce sens le désir de savoir sous sa forme la plus extrême rejoindrait l'ambition visionnaire de l'artiste. La passion du chercheur de connaissance comme l'écrit Nietzsche, est celle d'un moi d'une avidité sans limite qui « désire tout et qui voudrait à travers mille individus voir comme avec ses yeux, prendre comme avec ses mains,... un moi qui rattrape tout le passé et ne veut rien perdre de quoi que ce soit qui pourrait lui appartenir... » (*Le gai savoir*, p. 249). Le rêve de totalité qui s'exprime ici à la fois par la médiation du regard et de l'emprise s'exerce sur le passé et le présent, expression d'une force surabondante grosse d'avenir et dionysiaque au sens que Nietzsche donne à ce terme. Par là s'exprimerait aussi la liaison entre Eros et le Wisstrieb dans ce que Nietzsche appelle l'attrait de tout ce qui est problème, l'ivresse de l'X dont les joies sont capables « d'engloutir comme une flamme claire » les misères de l'incertitude (*ibid.*, p. 13). La visée du désir de savoir dans la mesure où son objet est toujours au-delà ou, ce qui revient au même, à « fleur de peau » dans une énigme conservée et présente dans l'apparence des choses, s'opposerait alors à toute espèce de renoncement à l'insatisfaction, ou de désir de non-désir, travaillant contre la force de Thanatos au prix de la capacité de maintenir vivante la volonté d'interroger.

---

y rencontre un autre regard (regard de Dieu, du peintre, ou du Conseil des Dix dans le Palais des Doges). Le tableau se donne à voir non seulement comme le regard du peintre sur la scène représentée, mais il est lui-même regard sur le spectateur, regard qui se donne à voir (l'inverse de ce que dit Sartre du regard d'autrui) et se définit lui-même à partir du regard porté sur lui.

18. Cf. L'analyse des dessins du Déluge, *in* Eissler, chap. 17 et appendice B.

LIBRE DE JOUER ENTRE LES MOTS ET LES CHOSES

> *Quelles choses pouvons-nous écrire et peindre, nous avec nos pinceaux de mandarins chinois, nous qui donnons l'éternité à celles seulement qui se laissent écrire ? Que pouvons-nous peindre d'autre ? Hélas ! toujours seulement ce qui est sur le point de se flétrir et qui commence à perdre son parfum. Hélas ! rien que des orages qui s'éloignent et s'épuisent, des sentiments déjà jaunis par l'automne. Hélas ! rien que des oiseaux las de voler, égarés dans leur vol, et qui se laissent prendre à la main — par notre main. Nous donnons l'éternité à ce qui n'a plus pour longtemps à vivre et à voler, aux choses lasses et trop mûres, et c'est pour votre vesprée seulement, ô mes pensées écrites ou peintes, que j'ai encore des couleurs, beaucoup de couleurs peut-être, beaucoup de tendresses irisées, des centaines de jaunes et de bruns et de verts et de rouge — mais nul ne devinera pour autant la splendeur de votre aurore, étincelles soudaines et merveilles de ma solitude, ô vous, mes vieilles, mes chères — mes mauvaises pensées !*
>
> Nietzsche, *Par-delà le bien et le mal*, p. 240.

Si les fulgurances intuitives possèdent cette intensité qui porte à les croire indicibles, elles constituent aussi un défi pour capturer dans les mots ce qui est prêt à s'effacer et le raviver. Le jeu de la pensée est indissociable de l'acte de nomination et de l'élaboration qu'il implique pour rester au plus près de l'affect d'une évidence un instant entrevue, ou plutôt pour la traduire, c'est-à-dire la transposer.

Ce sont ces couleurs d'automne dont parle Nietzsche sur lesquelles il faut s'arrêter parce que leur fonction n'est pas de rendre la clarté initiale de la pensée mais d'en reconstituer l'objet. Non pas la rigueur d'un raisonnement qui ne saurait se concevoir sans l'épuration de l'abstraction, mais l'effet de conviction tel qu'il ne semble parfois pouvoir être obtenu qu'au prix du retour des vieilles idoles figuratives dans l'ordre des raisons. Pourquoi voit-on subitement apparaître des vaches ou des chats gris dans la respectable *Phénoménologie de l'esprit* de Hegel ou pourquoi Freud ponctue-t-il, sans nécessité apparente ses démonstrations de références à des jouets d'enfant comme le puzzle ou l'ardoise magique ? Où nous entraînent-ils avec ces courts-circuits figuratifs qui, comme des images de rêve, surnagent alors même que ce à quoi ils se référaient s'efface ?

L'introduction d'une substitution analogique, comparaison, image, métaphore soutient la pensée parce qu'elle la ramène à une zone apparemment sûre, celle de l'image et à un mode d'appréhension sensoriel, le visuel ou du moins le souvenir qui s'y rattache.

Evoquer l'ardoise magique n'est pas la manipuler mais en revanche sa manipulation sans le contexte théorique n'apporterait rien à la compréhension de l'inscription psychique. C'est donc un ensemble de souvenirs et d'affects singuliers qui se voient mobilisés au-delà de l'évocation du simple mécanisme, et l'on sait combien ce foisonnement imaginaire est propre à détourner l'attention de l'analogie de fonctionnement ainsi désignée, un peu comme un enfant qui n'entendrait dans les énoncés des problèmes de mathématiques que des récits insipides de robinets dont il faut mesurer le débit ou de trains qui se croisent ou se rattrapent en un temps qu'il faudrait déterminer. Ce jeu de la pensée entre l'abstrait et le concret, comme la possibilité d'utiliser les figures pour représenter l'abstrait, peut être mieux compris à partir de la notion de régression topique dans la prise en considération de la figurabilité dans le rêve.

L'idée en effet que, dans le rêve, les pensées se présentent sous forme d'images sensorielles qui s'imposent comme des hallucinations, s'explique par la régression des pensées qui, ne pouvant avoir accès à l'issue motrice de l'appareil, retraversent les instances dans un sens régrédient et parviennent au point de départ perceptif. Or, comme le dit Freud, les régressions topiques, temporelles et formelles « n'en font qu'une et dans la plupart des cas, elles se rejoignent, car ce qui est plus ancien dans le temps est également primitif dans la forme et dans la topique psychique, se situe le plus près de l'extrémité perception » (*L'interprétation des rêves*, p. 466). De ce fait, la régression topique-temporelle-formelle dans le rêve se voit convoquée comme fossile non seulement de l'enfance individuelle du rêveur mais de ce que celle-ci laisserait entrevoir de « l'enfance phylogénétique, le développement du genre humain, dont le développement de l'individu n'est en fait qu'une version abrégée influencée par les circonstances fortuites de la vie ». Nous voilà donc en présence de la « préhistoire de l'esprit » et la psychanalyse permet d'espérer parvenir à l'« héritage archaïque de l'homme » et à « découvrir ce qui est psychiquement inné »[19].

Or, qu'en est-il de cette préhistoire de l'esprit ? On serait tenté de penser qu'il s'agit précisément de la facilité avec laquelle un contenu

---

19. Nietzsche se voit convoquer à l'appui : « Nous pressentons toute la justesse des paroles de Nietzsche disant que "dans le rêve se perpétue une époque primitive de l'humanité, que nous ne pourrions guère atteindre par une voie directe" » (*ibid.*, p. 467).

abstrait peut se trouver figuré et s'appuyer éventuellement sur la pensée mythique pour en donner des exemples.

Toutefois il faut ici franchir l'espace qui sépare les « pensées du rêve », des pensées produites par l'activité intellectuelle vigile pour considérer que la figurabilité dans le rêve nous ouvrirait un accès à un mode primitif voire archaïque de la pensée. Le rêve ne pense pas, il traduit en images des pensées déjà présentes autour d'une pensée prédominante, pensée issue d'un désir.

Cette traduction est une nécessité et la comparaison que donne Freud avec les peintres d'avant la Renaissance qui craignaient de ne pas arriver à faire entendre ce qu'ils voulaient exprimer par des moyens purement plastiques et utilisaient des banderoles avec des mots écrits, souligne que c'est d'un défaut d'expression lié à la nature du matériel psychique onirique (*ibid.*, p. 269) qu'il s'agit. La comparaison avec la pensée archaïque ne tiendrait donc pas à la capacité de passer de l'abstrait au figuré mais à l'incapacité d'aller au-delà de la représentation de la chose-même et donc précisément d'ouvrir l'espace du jeu métaphorique.

Le défaut d'expression du rêve serait lié à l'évidence de l'image c'est-à-dire à l'obligation de coller à des « instantanés » au lieu de s'attacher à une séquence et à la pensée des relations : « On peut se demander ce que deviennent tous ces liens logiques qui avaient d'abord formé toute la charpente quand cette masse des pensées du rêve subit la pression du travail du rêve et que ses fragments sont tordus, morcelés, réunis comme des glaces flottantes, quelle forme peuvent prendre dans le rêve les "quand" "parce que" "de même que" "bien que" "ceci ou cela" et toutes les conjonctions sans lesquelles nous ne saurions comprendre une phrase ni un discours ? » (*L'interprétation des rêves*, p. 269)[20].

Freud sauve la situation en posant que la disposition des éléments du rêve les uns par rapport aux autres soit dans leur proximité, soit dans leur fusion, constitue une expression des relations logiques par modification de la figuration (p. 270). Il faudrait distinguer dans ces relations logiques celles dont le sens apparaît spontanément au rêveur, celles qui apparaissent à l'analyste lorsqu'il écoute le rêve et celles qui

---

20. Michel Neyraut a judicieusement tenté de prolonger cette idée de Freud en prenant la « traduction » des relations de causalité comme la forme même des logiques de cette pensée primitive, et en fait la forme primitive des logiques puisque nous en abordons plus d'une, même si celle-là est censée ne figurer que comme fossile. Cf. *Les logiques de l'inconscient*.

relèvent d'un savoir théorique sur l'interprétation des rêves. Car s'il est à peu près évident, même pour un profane, que le rapprochement dans un rêve de deux éléments totalement hétérogènes peut être producteur de sens ou si l'interprète avisé peut repérer l'expression de la négation dans deux suites d'idées opposées par exemple, il n'est en revanche naturel ni pour le rêveur ni pour l'analyste de rétablir une relation de causalité entre un rêve prologue, constituant une proposition subordonnée introduite par « parce que » et un rêve principal, conséquence développée du premier mais n'ayant aucun lien de contenu avec lui. Bien plus, ce petit exercice réclamerait de l'analyste une attention qui cesserait de flotter et un contre-transfert qui se latéraliserait vers le père fondateur en s'interrogeant sur le bien-fondé du contenu de la page 270 de *L'interprétation des rêves*...

Car le rêve est d'abord une narration et, qui plus est, en images seulement. La manière dont la représentation de mot s'y voit traiter témoigne de son caractère secondaire à la fois au sens de la valeur et de la succession dans le temps historique des acquisitions. Le mépris témoigné par le rêve vis-à-vis des mots comme unité de sens est signe du fait que la pensée s'y exerce en deçà du langage dans l'évidence sensorielle ici visuelle. Comme le note Freud : « Il est très remarquable de voir combien le travail du rêve s'attache aux représentations de mot ; il est à chaque instant prêt à échanger les mots les uns pour les autres jusqu'à ce qu'il trouve l'expression qui offre à la figuration plastique le plus de commodité. » A ce titre, il n'a que faire de la stratégie raisonnante, lui qui dispose de la force de l'image pour asséner la certitude primitive : « Ici, il y a... »

L'assurance de la présence d'une chose incompréhensible voire bizarre fige et méduse l'intellect et ce n'est que secondairement qu'il peut le provoquer à l'investigation[21]. Le rêve ne se contente donc pas de modifier la structure logique des propositions les unes par rapport aux autres en la rendant intraduisible, mais il s'attaque à la structure conceptuelle elle-même. On aurait pu penser en effet que ces termes « les plus brefs et les plus condensés » pour servir de base à la figuration onirique auraient pu être les concepts, particulièrement adéquats à cause de leur capacité d'assumer le multiple sous l'unique. Or, il n'en

---

21. On retrouve ces deux temps dans l'attitude psychique de certains analysants par rapport à leur rêve où se succèdent un effort purement descriptif auquel se joint un étonnement, voire un émerveillement devant le théâtre interne puis, la narration achevée, dans l'identification à l'écoute silencieuse de l'analyste, un retour réflexif ou l'attente de l'interprétation.

est rien parce que la fonction du concept, base de la pensée rationnelle, est non seulement de rassembler mais de différencier. A l'inverse, le langage du rêve comme celui de la poésie s'opposent à ce travail d'élagage et favorisent la polysémie. Pour cela : il leur faut se rapprocher du concret car, comme le dit Freud, « en toute langue, les termes concrets par suite de leur évolution présentent plus de points de contact que les concepts ».

Le fait de se rapprocher du concret implique une particularisation croissante et donc, apparemment, une plus grande difficulté à passer d'une chose à une autre. Mais l'image concrète par son lien avec l'expérience sensorielle possède une force associative capable de l'enchaîner spontanément à une autre image sans passage par un travail déductif. A l'inverse, le concept ne peut rassembler des éléments que parce qu'il les oppose à d'autres et procède à des découpages.

L'association formelle se révèle ici susceptible d'ouvrir sur des perspectives inaccessibles à celles de l'association de pensée, comme l'ont expérimenté et porté à la dignité d'une méthode les adeptes de l'écriture automatique et plus généralement les poètes ; « Une pensée, dont l'expression venait peut-être d'autres motifs, agira à cette occasion sur les possibilités d'expression d'une autre, les différenciant et y opérant un choix, et cela peut-être dès l'origine comme il arrive pour le travail poétique. Quand un poème est rimé, le deuxième vers doit obéir à deux conditions : il doit exprimer un certain sens et cette expression inclure la rime. Les meilleurs poèmes sont ceux où on ne remarque pas la recherche de la rime, mais où, par une sorte *d'induction mutuelle* [je souligne] les deux pensées ont pris dès le début la forme verbale dont une très légère retouche fera jaillir la rime » (1900, p. 293).

Ce langage est pictural car ce n'est pas la signification des mots mais leur sensorialité auditive voire figurative comme dans le rébus qui est ici prise en compte. Il y a une primauté temporelle de ce langage sur l'autre car il est lié à des représentations fantasmatiques.

Piera Aulagnier a montré quel rôle pouvait jouer dans l'interprétation ce langage pictural lorsque le sujet se trouve face à un matériel inaccessible aux mots parce qu'il n'a même jamais été possible pour lui de le mettre en fantasmes. « De l'interprétable au figurable... c'est par ces mots que je définirai la tâche de l'interprète dans ce qu'elle a de plus ardu : trouver des mots qui rendent "figurables" pour le Je des deux partenaires ces représentations de choses, ces compositions picturales qui "peignaient" ces affects que nous appelons "fusion", "rage", "envie", "haine" » (*Du langage pictural au langage de l'interprète*, p. 338).

Il ne s'agit pas là d'une règle interprétative mais d'un besoin ponctuel pour l'analyste répondant à une nécessité pour le patient d'un apport figuratif lorsque celui-ci se trouve menacé « d'une effraction violente dans l'espace de pensée qui constitue l'habitat du Je ». Le but est alors de présenter à la psyché l'équivalent d'un vu, imposant donc de la part de l'analyste pour en découvrir l'image et la formulation un travail de pensée qui va à l'inverse du mouvement naturel de la pensée adulte qui fonctionne selon les lois du secondaire et donc de l'image de mots et non de l'image de chose. Comme l'écrit encore Piera Aulagnier : « Ces actes de paroles... proposent une "figuration parlée" qui est au plus près des représentations pictographiques, au plus près de ces premières représentations de choses corporelles par lesquelles l'activité psychique propre à l'originaire a métabolisé en des "existants psychiques" l'état de besoin dont ont pu pâtir le corps comme les zones sensorielles-érogènes privées des objets complémentaires » (*ibid.*, p. 344)[22].

L'interprétation figurative donne alors un énoncé pensable et partageable tel que le vu peut se séparer du regardant et non une image mutilante dans laquelle le Je devrait se réfléter. Cette forme d'interprétation répond à un certain type de situation et plus encore à une certaine forme de configuration psychopathologique susceptible de laisser émerger des blancs dans la représentation où l'interprétation viendra se loger.

J'envisagerai maintenant la relation que la pensée schizophrénique entretient avec la figurabilité et les conséquences qui en découlent du point de vue de la formulation des interprétations.

Harold Searles a montré avec des exemples cliniques frappants la difficulté, voire l'impossibilité pour les schizophrènes d'utiliser ou de comprendre des métaphores, à cause de la confusion dans laquelle ils se trouvent entre le concret et le métaphorique. La pensée contrète telle qu'il la définit n'est pas la représentation d'objets concrets mais une pensée indifférenciée où les métaphores sont assimilées à des objets et les mots deviennent des choses. D'où la caractéristique du discours schizophrénique, et son apparente poésie le cas échéant, qui multiplie des images concrètes, mais sans les repérer comme images. Récipro-

---

22. Un exemple d'interprétation figurative proposé à une patiente par Piera Aulagnier est le suivant : « Quand l'enfant vomit, il voit dans cette flaque sale qui se répand et qu'on éponge avec dégoût, lui-même et son propre corps » (*ibid.*, p. 350).

[Formulation volontairement générale mais qui, dans le contexte, a bien sûr une signification singulière.]

quement cette incapacité explique pourquoi la réaction du patient aux métaphores du thérapeute est si négative et peut lui donner à penser que le thérapeute est lui-même fou ou qu'il veut rendre tel son interlocuteur. Cette absence d'un espace de comparaison, cette manière d'être aux prises avec les mots comme avec des choses est reliée à la faiblesse des frontières du moi qui met le sujet dans une relation de continuité non différenciée avec l'autre, même si l'autre est un objet inanimé du monde extérieur. Je citerai ici un exemple parmi les nombreux extraits cliniques proposés par Searles.

Lors d'une autre séance, alors que j'avais appris par le rapport des infirmières qu'il n'avait pas pu s'endormir avant trois heures du matin, il se plaignit à moi en ces termes : « Ces choses rampantes électroniques ne m'ont pas laissé m'endormir avant trois heures du matin » et il poursuivit en disant « pendant la soirée précédente lorsque j'étais au Centre » (d'ergothérapie et de loisir) « six cendriers m'ont sauté sur le dos. Comment puis-je faire quoi que ce soit avec cela sur mon dos ? ». En protestant de la sorte, sa façon de gesticuler indiquait qu'il ressentait encore vaguement que les cendriers étaient sur son dos. Quand je le pressai de me donner plus d'information à ce sujet, il dit que « tous ces anciens combattants » étaient sur son dos. Je lui dis que je ne comprenais pas et que je voulais comprendre ce qu'il disait.

Comme c'était souvent le cas, j'avais un cendrier en verre à la main et je lui dis : « Bon, ceci est un cendrier n'est-ce pas ? » Il répondit avec lassitude comme s'il était impossible de parvenir à me faire comprendre : « Combien de côtés a-t-il ? » montrant que lui-même le savait — ce dont j'étais persuadé — et qu'il voulait simplement que je les compte et comprenne ainsi son point de vue. Je les comptai et dis « six », ce à quoi il répondit en hochant la tête d'un air entendu et définitif comme si cela expliquait tout. Mais pour faire bon poids il insista en termes sans équivoques sur le fait qu'il s'agissait (littéralement) d'un patient en disant : « Complètement usés — c'est ce qu'ils font aux patients. » Rétrospectivement il m'apparut que le mot six, phonétiquement équivalent à malades, lui permettait de donner au cendrier la signification d'un patient ; sa surface lisse symbolisait probablement : anciens combattants complètement usés, patients dépressifs, malades chroniques comme on en voyait presque toujours quelques-uns au Centre. Mais, pour lui-même, après plusieurs années de psychothérapie intensive, le cendrier n'était pas encore différencié dans l'expérience en un objet authentiquement *concret* qui serait en même temps un symbole de ces patients.

Il *était un patient* exactement comme les patients eux-mêmes *étaient des cendriers*[23].

On voit ici combien la pensée concrète loin d'être un décalque de la réalité des objets est complexe, puisqu'il faut passer dans cet exemple à la fois par un jeu des mots (« *sicks* » et « *six* » qui en anglais se prononcent de la même manière), par une perception (le caractère lisse de la surface du cendrier) et enfin par le décompte du nombre des côtés et non pas par la valeur d'usage du cendrier (recueillir les cendres) ou par la phonétique du mot cendrier lui-même.

La scène apparaît comme la communication indirecte d'une manifestation de lassitude agressive qui prend forme parce que le thérapeute a en main un cendrier à six côtés et d'aspect lisse. Peut-être le patient pensait-il que son thérapeute était aussi encombré de ses malades que lui-même l'était des « choses rampantes électroniques » précédement évoquées. Quoi qu'il en soit, l'absence de jeu métaphorique est ici d'autant plus troublante qu'il implique cependant des jeux de langage complexes. D'où l'intérêt de l'hypothèse de Searles d'y voir des communications « intentionnellement concrètes » dont le rôle serait de maintenir dans le refoulement des affects chargés d'angoisse.

Au même titre, la possibilité que le patient s'identifie à un disfonctionnement analogue précocement transmis est également envisagée : « Avec certains de mes patients, j'eus la conviction que lorsqu'ils avaient atteint dans l'enfance le seuil de la pensée figurative, ils n'avaient pas reçu de leurs parents l'aide nécessaire pour distinguer les significations figuratives des littérales. Si par exemple le patient B, perplexe, allait voir sa mère en lui disant : "Je me sens comme si je marchais sur du sable mouvant", sa mère lui répondait avec brusquerie : "tu es fou !" étant elle-même trop angoissée et trop chargée de culpabilité pour aider l'enfant à verbaliser ses angoisses. De telles réponses reçues des milliers de fois en des occasions similaires renforçaient l'impression du petit garçon d'être une créature à l'écart de ses semblables, une créature qui vivait dans un monde différent d'eux et qui, il le ressentait souvent, marchait pour ainsi dire littéralement sur du sable mouvant » (*ibid.*, p. 346).

Dans un tel contexte, en effet, toute espèce de jeu de la pensée, qu'il s'agisse d'analogie de métaphores, etc., peut constituer un

23. Searles, H., Différenciation entre pensée concrète et pensée métaphorique chez le schizophrène en voie de guérison, in *Nouvelle revue de psychanalyse*, XXV, 1982, p. 342-343 [trad. fr. par S. de Mijolla-Mellor].

risque de dérive océanique. Ne plus pouvoir les différencier des représentants concrets auxquels elles se réfèrent, les rend menaçantes et accroît d'autant le sentiment d'abriter des idées « folles », accusation que le patient retourne alors sur son thérapeute si celui-ci commet l'erreur d'utiliser des comparaisons[24].

Or que vise le thérapeute en étayant ainsi son propos sur des comparaisons ? Rien de plus que ce qui est l'objectif commun de ce fonctionnement de pensée chez tout un chacun : *donner à un raisonnement long la densité percutante d'une image, ce qui implique un processus de condensation et une régression du visuel, à l'image.*

J'envisagerai maintenant ce processus dans un tout autre contexte : celui de la stratégie explicative théorique et en l'occurrence celle de Freud lui-même lorsqu'il utilise des figures analogiques. Le choix de celles-ci est éminemment significatif non seulement vis-à-vis des préférences inconscientes de l'auteur, mais aussi eu égard à ce qui reste *non dit* dans la démonstration elle-même puisqu'il nous est alors proposé de *voir.* La pensée du lecteur, jusque-là accrochée aux maillons du raisonnement, se voit brusquement séduite c'est-à-dire entraînée vers les océans illimités de la polysémie, bondissant de l'hypothético-déductif à la poésie. Ce court-circuit pourrait apparaître comme une faiblesse voire comme un échec à tenir les exigences de la Ratio, s'il

24. « Bien qu'il devint capable, écrit Searles, après environ deux ans, de communiquer verbalement avec moi tout au long des séances, je le trouvai, à m'en rendre fou et découragé, incapable d'utiliser toute espèce de remarque que j'exprimais en termes figuratifs. Lorsque, par exemple, provoqué par sa demande revendicatrice et sûre de ses droits, je lui disais abruptement : "Vous ne pouvez pas à la fois garder votre gâteau et le manger !" je me sentais complètement désarmé quand il répondait à ceci à un niveau littéral, "concret", en disant : "Je ne veux manger aucun gâteau dans cet hôpital ! Vous pouvez manger du gâteau ici si vous voulez, je ne veux manger aucun gâteau ici." On peut voir là comment son interprétation "concrète" de ce qui était pour moi figure de style, lui permettait d'éviter la signification affective de ma remarque.

Une autre fois, il protestait à propos d'un projet de déplacement dans son foyer d'hébergement, séparé de sa famille, disant que d'autres patients qu'il connaissait étaient rentrés dans leurs familles. Je lui rappelai doucement que, son père étant mort et son frère et ses sœurs dispersés dans d'autres villes pendant son hospitalisation, il n'avait pas — ce furent mes termes —, "les atouts pour cela, n'est-ce pas" ? Il évita les implications affectives de cette métaphore — par exemple le sens de perte impliqué ici — en recevant mon intervention en termes littéraux : il répliqua comme si je l'avais accusé d'une activité immorale : "Je ne joue pas aux cartes !" Ce ne sont là que deux exemples parmi des centaines d'autres dans mon travail avec lui.

Pendant près de trois ans, il réagit assez systématiquement à mon endroit comme si j'étais fou, tout à fait gravement et effroyablement fou, dans les mille occasions où j'essayai de l'aider à voir la signification métaphorique, ou autrement symbolique, de ses propres communications verbales » (*ibid.*, p. 335).

n'était immédiatement récupéré dans le contexte théorique qui n'a été que très momentanément quitté et se retrouve comme vivifié par cet apport figuratif.

Je ferai l'hypothèse que la figurabilité de l'abstrait est nécessaire à la démonstration théorique parce qu'elle permet de remettre l'émergence des pensées dans le *status nascendi* de l'évidence. Comme le dit Nietzsche, cette rencontre initiale avec les pensées et la joie, qui l'accompagne est éminemment éphémère. Celles-ci se figent dans les chaînes de raisons et tout le travail, non seulement pour les communiquer mais même pour les conserver, consiste à ajouter de la couleur au pinceau du mandarin chinois. L'entrée en scène des images métaphoriques injecte dans le gris et le noir de la démonstration ces teintes d'automne irisées qui ne rejoindront jamais celles de la rencontre avec les pensées qui, elles, n'ont d'autre couleur que l'éclat de la lumière.

## Tout se passe comme si...

Cette formule est devenue un poncif des textes psychanalytiques français. Elle fait écho à des formulations analogues sous la plume de Freud et on peut se demander si son succès ne tient pas à ce rappel essentiel de la présence de l'imaginaire dans le théorique en psychanalyse.

Sur cet axe vertical de la métaphore qui relie les éléments du langage en fonction de leur similarité, on s'enfonce sans limite dans le glissement affolé d'un signifiant à un autre. Comme Lacan l'a montré, impossible de trouver une équivalence terme à terme, la phrase ne boucle son sens qu'avec son dernier terme, le point dit de capiton. Mais ce n'est pas vers Lacan que je me tournerai pour tenter de réfléchir sur la place du figurable (images, métaphores, analogies) dans la démonstration théorique, mais vers l'usage qu'en fait Freud dans la stratégie du texte.

La réflexion philosophique sur le langage a dit depuis longtemps la force convaincante des images. Il apparaissait évident à un Warburton, écrivant au milieu du XVIIIe siècle sur les hyéroglyphes égyptiens, que cette efficacité de l'usage des figures était due à la simplicité et à la grossièreté d'un esprit prisonnier des sens et incapable de se plier à la gymnastique de l'abstraction. Moins prosaïque, Rousseau dira que si le langage figuré est premier par rapport au sens propre, cet apparent paradoxe est à mettre au compte des passions qui figurent les premiers motifs à faire parler les hommes. La métaphore naîtrait de la capacité de reconnaître la figure comme illusoire et de l'utiliser secondairement lorsque l'affect qui l'avait suscitée ferait à nouveau retour.

Dans les deux cas le recours à l'image est régressif, soit qu'il s'agisse d'en revenir au sensible, soit qu'il s'agisse de l'empire des passions.

Et Freud?... Pourquoi ces courts-circuits de pensée où l'image vient s'imposer, se sur-imposer à un développement théorique qui aurait pu se suffire à lui-même? N'est-il pas en train de séduire notre vigilance critique en nous fascinant dans le visuel, ainsi que Phryné devant ses juges, nous qui avions, comme les loups, les oreilles tendues pour mieux entendre?

Car l'usage des analogies, comparaisons, métaphores est fréquent et parfois surprenant chez Freud. Je ne l'envisagerai cependant que dans la perspective du plaisir de pensée comme concentration sur l'instant, fulgurance de pensée où l'évidence devient sensible.

On peut distinguer trois cas de figure dans les textes de Freud : *les images proprement dites* et parmi celles-ci, l'évocation d'un animal comme propre à fixer l'imagination théorique là où il ne serait pas possible d'en dire davantage ; *les métaphores de fonctionnement,* soit qu'elles se rapportent à un instrument impliquant un procédé, soit qu'elles décrivent un processus, le plus souvent d'ordre physiologique mais qui peut être aussi chimique, hydraulique voire électrique ; *les modèles,* empruntés à une autre discipline : ils ont vis-à-vis de la psychanalyse une valeur heuristique qui dépasse le domaine de l'analogie.

La fonction stratégique de l'appel à l'image, à la métaphore de fonctionnement ou au modèle n'est pas la même et ces trois figures offrent une potentialité croissante de dérive théorique. Limitée dans les cas des images qui se bornent à ouvrir l'imagination mais resserrent également le sens autour d'un noyau figuratif, cette ouverture à la dérive est plus nette dans le cas de la métaphore de fonctionnement tout en restant circonscrite à un instrument ou à un procédé partiel. Elle est, en revanche, maximale dans le cas de l'emprunt de modèle et ne trouve alors sa limite que dans la démarche inverse qui devra simultanément signaler les rapprochements possibles et montrer les spécificités inéductibles.

On pourrait constituer un bestiaire freudien tant sont nombreuses les références animalières qui vont de l'ours polaire à la baleine,

supposés ne jamais se rencontrer, aux porcs-épics empruntés à Schopenhauer pour illustrer la bonne distance à l'autre à la longueur d'un
piquant près, aux grands sauriens et aux crocodiles, témoignages de
notre passé et du destin de notre présent, aux courses à la saucisse des
chiens pour mettre en garde les thérapeutes contre les effets d'un traitement à courte vue, au lion qui ne bondit qu'une fois pour leur rappeler d'être fermes sur la date de fin du traitement comme pour
l'homme... aux loups, au saut dans le vide du chameau devant le lion
pour métaphoriser la « solution » névrotique, aux chiens que l'on doit
laisser dormir comme les conflits psychiques latents, aux bernard-l'her-
mite, envahisseurs de coquilles vides à l'image des souvenirs écrans
dans les contes de fées, et j'en passe.

La métaphore animale a d'abord pour fonction de nous rappeler
à la simplicité de l'évidence naturelle. Le darwinisme de Freud s'y
exprime et sa fierté d'avoir, lui aussi, infligé à l'orgueil humain un des
plus grands démentis de l'histoire de la pensée.

Mais, simultanément, cette métaphore rassure et réchauffe, elle
inscrit l'inconnu pulsionnel au cœur du supposé connu et maîtrisable de l'animal. Dans l'anecdote emblématique du cavalier Moi
emporté par son cheval de Ça l'homme est resté en selle et trouve
même le moyen de faire de l'humour.

Même l'infusoire sous le verre du microscope se voit requise pour
nous réconforter quant à la taille réelle de nos monstres intimes dévoi-
lés par l'analyse[25]...

La métaphore animalière ne vise pas à soutenir une démonstration, mais fait appel au « bon sens », à cette sorte de savoir intuitif que
nous devrions tenir de notre animale nature. Sans être pour autant toujours bien avisés mais afin de ne pas perdre de vue la réalité, un peu
comme on conseillait aux chefs romains victorieux, lors de leur triomphe, de se souvenir qu'ils étaient des hommes.

Tel n'est pas le rôle de la métaphore de fonctionnement, deuxième
des cas de figure précédemment évoqués. Celle-là fait généralement
office de prothèse en empruntant à un instrument ou à un processus
la description d'un dispositif et d'une action qui se voient ensuite
appliqués au psychisme.

Car c'est de l'appareil psychique et de son infigurabilité qu'il nous

---

25. « Il faut rechercher dans la conscience ce que le rêve nous révèle de rapports
avec le présent (réalité) et ne pas s'étonner d'y retrouver, gros comme un infusoire, le
monstre que nous a révélé le verre grossissant de l'analyse » (H. Sachs cité par Freud
dans *L'interprétation des rêves*, p. 527).

faut repartir pour comprendre l'intervention de ce bric-à-brac d'objets à fonction théorique comme le puzzle, l'ardoise magique et autres, tels que Lacan en retrouvera la veine avec, par exemple, les nœuds borroméens.

Comment en effet communiquer la représentation d'un lien psychique abstrait, d'un point « idéal » ? Une fois écartée la notion de localisation anatomique reste la métaphore, le « comme si » d'un appareil : « Essayons seulement de nous représenter l'appareil qui sert aux productions psychiques comme une sorte de microscope compliqué, d'appareil photographique... le lieu psychique correspondra à un point de cet appareil où se forme l'image. Dans le microscope ou le téléscope, on sait que ce sont là des points idéaux » (*L'interprétation des rêves*, p. 445).

Avec cette comparaison, Freud peut ainsi rendre l'abstraction figurable puisqu'il s'agit d'un point idéal mais d'un appareil bien concret. Il est d'ailleurs conscient du risque de chosifier son objet comme si la figurabilité d'un point idéal était encore trop matérielle pour son propos : « Il me paraît inutile de m'excuser de ce que ma comparaison peut avoir d'imparfait. Je ne l'emploie que pour faire comprendre l'agencement du mécanisme psychique en le décomposant et en déterminant la fonction de chacune de ses parties. Je ne crois pas que personne ait jamais tenté de reconstruire ainsi l'appareil psychique. L'essai est sans risque. Je veux dire que nous pouvons laisser libre cours à nos hypothèses pourvu que nous gardions notre jugement critique et que nous n'allions pas prendre l'échafaudage pour le bâtiment lui-même. *Nous n'avons besoin que de représentations auxiliaires pour nous rapprocher d'un fait inconnu. Les plus simples et les plus tangibles seront les meilleurs* » (*ibid.*, p. 456) [je souligne].

La place de la métaphore se voit ainsi clairement désignée : il s'agit d'un échafaudage c'est-à-dire d'un cadre en creux destiné à disparaître une fois qu'il aura permis de construire l'édifice. Démarche audacieuse car elle impliquerait en fait de s'être assuré de l'homologie entre ce qui est à découvrir et la représentation auxiliaire en question. Freud utilise l'analogie sur un mode très libre et l'usage de la métaphore de fonctionnement est d'abord dynamique, il s'agit au sens propre du terme d'un étayage. Comme le désir par rapport au besoin, l'abstraction théorique se construit par support puis détachement de la métaphore de fonctionnement référée à un objet concret. Procédé qui fut vraisemblablement celui de Freud lui-même dans sa démarche d'inventeur partant de son expérience d'anatomo-pathologiste manipulateur de microscopes...

Mais comment retirer l'échafaudage ? La seule solution est d'en venir à une autre forme de figuration, tangible seulement pour l'esprit et non pas pour le sens, c'est-à-dire le schéma. Le figurable peut ainsi se détacher de l'objet et devenir figure théorique. J'entends par là que ce qui se représente et peut se dessiner c'est la forme de la liaison d'éléments qui n'ont pas besoin d'être concrets et peuvent être « idéaux » sans rejoindre le statut des fantasmes.

Toute théorie dans la mesure où elle est un mode de représentation de liaisons existant entre les objets observés d'une part et l'ensemble des objets qui constitue la trame de la Nature est susceptible d'une représentation graphique. A ce moment-là, la métaphore de fonctionnement s'efface et cède la place au schéma plus ou moins abstrait comme on le voit, chez Freud, lorsque l'image des localisations anatomiques refoulée fait retour dans le petit dessin de « *Le Moi et le Ça* », situant les trois instances et leur place par rapport au monde extérieur.

Toutefois la métaphore de fonctionnement fondée sur l'objet microscope a sa dynamique et son utilisation qui ne se confond pas avec celle du schéma. C'est l'objet mythique du scientifique, comme on le voit, lorsque Freud, trente-huit ans plus tard, le fait resurgir non pas pour étayer le fonctionnement de l'appareil psychique mais pour défendre la place de l'investigation psychanalytique vis-à-vis de la réalité.

Le travail scientifique plonge dans les « perceptions sensorielles primaires » pour y découvrir des connexions et les reproduire dans le monde intérieur de la pensée (*Abrégé de psychanalyse*, p. 73). Il s'aide d'appareils et des procédés techniques qui permettent d'inférer « une quantité de processus en eux-mêmes inconnaissables ».

Ces procédés, grâce à leurs perfectionnements, acquièrent une sorte de garantie de rigueur qui les rend indépendants de l'utilisateur et de ses passions qui peuvent être causes d'erreurs. Certes en psychologie, il est difficile de ne pas tenir compte de l'équation personnelle du psychanalyste (ainsi une femme analyste « insuffisamment convaincue de l'intensité de son désir du pénis, sous-estimera l'importance de ce facteur chez ses patientes » dit-il.) Mais là aussi, l'espoir est permis et Freud fait à nouveau appel à la même image : « Lorsqu'on ouvre quelques vieux précis de microscopie, on est stupéfait de voir quelles exigences étaient imposées aux personnes qui se servaient du microscope à l'époque où il s'agissait encore d'une technique nouvelle. Aujourd'hui il n'est plus question de tout cela » (*Abrégé de psychanalyse*, p. 74).

Dans ce cas, la métaphore apparaît un peu forcée, car ce n'est pas vis-à-vis de l'idée à illustrer qu'il faut l'entendre mais en fonction des fantasmes propres à Freud. Serions-nous pris de doute quant au risque de subjectivisme qui ferait fonctionner notre contre-transfert dans une totale surdité à l'égard d'un analysant il est peu probable que la métaphore du microscope nous soit d'un grand secours... En revanche pour Freud, c'est cette image-là d'abord qui resurgit comme métonymie de la recherche scientifique armée et objective, celle-là même qui lui fait défaut.

Le stock des métaphores propres à tout auteur est là, en attente d'utilisation et à l'instar des mécanismes de la création poétique, c'est l'association figurative à un niveau préconscient qui va en déterminer l'émergence.

Toutefois ces images semblent avoir une qualité particulière qui tient à leur clarté intrinsèque pour l'auteur. Elles restituent quelque chose de ces points de certitude, illuminations de l'enfance lorsque le contenu d'un problème se révèle subitement clair. Goethe notait dans *Maximes et réflexions* cette remarque, vraissemblablement autobiographique : « quand l'enfant commence à comprendre qu'un point invisible doit précéder le point visible, que le plus court chemin d'un point à l'autre est conçu comme une droite avant même qu'on la trace sur le papier, il en éprouve un certain orgueil, une certaine satisfaction ». Ces moments de jubilation sont le résultat non seulement d'un travail mais plus encore du fait d'y avoir momentanément renoncé. C'est alors que les processus primaires réorganisent à leur manière et à l'insu du sujet, les éléments de pensée abandonnés. L'enfant qui s'efforce de suivre une démonstration mathématique ou le chercheur qui peine devant une masse d'éléments qu'il ne sait comment organiser ni par quel bout attraper, se cramponnent à un niveau de l'élaboration de pensée propre au secondaire. Il arrive bien souvent que, lassé, l'enfant en reste à une assimilation mécanique extérieure ou que le chercheur plante là ses élucubrations voire renonce à en faire quelque chose. C'est ensuite, au réveil ou quelque temps après, que pourra venir l'illumination précisément parce que l'ouverture a pu se faire vers les processus primaires qui réorganisent ces éléments. Il y a là une expérience qui n'est certes pas le rythme de croisière de la pensée, mais son apex et son plaisir maximum.

Un tel plaisir, qui correspond à la levée de l'inhibition qui bloquait la compréhension, a une fonction irradiante sur l'ensemble de la relation aux énigmes et apporte l'assurance d'en réitérer le processus ailleurs et autrement. On peut faire l'hypothèse que les métaphores de fonctionnement, avec leur caractère finalement si privé, répètent ces moments précieux en ce qu'elles montrent, sous forme d'un court-circuit de pensée, ce à quoi le labeur discursif avait dû momentané-ment renoncer.

Si le cheminement de pensée du théoricien me semble indissolu-blement lié à ces instants de certitude intellectuelle, rendus par l'évi-dence métaphorique, il n'en reste pas moins que le discours théorique peut se voir épuré de toute trace de ses composantes. Ce n'est pas le cas pour la théorie psychanalytique telle que nous l'a livrée Freud et on sait à cet égard les efforts d'un Lacan pour la formaliser en mathè-mes ou ceux d'un Bion pour y introduire la fameuse « grille ». Ce der-nier écrit : « Parce que les théories psychanalytiques sont un composé de matériel observé et d'abstraction tirée de ce matériel observé elles ont été qualifiées de non-scientifiques. Elles sont à la fois trop théo-riques (elles sont trop la représentation d'une observation) pour être recevables en tant qu'observations et trop concrètes pour avoir la flexi-bilité qui permet à une abstraction de venir coïncider avec une réali-sation » (*Eléments de psychanalyse*, p. 9). On ne saurait qu'acquiescer à une telle formulation qui résume bien le problème indéfiniment res-sassé de savoir si la psychanalyse est ou non une science (question où les philosophes épistémologues ont réussi à coincer la psychanalyse pour tenter de la réduire) comme si cette dernière était susceptible d'une définition univoque et définitive. Mais Bion ne l'entend pas de cette oreille et trouve là, au contraire, de bonnes raisons pour « recher-cher un mode d'abstraction tel que l'énoncé théorique conserve le minimum de particularisations » *(ibid.).* Il va jusqu'à comparer sa ten-tative à la révolution qui fit passer de l'idéogramme, lequel ne repré-sente jamais qu'un mot, à la forme alphabétique où les lettres peuvent permettre de combiner un nombre illimité de mots. Il est au demeu-rant intéressant de constater que Bion oscille effectivement entre l'énoncé théorique épuré jusqu'à en être décharné et l'analyse clini-que où l'empathie et l'expérience émotionnelle se donnent comme irré-ductibles à l'explication proprement dite. La fonction de la métaphore dans la démonstration théorique permet précisément d'échapper à la facilité de mathématiser un domaine aussi insaisissable comme à celle de le déclarer inapte à la pénétration par le discours de la Ratio.

Rien de tel à cet égard que les métaphores stratégiques pour don-ner un contenu émotionnel à des schèmes de fonctionnement. Elles sont si présentes dans les textes de Freud qu'on est parfois tenté de se demander si de métaphores, elles ne sont pas devenues des éléments conceptuels majeurs. Peut-on échapper à la stratégie ? On a précédemment évoqué (cf. chap. 3, La témérité de la raison) la dette du plaisir de pensée à l'omniprésence de la lutte dans l'activité discursive et aux prolongements que l'absence d'issue destructrice offrait, contrairement aux combats qui finissent, comme on sait, faute de combattants.

Le métapsychologue pour sa part, fonctionne comme le général qui déplace les petites figures sur la carte avant le combat, métaphore qui, on le sait, est supposée illustrer la technique de la pensée en général. Ses figures à lui vivent en termes d'investissement de place forte *(Besetzung)* de défense, de conflit et de refoulement, mais plus encore que le côté dynamique ou même économique, c'est à la topique que la métaphore vient offrir son secours. Si l'on parle d'« attaque pulsionnelle », on se fait suffisamment entendre sans avoir besoin d'ajouter des blindés dans le paysage. En revanche le lieu « idéal » ou « virtuel » de la topique doit trouver quelque mode de figuration pour devenir intelligible. Car c'est bien cet « autre lieu » qui demeure le moins facile à appréhender et si le dynamisme pulsionnel peut s'imaginer sur la base des sensations internes musculaires ou autres, le fait que la psyché « soit étendue et ne sache rien » demeure mystérieux. Le topos originaire auquel il renvoie est en effet proprement infigurable.

On peut en faire l'expérience dans le sentiment d'inquiétante étrangeté qui ranime l'« antiquement familier d'autrefois » comme dit Freud, mais cette expérience diffuse, insaisissable n'est pas figurable. Interpréter le bien connu comme le sexe ou le sein de la mère est nécessairement abstrait et c'est sur cette infigurabilité que se construit la métaphore topique.

Contrairement aux images océaniques qu'on aurait pu attendre, c'est la stratégie qui apparaît : l'« antiquement familier » se voit assigner à résidence, il devient un belligérant parmi d'autres et doit compter avec les différentes instances qui alternativement signent avec lui des pactes ou entament des guerres sans merci. On se préoccupera ainsi de ne pas constituer des sanctuaires qui deviendraient des asiles de malfaiteurs, on encouragera la restitution des gouvernements légitimes et la récupération des territoires perdus du psychisme, on ne se découragera pas devant la résistance opposée par l'ennemi, en se rappelant qu'il faut à une armée des semaines et des mois pour parcourir un espace qu'un train express traverse en peu d'heures en temps de paix, on se persuadera que la valeur des lieux à conquérir n'est pas objective mais relative à une tactique...

Cette métaphore topique stratégique trouve à son tour à se métaphoriser de manière fort astucieuse dans la situation analytique elle-même. J'en donnerai quelques exemples qui illustrent deux règles de l'analyse, la première relative au pacte et la seconde, à la durée du traitement.

Le pacte repose sur un échange : le malade s'engage à ne rien conserver de secret par devers lui en échange de quoi l'analyste lui assure son aide. Dans l'*Introduction à la psychanalyse*, la métaphore est stratégique mais non guerrière puisqu'il s'agit, pour arrêter un malfaiteur, de la nécessité qu'il ne trouve aucun asile, sinon on peut être certain qu'il ne se trouvera nullement ailleurs (*op. cit.*, p. 270). En revanche, dix ans plus tard, dans l'*Abrégé*, on est en pleine bataille : « c'est sur cette manière de considérer les choses que nous établissons notre plan de traitement. Le moi est affaibli par un conflit interne et il convient de lui porter secours. Tout se passe comme dans certaines guerres civiles où c'est un allié du dehors qui emporte la décision. Le médecin analyste et le moi affaibli du malade doivent, en s'appuyant sur le monde réel, se liguer contre les ennemis : les exigences pulsionnelles du ça et les exigences morales du surmoi. Un pacte est conclu » (*op. cit.*, p. 40). Ce pacte repose à nouveau sur l'assurance de l'absence de secret de la part de l'analysant et sur sa « franchise totale » dans les limites de son auto-perception, contre l'aide apportée par l'analyste qui permettra au patient « de récupérer et de gouverner les domaines perdus de son psychisme » *(ibid.).*

La prégnance de la métaphore stratégique concernant la durée des analyses est encore plus frappante car entre *L'homme aux loups* et *La question de l'analyse profane*, c'est exactement la même image qui revient[26] : « La longueur du chemin que l'analyse doit refaire avec le patient, la quantité de matériel rencontrée en cours de route et dont il faut se rendre maître, ne sont rien au regard de la résistance à laquelle on se heurte durant le travail et n'ont d'importance qu'autant qu'elles sont nécessairement proportionnelles à la résistance. La situation est la même que lorsqu'il faut à une armée ennemie des semaines et des mois pour effectuer un parcours qu'un train express, en temps de paix, traverse en peu d'heures et que l'armée du pays, peu auparavant, avait effectué en quelques jours » (*L'homme aux loups*, p. 329). Moins de dix ans plus tard, Freud note pour justifier la néces-

26. On la retrouve également dans une lettre à Théodore Reik, avec plus de précision puisque le chemin est cette fois-là précisé : Berlin/Verdun en un jour et une nuit en temps de paix et en plusieurs mois pour l'armée allemande. (Cité par A. de Mijolla, *Les mots de Freud*, p. 159.)

sité de respecter la durée nécessaire au traitement : « Sur un parcours qu'en temps de paix on accomplit à toute allure en quelques heures de chemin de fer, une armée peut être immobilisée des semaines si elle doit y vaincre la résistance de l'ennemi. »

L'accent démonstratif est mis sur le temps nécessaire pour envahir mais le lieu de l'envahissement est donné par la métaphore comme une évidence intuitive : il s'agit de la terre étrangère à conquérir. Toutefois, la métaphore conserve le paradoxe qui fait la valeur de la comparaison : cette étendue ne se mesure pas en kilomètres mais en durée pour la parcourir, de même qu'elle tient sa valeur non pas de sa richesse réelle mais de la difficulté pour parvenir à l'obtenir.

Dans *La dynamique du transfert*, Freud écrit : « Il ne faudrait pas conclure cependant à une importance pathogénique particulièrement grande de l'élément choisi en vue de la résistance de transfert. Quand, au cours d'une bataille, les combattants se disputent avec acharnement la possession de quelque petit clocher ou de quelque ferme, n'en déduisons pas que cette église est un sanctuaire national ni que cette ferme abrite les trésors de l'armée. La valeur des lieux peut n'être que tactique et n'exister que pour ce seul combat » (*op. cit.*, p. 55, note 1).

La métaphore contient ici une astuce interne car non seulement elle nous donne à voir un spectacle, mais en même temps elle nous signale de ne pas en être dupe et d'aller au-delà de l'apparence immédiate. Patrick Mahony, dans son livre, *Freud l'écrivain*, note un procédé du même ordre pour donner à voir ce qui n'est en fait pas figurable : « Expliquant qu'une image ou une idée refoulée ne peuvent faire émergence dans la conscience qu'à condition d'être niées et qu'en conséquence le substitut intellectuel du refoulement est le jugement négatif, Freud affirme que le "non" est la marque même du refoulement, l'équivalent d'un certificat d'origine tel que "Made in Germany" (par exemple) (*S.E.* 19 : 236). Si Freud avait choisi une phrase négative pour illustrer son propos, sa métaphore aurait eu un impact bien moindre. En l'occurrence, il se montre à la hauteur en utilisant une expression positive, "Made in Germany", qui n'est pas dépaysée dans l'inconscient où la négation n'existe pas, cependant que ces mots apparaissent en anglais dans un texte écrit d'un bout à l'autre en allemand à cette unique expression près, et sont le signe manifeste d'une expatriation sous des cieux étrangers » (*op. cit.*, p. 153).

Ce que rend la métaphore n'est pas tant l'abstraction qu'elle est censée illustrer que l'affect du théoricien qui s'y confronte. Les métaphores jouent un rôle protecteur vis-à-vis de l'inconnu à sonder, ce sont les fétiches familiers de l'investigateur qu'il déplace avec lui et feint d'avoir miraculeusement retrouvés lorsque le sol lui manque.

Le fluide océanique ne saurait métaphoriser l'inconscient, l'image du sexe ou du sein de la mère est inapte à restituer l'angoisse de l'inquiétante étrangeté. Ou du moins si ces images peuvent fonctionner par exemple dans la phobie, elles ne peuvent en revanche apporter un étayage satisfaisant pour théoriser la psyché et la présence de l'inconscient. Pour cela il faut un écart, un bond dans le tout autre qui sera guidé non plus par l'objet à représenter mais par les fantasmes familiers du théoricien.

D'où le constant rappel qu'on n'aille pas le prendre au pied de la lettre, confondre l'échafaudage avec l'édifice, chosifier la délicate architecture d'une abstraction théorique naissante !

Le théoricien, Freud en l'occurrence, doit continuellement excuser ses métaphores et les défendre. Il note, dans *Malaise dans la civilisation*, à propos de la métaphore archéologique : « Notre tentative semble donc un jeu futile. Sa seule justification est de nous faire voir *combien* nous sommes loin de pouvoir saisir au moyen d'images visuelles les caractéristiques de la vie de l'esprit » (*op. cit.*, p. 70, 71).

De ce fait la métaphore fonctionne toujours en deux temps : elle lance une évidence à l'intellection qui s'en saisit afin, en critiquant, de faire avancer le processus de compréhension.

Comme dans l'interprétation c'est l'appât du mensonge qui attrape la carpe de la vérité...

Après l'*image* et la *métaphore de fonctionnement* la troisième modalité de la métaphore le *modèle*, que j'entends dans son sens de *dispositif formel supposé transcender son contenu*, nous permet de constater comment, loin de constituer un emprunt statique d'image, la métaphore sous cette forme est à elle seule un lieu d'élaboration vivant. Je prendrai deux exemples parmi les plus connus : le modèle archivistique et le modèle archéologique tels que les utilise Freud pour les faire servir à ses propres fins : « Tout se passe comme si on dépouillait des archives tenues dans un ordre parfait... » (1895 d, p. 233).

Rêve d'harmonie que Freud oppose à l'idée des matériaux inconscients chaotiques et surtout oubliés et inaptes à jouer un rôle dans les associations. Il faut arriver à étayer l'hypothèse d'un inconscient organisé, d'un ordonnancement au moins aussi efficace que celui du moi normal. Mais ne sommes-nous pas victimes d'une illusion rétrospective en reportant à l'époque de la maladie ce qui se présente après sa liquidation ? Non, car il n'y a jamais un seul souvenir traumatique issu d'une unique représentation pathogène, mais toute une série et donc, nécessairement, une organisation complexe. D'où l'appel à la métaphore archivistique, à laquelle Freud d'ailleurs reviendra trois ans plus tard dans *Le mécanisme psychique de l'oubli* en ces termes : « On peut considérer la fonction de la mémoire comme des archives ouvertes à qui se montre curieux » (p. 106).

Or, qu'est-ce qu'une archive[27] ? L'archive est un document qui vaut en soi. Sa particularité est d'échapper à la trame narrative historique et à son subjectivisme. Elle est de ce fait nécessairement discontinue et constitue un point d'arrêt dans ce qui pourrait devenir une « *regressio ad infinitum* » dans la construction hypothético-déductive. On la produit comme un argument, voire on l'exhibe comme une preuve. Fouiller dans les archives ne se fait jamais sans quelque intention agressive de clouer le bec de l'adversaire éventuel et de réduire à néant les scepticismes...

Les archives sont simultanément des résidus et des divinités et on a pu dire que la fonction de l'archiviste n'est pas sans évoquer celle du bedeau qui conserve les instruments du culte en vue de leur usage ultérieur. Personnage borgésien, il doit se retenir de l'avidité de lire car sa tâche se partage entre le recueil, le classement et la conservation. Le documentaliste est à la fois le chiffonnier qui explore avec délices les « poubelles de l'Histoire » et le servant d'un culte où les auteurs, comme l'écrit Lévi-Strauss, sont traités comme des dieux dont les révélations seraient écrites sur du papier (*La pensée sauvage*, p. 354). Le grand problème des archives est celui de leur classement, d'où la constitution d'une doctrine, l'archivistique, telle que les documents d'une même institution doivent conserver leur unité et n'être jamais mélangés à ceux d'une autre.

Or que fait Freud de cet élément métaphorique hautement signifiant qui n'est, comme on le voit, nullement une image ponctuelle mais un modèle de fonctionnement complexe ?

Il la fait « travailler », dériver, au point d'en venir à la modifier puis à glisser insensiblement vers une autre. Car la métaphore des archives, utile pour faire entendre la topique, est statique et de ce fait, inapte à représenter ce que Freud veut simultanément communiquer du dynamisme de la structure de l'hystérie. D'emblée, Freud l'introduit dans un contexte différent, celui des strates géologiques où l'on retrouve sa constante préoccupation archéologique.

Le schéma de l'hystérie, simplifié pour les besoins de l'exposé à la dimension monosymptomatique, une sorte d'être monocellulaire, se présente comme « un édifice à plusieurs dimensions comportant pour

27. Voir l'article de R.H. Bautier, paru à l'article « Archives » dans *L'Histoire et ses méthodes* (Encyclopédie de la Pléiade).

le moins trois strates » (*Etudes sur l'hystérie*, p. 233). Et il poursuit :
« autour de ce noyau [il s'agit de noyau de souvenirs où l'idée pathogène ou l'événement traumatique ont culminé] se trouve une quantité souvent étonnamment abondante de matériaux mnémoniques qu'il
va falloir étudier à fond dans l'analyse en ordre triple comme nous
l'avons dit ». L'idée de noyau bouscule le schéma linéaire car les strates
vont devoir être représentées *autour* du noyau et de ce concentrisme,
s'apparenter davantage à des pelures d'oignon qu'à des feuilles de dossier. Freud va toutefois tenter de faire coexister ces deux images.

La première, linéaire, concerne la disposition chronologique des
souvenirs. Le paquet d'archives est épais puisqu'il y a, dans le cas
d'Anna O., sept catégories de thèmes comprenant chacun en ordre
chronologique de dix à plus de cent souvenirs particuliers. Cet ordre
est « aussi rigoureux que l'est celui des jours de la semaine ou des mois
de l'année chez les personnes mentalement normales », mais il est
inversé de sorte que « l'incident le plus récent, le dernier vécu, se présente le premier à la façon d'une "chape" ». La métaphore ici se tient
mais il faut supposer que l'archiviste est peu scrupuleux puisqu'il se
contente d'empiler au fur et à mesure les feuilles, et surtout peu géné-
reux des informations qu'il détient jalousement bouclées. En fait, le
dépouillement d'archives s'apparente ici à la fouille archéologique, le
plus précieux étant le plus profondément enfoui et le plus ancien.

Mais en quoi la seconde image, concentrique celle-là, est-elle
nécessaire à la démonstration ? Il semble bien que son utilité ne soit
pas relative à la description de la structure de l'hystérie, mais à la figuration du fonctionnement de l'analyse. Freud résume la situation de
manière lapidaire : « Si je voulais schématiser ce mode de travail, je
dirais, par exemple, que le médecin doit assurer l'accès des couches
internes, leur pénétration radiaire alors que le malade assure l'extension périphérique » (*ibid.*, p. 237).

La structure concentrique en pelure d'oignon figure le cours des
associations du patient, donc celui des résistances qui tournent en rond
autour du noyau à plus ou moins grande distance de celui-ci. Pour ne
pas tourner avec elles, l'analyste va devoir imprimer un mouvement
inverse et la métaphore à nouveau se transforme. Certes, il ne saurait
être question d'aller droit au noyau et de « pénétrer directement
jusqu'au cœur de l'organisation pathogène », car, dit Freud : « en
admettant même que l'on vienne à la deviner, le malade ne saurait faire
aucun usage de la révélation qu'on lui ferait et son psychisme n'en
serait point modifié » (*ibid.*, p. 236).

Il faut donc plus de souplesse et de ruse et, cette fois-ci, c'est le cavalier du jeu d'échecs qui sera chargé de porter le fer au travers du paquet de feuilles de dossier, mais avec habileté : « Pour figurer l'enchaînement logique, nous représenterons une baguette pénétrant par les voies les plus sinueuses depuis la périphérie jusqu'aux couches les plus profondes et inversement, mais plus généralement, de l'extérieur au noyau central en s'arrêtant à toutes les stations, ce qui rappelle le problème des zigzags du cavalier sur les damiers du jeu d'échecs » (*ibid.*, p. 234).

Par cette évolution de la métaphore, Freud nous montre *comment ne pas être tributaire des modèles*, car si le schéma des archives convient à une description morphologique, à une topologie du souvenir dans une approche psychologique, elle est, en revanche, impropre à figurer le point de vue proprement psychanalytique, c'est-à-dire aussi dynamique et économique.

L'expérience affective primaire « *posthume* » dont il nous parle à propos de la réanimation des souvenirs dans l'hystérie marque bien ce mélange des temps propre à la dimension analytique, tel que le passé revit dans le présent du transfert. Reprendre alors la métaphore des archives demanderait de figurer un dossier où les feuilles du dessous se mettraient diaboliquement à sauter toutes seules en haut du paquet et à se mélanger avec celles du dessus dans une vision de cauchemar d'archiviste !

L'exemple de la métaphore archivistique m'a servi pour montrer les limites de tout emprunt de modèle qui, à peine utilisé, doit être mis en cause pour permettre à la pensée de continuer à avancer dans sa voie originale. De ce fait, toutes les évidences ainsi exhibées seraient trompeuses si on voulait y voir davantage qu'un instantané dont la portée est aussi nécessaire qu'éphémère.

Nécessaire, car la métaphore n'a pas pour seule fonction de fixer les idées ou de les clarifier pour les rendre mieux communicables, elle a aussi une fonction heuristique lorsqu'il s'agit non d'une simple image ou d'une métaphore de fonctionnement, mais d'un emprunt de modèle. C'est ce dernier aspect que j'évoquerai brièvement à partir de la référence faite par Freud à l'archéologie.

On peut penser que l'importance de la métaphore archéologique, souvent citée, tient au goût de l'époque enthousiasmée par les récentes découvertes de Schlieman et à la personnalité de Freud dont on sait combien il s'était passionné durablement tant pour cette recherche que pour les objets qu'elle permettait de ramener au jour.

On peut cependant considérer qu'au-delà de ces circonstances historiques et subjectives, la rencontre entre la psychanalyse et le modèle archéologique tient à des causes plus profondes qui peuvent être résumées dans la forme particulière qu'adopte la pulsion de savoir dans ces deux domaines sous la forme d'une « *pulsion d'exhumer* ». De ce fait, la métaphore archéologique ne fonctionne pas comme une image ponctuelle mais comme un modèle heuristique porteur de la relation de la recherche psychanalytique à l'historique et plus précisément du fantasme de pouvoir reconstituer les événements tels qu'ils eurent lieu. On sait quelle place occupa cet objectif pour Freud et de quelle fécondité fut son « abandon » pour la découverte de la « *neurotica* » et combien, malgré les perspectives de « *Constructions dans l'analyse* », Freud était loin d'y avoir renoncé, par exemple lorsqu'il reconstruisit, pour Marie Bonaparte, la scène primitive « réelle » qu'elle avait observée depuis son lit d'enfant, ce que celle-ci, après interrogatoire de l'un des acteurs présumés de la scène, put la lui confirmer (cf. *Cinq Cahiers* de Marie Bonaparte).

Le « *Wisstrieb* » est toujours aussi un « *Forschertrieb* » ou même un « *Forscherdrang* »[28], pulsion d'investigation et ce terme, en français, nous dévoile l'objet même de la pulsion d'exhumer, c'est-à-dire les vestiges.

La métaphore archéologique doit être analysée dans les termes mêmes des théories sexuelles infantiles et c'est pour cela, au-delà de Freud et de son époque, qu'elle conserve ce pouvoir d'évocation vis-à-vis du travail de l'analyse. Le fond des théories sexuelles infantiles est cyclique : ce qui est petit grandit et ce qui est grand redevient petit, les bébés sont dans le corps de la mère et les morts dans la terre, sous les pavés de Vienne... De ce fait, l'image de l'exhumation se confond avec celle de l'accouchement, de la délivrance de l'enfant. En archéologie, comme le fera mélancoliquement remarquer Zoé, il est sans doute nécessaire de mourir afin de trouver la vie (*Délires et rêves dans la Gradiva* de Jensen, p. 115).

A. Schnapp dans son intéressante étude sur l'archéologie[29] raconte qu'en 1416, un roi de Pologne ordonna de fouiller sur le territoire de deux villages avin de démontrer « que les vases naissaient des entrailles de la terre par le seul art de la nature sans aucune intervention humaine ». De même, les haches protohistoriques étaient autrefois considérées comme des créations de la foudre (« pierre de fou-

---

28. Dans *Un souvenir d'enfance de Léonard de Vinci*.
Marie Bonaparte écrivait en 1926 à René Laforgue qu'elle était prête à lui offrir une boîte de chocolats s'il lui donnait la traduction de ce terme !
29. *Dictionnaire des sciences historiques*, PUF, 1986, article « archéologie », p. 61.

dre ») et les silex taillés comme des langues de serpent pétrifiées. Quant aux tumuli protohistoriques, c'étaient des gonflements de la terre devenue gravide. Dans ces théories préscientifiques, l'histoire humaine et la filiation généalogique sont refoulées au profit d'un roman des origines offrant une ascendance tellurique : l'accouplement de la terre et du ciel par l'entremise de la foudre ou bien encore l'élimination de la référence paternelle au profit d'une terre-mère dont il faudrait fouiller les entrailles pour découvrir les innombrables trésors.

Si l'investigation psychanalytique singulière, telle qu'elle se produit dans la cure, doit passer par une ouverture de la pensée à ces modalités théoriques propres à l'enfance pour pouvoir essayer de comprendre le fonctionnement et l'origine des symptômes, on conçoit la puissance du modèle archéologique dans ce qu'il véhicule de fantasmes concernant la mort et la naissance.

De plus, l'archéologie, par le fait qu'elle vise la découverte d'un *objet* (ou des traces de celui-ci) et non d'un raisonnement ou plus généralement d'un texte écrit, est la métaphore par excellence, celle qui permet de poser l'évidence d'une matérialité apte à réduire tous les scepticismes.

Comme l'écrit Leroi-Gourhan : « Toute l'histoire non écrite de l'humanité se trouve insérée dans les feuillets superposés du livre de la terre et la technique des fouilles a pour but premier d'assurer une lecture correcte »[30].

L'archéologie, à ses débuts, s'intéressait aux documents écrits et ce n'est que progressivement que l'intérêt scientifique s'est déplacé vers des vestiges sans textes, documents muets qui ne parlaient pas du passé mais le « contenaient » et en témoignaient par leur forme et leur consistance. Plus encore, c'est l'absence de l'objet qui peut être reconstitué par la méthode stratigraphique et le découpage progressif du terrain. La présence des « *ghost sites* », c'est-à-dire cette coloration ou décoloration anormale du sol signalant la présence passée d'habitats ou d'édifices désormais disparus constituent des preuves « ad oculos » mais uniquement pour une *méthode*.

Car si la catastrophe de Pompéi a permis la saisissante reconstitution des corps des victimes à partir des cavités correspondant à leur forme, le laboratoire que constitue le champ de fouilles n'offre rien de visible, sinon à celui qui possède le savoir apte à rendre possible la perception[31]. Reste toutefois que l'achéologie offre ici ce que la

30. In *L'histoire sans textes*, Encyclopédie de la Pléiade, p. 221.
31. « La dissection d'un gisement n'est nullement un travail de récupération d'objets

métaphore recherche, c'est-à-dire *un texte inscrit dans la chose même.*
Freud trouve une raison supplémentaire de faire appel au modèle
archéologique à cause de la relation complexe qu'entretient la matérialité de l'objet avec sa découverte. La fouille est une destruction irréparable et ici, trouver l'objet, c'est devoir simultanément y renoncer,
du moins sous sa forme matérielle. Il est intéressant d'ailleurs que,
pour commenter cette saisissante particularité, un auteur ait eu recours
à la métaphore du livre, tant le lien entre théorie et objet matériel, évidence au sens anglais du terme, se trouve par là attesté : « Les couches d'un terrain archéologique sont comme un livre qu'on lit en
détruisant chaque page au cours de la lecture ; on ne peut le copier
car ce livre de terre est à plusieurs dimensions : il faut l'observer sous
le plus grand nombre d'angles possible, aux moments les plus fréquents possible de sa disposition pour être sûr de pouvoir en reconstituer l'aspect extérieur et intérieur à tous les étages qu'on aura
reconnus »[32].

Freud ne pouvait encore avoir cette perspective sur l'archéologie
moderne mais il avait bien noté et utilisé comme argument pour
convaincre l'Homme aux rats : « Pompéi ne tombe en ruine que maintenant, depuis qu'elle est déterrée » (p. 213). « Renaître sous le travail
de la bêche »...[33] ne serait-ce pas la métaphore par excellence du travail de l'analyse ?

qui pourrait être confié à quelques manœuvres à l'œil exercé. C'est très exactement l'établissement du texte et toute l'étude qui en découle n'a de valeur que par cette lecture
initiale », Leroi-Gourhan, *op. cit.*, p. 222.

32. Duval, *Archéologie antique*, Encyclopédie de la Pléiade, p. 266.

33. « Le refoulement qui rend le psychique à la fois inabordable et le conserve intact
ne peut en effet mieux se comparer qu'à l'ensevelissement tel qu'il fut dans le destin
de Pompéi de le subir et hors duquel la ville peut renaître sous le travail de la bêche »
(*Gradiva*, p. 170).

# Le plaisir de pensée
## dans la séance d'analyse

L'expérience de la rencontre avec la pensée d'un autre, lorsqu'il ne s'agit pas d'imposer sa « vérité » dans un lien de rivalité où l'objet de pensée passe au second plan, peut offrir un plaisir intense où la certitude se recrée de pouvoir être un moment partagée. Comme dans la concomitance et le jeu réciproque du plaisir sexuel, ces instants de rencontre offrent aux protagonistes une image identificatoire fondée sur le triomphe maniaque contre la séparation. Je donne ici au terme de rencontre un sens fort qui n'est pas synonyme de l'intérêt ou même de l'admiration que l'on peut porter à l'élaboration théorique de tel ou tel. La rencontre renvoie à la découverte d'un sens dont on peut supposer qu'il préexistait sous forme latente chez celui qui découvre. Le « Je n'y avais jamais pensé ! » ou le « Comment n'y avais-je pas pensé ! », même s'ils accompagnent la sensation jubilatoire de quelque chose de nouveau qui s'offre, doivent aussi s'entendre comme l'affirmation inverse : on y avait bien pensé, mais c'était resté informulé et la rencontre vient précipiter, coaguler un ensemble de réflexions partielles et d'intuitions vagues qui seraient peut-être restées telles. On trouverait un équivalent de cette expérience dans certains moments privilégiés de la cure où les associations de l'analyste et du patient sont suffisamment proches pour se répondre au point de donner l'impression d'une véritable co-pensée. La communication repose alors sur un jeu identificatoire où les bornes du narcissisme sont dépassées, au profit d'un fonctionnement réciproque qui implique une négociation au niveau de l'économie narcissique de chaque sujet. Il va de soi qu'ici comme ailleurs, le temps du plaisir est ponctuel et s'inscrit dans une durée qu'il vient rompre de manière imprévisible.

Faut-il considérer que ce plaisir implique le partage d'une « vérité » dont jouiraient en commun les deux protagonistes ?

Il est pourtant de fait que, devant ce que sa pratique quotidienne lui révèle de la pluralité des instances psychiques, du jeu des identifications, des mutations du souvenir, etc., le psychanalyste se réfugie volontiers dans l'affirmation circonspecte d'une apparente sagesse relativiste : la vérité n'existe pas, mais au gré de situations toujours mouvantes, on peut rencontrer des affirmations, des manières d'être qui apparaissent plus « vraies » que d'autres. La Vérité, comme concept, en revanche, n'est pas son propos, elle appartient à la philosophie que, du fond de son fauteuil, il considère avec quelque méfiance et une allégation modeste d'incompétence, oubliant ou feignant d'ignorer qu'on n'évite pas si facilement ces interrogations auxquelles des siècles de spéculation se sont durablement heurtées.

Et pourtant, la vérité se voit à la fois reniée en tant qu'absolu, rejetée du côté des métaphysiciens, convoitée comme résultat d'une démarche rigoureuse et reconnue comme condition indispensable à l'existence même de la cure. Il ne s'agit pas en effet d'une vérité pirandellienne propre à chacun, mais de la « Vérité », telle que Freud l'a traquée toute sa vie, et dès le début auprès de ceux qui étaient le moins aptes à répondre à une telle exigence : les malades hystériques. Analyste et analysant cherchent à approcher d'*une* vérité, celle d'une histoire individuelle, à l'aide d'un corpus théorique dont les hypothèses, pour se formuler souvent davantage comme des mythes que comme des théorèmes, n'en ont pas moins l'ambition d'être métapsychologiques, c'est-à-dire au-delà des phénomènes immédiatement descriptibles.

Néanmoins, le psychanalyste, si on prend là Freud pour prototype, ne se trouve pas animé par la sorte de quête amoureuse qui caractérise le philosophe. Il s'apparenterait plutôt à cet égard au juge d'instruction et même au policier. Pour lui, la vérité n'est pas le couronnement d'une élaboration de pensée, mais se place d'abord sur le terrain d'une situation d'interlocution, ainsi qu'en témoigne l'obligation faite par la règle fondamentale de tout dire « sans critique, ni réserve ». A travers l'artifice d'une rencontre entièrement codifiée et contractuelle, et par le biais des illusions transférentielles, des mensonges et des demi-vérités par lesquelles patient et analyste s'assurent chacun de leur rôle et de leur identité, s'échange néanmoins un projet de vérité si fondamental aux yeux de Freud qu'il lui faisait écrire en 1915 à Putnam : ... « Le grand élément éthique dans le travail psychanalytique est la vérité et encore la vérité et ceci devrait suffire à la plupart des gens. » (*L'introduction de la psychanalyse aux Etats-Unis*, p. 200, lettre du 30 mars 1914.)

Toutefois, si l'on ne voit pas que la quête de vérité puisse être absente de la situation psychanalytique, elle ne se trouve pas toujours là où on l'attendait. Cette recherche charrie avec elle bien d'autres mobiles qui soutiennent les débuts d'une analyse et son décours. Elle va s'exercer à travers les illusions diverses et avant tout celle du transfert et, sinon sur la duperie, du moins sur les diverses formes de mensonges telles que tout sujet les pratique envers lui-même. L'amour et la reconnaissance de la vérité, bien différentes de sa quête qui n'en est qu'un préalable, ne constituent pas une nécessité pour que s'établisse la situation psychanalytique.

Un bref examen de la différence entre l'énoncé de la règle fondamentale sur l'association libre et celui de la formule juridique qui conditionne la prestation des témoignages dans un procès peut apporter quelque lumière à ce propos précisément parce qu'ils présentent quelques similitudes. En effet, lorsque Freud enjoint à son patient de lui faire part des images ou des idées qui lui viennent, « quelles qu'elles puissent être » et sans admettre « aucune critique ni aucune réserve » (*Etudes sur l'hystérie*, p. 218), il ne le somme pas pour autant de dire « la vérité, rien que la vérité et toute la vérité ».

A l'inverse, la Justice exige du témoin qu'il exerce une autocritique sur ses propos, destinée à trier le vrai du faux dans les limites de son propre jugement et de ses perceptions, toujours faillibles certes, mais qui, dans ce cas, ont valeur et poids de données objectives.

Une vérité partielle ou entremêlée de faux n'aurait pas de sens dans la mesure où le témoignage doit pouvoir être « digne de foi », c'est-à-dire ne pas être considéré comme un énoncé à évaluer ou à analyser mais comme un enregistrement fidèle de la réalité, sinon telle qu'elle a eu lieu, du moins telle qu'elle a été perçue. Faut-il rappeler que dans cette marge se jouent d'ailleurs les multiples possibilités de l'erreur judiciaire ? Si l'analyste qui énonce la règle fondamentale semble adresser au patient une exigence analogue, ou en tout cas aussi lourde, il s'agit cependant de toute autre chose. Dans le temps de l'écoute, le propos du patient n'est pas envisagé sous l'angle de la vérité, mais en fonction d'un sens interprétable. Lorsqu'un patient affirme que sa mère a agi avec lui de telle manière, qu'elle a eu telle habitude, etc., le fait qu'elle se soit « réellement » comportée ainsi — ce qui en principe demeure inconnu à l'analyste — est sans influence sur ce que celui-ci entend de cette histoire. Bien que certains analysants donnent le sentiment qu'ils sont là avant tout pour témoigner devant une oreille avertie, promue à on ne sait quel rôle de juge, de la violence qui leur a été faite, ou continue de l'être, l'analyse, pour exister en tant que telle, devra les amener à reconnaître que ce n'est pas la vérité de leur dire qui est en cause, ni la conviction qu'ils espèrent entraîner chez l'autre.

Et pourtant, la vérité est bel et bien présente pour les deux protagonistes. L'analyste n'attend pas de son patient qu'il dise la vérité mais qu'il *croie la dire*, et l'on sait combien la manière dont certains hystériques se présentent rend d'emblée sceptique sur la possibilité d'entreprendre avec eux un travail analytique.

Quant au patient, il y aurait beaucoup à penser sur la manière dont il peut ressentir la règle fondamentale lorsqu'elle est pour la première fois énoncée et l'assimilation qu'il peut alors en faire avec quelque ancienne injonction parentale à « dire la vérité ».

De ce fait, certains débuts d'analyse, lorsqu'ils ne constituent pas des réquisitoires, ressemblent parfois à des confessions, comme si le patient voulait témoigner de sa bonne volonté en s'accusant de tout ce qu'il aurait préféré laisser dans l'ombre, et prétendait n'attendre qu'une absolution. Il faut un temps pour qu'entre le blocage de la résistance et le flot de ces propos qui semblent collectés et reliés entre eux depuis toujours par la culpabilité, s'installe la capacité d'associer librement et sur l'instant, reconstituant dans l'espace d'un discours alors interprétable un terrain analogue à celui de la séquence des images oniriques.

Par ailleurs, si Freud n'attendait pas de ses patients qu'ils lui disent toute la vérité et rien que la vérité, il semble bien qu'il ait eu en revanche vis-à-vis de *l'analyse elle-même* une image comportant des exigences de cet ordre. La recherche de la vérité ne se confond pas pour lui en l'occurrence avec celle d'un savoir exact, voire efficace, sur la psyché. C'est une dimension proprement éthique qui est alors mise en cause et l'on en trouve l'écho dans certaines exigences déontologiques qu'il revendique. Droit de dire la vérité sur la sexualité aux patients, même s'il s'agit de jeunes filles supposées ignorantes devant lesquelles on hésiterait à nommer un chat un chat, droit de ne pas laisser entraver par le secret médical la communication de la clinique, comme je l'ai déjà rappelé.

Mais cela va plus loin et concerne l'éthique personnelle de l'analyste, toutes les fois où la situation lui permettrait de préférer les voies plus aisées et plus spectaculaires de la suggestion ou de l'illusionnisme. Lorsque Freud accuse implicitement les philosophes de malhonnêteté intellectuelle en reprenant le mot de Heine selon lequel ils bouchent les trous de l'univers avec les lambeaux de leur robe de chambre, il leur reproche ce qu'il critique dans tous les systèmes religieux, métaphysiques, etc., et ce dont il lui semble qu'il faut également se garder dans l'approche métapsychologique, pour autant que celle-ci ne se trouve plus mise à l'épreuve des faits en raison même de son abstraction. L'éthique de l'analyse, et en cela pratique et théorie se rejoignent, consiste à laisser béante la place de l'ignorance et de l'incompréhension nécessaire et à supporter la blessure narcissique qu'elles infligent. A l'inverse, tout « système » serait pervers dans la mesure où il ignore l'épreuve de la castration, non pas d'ailleurs en colmatant les brèches, ce qui serait une manière d'en reconnaître la présence, mais en construisant une structure à partir de laquelle les faits seront désormais perçus, ce qui assure qu'ils ne pourront jamais prendre en défaut l'heureux possesseur d'une telle clé.

L'irritation de Freud à l'égard des maîtres ès-systèmes s'enracine dans sa conviction profonde concernant l'attitude à tenir vis-à-vis de la vérité, fondement de l'éthique de la psychanalyse. Mais quelle tentation s'efforce-t-il ainsi d'exorciser ? La question éthique pose en l'occurrence un problème économique fondamental, celui des motifs qui poussent un sujet à tenter de renoncer aux satisfactions de l'illusion et à l'éventuelle facilité d'en changer si, en se révélant telle, elle cesse d'être opérante.

Illusion et illusionnisme vont en l'occurrence de pair et il est bien banal de constater que l'abandon de l'esprit critique au bénéfice de la foi en quelque maître à penser engendre immanquablement la retransmission du même par les diverses formes de l'aliénation.

Qu'est-ce qui vient alors casser cet enchaînement et, dans le cas particulier de la psychanalyse, quel apparent masochisme animait Freud en le faisant s'abstenir de l'aide de la suggestion et du pouvoir hypnotique, par exemple, pour la quête bien aléatoire d'une vérité sur les processus psychiques ? Car la demande de mystification, l'attachement inconditionnel au tout pouvoir du thérapeute constituent bien la constante des transferts positifs lesquels, après tout, n'ont été considérés et théorisés comme tels que parce que Freud a refusé de se borner aux avantages de toutes sortes qu'ils pouvaient lui offrir.

Pour lui, si la vérité peut apparaître préférable à l'illusion, laquelle est toujours plus ou moins fragile, c'est bien en raison de ce gain narcissique qu'elle procure. Il propose dans *L'homme Moïse* une explication très générale de ce processus : « Peut-être l'homme attribue-t-il plus de prix à ce qui lui est le plus difficile à atteindre et sa fierté tient-elle à un narcissisme accru par la difficulté vaincue » (*op. cit.*, p. 159).

La victoire n'aurait alors d'autre fonction que de rassurer le Moi sur sa propre puissance qu'il tient de sa capacité de surmonter en lui-

même la crainte qui lui ferait préférer l'illusion, en faisant confiance
à la possibilité de trouver la vérité grâce à son intellect. De ce fait,
ce dernier ne s'oppose pas au pulsionnel en fonction d'une mystérieuse
force inhérente aux valeurs de la sublimation, mais parce qu'il renforce le narcissisme du sujet : « Quels que soient les sentiments et les
intérêts humains, écrit Freud dans "Perspectives d'avenir de la technique psychanalytique", l'*intellect est lui aussi une puissance* [je souli-
gne]. Celle-ci n'arrive pas immédiatement à prévaloir mais finalement
ses effets sont d'autant plus certains. La vérité la plus blessante finit
toujours par être perçue et s'imposer une fois que les intérêts qu'elle
blesse et les émotions qu'elle soulève ont épuisé leur virulence. »

L'intellect n'est pas une puissance en soi, mais peut le devenir par
un processus qui renforce l'économie narcissique du sujet et le rend
éventuellement préférable à des réalisations pulsionnelles plus immédiates. Car c'est au *narcissisme* que se rattache la quête de vérité, ce
qui de prime abord semble paradoxal puisqu'elle expose au contraire
le sujet à des réajustements plus ou moins douloureux sur ce qu'il
croyait savoir, pouvoir ou posséder. En outre, cette vérité manquante
et désirée est toujours tributaire au moins à l'origine du fantasme que
quelqu'un la détient et pourrait l'exhiber ou l'offrir.

L'analyse du progrès dans la « spiritualité » montre ce que peut
être la genèse de l'investissement de la vérité, lié à l'origine à l'amour
envers l'être tout-puissant qui la possède puis détachée de cette appartenance au point de ne plus être l'apanage de tel ou tel mais le résultat d'un travail et d'une recherche.

En ce sens, le fantasme d'unicité qui sous-tend la représentation
de la vérité suppose toujours un travail du Je sur lui-même pour l'amener à retrouver ce à quoi la réalité l'avait conduit à renoncer, c'est-à-
dire le fantasme qu'il est lui-même le Tout.

L'économie libidinale narcissique peut gérer une telle désillusion
de diverses manières.

Ainsi, confronté à l'angoisse de n'être rien, le délirant maintien-
dra cette affirmation d'être tout tandis que le dépressif se protège du
risque d'un retour du traumatisme narcissique initial par l'exercice
radical du doute aboutissant à rendre équivalents les affirmations
« Tout est vrai » et « Rien n'est vrai ». Dans ces deux exemples, on
voit se manifester le fonctionnement primaire et l'immédiateté qui est
le propre de Thanatos. A l'inverse, l'investissement de la quête de
vérité, qui limite le doute à n'être qu'un instrument de recherche et
non une position métaphysique, renvoie sur le plan économique à la
liaison de l'énergie et à l'activité de détour, de délai et d'élaboration

qui sont caractéristiques du fonctionnement de la vie et de la présence d'Eros.

Le paradoxe de l'investissement de la vérité comme épreuve disparaît si l'on considère que l'objet de la visée n'est pas la désillusion en elle-même mais l'espoir d'atteindre une position plus sûre et mieux protégée de ce type de traumatisme grâce aux épreuves auxquelles le sujet se soumet. La perspective économique inclut donc le point de vue dynamique sur une vérité qui n'est jamais là où on l'attend mais dont l'émergence se repère à partir du conflit entre les instances et de l'opposition entre des Je passés, présents et futurs.

La vérité apparaît en effet comme un objet éminemment fuyant : elle s'impose là ou on voudrait ne pas l'entendre et échappe lorsqu'on voudrait la saisir, se dissimule derrière des masques variés et pourtant elle est une condition nécessaire pour tout discours, y compris celui du menteur, et tout d'abord pour celui que le Je peut tenir sur lui-même, sur sa propre identité.

On connaît la prosopopée de la vérité telle que l'avait conçue Jacques Lacan : « Moi la vérité, je parle [...]. Je vagabonde dans ce que vous tenez être le moins vrai par essence : dans le rêve, dans le défi au sens de la pointe la plus gongorique et le non-sens du calembour le plus grotesque, dans le hasard et non pas dans sa loi mais dans sa contingence et je ne procède jamais plus sûrement à changer la face du monde qu'à lui donner le profil du nez de Cléopâtre » (in *Ecrits*, p. 410, « La chose freudienne »).

Les manifestations de l'inconscient n'expriment pas la Vérité, comme la forme oraculaire de ce texte pourrait le donner à penser, mais elles bouleversent l'idée qu'on s'en fait et contraignent à la définir à partir d'une perspective dynamique. Le Moi conscient se trouve trahi par le rejeton de l'inconscient au sens où il ne se sent plus maître de la situation. Mais en même temps il se « trahit », c'est-à-dire qu'il dévoile la présence de ce qu'il avait tenté de refouler et donc laissé malgré lui la vérité s'imposer à ses dépens.

La dimension dynamique est alors nécessaire pour concevoir la vérité à partir du jeu complexe des instances, comme ce qui pourrait s'appréhender dans une perspective idéale à partir de l'ensemble des éléments en présence. Ce qui est, bien sûr, un schéma totalement théorique, car le Je ne peut saisir à chaque moment qu'un état limité résultant du conflit des forces en présence dans sa psyché. L'effort pour le rattacher à ce qui précède dans sa propre histoire et l'envisager en fonction de ses visées futures constitue la quête de vérité dans le projet identificatoire.

Piera Aulagnier a insisté à plusieurs reprises dans ses écrits sur le fait que ce processus est une condition nécessaire pour le fonctionnement de la psyché. Elle donne à la notion de vérité une place centrale pour aborder la question de l'identité, ou plutôt du « projet identificatoire », conçu comme « un combat jamais définitivement gagné, ni définitivement perdu que périodiquement le Je doit livrer pour s'approprier et défendre des positions, faute desquelles il ne pourrait ni s'orienter, ni auto-investir son propre espace identificatoire ». [*L'apprenti-historien et le maître sorcier*, 1984, p. 195.]

La question de la vérité se confond presque alors avec celle de l'identité, c'est pourquoi, parmi les demandes du Je qui concernent le plaisir, celle qui porte sur la vérité a le caractère d'une exigence parce qu'elle exprime un besoin. « Le Je », écrit-elle, « veut croire... a besoin de croire que son existence fait sens... (il) veut savoir s'il a contribué à forger une histoire ou s'il n'a fait que se raconter des histoires [...]... Il serait faux de croire que cette exigence d'un jugement « vrai » concernant cet ensemble d'actes qui forment notre vie serait le privilège d'une élite, la manifestation d'une exigence éthique présente chez quelques-uns ; bien au contraire, elle est le lot du plus grand nombre, c'est son absence qui est l'exception. » [*Les destins du plaisir*, 1979, p. 202-204.]

On comprend dès lors que l'attaque contre les faux semblants de la synthèse puisse devenir un plaisir en soi parce qu'elle est la promesse d'une certitude même partielle.

Cette attaque est au fondement de la règle analytique : du côté du patient comme exigence d'avoir à renoncer à la cohésion d'une narration autobiographique et de devoir s'installer vis-à-vis de ses propres pensées comme le voyageur qui regarde le paysage sans pouvoir ni retenir ni anticiper sur les images ; du côté de l'analyste, lorsqu'il faut soumettre son désir de comprendre à la règle d'une attention également flottante, c'est-à-dire suspendre durablement l'activité judicatoire.

Comment concevoir que du plaisir de pensée puisse s'éveiller dans des conditions où la contrainte vis-à-vis du mouvement naturel de la synthèse s'exerce si rigoureusement ? On sait que Freud craignait que les praticiens de la psychanalyse n'en viennent à devenir incapables de l'utiliser pour eux-mêmes, comme s'ils avaient été lésés par des « rayons Roentgen maniés sans précautions particulières » (1937 c, p. 264). Cette remarque, qui pour lui visait surtout à prémunir les psychanalystes contre la tentation de se laisser aller à des revendications pulsionnelles indues, pourrait bien être appliquée à la déformation que l'écoute psychanalytique imprime à la pensée tenue dans l'obligation de la règle de l'attention flottante.

Toute activité de pensée implique des dispositions successives et différentes que les Stoïciens, pour figurer le jugement, représentaient par le mouvement d'une main ouverte, entrouverte ou fermée. Mais la difficulté de maintenir cette alternance pour l'analyste tient au fait que c'est la pensée d'un autre, armée de toutes les astuces de la résistance, qui le tient à sa merci. Le risque majeur est alors que l'attention flottante ne dérive au fil d'un discours lisse qui, ne laisserait pas de prise à l'acte de pensée qui est, par essence, organisateur.

On a souvent retenu, parce qu'il y insistait lui-même, les professions de foi freudienne à l'encontre des synthèses totalisatrices, péché philosophique par excellence[1] oubliant que la synthèse n'est pas un appareil artificiel destiné à mettre fin aux questions mais le troisième temps nécessaire à l'avancée dialectique de la pensée, temps qui sitôt énoncé, redevient à son tour point de départ du processus.

La spécificité de régime auquel l'écoute psychanalytique soumet la pensée de l'analyste tient à l'impossibilité d'y repérer un tel mouvement. Si la synthèse partielle existe bien dans le moment où l'interprétation se forme et s'éprouve dans la communication au patient, sa transformation éventuelle en thèse, point de départ d'une nouvelle progression échappe à l'analyste. Il appartient au patient et à lui seul d'opérer ce travail mais c'est en fait à l'insu des deux protagonistes, qui n'en verront que les effets, que le cheminement dialectique de l'interprétation se produit en une silencieuse perlaboration.

L'analyste se voit de ce fait frustré de la conclusion naturelle de ses actes de pensée car le lien de causalité entre l'efficace de l'interprétation dans son contexte transférentiel et la levée des symptômes ou leur modification, voire leur remplacement par d'autres, lui demeure toujours inaccessible. D'où le fait que l'appel à l'exemple clinique se présente souvent non pas comme l'illustration d'une hypothèse, mais comme « la chose même », c'est-à-dire *l'évidence* accompagnée, le cas échéant, d'un commentaire parfois réduit à l'affirmation que « ça marche ».

La théorie n'est présente que dans l'après-coup, elle reforme hors de la situation analytique la synthèse indéfiniment suspendue. On pourrait de ce fait aller jusqu'à dire que le besoin de théoriser [qui va de la lecture des textes de Freud à l'élaboration d'hypothèses person-

---

1. Voir, parmi beaucoup d'autres, celle-ci, adressée à Putnam : « Quant à moi, jusqu'à présent, je n'ai pas cherché à faire de synthèse totalisante, mais à gagner des certitudes. Elles, et elles seules, méritent qu'on leur sacrifie tout le reste. » Lettre à J.J. Putnam du 8 juillet 1915, in *L'introduction de la psychanalyse aux Etats-Unis.*

nelles en passant par ces nombreux lieux de communication vespérale ou dominicale que représentent séminaires et colloques] est le résultat d'une pratique authentiquement psychanalytique. Toutes les psychothérapies qui se fondent sur le ressort général de la suggestion sont spontanément claires à elles-mêmes parce que le thérapeute y repère son action, même s'il serait bien en peine d'en démontrer le mécanisme. Il impose sa pensée. En revanche, le lien de causalité qui unit l'acte de souligner tel indice d'un rêve ou d'un comportement avec le résultat apparemment sans relation de sens avec le contenu ainsi désigné nécessite pour tenter d'être appréhendé, une complexe démarche théorique.

Mais si la synthèse est hors d'atteinte pendant le temps de la séance, n'est-ce pas parce que le discours du patient est à lui seul cette surface lisse, même si elle est hérissée de plaintes et de silences, qu'il faut précisément analyser, c'est-à-dire démanteler ?

Ce démantèlement, Freud en expose la nécessité dès *L'interprétation des rêves*, à propos de ce qu'il appelle : « l'interprétation fractionnée ». Car l'interprétation ne tombe pas du ciel. Il faut, selon le précepte de Claude Bernard, « travailler comme une bête », c'est-à-dire avec autant d'acharnement et en se préoccupant aussi peu des résultats » (*op. cit.*, p. 445). Pour cela, le champ de vision se rétrécit, il envisage une à une les « séries d'idées » ou les « couches de pensée » et enfin, lorsqu'on peut penser être parvenu à un résultat il ne faut pas croire qu'on en a pour autant fini, ni surtout que l'on pourra atteindre cette fin qui demeure toujours hors d'atteinte, « ombilic du rêve » enfoui au plus profond du mycélium...

Cheminer de couche en couche, du singulier au singulier est en soi une démarche dilacérante vis-à-vis des faux semblants de la synthèse. Car le travail de l'analyse sera précisément de pointer ces détails qui ont échappé à l'élaboration secondaire et donc de provoquer une rupture dans la cohésion d'ensemble. Cette dynamique, Freud la retrouvera dans la rédaction de l'observation du cas de *L'homme aux rats* : « Quel gâchis que nos reproductions, comme nous mettons lamentablement en pièces ces grandes œuvres d'art de la nature psychique ! Le travail est malheureusement à nouveau en train de devenir tellement gros, mais cela jaillit sous les mains et c'est encore trop bref, faux par incomplétude. C'est une misère ! » [Lettre à Jung du 30 juin 1909.]

Et encore, accompagnant l'envoi du manuscrit : « Il m'a rendu la vie dure et n'est pas satisfaisant. J'aurais envie de lui donner en épitaphe les beaux vers de Bush : "Ainsi on aperçoit clairement comme il est rare/ La régie interne de la nature". »

Le mélange d'enthousiasme et de découragement qu'il exprimait alors rend un écho familier pour tout analyste qui s'est un jour confronté à un tel exercice. Là où il s'agissait de dénouer les éléments du flux associatif afin de laisser s'organiser le sens interprétable suivant le tempo des séances, il faut maintenant démanteler, mettre en pièces (*zerpflücken*) afin de reproduire. Le compte rendu d'analyse serait-il un exercice aussi voué à l'imperfection que la reproduction de l'œuvre d'art ? On connaît le respect de Freud à l'égard de tout ce qui a trait à la création artistique, et sa méfiance envers les tentatives d'interprétation réductrices à cet égard n'est pas éloignée des reproches faits aux « bousilleurs » qui écrasent avec des explications toutes faites les délicats agencements de la psyché.

Mais comment l'artiste, face au subtil agencement des formes et des couleurs de son modèle pourrait-il prétendre retrouver ce qui apparaît comme un tout indissociable et parfait, et en réitérer l'acte créateur ? L'aperçu, la vision claire et indéfinissable qu'il pensait avoir captés, il lui faut les rompre, les immobiliser afin d'étudier laborieusement ce qui était donné dans l'instantané de l'évidence, le malaise de cette « mise en pièces » suivie d'une reconstruction forcément infidèle à son modèle engendre le désir d'en mettre toujours davantage, de traquer le détail significatif, de s'accrocher aux mots. Pour l'auteur du compte rendu d'analyse, la crainte de n'avoir pas été convaincant, de n'avoir pas su faire croire à la « vérité de ce qu'il a pu entendre et retenir de l'histoire de son patient, du sens qu'il lui a donné et de la manière dont celui-ci est advenu au cours du processus analytique, se justifie par l'impossibilité de mettre le lecteur dans la même position que celle où l'analyste s'est trouvé lui-même. Et pourtant, c'est bien à cette place que le lecteur ou l'auditeur s'installe spontanément si on en croit la réaction, largement partagée de plus d'un, consistant à repérer précisément l'élément capital qui ferait défaut et, lorsque ces exposés sont communiqués oralement, à intervenir pour signaler ce qui a été fâcheusement omis et permettrait de refaire l'analyse autrement.

Faute de pouvoir apporter des preuves irréfutables de ce compte rendu irrémédiablement subjectif d'une expérience qui ne l'est pas moins, il reste à l'analyste une préoccupation concernant la quantité (le « trop gros », « trop bref », « faux par incomplétude ») qui vient se substituer au fantasme d'une reproduction irréfutable de ce qui s'est « vraiment » passé. Nous retrouvons ici le fantasme de « l'évidence de la chose même », c'est à elle que s'attaque le démantèlement interprétatif lorsqu'il faut rendre compte de lui-même. Mais en fait, ce même mouvement est déjà présent dans l'écoute dont l'attention également flottante s'oppose aussi bien aux séductions du discours clos du patient qu'au désir de synthèse de l'analyste.

Qu'une telle attitude puisse être génératrice de plaisir n'a rien de surprenant si on considère qu'il n'y a pas d'acte de comprendre qui ne s'inscrive dans le plaisir de la lutte discursive.

J'envisagerai maintenant une autre figure de ce plaisir de pensée dans la cure à partir de la place qu'y tient la *surprise*.

La surprise, proche de l'*Unheimlich*, mais cependant différente, apparaît dans la séance comme l'aspect spécifique de la prise de conscience d'un contenu refoulé. Elle est aussi la conséquence de cette abstinence à l'égard de la synthèse évoquée précédemment tant pour l'analyste que pour l'analysant. Pour ce dernier, c'est dans la relation entre un supposé savoir sur lui-même et l'émergence contradictoire d'un su « oublié » que se situe la surprise. Pour l'analyste, c'est bien souvent à la suite de la mise entre parenthèses du savoir théorique au bénéfice de la disponibilité de l'écoute que vient la surprise comme un sens qui ne serait plus traqué, mais offert. Que la surprise soit ici, selon l'étymologie, un surplus de prise, lui permet d'assurer à la psyché un plaisir inattendu, à condition toutefois que l'émergence du sens puisse être reprise dans un processus actif.

Theodor Reik[2] a longuement et finement décrit la surprise. Il la relie notamment, dans l'analyse, à l'effet « *unheimlich* » des coïncidences par le fait que les pensées inconscientes (préconscientes, dirions-nous plutôt) du patient sont occupées par une représentation obsédante et refoulée.

Toutefois, on pourrait considérer que cette lumière révélatrice sur ce qui avait de bonnes raisons de rester dans l'ombre peut blesser ou au moins fasciner et passiver douloureusement le regard qui n'était pas préparé. Or c'est le plus souvent l'inverse qui se produit, c'est-à-dire l'émergence d'un plaisir lié à la décharge brusque et inopinée de l'affect lié à des représentations refoulées. L'interprétation de l'analyste donne des mots qui vont permettre l'ancrage de ces représentations et donc la possibilité de les voir comme extérieures au Je qui peut les regarder. Mais les mots de l'analyste ne sont pas toujours nécessaires et sa seule présence peut provoquer chez le patient des effets auto-interprétatifs où le même affect de surprise se produit. Etre surpris par ses propres paroles, s'entendre proférer ce à quoi on s'attendait

---

2. *Ecouter avec la troisième oreille* et *Le psychologue surpris.*

le moins constitue le fondement même de la situation d'analyse. Mais le plaisir de la surprise n'est pas seulement lié à la part d'hystérie qui permet à tout analysant de s'ébaubir devant son propre théâtre interne. Il implique aussi la possibilité d'un réinvestissement narcissique lié à ce qui s'énonce, faute de quoi il n'y aurait que de l'étrangeté. La surprise se montre ici comme un affect lié au connaître et à la maîtrise qui, en désignant l'élément comme nouveau et inconnu, ne déconsidère pas le savoir déjà possédé mais l'élargit.

Concernant la surprise de l'analyste, Reik se montre carrément lyrique : « Pas un seul d'entre nous ne saura reproduire l'impression de cette vision d'une clarté soudaine ou graduellement croissante, lorsque des données apparemment hétérogènes et sans rapports viennent à la vie par le truchement d'une idée qui se développe. Les fragments disséminés et isolés s'emboîtent les uns aux autres comme les os desséchés, disséminés, qui se recouvrent soudain de chair et de peau pour devenir une foule d'hommes, dans cette vision que Dieu accorda au prophète Ezéchiel » (p. 229).

Mais au-delà de la description de ces instants particulièrement féconds, même si on ne les assimile pas à un don prophétique, comment comprendre le fonctionnement de la surprise, comment tenter de rendre compte métapsychologiquement du plaisir qu'elle peut engendrer ?

Le modèle du *Mot d'esprit* nous servira ici de fil directeur pour situer la surprise :

— sur le plan *topique*, comme un mouvement régrédient-progrédient qui traverse les trois instances,

— sur le plan *économique*, comme une décharge d'énergie pulsionnelle,

— sur le plan *dynamique*, comme une attente ignorée, ce qui permet d'y voir l'instantané de l'évidence.

A propos du *Mot d'esprit*, Freud écrit : « Une pensée préconsciente est confiée momentanément au traitement inconscient, ce qui résulte de ce traitement est aussitôt récupéré par la perception consciente » (*op. cit.*, p. 275).

En disparaissant ainsi dans l'inconscient, l'élément représentatif se charge d'une tonalité particulière qui va produire l'effet de surprise. L'affect lié à la disparition est déplacé sur la réapparition et le choc traumatique devient surprise, cadeau inattendu sans que soit d'ailleurs totalement absente la nuance de crainte d'un déplaisir possible. De même, l'analyse de l'effet comique révèle un fonctionnement analogue puisqu'il s'agit de suspendre l'attention pour que le travail puisse s'effectuer à un niveau infra-conscient. Cette « disparition momenta-née du préconscient dans l'inconscient » appartient à la catégorie de ce que Freud nomme les « processus automatiques... qui ont pour théâtre le préconscient et sont privés de l'investissement de l'attention auquel est précisément liée la conscience » (*op. cit.*, p. 369).

La comparaison entre la surprise et le comique peut encore se renforcer du fait que dans les deux cas, c'est un élément d'une chaîne représentative qui subit le processus de disparition-réapparition.

L'effet de surprise comme décharge apparaît lié à cette condition topique de la rupture d'une séquence. Car, comme on sait, tout ce qui *agrège* un processus psychique à un ensemble s'oppose à la décharge, comme tout ce qui *isole* un acte psychique est favorable à la décharge.

L'isolation et la disparition d'un élément représentatif amène la constitution d'un ensemble où subsiste un vide qui a les contours de l'élément disparu. On pourrait se représenter la surprise comme le résultat des modifications des contours de ce vide, qui aurait eu tendance à se combler. La représentation, en réapparaissant, aurait ainsi à forcer sa place, à se faire reconnaître, mais apparaîtrait de ce fait comme élément isolé au cœur d'un ensemble auquel elle appartenait précédemment.

Car l'état de choc de la surprise est à rattacher à toute la série de ce que Freud nomme les « états d'absence » qui vont de l'évanouissement au vertige créateur et au mot d'esprit. Nous retrouvons ici l'idée des « *Einfälle* », idées subites involontaires telles que Freud les décrit à propos du Mot d'esprit : « On ignore l'instant d'avant le trait d'esprit que l'on décochera et qu'on se sera borné à revêtir de mots et on éprouve plutôt quelque chose d'indéfinissable qui ressemblerait à une absence, à une défaillance subite de la tension, intellectuelle, puis, tout d'un coup, le mot d'esprit surgit presque toujours paré des mots qui le revêtent » (*ibid.*, p. 278).

La formation de l'interprétation, même si celle-ci n'est heureusement pas « décochée » à la manière du mot d'esprit, obéit au même fonctionnement dynamique. Le fait qu'il soit apte à donner du plaisir repose sur la possibilité de passer de l'effraction traumatique à une intrusion érotisée et reprise par le Je sur un mode actif qui en fait le résultat, non de son élaboration, mais de son « génie ». Plaisir d'autant plus intense que de plus grandes quantités d'investissement auront été maintenues dans la suspension de l'abstinence par rapport à la maîtrise de pensée qu'impose la règle analytique pour les deux protagonistes.

A côté de l'attaque contre les faux semblants de la synthèse et l'émergence de la surprise, une troisième figure du plaisir de pensée dans la séance pourrait être celle de *l'expérience hypermnésique* telle que la vit l'analyste.

Ce plaisir est largement partagé par le patient par exemple lorsque l'analyste lui rappelle, en relation avec un élément de la séance, tel passage de rêve ou tel fragment de souvenir qui ont pu être évoqués parfois plusieurs années auparavant. Il n'a, en général, au moment où il se voit communiquer ces scènes aucun souvenir de celles-ci mais elles n'ont pas été pour autant refoulées et il les reconnaît immédiatement et avec satisfaction.

Le plaisir est multiple car il concerne à la fois la réassurance dans le fait que, même silencieux, l'analyste l'écoute et l'investit au point d'être capable de telles performances, le plaisir intellectuel du lien de sens rétabli entre des éléments dissociés, et la confiance dans l'image gardienne et protectrice d'un analyste capable de retenir ce qui lui est confié et de le restituer si nécessaire, ce qui permet donc à la pensée du patient de vagabonder dans la liberté de ses associations.

Mais qu'en est-il pour l'analyste qui, le plus souvent, s'étonne lui-même de ces réminiscences qui lui viennent avec la soudaineté des « *Einfälle* » ? C'est en effet la modalité de leur retour qui pose question car les souvenirs en question ne font pas partie de l'« évocable » et si on demandait à l'analyste de tels détails sur son patient, il serait bien en peine de les fournir, même moyennant de violents efforts de mémoire. Or, ces mêmes détails, sans être particulièrement frappants, font retour à sa conscience parfois avec une extrême netteté. On peut supposer que le matériel en question a subi cette forme la plus générale de l'oubli qui est celle du désinvestissement. L'attention lui a été retirée, comme il se doit, car la règle pour l'analyste consiste à ne pas graver volontairement en sa mémoire tel ou tel élément, pas plus qu'il ne doit chercher à forcer l'extraction du sens afin de laisser agir les effets de l'après-coup et le travail de la mémoire inconsciente.

Toutefois, on peut tenter de préciser en quoi fonctionne un tel travail en faisant l'hypothèse que si l'analyste n'a pas oublié, au sens du refoulement, des détails concernant son patient, il les a laissés, par désinvestissement momentané, *rejoindre les noyaux de son propre refoulé.* De ce fait, les éléments de souvenir concernant son patient peuvent lui servir de *souvenirs-écrans* par la similitude ou toute autre raison justifiant que tel rêve ou tel propos entendus subissent un traitement qui les rapproche des contenus inconscients qui sont les siens. L'hypermnésie de l'analyste fonctionnerait donc comme substitut de sa propre amnésie à l'égard de ses contenus refoulés, mais sans permettre pour autant que ces derniers redeviennent conscients. Pour résumer ce fonctionnement, on peut dire, ce qui est une manière de contre-transfert, que le refoulement de l'analyste prête son énergie à des contenus qui peuvent sans peine franchir la barrière de la censure parce qu'ils appartiennent à un autre pour lequel une bienveillante neutralité est requise.

On aurait là une possible explication à la fois de la sensibilité mais aussi de cette sorte de mithridatisation des analystes à l'égard de leur propre inconscient et de la difficulté de retrouver pour eux-mêmes la sagacité dont ils font preuve pour les patients. Les rayons Roentgen, précédemment évoqués, n'iraient pas dans le sens nécessairement d'une libération des pulsions, mais d'un accroissement des défenses contre la possibilité de les laisser analyser, tant l'inconcient de l'analyste se voit ainsi quotidiennement mobilisé du fait du « commerce incessant » avec le refoulé de ses patients.

Cette disposition particulière de la mémoire « professionnelle » de l'analyste qui, comme on le voit, s'étaye sur le plus intime de sa propre psyché, est probablement l'une des compétences les plus difficiles à acquérir pour un analyste débutant. Il suffit, pour s'en persuader, de considérer l'attitude de celui qui vient faire « superviser » sa pratique et sa difficile relation du mémorisable de ses patients. Crainte du trou noir ou de l'oubli qui porterait sur un élément ponctuel ressenti comme particulièrement significatif, il ne peut néanmoins trouver aucun appui dans la prise de notes qui, même si elles sont faites après séance, annulent précisément cette disponibilité de la mémoire inconsciente.

Cette ouverture et les effets imprévisibles qu'elle entraîne constituent pour l'analyste un plaisir très certain qui ne tient pas à la satisfaction mégalomaniaque de telles capacités de mémorisation, car il sait en général qu'il en est bien incapable en temps normal. Le plaisir naît ici à nouveau de la décharge rendue possible par l'abstinence vis-à-vis du désir de comprendre et de remémorer. Comme tout plaisir, il se produit dans le sujet, en lui et sans lui.

L'hypermnésie de l'analyste est en relation avec une autre figure possible du plaisir de pensée dans la cure, l'expérience du mystérieux « transfert de pensée » qui se résume dans la prise de conscience par l'analyste de la puissance créatrice de son propre inconscient, ainsi que l'éprouve l'artiste ou toute espèce de créateur dans quelque domaine.

A ce titre, l'absence de plaisir de pensée dans l'exercice de l'analyse serait en soi le signe d'un disfonctionnement, qu'il laisse place à l'ennui ou à un plaisir d'un autre ordre consistant par exemple à imposer sa pensée à l'autre dans le jeu de la suggestion.

« Il faut s'efforcer de ne pas disputer à l'inconscient le soin d'établir les rapports. » [« Le maniement de l'interprétation des rêves en psychanalyse », in *La technique psychanalytique*, p. 47.] Avoir confiance dans une telle possibilité suppose de dépasser la méfiance que le Moi conscient éprouve à l'égard de l'inconscient. A cet égard, le plaisir de pensée dans la séance s'avère non pas comme le résultat d'une quête active, mais comme l'issue spontanée d'une levée des inhibitions maintenues par le penser conscient. Toutefois, la mise en disposition que suppose un tel fonctionnement est à elle seule un travail. Dans « Conseils aux médecins », Freud résume ce processus complexe par la métaphore souvent citée du téléphone : « L'inconscient de l'analyste doit se comporter à l'égard de l'inconscient émergeant du malade comme le récepteur téléphonique à l'égard du volant d'appel. De même que le récepteur retransforme en ondes sonores les vibrations téléphoniques qui émanent des ondes sonores, de même l'inconscient du médecin parvient, grâce à des dérivés de l'inconscient du malade qui parviennent jusqu'à lui, à reconstituer cet inconscient dont émanent les associations fournies » (*op. cit.*, p. 66). Le plaisir de la communication empathique n'est rien d'autre que la satisfaction d'un fonctionnement dont la modalité nous échappe au moins en partie. Pour que la communication puisse s'établir, il faut que fonctionne la « retransformation » en sens inverse de ce qui avait été « transformé ». De cette double opération dépendent l'efficacité et le plaisir du processus. Lorsque le mystère s'ajoute à l'entendement il fait du processus de compréhension non le résultat prévisible d'un certain nombre de données connues mais la surprise attendue et programmée du retour de l'insaisissable. Derrière la métaphore, apparemment si claire, de la communication téléphonique des inconscients, le jeu avec l'inconnu, dont la pratique de la psychanalyse est l'une des infinies modalités, est cela même d'où il peut y avoir plaisir.

La parole analytique ne fait sens que lorsque le ciment émotionnel établit la jonction entre l'analyste et l'analysant. Mais pour que la décharge émotionnelle puisse se produire, il faut le travail de la suspension de l'attention consciente et le stockage en réserve de quantités d'investissement libidinal. D'où le lien entre la surprise et la curiosité comme la forme passive et la forme active d'un même investissement où l'on retrouve l'idée qu'il n'y a de révélation que pour qui peut constituer une énigme comme objet par la quantité de la pulsion de connaître qu'il y investit.

L'interprétation dans les meilleurs cas réalise cette condition autant pour l'analysant qui retrouve ces bribes de sens qui ont pour lui valeur d'énoncés identifiants que pour l'analyste qui reconfirme alors son propre parcours analytique et son investissement de l'analyse comme méthode et comme théorie.

Il n'est guère de réflexion autour de la pensée qui ne débouche sur l'idée que celle-ci trouve sa sagesse et tire sa satisfaction de l'ouverture vers une dimension où l'opération de maîtrise intellectuelle se confond avec l'abandon dans une logique plus vaste.

Le plaisir de pensée n'est jamais étranger à cette extra-territorialité de l'intellect dont la fréquentation de l'inconscient est l'une des figures. Face à l'enfermement des faits, l'entreprise intellectuelle se définit selon l'expression musilienne comme la liberté de nommer le réel comme « le premier occupant du champ du possible ».

# Bibliographie

Andréas Salomé L., *Ma vie*, Paris, PUF, 1977.

Anzieu D., *L'auto-analyse de Freud*, Paris, PUF, 1959.

Anzieu D. et Besdine M., *Psychanalyse du génie créateur*, Paris, Dunod, 1974.

Arendt H., *La vie de l'esprit*, Paris, PUF, 1981.

Aulagnier P., *La violence de l'interprétation*, Paris, PUF, 1975.

— , *Les destins du plaisir*, Paris, PUF, 1979.

— , *L'apprenti-historien et le maître-sorcier*, Paris, PUF, 1984.

— , La perversion comme structure, in *Un interprète en quête de sens*, Paris, Ramsay, 1986.

— , Du langage pictural au langage de l'interprète, in *Un interprète en quête de sens*, Paris, Ramsay, 1986.

— , Le désir de savoir dans ses rapports avec la transgression, in *Un interprète en quête de sens*, Paris, Ramsay, 1986.

— , Le droit au secret, condition pour pouvoir penser, in *Un interprète en quête de sens*, Paris, Ramsay, 1986.

Bachelard G., *La formation de l'esprit scientifique*, Paris, Vrin, 1967.

— , *Le rationalisme appliqué*, Paris, PUF, 1970.

Barthes R., *Sade, Fourier, Loyola*, Paris, Points, 1971.

Baudelaire C., Spleen, in *Les Fleurs du mal*, Paris, Garnier, 1958.

Bautier R.H., article Archives, in *L'histoire et ses méthodes*, Paris, Gallimard, « Pléiade », 1986.

Bion W.R., *Eléments de psychanalyse*, 1963, trad. fr., Paris, PUF, 1979.

— , *Réflexion faite*, 1967, trad. fr. Paris, PUF, 1983.

Blanchot M., *Lautréamont et Sade*, Paris, Gallimard, 1952.

Canguilhem G., *Etudes d'histoire et de philosophie des sciences*, Paris, Vrin, 1968.

Cicéron, *Acad.*, Pr. XII, *OC*, Paris, Les Belles Lettres, 1970.

Clavreul J., Le couple pervers, in *Le désir et la perversion*, Paris, Seuil, 1967.

Daudet A., La chèvre de M. Seguin, in *Les lettres de mon moulin*, Paris, Gallimard, « Pléiade », 1984.

David C., La bisexualité psychique, XXXVe Congrès des psychanalystes de Langues Romanes, *RFP*, 5-6 septembre 1975.

Deleuze G., *Présentation de Sacher Masoch*, Paris, 10-18, 1967.

Descartes R., *Règles pour la direction de l'esprit*, OC, Paris, Gallimard, 1966.

—, *Méditations métaphysiques*, OC, Paris, Gallimard, 1966.

Duval, Archéologie antique, in *L'histoire et ses méthodes*, Paris, Gallimard, « Pléiade », 1986.

Ehrenzweig A., *L'ordre caché de l'art*, Paris, Gallimard, 1967.

Eissler K., *Léonard de Vinci*, trad. fr. Paris, PUF, 1980.

Ferenczi S., La confusion des langues entre l'adulte et l'enfant, *Psychanalyse IV*, Paris, Payot, 1982.

—, Le symbolisme des yeux, *Psychanalyse II*, Paris, Payot, 1970.

—, Pensée et innervation musculaire, *Psychanalyse II*, Paris, Payot, 1970.

Finkielkraut A., *La défaite de la pensée*, Paris, Gallimard, « Folio », 1987.

Fischer D.J., Freud et Romain Rolland, *Topique*, n° 18, 1977.


Freud Sigmund et Breuer Josef (1895 d), *Etudes sur l'hystérie*, trad. fr. A. Berman, coll. « Bibliothèque de Psychanalyse », dir. par D. Lagache, Paris, PUF, 1967, 254 p.

— (1898 b), Sur le mécanisme psychique de l'oubli, in *Résultats, idées, problèmes*, tome I, Paris, PUF, 1985.

Freud Sigmund (1900 a [1899]), *Die Traumdeutung, La science des rêves*, trad. fr. I. Meyerson, Paris, Alcan, 1926 ; *L'interprétation des rêves*, trad. fr. I. Meyerson, rev. D. Berger, Paris, PUF, 1967, 573 p.

— (1901 b), *Psychopathologie de la vie quotidienne*, trad. fr. S. Jankélévitch, Paris, Payot, 1922 ; rééd. 1973, 321 p.

— (1905 c), *Le mot d'esprit et ses rapports avec l'inconscient*, trad. fr. Marie Bonaparte et M. Nathan, Paris, Gallimard, 1930 ; rééd. 1953 ; *Le mot d'esprit et sa relation avec l'inconscient*, trad. fr. D. Messier, coll. « Connaissance de l'inconscient », dir. par J.-B. Pontalis, Paris, Gallimard, 1988, 442 p.

— (1905 d), *Trois essais sur la théorie de la sexualité*, trad. Blanche Reverchon, Paris, Gallimard, 1923 ; rééd. 1962 ; *Trois essais sur la théorie de la sexualité*, trad. fr. B. Reverchon, rév. J. Laplanche et J.-B. Pontalis, Paris, Gallimard, 1968 ; *Trois essais sur la théorie sexuelle*, trad. Ph. Koeppel, coll. « Connaissance de l'inconscient », dir. par J.-B. Pontalis, Paris, Gallimard, 1987, 211 p.

— (1905 e [1901]), Fragment d'une analyse d'hystérie (Dora), in *Cinq psychanalyses*, trad. fr. M. Bonaparte et R.M. Loewenstein, *Revue française de psychanalyse*, 1928, II, 1, pp. 1-112 ; trad. rév. par Anne Berman, in *Cinq psychanalyses*, Paris, Denoël et Steele, 1935 ; rééd. coll. « Bibliothèque de Psychanalyse », dir. par D. Lagache, Paris, PUF, 1954, pp. 1-91. [Bruchstück einer Hysterie-Analyse, *G. W.*, V pp. 161-286].

— (1907 a), *Délires et rêves dans un ouvrage littéraire : La « Gradiva » de Jensen*, trad. Marie Bonaparte, coll. « Les documents bleus », L'homme, n° 33, Paris, Gallimard, 1931 ; rééd. 1933 ; rééd. 1949 ; rééd. 1971 ; *Le délire et les rêves dans la Gradiva de W. Jensen*, trad. fr. J. Bellemin-Noël, coll. « Connaissance de l'inconscient », dir. par J.-B. Pontalis, Paris, Gallimard, 1986, 269 p.

— (1907 b), Actes obsédants et exercices religieux, in *L'avenir d'une illusion*, trad. Marie Bonaparte, Paris, Denoël et Steele, 1932 ; rééd. PUF, 1971, pp. 81-94.

— (1907 c), Les explications sexuelles données aux enfants, in *La vie sexuelle*, trad. fr. D. Berger, coll. « Bibliothèque de Psychanalyse », dir. par J. Laplanche, Paris, PUF, 1969, pp. 7-13.

— (1908 a), Les fantasmes hystériques et leur relation à la bisexualité, in *Névrose, psychose et perversion*, trad. fr. J. Laplanche et coll., Paris, PUF, 1973.

— (1908 b), Les théories sexuelles des enfants, in *La vie sexuelle*, trad. fr. D. Berger, coll. « Bibliothèque de Psychanalyse », dir. par J. Laplanche, Paris, PUF, 1969.

— (1908 d), La morale sexuelle civilisée et la maladie nerveuse des temps modernes, in *La vie sexuelle*, trad. fr. D. Berger, coll. « Bibliothèque de Psychanalyse », dir. par J. Laplanche, Paris, PUF, 1969, pp. 28-46. [Die « kulturelle » Sexualmoral und die moderne Nervosität, *G.W.* VII, pp. 141-167].

— (1908 e), (1908 e [1907]), *La création littéraire et le rêve éveillé*, trad. E. Marty et Marie Bonaparte, in *Essais de psychanalyse appliquée*, Paris, Gallimard, 1933 ; Le créateur littéraire et la fantaisie, in *L'inquiétante étrangeté et autres essais*, trad. fr. B. Féron, coll. « Connaissance de l'inconscient », dir. par J.-B. Pontalis, Paris, Gallimard, 1985, pp. 29-46.

— (1909 b), Analyse d'une phobie d'un petit garçon de cinq ans (le petit Hans), *Revue française de Psychanalyse*, trad. fr. M. Bonaparte, 1928, II, 3 pp. 411-538 ; in *Cinq psychanalyses*, trad. fr. M. Bonaparte, Paris, Denoël et Steele, 1935 : rééd. in *Cinq psychanalyses*, trad. fr. M. Bonaparte, coll. « Bibliothèque de Psychanalyse », dir. par D. Lagache, Paris, PUF, 1954, pp. 93-198.

— (1909 c), Le roman familial des névrosés, in *Névrose, psychose et perversion*, trad. fr. J. Laplanche, coll. « Bibliothèque de Psychanalyse », dir. par J. Laplanche, Paris, PUF, 1973, p. 157-160.

— (1909 d), Remarques sur un cas de névrose obsessionnelle (L'homme aux rats), *Revue française de Psychanalyse*, 1932, V, 3, pp. 322-390 ; in *Cinq psychanalyses*, trad. fr. M. Bonaparte, Paris, Denoël et Steele, 1935 ; rééd. in *Cinq psychanalyses*, trad. fr. M. Bonaparte et R.M. Loewenstein, coll. « Bibliothèque de Psychanalyse », dir. par D. Lagache, Paris, PUF, 1954, pp. 199-261.

— (1910 c), *Un souvenir d'enfance de Léonard de Vinci*, trad. fr. M. Bonaparte, Paris, Gallimard, 1927 ; *Un souvenir d'enfance de Léonard de Vinci*, trad. fr. J. Altounian et coll., coll. « Connaissance de l'inconscient », dir. par J.-B. Pontalis, Paris, Gallimard, 1987, 200 p.

— (1910 d), Perspectives d'avenir de la thérapeutique analytique, in : La technique psychanalytique, trad. fr. A. Berman, coll. « Bibliothèque de Psychanalyse », dir. par J. Laplanche, Paris, PUF, 1970, pp. 23-34.

— (1910 h), Contribution à la psychologie de la vie amoureuse. I : D'un type particulier de choix objectal chez l'homme, trad. fr. Marie Bonaparte et Anne Berman, *Revue française de Psychanalyse*, 1936, IX, 1, pp. 2-10 ; Un type particulier de choix d'objet chez l'homme, in *La vie sexuelle*, trad. fr. D. Berger, coll. « Bibliothèque de Psychanalyse », dir. par D. Lagache, Paris, PUF, 1969, pp. 47-55.

— (1911 b), Formulations sur les deux principes du cours des événements psychiques, in *Résultats, idées, problèmes*, tome I, trad. fr. J. Laplanche, coll. « Bibliothèque de Psychanalyse », dir. par J. Laplanche, Paris, PUF, 1984, pp. 135-144.

— (1911 c), Remarques psychanalytiques sur l'autobiographie d'un cas de paranoïa (Dementia paranoides) (Le président Schreber), trad. fr. M. Bonaparte et R. Loewenstein, *Revue française de Psychanalyse*, 1932, V, 1, pp. 2-70 ; in *Cinq psychanalyses*, trad. fr. M. Bonaparte et R.M. Loewenstein, Paris, Denoël et Steele, 1935 ; rééd. PUF, 1954.

— (1912 d), contributions à la psychologie de la vie amoureuse, II : Considérations sur le plus commun des ravalements de la vie amoureuse, trad. fr. Marie Bonaparte et Anne Berman, *Revue française de Psychanalyse*, 1936, IX, 1, pp. 10-21 ; in *La vie sexuelle*, trad. fr. J. Laplanche, coll. « Bibliothèque de Psychanalyse », dir. par J. Laplanche, Paris, PUF, 1969, pp. 55-65.

— (1912-1913), *Totem et tabou*, trad. fr. S. Jankelevitch, Paris, Payot, 1923 ; rééd. coll. « P.B.P. », Paris, Payot, 1973, 185 p.

— (1914 c), Pour introduire le narcissisme, in *La vie sexuelle*, trad. fr. J. Laplanche, coll. « Bibliothèque de Psychanalyse », dir. par J. Laplanche, Paris, PUF, 1969, pp. 81-105.

— (1914 d), Contribution à l'histoire du mouvement psychanalytique, in *Essais de psychanalyse*, trad. fr. S. Jankélévitch, Paris, Payot, 1927, pp. 266-320 ; rééd. in *Cinq leçons sur la Psychanalyse*, Paris, Payot, 1968 ; rééd. 1973, pp. 69-155 ; Contribution à l'histoire du mouvement psychanalytique, in *Cinq leçons sur la Psychanalyse*, trad. fr. S. Jankélévitch, coll. « P.B.P. », Paris, Payot, 1989, pp. 69-149. [Zur Geschichte der psychoanalytischen Bewegung, *G.W.*, X, pp. 43-113].

— (1914 g), Remémoration, répétition et élaboration, in *La technique psychanalytique*, trad. fr. A. Berman, coll. « Bibliothèque de Psychanalyse », dir. par J. Laplanche, Paris, PUF, 1970, pp. 105-115.

— (1915 b), *Zeitgemässes über Krieg und Tod, Considérations actuelles sur la guerre et la mort*, in *Essais de psychanalyse*, trad. fr. S. Jankélévitch, Paris, Payot, 1927 ; rééd. 1951, pp. 219-250 ; rééd. et rev. Angelo Hesnard, Paris, Payot, 1970, pp. 235-267 ; trad. nouv., Paris, Payot, 1981 ; Actuelles sur la guerre et la mort, in *Œuvres complètes, Psychanalyse*, XIII, nouv. trad. fr., dir. par J. Laplanche, Paris, PUF, 1988, pp. 126-155.

(1915 c), *Triebe und Triebschicksale, Les pulsions et leur destin*, trad. fr. Marie Bonaparte et Anne Berman, *Revue française de Psychanalyse*, 1936, IX, 1, pp. 29-47 ; in *Métapsychologie*, Paris, Gallimard, 1940, pp. 29-66 ; Pulsions et destins de pulsions, in *Métapsychologie*, trad. fr. J. Laplanche et J.B. Pontalis, Paris, Gallimard, 1968, pp. 11-44.

— (1915 d), *Die Verdrängung, Le refoulement*, trad. fr. Marie Bonaparte et Anne Berman, *Revue française de Psychanalyse*, 1936, IX, 1, pp. 48-58 ; in *Métapsychologie*, Paris, Gallimard, 1940, pp. 67-90... ; in *Métapsychologie*, trad. fr. J. Laplanche et J.B. Pontalis, Paris, Gallimard, 1968, pp. 45-63.

— (1915 e), *Das Unbewusste, L'inconscient*, trad. fr. Marie Bonaparte et Anne Berman, *Revue français de Psychanalyse*, 1936, IX, 1, pp. 58-90 ; in *Métapsychologie*, Paris, Gallimard, 1940, pp. 91-161... ; in *Métapsychologie*, trad. fr. J. Laplanche et J.B. Pontalis, Paris, Gallimard, 1968, pp. 65-123.

— (1916 d), *Einige Charaktertypen aus der psychoanalytischen Arbeit, Quelques types de caractère dégagés par la psychanalyse*, trad. fr. E. Marty, rév. Marie Bonaparte, *Essais de psychanalyse appliquée*, Paris, Gallimard, 1933 ; rééd. 1971, pp. 105-136 ; Quelques types de caractère dégagés par le travail psychanalytique, *L'inquiétante étrangeté et autres essais*, trad. fr. B. Féron, coll. « Connaisance de l'inconscient », dir. par J.-B. Pontalis, Paris, Gallimard, 1985, pp. 135-171.

— (1916-1917), *Vorlesungen zur Einführung in die Psychoanalyse, Introduction à la Psychanalyse*, trad. fr. S. Jankélévitch, Paris, Payot, 1922 ; rééd. 1951 ; rééd. coll. « P.B.P. », Paris, Payot, 1973, 441 p. [Vorlesungen zur Einführung in die Psychoanalyse, *G.W.*, XI].

— (1917 a), *Eine Schwierigkeit der Psychoanalyse, Une difficulté de la psychanalyse*, trad. fr. E. Marty, rév. Marie Bonaparte, *Essais de psychanalyse appliquée*, Paris, Gallimard, 1933; in *Les Pages immortelles de Freud*, choisies et expliquées par R. Waelder, trad. fr. E. Buchet, Correa, 1948, pp. 173-181; rééd. 1971, pp. 137-147; in *L'inquiétante étrangeté et autres essais*, trad. fr. B. Féron, coll. « Connaissance de l'inconscient », dir. par J.-B. Pontalis, Paris, Gallimard, 1985, pp. 173-188.

— (1917 b), *Eine Kindheitserrinerung aus « Dichtung und Warheit », Un souvenir d'enfance dans « Fiction et vérité » de Goethe*, trad. fr. E. Marty, rév. Marie Bonaparte, *Essais de psychanalyse appliquée*, Paris, Gallimard, 1933; rééd. 1971, pp. 149-161; Un souvenir d'enfance de « Poésie et Vérité », in *L'inquiétante étrangeté et autres essais*, trad. fr. B. Féron, coll. « Connaissance de l'inconscient », dir. par J.-B. Pontalis, Paris, Gallimard, 1985, pp. 189-208.

— (1917 e [1915]), *Trauer und Melancholie, Deuil et mélancolie*, trad. fr. Marie Bonaparte et Anne Berman, *Revue française de Psychanalyse*, 1936, IX, 1, pp. 102-116; in *Métapsychologie*, Paris, Gallimard, 1940, pp. 189-222; in *Métapsychologie*, trad. fr. J. Laplanche et J.B. Pontalis, Paris, Gallimard, 1968, pp. 147-174.

— (1918 b [1914]), *Aus der Geschichte einer infantilen Neurose, Extrait de l'histoire d'une névrose infantile (L'homme aux loups)*, in *Cinq psychanalyses*, trad. fr. M. Bonaparte et R. Loewenstein, Denoël et Steele, 1935; rév. A. Berman, Paris, PUF, 1954; rééd. 1970, pp. 325-420; A partir de l'histoire d'une névrose infantile, in *Œuvres Complètes, Psychanalyse*, XIII, nouv. trad. fr., dir. par J. Laplanche, Paris, PUF, 1988, pp. 1-118.

— (1919 e), *Ein Kind wird geschlagen, On bat un enfant*, trad. fr. H. Hoesli, *Revue française de Psychanalyse*, 1933, VI, 3-4, pp. 274-297.

— (1919 h), *Das Unheimliche, L'inquiétante étrangeté*, trad. fr. E. Marty, rév. Marie Bonaparte, *Essais de psychanalyse appliquée*, Paris, Gallimard, 1933; rééd. 1971, pp. 163-210; in *L'inquiétante étrangeté et autres essais*, trad. fr. B. Féron, Paris, Gallimard, 1985.

— (1920 a), *Über die Psychogenese eines Falles von weiblicher Homosexualität*, Psychogenèse d'un cas d'homosexualité féminine, trad. fr. H. Hoesli, *Revue française de Psychanalyse*, 1933, VI, 2, pp. 130-154; trad. fr. P. Martet, in *Les homosexuels*, textes recueillis par S.M. Brich, Correa, 1955, pp. 249-278; Sur la psychogenèse d'un cas d'homosexualité féminine, in *Névrose, psychose et perversion*, trad. fr. J. Laplanche et coll., coll. « Bibliothèque de Psychanalyse », dir. par J. Laplanche, Paris, PUF, 1973, pp. 245-270.

(1920 g), *Jenseits des Lustprinzips, Au-delà du principe de plaisir*, trad. fr. Simon Jankélévitch, in *Essais de psychanalyse*, Paris, Payot, 1927; rééd. 1951, p. 5-75; rééd. et revus par Angelo Hesnard, Paris, Payot, 1970, pp. 7-81; nouv. trad. fr., coll. « P.B.P. », Paris, Payot, 1981, pp. 41-115.

(1921 c), *Massenpsychologie und Ich-Analyse, Psychologie collective et analyse du moi*, trad. fr. Simon Jankélévitch, Paris, Payot, 1924; rééd. 1950; et in *Essais de psychanalyse*, Paris, Payot, 1927; rééd. 1951, pp. 76-162; rééd. et revus par Angelo Hesnard, Paris, Payot, 1970, pp. 83-175; nouv. trad. fr., coll. « P.B.P. », Paris, Payot, 1981, pp. 119-217.

— (1922 b), *Über einige neurotische Mechanismen bei Eifersucht, Paranoia und Homosexualität, Quelques mécanismes névrotiques dans la jalousie, la paranoïa et l'homo-*

404 Le plaisir de pensée

*sexualité*, trad. fr. Jacques Lacan, *Revue française de Psychanalyse*, 1932, V, 3, pp. 391-401 ; Sur quelques mécanismes névrotiques dans la jalousie, la paranoïa et l'homosexualité, in *Névrose, psychose et perversion*, trad. fr. J. Laplanche et coll., Paris, PUF, 1973.

— (1923 b), *Das Ich und das Es, Le moi et le ça*, in *Essais de psychanalyse*, trad. fr. Simon Jankélévitch, Paris, Payot, 1927 ; rééd. 1951, pp. 163-218 ; rééd. et revus par Angelo Hesnard, Paris, Payot, 1970, pp. 177-234 ; nouv. trad. fr., coll. « P.B.P. », Paris, Payot, 1981, pp. 219-275.

— (1924 c), *Das ökonomische Problem des Masochismus, Le problème économique du masochisme*, trad. fr. E. Pichon et H. Hoesli, *Revue française de Psychanalyse*, 1928, II, 2, pp. 211-223 ; in *Névrose, psychose et perversion*, trad. fr. J. Laplanche et coll., Paris, PUF, 1973.

— (1925 d [1924]), *Selbstdarstellung, Ma vie et la psychanalyse*, trad. Marie Bonaparte, rev. S. Freud, Paris, Gallimard, 1928 ; rééd. 1949 ; rééd. 1968, 184 p ; *Sigmund Freud présenté par lui-même*, trad. fr. F. Cambon, coll. « Connaissance de l'inconscient », dir. par J.-B. Pontalis, Paris, Gallimard, 1984, 143 p. [Selbstdarstellung, *G.W.*, XIV, pp. 31-96].

— (1925 h), *Die Verneinung, La négation*, trad. fr. H. Hoesli, *Revue française de Psychanalyse*, 1934, VII, 2, pp. 174-177.

— (1926 d), *Inhibition, symptôme et angoisse*, trad. fr. M. Tort, coll. « Bibliothèque de Psychanalyse », dir. par D. Lagache, Paris, PUF, 1968, 102 p. [Hemmung, Symptom und Angst, *G.W.*, XIV, pp. 111-205].

— (1926 e), *Die Frage der Laienanalyse, Psychanalyse et Médecine*, in *Ma vie et la psychanalyse*, trad. Marie Bonaparte, rev. S. Freud, Paris, Gallimard, 1928 ; rééd. 1949, pp. 117-239 ; rééd. 1968, pp. 93-184 ; *La question de l'analyse profane*, nouv. trad. fr., coll. « Connaissance de l'inconscient », dir. par J.-B. Pontalis, Paris, Gallimard, 1985, 205 p.

— (1927 c), *Die Zukunft einer Illusion, L'avenir d'une illusion*, trad. fr. M. Bonaparte, Paris, Denoël et Steele, 1932 ; coll. « Bibliothèque de Psychanalyse », dir. par D. Lagache, Paris, PUF, 1971, 94 p.

— (1927 d), *Der Humor, L'humour*, in *Variétés*, n° spécial : « Le surréalisme en 1929 », in *Le mot d'esprit et ses rapports avec l'inconscient*, trad. Marie Bonaparte et M. Nathan, Paris, Gallimard, 1930 ; rééd. 1969, pp. 367-376.

— (1930 a [1929]), *Das Unbehagen in der Kultur, Malaise dans la civilisation*, trad. fr. M. et C. Odier, *revue française de Psychanalyse*, 1934, VII, 4, pp. 692-769 ; rééd. Paris, Denoël et Steele, 1934, 81 p. ; rééd. *Revue française de Psychanalyse*, 1970, XXXIV, 1, pp. 9-80 ; coll. « Bibliothèque de Psychanalyse », dir. par D. Lagache, Paris, PUF, 1971, 107 p.

— (1933 a), *Nouvelles conférences d'introduction à la psychanalyse*, trad. fr. R.-M. Zeitlin, Paris, Gallimard, 1984.

— (1936 a), Un trouble de mémoire sur l'Acropole (Lettre à Romain Rolland), in *Résultats, idées, problèmes*, tome II, trad. fr. nouv., coll. « Bibliothèque de Psychanalyse », dir. par J. Laplanche, Paris, PUF, 1985, pp. 221-230.

— (1937 c), *Die endlichez und die unendliche Analyse, Analyse terminée et analyse interminable*, trad. fr. Anne Berman, *Revue française de Psychanalyse*, 1939, XI, 1, pp. 3-38 ; Analyse avec fin et analyse sans fin, in *Résultats, idées, problèmes*, tome II, trad. fr. J. Laplanche et coll., coll. « Bibliothèque de Psychanalyse », dir. par J. Laplanche, Paris, PUF, 1985, pp. 231-268.

— (1937 d), Constructions dans l'analyse, in *Résultats, idées, problèmes*, tome II, trad. fr. nouv., coll. « Bibliothèque de Psychanalyse », dir. par J. Laplanche, Paris, PUF, 1985, pp. 269-282.

— (1939 a [1934-1938], *L'homme Moïse et la religion monothéiste*, trad. fr. C. Heim, coll. « Connaissance de l'inconscient », dir. par J.-B. Pontalis, Paris, Gallimard, 1986, 256 p.

— (1940 a [1938]), *Abrégé de Psychanalyse*, trad. fr. A. Berman, coll. « Bibliothèque de Psychanalyse », dir. par J. Laplanche, Paris, PUF, 1967, 84 p.

— (1940 e [1938]), Le clivage du moi dans le processus de défense, in *Résultats, idées, problèmes*, tome II, trad. fr. nouv., coll. « Bibliothèque de Psychanalyse », dir. par J. Laplanche, Paris, PUF, 1985, pp. 283-286.

— (1941 f [1938]), Résultats, idées problèmes, in *Résultats, idées, problèmes*, tome II, trad. fr. nouv., coll. « Bibliothèque de Psychanalyse », dir. par J. Laplanche, Paris, PUF, 1985, pp. 287-288.

— (1950 a), La Naissance de la psychanalyse, Lettres à Fliess, Notes et plans (1887-1902), trad. fr. A. Berman, coll. « Bibliothèque de Psychanalyse », dir. par D. Lagache, paris, PUF, 1956, 426 p. [Aus den Anfängen der Psychoanalyse. Briefe an Wilhelm Fliess Frankfurt a. M., S. Fischer, 1962].

— (1960 a), *Correspondance 1873-1939*, trad. fr. A. Berman, coll. « Connaissance de l'inconscient », dir. par J.-B. Pontalis, Paris, Gallimard, 1966, 517 p.

— et Pfister Oskar (1963 a), *Correspondance, 1909-1939*, trad. fr. L. Jumel, coll. « Connaissance de l'inconscient », dir. par J.-B. Pontalis, Paris, Gallimard, 1966, 209 p.

— et Andreas-Salomé Lou (1966 a), *Correspondance avec Sigmund Freud, suivie du Journal d'une année (1912-1913)*, trad. fr. L. Jumel, coll. « Connaissance de l'inconscient », dir. par J.-B. Pontalis, Paris, Gallimard, 1970, 487 p.

— et Zweig Arnold (1968 a), *Correspondance 1927-1939*, trad. fr. L. Weibel, coll. « Connaissance de l'inconscient », dir. par J.-B. Pontalis, Paris, Gallimard, 1973, 234 p.

— (1971 a), *L'introduction de la psychanalyse aux Etats-Unis. Autour de J.J. Putnam*, trad. fr. C. Cullen, coll. « Connaissance de l'inconscient », dir. par J.-B. Pontalis, Paris, Gallimard, 1978, 389 p.

— et Jung Carl Gustav (1974 a), *Correspondance 1906-1914*, trad. fr. R. Fivaz-Silberman, coll. « Connaissance de l'inconscient », dir. par J.-B. Pontalis, Paris, Gallimard, 1975.

— Les premiers psychanalystes, *Minutes de la Société psychanalytique de Vienne*, tomes I, II, III, IV, Paris, Gallimard, 1976.

Foucault M., *Les mots et les choses*, Paris, Gallimard, 1966.
Genette G., *Palimpsestes*, Paris, Le Seuil, 1982.
Goethe, *Maximes et reflexions, OC*, Paris, Gallimard, « La Pléiade ».
Gontcharov, *Oblomov*, Paris, L'Age d'homme, 1988.
Greenson R.P., *Technique et pratique de la psychanalyse*, Paris, PUF, 1977.
Guéroult M., *Spinoza*, Paris, Aubier-Montaigne, 1968.
Hegel G.H., *La phénoménologie de l'esprit*, 1807, trad. fr. Jean Hyppolite, Paris, Aubier Montaigne.

Helman I., Observations on mothers of children with intellectual inhibition, *Psychoanalytic study of the child*, vol. IX, 1954.

Henaff M., *Sade, l'invention du corps libertin*, Paris, PUF, 1978.

Isakower O., Psychopathologie de l'endormissement, n° 5, *NRP*, 1972.

Janet P., *Les névroses*, Paris, Flammarion, 1909.

Jankélévitch W., *L'ironie*, Paris, Flammarion, 1964.

Jones E., Le développement précoce de la sexualité féminine, in *Théorie et pratique de la psychanalyse*, Paris, Payot, 1969.

Kant E., *Critique de la raison pure*, trad. fr., Paris, PUF, 1967.

Kanzer M., Sigmund and Alexander Freud on the Acropolis, *American Imago*, n° 26, 1969.

Kierkegaard, *Johannes Climacus*, *OC*, II, Paris, Ed. de l'Orante, 1975.

— , *Stades sur le chemin de la vie*, *OC*, IX, Paris, Ed. de l'Orante, 1975.

Klein M., *La psychanalyse des enfants*, Paris, PUF, 1969.

— , Le développement d'un enfant, in *Essais de psychanalyse*, Paris, Payot, 1968.

Klossowski, *Sade, mon prochain*, Paris, Le Seuil, 1967.

Kohut H., Réflexions sur le narcissisme et la rage narcissique, *Revue française de psychanalyse*, XLII, juillet-août 1978.

— , *The analysis of the self*, Londres, Hogarth Press, 1971.

Lacan J., Du regard comme objet a, *Le Séminaire XI*, Paris, Le Seuil, 1973.

— , L'instance de la lettre dans l'inconscient, *Ecrits*, Paris, Le Seuil, 1966.

Lagache D., La sublimation et les valeurs, *OC*, tome V, Paris, PUF, 1984.

Laplanche J., *Problématiques I*, Paris, PUF, 1980.

— , *Problématiques III*, Paris, PUF, 1980.

— et Leclaire S., *L'inconscient, une étude psychanalytique*, VIe Colloque de Bonneval (1960), Paris, Desclée de Brouwer, 1966.

Leclaire S., La fonction imaginaire du doute dans la névrose obsessionnelle, in *Entretiens psychiatriques*, Paris, PUF, 1955.

Lély G., *Vie du Marquis de Sade*, Paris, Gallimard, 1952.

Léonard de Vinci, *La peinture*, Miroirs de l'art, Hermann, 1966.

Leroi-Gourhan, L'histoire sans textes, in *L'Histoire et ses méthodes*, Paris, Gallimard, « Pléiade », 1986.

Lévi-Strauss C., *La pensée sauvage*, Paris, Plon, 1963.

Mac Brunswick R., Extrait de l'histoire d'une névrose infantile, in *L'Homme aux loups par ses psychanalystes et par lui-même*, par Gardiner M., Paris, Gallimard, 1981.

Mac Dougall J., Relations d'objet dans l'homosexualité féminine, in *La sexualité perverse*, Paris, Payot, 1972.

M'uzan M. de, et Mac Dougall J., *La sexualité perverse*, Paris, Payot, 1972.

Mahony P., *Freud l'écrivain*, Paris, Les Belles Lettres, 1990.

Malher-Choenberger M., Pseudo imbecility ; a magic cap of invisibility, in *The Psychoanalytic Quaterly*, 1942, vol. XI.

Marc Aurèle, *Pensées pour moi-même*, trad. fr. M. Meunier, Paris, G.F.

Meltzer D., *Explorations dans le monde de l'autisme*, trad. fr. 1975, Paris, Payot, 1980.

Mijolla A. de, *Les mots de Freud*, Paris, Les Belles Lettres, 1989.

— , *Les visiteurs du Moi*, Paris, Les Belles Lettres, 1981.

Montesquieu, *De l'esprit des lois*, *OC*, Paris, Le Seuil, 1964.

Moravia A., *L'amour conjugal*, Paris, Gallimard, 1972.

— , *L'ennui*, Paris, Flammarion, 1986.

Musil R., *Journaux* (I et II), Paris, Le Seuil, 1981.

— , *L'homme sans qualités*, trad. fr. P. Jacottet, Paris, Le Seuil, 1956.

— , *Les désarrois de l'élève Törless*, Paris, Le Seuil, 1967.

Neyraut M., A propos de l'inhibition intellectuelle, *RFP*, t. 32, n° 4, 1968.

— , *Les logiques de l'inconscient*, Paris, Hachette, 1978.

Nietzsche F., *Ainsi parlait Zarathoustra*, Paris, Gallimard, 1947.

— , De l'utilité et des inconvénients de l'histoire pour la vie, in *Considérations intempestives*, Paris, Gallimard, 1988.

— , *Le Gai Savoir*, Paris, Gallimard, 1950.

— , *Par-delà le bien et le mal*, Paris, Aubier-Montaigne, 1951.

Orwell G., *1984*, Paris, Gallimard, 1950.

Polin S., La diabolique douceur de Pol Pot, *Le Monde*, 18 mai 1980.

Proust M., *Contre Sainte-Beuve*, Paris, Gallimard, « La Pléiade », 1971.

Racamier P.C., Entre humour et folie, *R.F.P.*, XXXVII, 4, 1973.

Reik T., Psychologie de l'ironie, trad. fr. in *Psyché*, 1950, vol. 5, n° 40, pp. 484 sqq.

— , *Ecouter avec la troisième oreille*, Paris, Epi, 1976.

— , *Le psychologue surpris*, Paris, Denöel, 1976.

Ribot T., *La psychologie des sentiments*, Paris, Alcan, 1925.

Rimbaud P., *Lettre à P. Demeny*, 15 mai 1871, *OC*, Paris, Gallimard, 1972.

Roger P., *La philosophie dans le pressoir*, Paris, Grasset, 1976.

Rousseau J.-J., *Essai sur l'origine des langues*, Bordeaux, Ducros, 1968.

Sade Marquis de, *OC*, Paris, Cercle du livre précieux, 1962.

Sarraute N., *Enfance*, Paris, Gallimard, 1983.

Sartre J.-P., *L'Etre et le Néant*, Paris, Gallimard, 1943.

Schnapp A., Article « Archéologie », in *Dictionnaire des Sciences historiques*, Paris, PUF, 1986.

Searles H., Différenciation entre pensée concrète et pensée métaphorique chez le schizophrène en voie de guérison, *NRP*, XXV, 1982.

Spinoza B., *Ethique*, *OC*, Paris, Gallimard, 1962.

— , *Traité de la réforme de l'entendement*, *OC*, Paris, Gallimard, 1962.

Tellenbach von H., *La mélancolie*, trad. fr., Paris, PUF, 1979.

Tustin F., *Autisme et psychose de l'enfant*, Paris, Le Seuil, 1972.

Van Gogh, *Correspondance*, Paris, Club français du livre, 1953.

Weininger O., *Sexe et caractère*, Lausanne, L'âge d'homme, 1975.

Winnicott D., La défense maniaque (1935), in *De la pédiatrie à la psychanalyse*, Paris, Payot, 1969.

— , *Jeu et réalité*, Paris, Gallimard, 1975.

Wittgenstein L., *De la certitude*, Paris, Gallimard, Idées, 1976.

Yourcenar M., Le cerveau noir de Piranèse, in *Sous bénéfice d'inventaire*, Paris, Gallimard, 1978.

Certains des thèmes abordés dans le livre ont été précédemment développés dans les articles suivants auxquels nous renvoyons le lecteur :

Mellor-Picaut S., La sublimation, ruse de la civilisation ? in *Psychanalyse à l'Université*, tome 4, 15 juin 1979.

— , La vision et l'énigme, in *Topique*, n° 25, avril 1980.

— , Ces destins que peut imposer à la pensée la quête du plaisir, in *Psychanalyse à l'Université*, tome 5, n° 20, sept. 1980.

— , Le corps savant et l'érotisme de tête, in *Topique*, n° 27, mai 1981.

— , Représentation du corps et appel au persécuteur dans la problématique perverse, in *Topique*, n° 28, déc. 1981.

— , L'intellectuel, le vivisecteur et le conquistador, in *Souffrance, plaisir et pensée* (en collaboration), Paris, Les Belles Lettres, 1983.

— , Idéalisation et sublimation, in *Nouvelle Revue de Psychanalyse*, XXVII, printemps 1983.

Mijolla-Mellor S. de, Intervention, in *Adolescence*, tome 2, n° 1, printemps 1984.

— , Réflexions psychanalytiques sur l'« intellectualité », *Topique*, n° 34, janvier 1985.

— , Vérité ou fantasmes de vérité, in *Métapsychologie et philosophie* (en collaboration), Paris, Les Belles Lettres, 1985.

— , Rendre compte d'une analyse, in *Psychanalyse à l'Université*, tome 10, n° 40, octobre 1985.

— , La trame phobique de l'ennui, in *Nouvelle Revue de Psychanalyse*, XXXII, automne 1985.

— , L'écriture en secret, in *Adolescence*, tome 4, n° 1, printemps 1986.

— , Les bribes de certitude, in *Psychanalyse à l'Université*, tome 11, n° 44, octobre 1986.

— , Le dégout de savoir, in *Etudes freudiennes*, n° 29, avril 1987.

— , Le phénomène passionnel, in *Dialogue*, n° 96, 2ᵉ trimestre 1987.

— , Survivre à son passé, in *L'autobiographie* (en collaboration), Paris, Les Belles Lettres, juin 1987.

— , La formation la meilleure dans le genre, *Revue internationale d'Histoire de la Psychanalyse*, n° 2, 1989, PUF.

— , La pulsion d'investigation à l'œuvre : les *Cinq Cahiers* de Marie Bonaparte (Actes du colloque de Duino sur « La psychanalyse et la femme »).

— , On bricole un enfant, in *Topique*, n° 44, pp. 257-268, sept. 1989.

— , Autobiographique de la psychanalyse, in *Le Coq Héron*, n° 118, pp. 6-14, sept. 1990.

— , Le travail de pensée dans l'interprétation, in *Topique*, n° 46, déc. 1990.

*L'évolution de la notion de sublimation dans l'œuvre de Freud* (thèse non publiée de Doctorat d'Etat, disponible à la Bibliothèque du CRPP-Paris VII, Centre Censier, 13 rue de Santeuil, 75005 Paris).

# Index

Imprimé en France
Imprimerie des Presses Universitaires de France
73, avenue Ronsard, 41100 Vendôme
Janvier 1992 — N° 37 461

# BIBLIOTHÈQUE DE PSYCHANALYSE

*Fondée par Daniel Lagache*

**Directeur : Jean Laplanche**

| | |
|---|---|
| SIGMUND FREUD. | La vie sexuelle (8ᵉ éd.). |
| | Abrégé de psychanalyse (10ᵉ éd.). |
| | Inhibition, symptôme et angoisse (9ᵉ éd.). |
| | Cinq psychanalyses (16ᵉ éd.). |
| | La naissance de la psychanalyse (6ᵉ éd.). |
| | Etudes sur l'hystérie (10ᵉ éd.). |
| | La technique psychanalytique (9ᵉ éd.). |
| | Malaise dans la civilisation (11ᵉ éd.). |
| | L'avenir d'une illusion (9ᵉ éd.). |
| | Névrose, psychose et perversion (7ᵉ éd.). |
| | L'Homme aux rats. Journal d'une analyse (2ᵉ éd. rev. et corr.). |
| | Contribution à la conception des aphasies (2ᵉ éd.). |
| | Résultats, idées, problèmes, I (1890-1920) (4ᵉ éd.). |
| | Résultats, idées, problèmes, II (1921-1938) (2ᵉ éd.). |
| ANZIEU (D.). | Le psychodrame analytique chez l'enfant et l'adolescent (2ᵉ éd. refondue). |
| — | L'auto-analyse de Freud et la découverte de la psychanalyse (3ᵉ éd. entièrement refondue en un seul vol.). |
| BANNISTER (K.). | Problèmes du mariage. |
| BAUMEYER (F.) et divers. | Le cas Schreber. |
| BERTHELSEN (D.) | La famille de Freud au jour le jour. |
| BION (W. R.). | Recherches sur les petits groupes (6ᵉ éd.). |
| — | Aux sources de l'expérience (2ᵉ éd.). |
| — | Eléments de la psychanalyse. |
| — | Transformations. |
| — | Réflexion faite. |
| BONAPARTE (M.). | Introduction à la théorie des instincts. |
| — | Psychanalyse et biologie. |
| — | Psychanalyse et anthropologie. |
| — | La sexualité de la femme (3ᵉ éd. revue). |
| BORNEMAN (E.). | Psychanalyse de l'argent. |
| BYCHOWSKI (G.) et DESPERT (J.). | Techniques spécialisées de la psychothérapie. |
| CAHN (P.). | La relation fraternelle chez l'enfant. |
| DAVIS (M.) et WALLBRIDGE (D.) | Winnicott : introduction à son œuvre *(sous presse)*. |
| DAYAN (M.). | Inconscient et réalité. |
| — | Les relations au réel dans la psychose. |
| DEUTSCH (H.). | La psychologie des femmes, 2 vol. (coll. « Quadrige »). |
| EISSLER (K. R.). | Léonard de Vinci. Etude psychanalytique sur l'énigme. |
| FEDERN (P.). | La psychologie du moi et les psychoses. |
| FENICHEL (O.). | Problèmes de technique psychanalytique. |
| — | La théorie psychanalytique des névroses, 2 vol. (3ᵉ et 4ᵉ éd.). |
| FREUD (A.). | Le moi et les mécanismes de défense (12ᵉ éd.). |
| — | Le traitement psychanalytique des enfants (5ᵉ éd.). |
| GARMA (A.). | La psychanalyse des rêves. |
| — | La psychanalyse et les ulcères gastroduodénaux. |
| — | Les maux de tête. |
| — | Le rêve. Traumatisme et hallucination. |
| GLOVER (E.). | Freud ou Jung ? (2ᵉ éd.). |